Jahrbuch
Bildung und Arbeit 1999/2000

Jahrbuch Bildung und Arbeit

Herausgegeben von
Axel Bolder, Helmut Heid, Walter R. Heinz,
Günter Kutscha, Helga Krüger, Artur Meier, Klaus Rodax

Geschäftsführende Herausgeber:
Axel Bolder, Klaus Rodax
c/o ISO, Kuenstr. 1b, D-50733 Köln

Beirat:
Ditmar Brock, Ingrid Drexel, Hannelore Faulstich-Wieland,
Karlheinz A. Geißler, Erika M. Hoerning, Ernst-H. Hoff,
Paul Kellermann, Reinhard Kreckel, René Levy,
Ursula Rabe-Kleberg, Christiane Schiersmann, Gabriele Schwarz

Jahrbuch
Bildung und Arbeit 1999/2000

Axel Bolder, Walter R. Heinz,
Günter Kutscha (Hrsg.)

Deregulierung der Arbeit – Pluralisierung der Bildung?

Leske + Budrich, Opladen 2001

Gedruckt auf säurefreiem und alterungsbeständigem Papier.

Ein Titeldatensatz für diese Publikation ist bei
Der Deutschen Bibliothek erhältlich

ISBN: 3-8100-2837-1
© 2001 by Leske + Budrich, Opladen

Das Werk einschließlich aller seiner Teile ist urheberrechtlich geschützt. Jede Verwertung außerhalb der engen Grenzen des Urheberrechtsgesetzes ist ohne Zustimmung des Verlages unzulässig und strafbar. Das gilt insbesondere für Vervielfältigungen, Übersetzungen, Mikroverfilmungen und die Einspeicherung und Verarbeitung in elektronischen Systemen.

Das Typoskript wurde im Institut zur Erforschung sozialer Chancen (ISO) in Köln von Bettina Müller erstellt.

Druck: Druck Partner Rübelmann, Hemsbach
Printed in Germany

Inhalt

Einleitung

Axel Bolder (Köln), Walter R. Heinz (Bremen),
Günter Kutscha (Duisburg)
Regulierte Pluralisierung? 9

Tendenzen im Zeichen der Globalisierung:
Umstrukturierung von Arbeit und Bildung

Ditmar Brock, Jana Suckow (Chemnitz)
Nationale Bildungssysteme im Globalisierungsprozeß 19

Phillipp Brown (Cardiff), Hugh Lauder (Bath)
Education, Globalization and Economic Development 31

Reinhold Sackmann (Bremen)
Regulierung, Deregulierung oder regulierte Flexibilisierung der
Arbeitsmärkte? Folgen alternativer Optionen von Exklusionsproblemen 54

Jørgen Goul Andersen (Aalborg)
From Citizenship to Workfare?
Changing Labour Market Policies in Denmark since the Oil Crisis 73

Martin Munk (Aalborg)
The Same Old Story?
Reconversions of Educational Capital in the Welfare State 87

Andy Furlong, Fred Cartmel (Glasgow)
Change and Continuity in Education and Work:
British perspectives 99

Markus Achatz, Rudolf Tippelt (München)
Wandel von Erwerbsarbeit und Begründungen kompetenzorientierten
Lernens im internationalen Kontext 111

Gerald Heidegger, Wolfgang Hendrich (Flensburg)
„Mutual Learning" und institutionelle Berufsbildungspolitik
in Europa 128

Klassiktext

Lorenz von Stein
Wie das Kapital in der industriellen Gesellschaft
seine Herrschaft äußert 142

Streitgespräch

Herbert Kubicek (Bremen), Rainer Haslbeck (Hannover)
Wo bleiben die Informatiker und Informatikerinnen?
(Expertengespräch; Moderation: *Walter R. Heinz*) 149

Fallstudien: Umbau von Bildungsinstitutionen – Gestaltungsoptionen

Volker Baethge-Kinsky, Peter Kupka (Göttingen)
Ist die Facharbeiterausbildung noch zu retten?
Zur Vereinbarkeit subjektiver Ansprüche und betrieblicher
Bedingungen in der Industrie 166

Felix Rauner (Bremen)
Offene, dynamische Beruflichkeit? –
Zur Überwindung einer fragmentierten industriellen Berufstradition .. 183

Klaus Berger, Günter Walden (Bonn)
Entwicklungslinien öffentlicher Förderung der beruflichen Ausbildung 204

Wilfried Kruse (Dortmund)
Bewertung und Anerkennung von Qualifikationen.
Schlußfolgerungen aus einem europäischen Sozialpartner-Projekt 220

Jochen Reuling (Bonn)
Flexibilisierung des Angebots und des Erwerbs beruflicher
Qualifikationen – Ein Blick nach England und den Niederlanden 236

Rolf Dobischat (Duisburg), Rudolf Husemann (Jena)
Aufbruch zu neuen Allianzen? Klein- und Mittelbetriebe
und Bildungsträger als Kooperationspartner?
Zur Problematik einer fragilen Beziehung 249

Gertrud Kühnlein (Dortmund), Angela Paul-Kohlhoff (Darmstadt)
Integration von Bildung und Arbeit:
Ein neuer Typ betrieblicher Weiterbildung 263

Peter Faulstich (Hamburg)
Deprofessionalisierung des Personals der Erwachsenenbildung
und Neoregulierung 278

Lebenswerk

Andreas Gruschka (Frankfurt a.M.)
Herwig Blankertz – eine klassische Auslegung
der „europäischen Bildungstradition" vor der Herausforderung
durch Ökonomie und Technik 294

Diskussion

Wilfried Müller (Bremen)
Jahrbuch Bildung und Arbeit '98: Ökologische Kompetenz 315

Literatur 323

Autorinnen und Autoren des Jahrbuchs 1999/2000 345

Rückschau 348

AXEL BOLDER, WALTER R. HEINZ, GÜNTER KUTSCHA

Regulierte Pluralisierung?

Bei allen Kontroversen über Erwünschtheit und politische Gestaltbarkeit besteht Einvernehmen darüber, daß im Zeichen der Globalisierung von Arbeits-, Finanz- und Gütermärkten das Verhältnis von Arbeit und Bildung neu gedacht werden muß. Die weltweiten Konzentrationsprozesse folgen dabei einem im großen und ganzen einheitlichen Schema des Umgangs mit Arbeitskraft: Aus qualifizierter Arbeit erwirtschaftete Rationalisierungs- und technische Innovationschancen werden konsequent zur Reduzierung des Faktors Arbeit genutzt – zu weiterer Rationalisierung und zur „Verschlankung" der Belegschaften in qualitativ neuen Dimensionen. Technische und organisatorische Rationalisierung von Produktions- und Dienstleistungsarbeit verbinden sich zudem mit steigenden Anforderungen an Qualifizierung und Leistung einerseits und der Tendenz zur generellen Deregulierung der Arbeitsverhältnisse andererseits.

Für die nationalstaatlich organisierten Bildungssysteme ergibt sich daraus notwendig ein reaktiver „Modernisierungs"-Schub: Sehr verschiedenen Traditionen verpflichtete Systeme scheinen den Entwicklungen in tendenziell schon „modernisierten", zunehmend transnational regulierten Beschäftigungssystemen nicht mehr zu entsprechen. Soweit nun auf einer engen Kopplung von Bildung und Beschäftigung bestanden wird (selbst diese Frage wird immerhin kontrovers diskutiert), ist in der Regel unterstellt, daß sich die politische Gestaltung der Bildungssysteme der zunehmenden Marktbestimmtheit der Beschäftigungssysteme anzugleichen, das heißt sich selbst dem Marktgeschehen zu öffnen habe.

Für die individuellen Arbeitskraftanbieter dürften Marktbestimmtheit und Flexibilisierung die Wahrscheinlichkeit der Personalisierung struktureller Defizite erhöhen, wie sie sich in kurzwelligen Friktionen der Anpassung zwischen Angebot und Nachfrage von Qualifikationen auf den Arbeitsmärkten zeigen. Daß die auch damit einhergehende Privatisierung der Kosten von Bildung – im weiteren Sinne – zu erheblich verschärften Segmentierungen und zu Ausgrenzungen ganzer Bevölkerungskategorien führt, ist bislang immer wieder bestätigt worden. Marktkompensierende Maßnahmen als typische Form der sozialstaatlichen Bearbeitung strukturell verursachter Abweichungen vom Regelfall muten den davon Betroffenen zusätzlich Fähigkeit, Bereitschaft und Risiko zu, die Systemprobleme selbst zu lösen.

Pluralisierung bei gleichzeitiger Vernetzung bislang disparater Bereiche lautet die Botschaft für gestaltungsoffene und flexible Bildungssysteme der Zukunft. Tatsächlich befinden sich die Bildungsorganisationen weltweit auf dem Entwicklungspfad zur Pluralisierung der Lernsysteme, deren Ressourcen möglichst – wie im Fall medialer Netzsysteme – unterschiedlichen Adressatengruppen zeitgleich zur Verfügung stehen sollen. Während sich vor diesem Szenario in Deutschland die Prinzipien von Dualität, Beruflichkeit und Sozialpartnerschaft im Umbau befinden, beschreiten andere Staaten angesichts unterschiedlicher Geschichte und Struktur ihrer Bildungssysteme andere Wege der Anpassung an die Deregulierungstendenzen von Arbeit. Wenn es aber bei aller Unterschiedlichkeit der Auffassungen über Vor- und Nachteile einzelner Systeme in der Vergleichenden Berufsbildungsforschung einen Konsens gibt, so ist es die Einsicht, daß Struktur und Funktion nationaler Qualifikationssysteme einen eminent systemischen Charakter haben und es eben deshalb unmöglich ist, sie ohne weiteres von dem einem in ein anderes Land zu übertragen, selbst wenn ein Transfer wünschenswert wäre.

Im *Jahrbuch Bildung und Arbeit 1999/2000* wird der Frage nachgegangen, welche Entwicklungstendenzen sich für die Bildungs- und Berufsbildungssysteme in Europa um die Jahrtausendwende ausmachen lassen. In welcher Form passen sie sich an die Dynamik des Arbeitsmarkts an? Kommt es zu einer „regulierten Pluralität" von Ausbildungswegen? Welche Muster sozialverträglicher Gestaltung von Qualifizierungsprozessen und Erwerbsverläufen sind zu erkennen, und welche Rolle spielen sie bei der Verteilung von Lebenschancen? Wenn nämlich Bildung und Ausbildung zentrale Institutionen der Zuweisung von Lebenslagen und der Steuerung von Lebensläufen sind, dann spiegeln die jeweiligen nationalen Antworten auf die Deregulierung von Arbeit gesellschaftliche Auseinandersetzungen um einen Ausgleich zwischen sozialen (Gleichheits-) und ökonomischen (Effizienz-)Rationalitäten wider, die die immer labile Balance zwischen staatlichen, privatwirtschaftlichen und individuellen Interessen an wirtschaftlicher Wettbewerbsfähigkeit, sozialer Stabilität und individuellen Lebenschancen bedrohen.

Eine zentrale Rolle spielt hierbei die Frage, inwieweit die Institutionen des Wohlfahrtsstaates an Bedeutung für die Gestaltung von Ausbildung und Beschäftigung verlieren werden und in welche Richtung sie umgebaut werden sollen. In Deutschland könnte der sozialpartnerschaftliche Zentralismus durch ergänzende regionale Entwicklungspartnerschaften für Bildung und Arbeit modernisiert werden. Dadurch könnte es zu neuen Kombinationen von schulischen und betriebsbezogenen Lernprozessen im Rahmen marktorientierter, dennoch staatlich regulierter und wohlfahrtsstaatlich abgefederter Bildungs- und Beschäftigungspolitik kommen. Essentiell wären hierbei nationale, besser noch europäisch abgesicherte Vereinbarungen zwischen den Tarifpartnern, die die zunehmende Privatisierung der Qualifizierungskosten

Regulierte Pluralisierung?

durch wohlfahrtsstaatliche Kompensationsangebote, flexible Zertifizierungssysteme und (Weiter-)Qualifizierungsgarantien ausgleichen.

Für Deutschland stellt sich zudem die Frage, ob die tradierten Formen beruflicher Ausbildung weiterhin Voraussetzung für die wirtschaftliche und soziale Integration der Mehrheit der Bevölkerung bleiben oder ob sie angesichts der Deregulierung von Beschäftigungsverhältnissen und steigender Diskontinuität berufsgebundener Erwerbsverläufe umgestaltet werden müssen. Wenn sich die strukturierten Verbindungen von Lernen und Arbeiten tatsächlich lockern, würde es nötig, neue Gestaltungsoptionen für Bildung und Erwerbstätigkeit über den gesamten Lebenslauf hinweg zu erproben. Dies würde zum Beispiel eine Öffnung der Bildungssysteme, würde Durchlässigkeit zwischen Bildung, Berufsbildung und -tätigkeit, Weiterbildung und Hochschulstudium erfordern. Weiterhin hätte eine regulierte Pluralität von Bildung und Arbeit Probleme der sozialen Exklusion in vielleicht regionalisierten und tarifvertraglich ausgehandelten Verbindungen zwischen verschiedenen Lernorten und Beschäftigungsmustern in einem Gesamtverbund von beruflicher Erst- und Weiterbildung zu bearbeiten.

Das *Jahrbuch Bildung und Arbeit 1999/2000* widmet sich dem Thema pluralisierter Bildungsinstitutionen und -prozesse im Gefolge der Deregulierung von Arbeit in zwei Abteilungen mit unterschiedlicher Fokussierung. Gehen es die im ersten Teil versammelten Beiträge eher theoretisch oder empirisch-resümierend an, so finden sich in der zweiten Abteilung Fallstudien des Institutionenumbaus – *best-practice*-Beispiele ebenso wie Exempel, die den einen oder die andere irritieren mögen.

Ditmar Brock und *Jana Suckow* führen in das Thema mit der These ein, daß unter dem Diktat des Prozesses der Globalisierung von Wissen dessen traditionelle, in der Geschichte der Nationalstaaten besondere Bedeutung als Ordnungs- und normatives Orientierungswissen mehr und mehr zerfallen werde. Die Entwicklung des Internet zum Beispiel belege, daß angesichts wachsender Pluralität an die Stelle normativen Konsenses zunehmend supranationale Konventionen treten müßten. Jedenfalls dürfte die auf breite Akzeptanz in der politischen Praxis stoßende Hegemonialthese *Robert Reichs* (Wissen schafft globale Hierarchien und rettet so den Vorsprung der nordatlantischen Gesellschaften), Bangalore hat es bewiesen, im Zuge der von den Autoren konstatierten Entlokalisierung und zumindest partiellen De-Institutionalisierung von Bildungsprozessen allenfalls äußerst vermittelt zutreffen.

Die kollektive Intelligenz des Faktors Arbeit, setzen *Phil Brown* und *Hugh Lauder* dagegen, bleibt im Lande seines Ursprungs verwurzelt; die Globalisierungsdiskussion unterschätze die Konsequenzen, die sich zum Beispiel aus negativen Erfahrungen mit Versuchen ergeben, Produktionsstätten in andere Kulturen zu verlagern. Sie gehen, das Vereinigte Königreich und Deutschland miteinander vergleichend, davon aus, daß die Globalisierungsdebatte die tatsächlich fortbestehenden Gestaltungschancen der Nationalstaaten erheblich unterschätze – und zwar obwohl auch sie *Reichs* „imperialistische" Thesen für naiv halten; für ebenso naiv wie das Vertrauen der „linken Modernisierer" auf mehr oder weniger unvermittelten Rückfluß von Investitionen ins Humankapital in den „Magnet"-Wirtschaftsgesellschaften. Ihre Überlegungen zur „globalen Auktion" qualifizierter Arbeitskraft münden in den heute schon seltsam seltenen, wie wir meinen allerdings zu bedenkenden und zu diskutierenden Schluß, es bedürfe gerade einer aktiven, regulierenden Rolle des Staates, um über die Erkenntnis der Grenzen ihrer Autonomie die tatsächlichen Chancen von Bildungspolitik im 21. Jahrhundert zu nutzen.

Einen „dritten Weg" zwischen den neoliberalen Glaubensbekenntnissen der „neuen Rechten", wie die beiden Engländer sie nennen, und interventionistischer Regulierung der Arbeitsmärkte schlägt im folgenden Beitrag *Reinhold Sackmann* vor. Nach einer kurzen Diskussion der Exklusions- beziehungsweise Inklusionstendenzen bei Regulation respektive geringer Regulation und Deregulation verschiedener nationaler Arbeitsmärkte stellt *Sackmann* ähnlich wie *Brown/Lauder* auf die (historisch, national-kulturell) gewachsenen Pfade der Entwicklung ab. Märkte, betont er, sind „höchst voraussetzungsvolle Institutionen". Jede Abweichung, nicht innerhalb des Entwicklungsstromes, wohl aber weg vom Pfad ist mit hohen Transaktionskosten, sowohl unternehmerischen als auch politischen, verbunden. „Regulierte Flexibilisierung" heiße der Weg, die Institutionalisierung von Übergängen zu betreiben, die die Verweildauer in Arbeitslosigkeit zu verkürzen und die Beschäftigungsfähigkeit positiv zu beeinflussen versprechen.

Eine solche, zunächst pfadimmanente Politik, meint *Sackmann,* könnte dazu beitragen, die individuell-einzelbetrieblichen und gesellschaftlichen Transaktionskosten zu senken. Dänemark hat, berichtet *Jørgen Goul Andersen*, praktische Erfahrungen mit politisch initiierten Pfadwechsel-Versuchen. Abgesehen von dem Nachweis, daß substantieller Pfadbruch gangbar sein kann, lehrt das Beispiel Dänemark auch, daß nationale Politiken im Zeitalter der Globalisierung durchaus eigenständig sein und durchschlagenden Erfolg haben können. In den neunziger Jahren haben zwei miteinander verwobene Politikpfade die dänische Arbeitsmarktbilanz in ein recht günstiges Licht gerückt. Die Kombination des „Aktivierungs-" mit dem Bürgergeld-Pfad scheint mittlerweile aber wieder aufgegeben zu werden – vom Wohlfahrtsstaat zur Arbeitsverpflichtung?

Die politische Entwicklung des Wohlfahrtsstaates beeinflußt, ja prädestiniert in gewisser Weise die Chancen von Geburtskohorten, sich im sozialen Raum, mediatisiert durch Bildungsprozesse, zu bewegen, sozial attraktive Positionen zu erlangen. *Martin Munk* untersucht neben ihrem Einfluß auf den Statuserwerb die Bedeutung der klassischen „Verteiler" von Chancen – Geschlecht und soziale Herkunft – mit dem erwartbaren Ergebnis. Seine auf *Pierre Bourdieu* gestützte Erklärung sieht auch staatliche Wohlfahrtspolitik (man denke an den „Aktivierungs-"Pfad!) unter den Annahmen struktureller Homologie und eines sozialen „Trägheitsgesetzes" im Dienste intergenerationaler Statusreproduktion.

Alle ernsthafte Empirie, darf mittlerweile resümiert werden, scheint diese starke Relativierung der Meritokratiethese zu stützen. *Andy Furlong* und *Fred Cartmel* warnen davor, die europaweite Verlängerung der Schulbildungsphase, die Individualisierung und Diversifizierung der Wege in die Erwerbswelt für eine meritokratische Abschwächung der Mechanismen sozialer Reproduktion zu nehmen; dies sei ein „epistemologischer Fehlschluß der Spätmoderne" – der allerdings, wäre hinzuzufügen, äußerst weit verbreitet ist. Die Szenarien einer Gesellschaft des chancengleichen, durch die Öffnung und Pluralisierung der Bildungswege optionenreichen Individualismus gehen an den sozialen Tatsachen vorbei: Zwar seien die einzelnen tatsächlich immer mehr zum Planungsbüro ihrer eigenen Biographie geworden, wie *Ulrich Beck* das genannt hat, doch stünden erhöhte Bildungsbeteiligung und Pluralisierung der Statuspassageformen in denkwürdigem Widerspruch zur Stabilität der Strukturen. Strukturelle Effekte werden dabei nicht nur personalisiert. Die Illusion der Kontrolle über den Werdegang, ihre Biographisierung, mystifizierten die Verhältnisse – in denen nicht einmal mehr die noch von *Paul Willis* beschriebene Klassensolidarität im Klassenzimmer zu gelingen scheint.

Zu einem Mythos, jedenfalls zu einem „Zauberwort" scheint sich in den letzten Jahren in Deutschland „Kompetenzentwicklung" aufzubauen. *Markus Achatz* und *Rudolf Tippelt* erinnern daran, daß es sich bei der deutschen Debatte um die Kompetenzentwicklung, anders als im anglo-amerikanischen Raum beispielsweise, um eine stark normativ bestimmte Diskussion handelt. Kompetenzentwicklung der Subjekte der Bildungs- und Arbeitsprozesse wird letztlich, nicht von ungefähr im Kontext von Organisationsentwicklung und Unternehmenskultur thematisiert, finalisiert: Strukturen in den Arbeitsstätten, die tatsächlichen oder prognostizierten Entwicklungen nicht angemessen scheinen, sollen so flexibilisiert, nicht mehr zeitgemäß erscheinende Hierarchien abgebaut werden. Dazu seien die Bildungswege zu pluralisieren, „institutionales formales und dezentrales informales Lernen" strategisch zu kombinieren.

Eine wesentliche Voraussetzung für international vergleichende Bildungsforschung, das zeigen nicht zuletzt die interkulturellen Definitionsdifferenzen im Falle der Kompetenzentwicklung, ist die Erkenntnis, daß man mit Begriffen auch nationalstaatlich geprägte Kulturen transportiert. Die Chance ist groß, sich allein schon im europäischen Rahmen grundsätzlich mißzuverstehen, wenn es darum geht, die Traditionen im Zuge der Globalisierung und der Herausbildung supranationaler Institutionen (an der man um der Freizügigkeit des Faktors Arbeit willen nicht herumkommt), miteinander kompatibel zu machen und immer einheitlicher zu gestalten. *Gerald Heidegger* und

Wolfgang Hendrich plädieren aus diesen häufig gemachten Erfahrungen dafür, sich wenigstens im ersten Schritt zu bescheiden, zunächst einmal ernsthaft zu versuchen, die kulturelle Gebundenheit auch von Institutionen zu verstehen, die den gleichen Namen tragen – und vielleicht doch sehr Unterschiedliches meinen. Es geht darum, voneinander zu lernen, statt *best-practice*-Modelle unvermittelt von einem Topf in den anderen zu verpflanzen.

Lorenz von Stein, im dänischen Schleswig geborener Sohn linker Hand eines Landadeligen, der lange Jahre seines Lebens in Frankreich und in Wien verbrachte, war gewiß ein Wanderer zwischen den Kulturen und als solcher einer der profundesten Kenner der französischen Revolutionsgeschichte, der Geschichte des wechselvollen Umbruchs vom *ancien régime* zur bürgerlichen industriellen Gesellschaft dort. Der Klassiktext beschreibt, wie sich das Kapital im Laufe seiner Entwicklungsgeschichte immer mehr von der Erwerbsarbeit löst und schließlich in eine dem „Börsenspiel" verfallene *event*-Gesellschaft mündet. Versteht man den historisch bedingten stilistischen Duktus des dem deutschen Idealismus verpflichteten Staatsrats zu relativieren, wird man verblüffende Nähen seiner Analyse zum Geschehen im Globalisierungsprozeß des Kapitals in unseren Tagen entdecken.

Im Streitgespräch versuchen der Universitätslehrer *Herbert Kubicek* und der Mittelsmann von *Siemens* zur Hochschule, *Rainer Haslbeck*, den Gründen auf die Spur zu kommen, die zur *green-card*-Aktion geführt haben. Das Gespräch der Experten macht deutlich, daß die in den großen Unternehmen schon weitgehend realisierte Reorganisation der Arbeitsprozesse in intern kundenorientierte *profit center*, kurzfristige *controlling*-Strategien und dergleichen zu einer geradezu überlebenswichtigen Kostensenkung beitragen, der die betrieblichen Weiterbildungsaktivitäten partiell zum Opfer fallen. Der Betriebswirtschafter und Informatiker *Kubicek* nennt das „Ökonomismus", der ihn an fordistisches Kostendenken erinnere und stellt diese Orientierung der in den Schwellen- und Dritte-Welt-Ländern gegenüber, die noch an die langfristigen *returns of investment* ins Humankapital glauben (was ihnen die Industrienationen vor gerade einmal einer Generation beigebracht hatten). Drei bis fünf Prozent der Arbeitszeit für Weiterbildung reichen nicht hin, wo zwanzig bis dreißig Prozent gefordert sind. Die aus den USA importierte, im „Kompetenzentwicklungs"- und „Lernkultur"-Diskurs auch schon weitgehend akzeptierte Lösung heißt: Externalisierung der betrieblichen Weiterbildungskosten auf die einzelnen und den Staat, den man doch sonst eher draußen halten will. Es besteht offenbar erheblicher Gestaltungsbedarf, wenn die Nachfrage nicht an prozyklischen („Schweinezyklus"-)Ausbildungskonjunkturen scheitern und die Reproduktion sozialer Ungleichheit durch *digital divide* verschärft werden soll.

Das Streitgespräch leitet so auch schon über in den zweiten thematischen Block des Jahrbuchs: die Fallbeispiele von Umbau und Gestaltung der Bildungsinstitutionen. Die „konsequente Ökonomisierung" der Arbeitsorganisa-

Regulierte Pluralisierung?

tion hat nicht nur zur Verlagerung der Verantwortung und der Kosten für Weiterbildung, sondern für die berufliche Erstausbildung ebenso geführt. *Volker Baethge-Kinsky* und *Peter Kupka* zeigen auf, welche Konsequenzen sich aus der zunehmenden Prozeßorientierung in der Metall- und Elektroindustrie für die Ausbildung und, allgemeiner noch, für das Prinzip der Beruflichkeit ergeben, das für Beschäftiger wie für (potentielle) Beschäftigte relativ abgesicherte Erwartungshaltungen begründete. Sie zeichnen alles in allem kein rosiges Bild von den Chancen der Arbeitnehmer auch in den fortgeschrittensten Segmenten der Erwerbsarbeit. Enttäuschungsfestigkeit wird den Ansprüchen an Arbeit und Aufstieg als subjektive Schlüsselqualifikation beigesellt sein müssen. Ob die „normative Subjektivierung" der Erwerbsbiographie wenigstens dort durchgehalten werden kann, wird, so der Schluß der beiden Autoren, wesentlich davon abhängen, wieweit sich den Arbeitnehmern gestaltbare Arbeitsbedingungen und Entwicklungsperspektiven eröffnen. Daß diese Chancen sich wohl am ehesten noch den Hybridfacharbeitern und „Problemlösern" bieten, erhellt, was eine Rücknahme der Ansprüche an Berufsausbildungsordnungen für die große Mehrheit der Beschäftigten bedeuten würde. Wie weit sich die rückhaltlose Ökonomisierung der Arbeitsabläufe längerfristig auch gegen die Unternehmen stellt, läßt das Informatiker-Dilemma erahnen.

Also Regulierung – oder regulierte Flexibilisierung? *Felix Rauner* stellt in seinem Beitrag das zusammen mit *Gerald Heidegger* vorgeschlagene Konzept der „offenen, dynamischen Beruflichkeit" vor, das den Bedarfen der Arbeitsnehmer ebenso Rechnung tragen soll wie den Interessen der Beschäftiger: das Konzept einer einerseits auf breiter Basis aufbauenden und auch deshalb systematisch flexiblen Qualifikation, die sich schnell wechselnden betrieblichen Erfordernissen wie in der prozeßorientierten Produktion anpassen läßt, diese letztlich gar selbst betreibt und einer anderseits berufsbiographisch relative Sicherheit, Perspektivität und Entwicklungschancen bietenden Beruflichkeit. Nicht Beruflichkeit als solche, sagt *Rauner*, steht im Widerspruch zu den Erfordernissen im Arbeitsleben, sondern eine Facharbeitsideologie, die sich disparater Ordnungsstrukturen bedient.

Klaus Berger und *Günter Walden* sehen noch keine Erosion, wohl aber eine deutliche Tendenz zur Pluralisierung und Flexibilisierung der Berufsausbildungsformen, die voneinander relativ unabhängigen Entwicklungen sowohl auf der Angebotsseite als auch auf der Nachfrageseite geschuldet sei. Ein wesentlicher Faktor dieser Entwicklung ist die öffentliche Förderung betrieblicher und außerbetrieblicher Ausbildung in ihren vielfältigen Formen, die eine ganze Reihe von ordnungspolitischen Konsequenzen zeitigt, von denen man gerne wüßte, ob sie von der politischen Verwaltung intendiert sind. Die unter dem Menetekel der Globalisierung faktisch zunehmend verstetigte Entlastung der Betriebe von ihrer Ausbildungspflicht innerhalb des dualen Systems ist eine davon, eine andere die von den beiden Autoren als heimliche Modelle begrüßte Pluralisierung der Lernorte, die das duale System längst durchbrochen hätten – im Osten der dortigen Ausgangssituation entsprechend mehr schon als im Westen. Das Bild der allgemeinen Entwicklung gewinnt noch schärfere Konturen durch die im europäischen Rahmen vorherrschende Tendenz einer radikalen Individualisierung der Verantwortung für Erst- und Weiterqualifizierung. Der „soziale Dialog" im Themenfeld neuer Formen beruflicher Weiterqualifizierung läuft dabei, weiß *Wilfried Kruse* zu berichten, und – was sich keineswegs ausschließt oder auch nur widerspricht – im Zuge gleichzeitig europaweit fortschreitender Verbetrieblichung beruflicher Bildungsprozesse Gefahr, immer weiter an politischem Gewicht zu verlieren. Um so wichtiger wird dann die transnationale Suche nach Modellen guter Praxis, die Hoffnung auf Gestaltung in einem Feld eröffnen, das von der Ideologie radikaler Deregulierung, wie sie in Brüssel wohl vorherrscht, nicht verschont zu bleiben scheint.

Jochen Reuling stellt zwei Modelle nationweiter Neugestaltung des beruflichen Bildungs- beziehungsweise Weiterbildungswesens vor: das eher *input*-orientierte, auf die Lernprozesse abstellende niederländische Modell regionaler Bildungszentren und das eher *outcome*-, zertifikatorientierte britische System ebenfalls regionaler Weiterbildungs-*Colleges*. Beide Systeme bieten landesweit anerkannte Zertifizierungen an, beide Systeme bedienen sich interner und externer Qualitätssicherungsverfahren. Und in beiden Fällen geht es um möglichst große Flexibilität des Qualifikationsanpassungsangebots – mit dem Ziel der Flexibilisierung beruflicher Kompetenz im Sinne der *employability*. Bei allen Differenzen, die es dennoch zwischen den beiden Modellen gibt, wird doch Gestaltungsbedarf in Deutschland offenbar, dessen nahezu ausschließlich marktreguliertes, chaotisches Weiterbildungssystem diese doppelte Flexibilisierung nicht zu schaffen scheint.

Das gilt im Bereich der Klein- und Mittelbetriebe besonders. *Rolf Dobischat* und *Rudolf Husemann* berichten von einer Serie wissenschaftlich begleiteter Kooperationsprojekte, die, auch auf regionaler Ebene organisiert, Versuche darstellten, solche Betriebe mit Weiterbildungsanbietern zusammenzubringen. *Dobischat/Husemann* bescheinigen den Verbünden wesentlich den Charakter von Organisationsentwicklungs-Projekten, weil sie sich mit meist stabilen Vorstellungen auseinandersetzen müssen, die mit zwischenbetrieblicher Kooperation oder einer Kooperation zwischen Anbietern und Nachfragern von Qualifikationen eher nichts im Sinn haben. Überhaupt sorge die Vielzahl der miteinander verkoppelten Dimensionen nicht nur ökonomischer Natur zunächst für Distanzen, Skepsis solchen Vorhaben gegenüber, die die tradierten Konkurrenzen zu relativieren versuchen. Offenbar bedarf es eines hinreichenden Handlungsdrucks, „Allianzen auf Zeit" einzugehen, die einzelbetriebliche Organisationsentwicklung in den Rahmen kooperativer Lernprozesse „einbetten".

Regulierte Pluralisierung?

Gertrud Kühnlein und *Angela Paul-Kohlhoff* diskutieren das von *Achatz/ Tippelt* vorgestellte Programm der „Kompetenzentwicklung" mit Bezug auf ein Praxisprojekt, das sich innerhalb des Programms der seinerzeitigen Bundesregierung mit der Rolle der betrieblichen Interessenvertretung befaßte. Sie sehen den Trend der Verbetrieblichung der Weiterbildung denn auch in einem deutlich anderen Licht; ihre Skepsis der schönen neuen Welt entgrenzter Teilsysteme von Bildung und Arbeit gegenüber ist bemerkenswert. Nicht nur wird das „lebenslängliche Lernen", wie es *Karlheinz Geißler* einmal genannt hat, zunehmend zur Bring- *und* Holschuld des Arbeitskraftunternehmers. Die geforderte Verinnerlichung von Selbstverantwortung gegenüber der eigenen Qualifikation, ihrer immer wieder neu herzustellenden Aktualität, führt, prognostizieren die beiden Autorinnen, zu noch massiveren „Mehrbelastungen insbesondere lernungewohnter Arbeitnehmergruppen" und verschärfen Ausgrenzungstendenzen – eine These, die von der Bildungsbeteiligungs- und -abstinenzforschung durchaus gestützt wird.

Ein Lehrstück zum Thema autonomer Gestaltungsfreiheit in Bezug auf die eigene Erwerbsbiographie in deregulierten, flexibilisierten Beschäftigungsverhältnissen bieten die „hauptberuflich nebenberuflichen" Arbeitskraftunternehmer im Bereich der Erwachsenenbildung. Feste Anstellungen im Rahmen des sogenannten Normalarbeitsverhältnisses sind hier eher die Ausnahme von der Regel. In jenem, wie *Peter Faulstich* betont, selbst stark segmentierten Segment des Bildungswesens, das einmal dessen vierte Säule werden sollte und sich heute durch „problematische Berufsperspektiven" und sich „aufschaukelnde" Kompetenzanforderungen auszeichnet, die als „Lernvermitteln" immer mehr in die Nähe therapeutischer Arbeit geraten, sind eher alle möglichen Formen von nur mehr oder weniger prekärer Erwerbsarbeit die Norm. *Faulstichs* Einschätzung, daß sich daraus notwendigerweise schlechtere Leistungen des Erwachsenenbildungs-Personals ergeben müssen, scheint plausibel. Womit sich die „Hol- und Bringschuld" der Adressaten noch erhöhen dürfte: Selbstlernen geriete so immer mehr zum autodidaktischen Projekt – selbst im Kontext formalisierter Lernveranstaltungen. Dies wiederum wäre auch nur ein weiterer Schritt zur strukturellen Metamorphose des Arbeitnehmers zum Arbeitskraftunternehmer.

Es ist schon bemerkenswert, wie sich innerhalb gerade einmal einer Generation die objektiven und subjektiven Bedingungen einer ganzen Profession in ihr Gegenteil verkehrt haben. Eine kritische Analyse auch des paradigmatischen Wandels des Berufsbildes vom verbeamteten – und damit von schnell wechselnden Meinungskonjunkturen, tagespolitischen Moden und der alltäglichen Sorge um die eigene Reproduktion unabhängigen – Erwachsenenbildners zum Anbieter von *fast-food*-Qualifikationsportionen dürfte jedenfalls erhellen, daß es nicht nur „objektive" Zwänge waren, die diesen Wandel beförderten.

Zu gering eingeschätzt wird in kritischen Diskursen wohl auch die Rolle kultureller, normativer Offensiven. Nicht zuletzt ihnen ist es wohl auch zuzuschreiben, daß es sich bei *Herwig Blankertz'* Lebenswerk schon um einen Beitrag zur Gestaltung von Bildung handelt, der, wie *Andreas Gruschka* in seiner Präsentation wohl eher rhetorisch fragt, vielleicht schon vergessen ist. Nach über zwanzig Jahren des *roll back* und der Erosion der Basisstrukturen des Berufsausbildungssystems ebenso wie des Systems „normaler" Beschäftigung und seltsam empiriewiderständiger Debatten um die immer wieder bemühten Sachzwänge, wundern wir uns fast schon wieder über die Aufbruchstimmung der Reformphase, für die *Blankertz* steht.

Ähnliches gilt denn auch für die Ökologiedebatte. *Wilfried Müller* resümiert in seiner Diskussion des Jahrbuchs '98, ökologische Verantwortung stehe nicht mehr auf der Tagesordnung. Bunt und in sich wenig konsistent sei deshalb auch das Erscheinungsbild der aktuellen sozial- und erziehungswissenschaftlichen Umweltforschung. *Müller* stellt zwei Forderungen auf, denen sich die Forschung stellen sollte, um größere Handlungsrelevanz zu erreichen. Denn, daran wäre vielleicht zu erinnern, daß trotz ihres Verschwindens von der politischen Agenda ihre Aktualität tatsächlich gegeben ist, zeigt dramatisch das Wiederaufleben der BSE-Krise, deren Bearbeitung durch die Medien *Barbara Adam* im Jahrbuch zur „Ökologischen Kompetenz" kritisiert hatte.

Wir danken allen Kolleginnen und Kollegen, die es nicht scheuten, zu einem kontroveren Thema Position zu beziehen, und insbesondere auch *Bettina Müller*, die das komplizierte Geschäft der Textverarbeitung übernommen hatte, für die erfreuliche und bereichernde Zusammenarbeit.

Köln, Bremen, Duisburg, im November 2000

DITMAR BROCK,
JANA SUCKOW

Nationale Bildungssysteme im Globalisierungsprozeß

1. Globalisierung und Bildung

Bildung wird in einer sich immer weiter globalisierenden Welt eminent an Bedeutung gewinnen. Diese These ist ein Grundaxiom des Globalisierungsdiskurses. Sie umschreibt ein *Credo*, das sowohl Globalisierungsapostel wie auch Globalisierungsskeptiker, das linke, wirtschaftsliberale und konservative Positionen in diesem Diskurs gemeinsam vertreten. Wenn man nun darüber hinausgehend die Globalisierungsliteratur daraufhin untersucht, was dies denn für das Bildungssystem bedeute, dann stößt man auf wenig mehr als altbekannte Gemeinplätze: Bildung als Zukunftsinvestition, mehr Geld für Bildung, weitere Bildungsexpansion... Möglicherweise blockiert gerade die Selbstverständlichkeit, mit der die These von einer wachsenden Bedeutung der Bildung vertreten wird, jedes weitere Nachdenken über dieses Thema. In diesem einleitenden Abschnitt möchten wir daher versuchen, zunächst einmal zu rekapitulieren, auf welche weiteren Hintergrundannahmen sich die These eines weiteren Bedeutungsgewinnes von Bildung stützt. Im Anschluß daran gilt es, den dem Globalisierungsdiskurs unterlegten Bildungsbegriff etwas näher herauszuarbeiten.

Auf welche Hintergrundannahmen gründet sich die These einer wachsenden Bedeutung von Bildung? Sie ergibt sich einmal aus der These, daß wirtschaftliche Globalisierung den Weg in die Wissensgesellschaft weiter beschleunigen wird. In der Globalisierungsdebatte wird *Daniel Bells* in den siebziger Jahren (1975) entwickelte These vertreten, daß die Produktion, aber auch andere Bereiche des gesellschaftlichen Zusammenlebens von informellem Erfahrungswissen auf theoretisches Wissen umgestellt würden.

Durch die Mikroelektronik und den immer schneller vorankommenden Gang in die Informationsgesellschaft haben *Bells* alte Analysen eminente Plausibilität gewonnen (vgl. u.a. *Heuser* 1998; *Cohen* 1998).

Noch weitergehender und grundlegender ist die von den meisten Globalisierungstheoretikern vertretene These, daß theoretisches Wissen zur grundlegenden Produktivkraft werde und den klassischen Produktionsfaktoren Arbeit und Kapital den Rang ablaufe. Besonders instruktiv sind hier sicherlich die Ausführungen von *Robert Reich* (1994). Diese These bezieht ihre Plausibilität vor allem daraus, daß besonders in den modernen „Industrien" – charakteristische Beispiele sind Software, Filme und andere Produkte der Unterhaltungsindustrie – der menschliche Arbeitsaufwand ausschließlich im kreativen und im Entwicklungsbereich liege, während an die Stelle der Produktion die rein technische Vervielfältigung getreten sei. Hinzu komme, daß auch in klassischen Industrien die Produktion zu einer Routinesache geworden sei, die typischerweise ausgelagert werde. Auch diese These ist nicht neu. Schon *Karl Marx* (1974, 592ff) hat ähnliches unter dem Stichwort „Grenzen der Wertform" prognostiziert, allerdings nur für eine sozialistische beziehungsweise kommunistische Gesellschaftsform. Für kapitalistische Marktwirtschaften hat *Joseph Schumpeter* (1993) gezeigt, daß unter den Bedingungen der Preiskonkurrenz nur Pionierunternehmer auf Dauer erfolgreich sein können, deren Profite weniger auf die Effizienz der Produktion als vielmehr auf Innovationsvorsprünge zurückgeführt werden können. *Reich* und andere Theoretiker der wirtschaftlichen Globalisierung knüpfen hieran mit der These an, daß in einer globalisierten Weltwirtschaft die wirtschaftliche Wertschöpfung hauptsächlich auf Innovation basiere, deren Grundlage eben neues anwendungsorientiertes Wissen beziehungsweise am Markt erfolgreiche Kombinationen unterschiedlicher Wissenselemente seien. Auch wenn die These eines Primats des Faktors Bildung gegenüber Arbeit und Kapital zu stark verallgemeinert sein dürfte, so hat sie doch einen realen Kern, der darin besteht, daß eine deregulierte und global verflochtene Weltwirtschaft den Ertrag von Routinearbeit im weitesten Sinne stark absenkt, während die Chancen für wissensbasierte Innovationen steigen werden. Dieser Gesichtspunkt wird konkreter, wenn es um die Frage der Auswirkungen wirtschaftlicher Globalisierung auf die zukünftige Einkommensverteilung geht. Die Grundthese ist hier, daß einmal die Einkommensunterschiede wachsen werden und zum anderen die Effizienzgewinne durch wirtschaftliche Globalisierung zu hoher Massenarbeitslosigkeit führen werden, wenn dem nicht durch von den ökonomischen Mechanismen abgekoppelte Beschäftigungsverhältnisse (Stichwort Bürgerarbeit: *Rifkin* 1996; *Beck* 1999) begegnet wird. Als die Globalisierungsgewinner gelten diejenigen, die für wissensbasierte Innovationen sorgen: Symbolanalytiker (*Reich*) beziehungsweise Wissensarbeiter (*Rifkin*). Globalisierungsverlierer sind vor allem diejenigen, die für Tätigkeiten in der Produktion qualifiziert sind, während einfache Dienstleistungen als weniger betroffen gelten (*Reich* 1994).

Inwieweit unterscheidet sich dieses Zukunftsszenario von den in der Tertiarisierungsdiskussion entwickelten Prognosen (zusammenfassend *Häußermann/Siebel* 1995)? Der hauptsächliche Unterschied besteht darin, wie die Gruppe der Gewinner definiert wird. In der Tertiarisierungsdiskussion werden sie als „sekundäre Dienstleistungen" umschrieben; das sind Dienstleistungstätigkeiten mit akademischen Qualifikationen. In der Globalisierungsdebatte liegt dagegen der Akzent auf vermarktbarem innovativem Wissen. Auf diesen Unterschied wird noch zurückzukommen sein. In der Globalisierungsdebatte wird nun aus diesen Hintergrundannahmen die Folgerung gezogen, daß eine hochentwickelte Bildungsinfrastruktur insbesondere dann, wenn sie eng mit Formen innovativer Wissensanwendung und Wissensvermarktung verknüpft ist, der entscheidende Standortfaktor der Zukunft sei. Für *Robert Reich* liegt hier der einzige Weg für die entwickelten Industriegesellschaften mit vergleichsweise hohen Reallöhnen, um auch in einer globalisierten Weltwirtschaft eine Spitzenposition zu halten.

Zumindest ein Aspekt dieser These ist vermutlich nicht haltbar: *Reichs* Annahme, daß eine derartige Bildungsinfrastruktur wesentlich schwieriger globalisierbar sei als Produktionswissen. Das Beispiel Bangalore hat bereits gezeigt, wie rasch ein Land wie Indien, das über vergleichsweise gut ausgebaute Universitäten mit großen Absolventenzahlen in Natur- und Ingenieurwissenschaften verfügt, in der Lage ist, zu einem wichtigen Knotenpunkt in der globalisierten Softwareproduktion zu werden (*Wolman/Colamosca* 1998). Solche Beispiele stellen zwar die generelle These nicht in Frage, daß unter den Bedingungen forcierter wirtschaftlicher Globalisierung Bildung zu einem zentralen Qualitätsmerkmal der gesellschaftlichen Infrastruktur wird, wohl aber die Erwartung, daß sich über eine Entwicklung des Bildungssystems die Teilung der Welt in Zentrumsstaaten mit hohen Reallöhnen und hohem Lebensstandard auf der einen und in chancenlose Drittweltstaaten auf der anderen Seite fortschreiben ließe.

Obwohl Bildung und Bildungspolitik im Globalisierungsdiskurs eine wichtige Rolle spielen, darf nicht übersehen werden, daß es dabei nur um ganz spezifische Bildungsinhalte geht. Sie haben wenig mit bürgerlichen Bildungstraditionen oder dem Geist der Aufklärung zu tun und sind auch wesentlich enger als das, was gemeinhin unter beruflicher Bildung verstanden wird. Bildung „zählt" im Globalisierungsdiskurs nur insoweit, als es sich einerseits um theoretisch abstraktes Wissen handelt und andererseits nur um solches Wissen, das innovative Marktchancen eröffnet. Dabei wird aber durchaus gesehen, daß nicht nur rezeptartiges angewandtes Wissen, sondern auch Grundlagenwissen solche Innovationschancen eröffnen kann. Deswegen werden wichtige kreative Leistungen der Menschen auch an der Nahtstelle zwischen Grundlagenwissen und Anwendung verortet sowie bei

der Kombination unterschiedlicher Wissenselemente (s. wiederum *Reich* 1994).
Solche Überlegungen zur ökonomischen Bedeutung von Bildung sind sicherlich alles andere als neu. In den sechziger Jahren haben sie den Bemühungen um Bildungsreform und Bildungsexpansion in Westdeutschland erst die nötige Schubkraft verliehen. Neu ist vielmehr, daß der Prozeß wirtschaftlicher Globalisierung den Innovationsdruck, die Innovationsdynamik und die Innovationschancen, aber auch die Möglichkeiten, auf diesem Wege reich oder sehr reich zu werden, deutlich gesteigert haben.

2. Emanzipation nationaler Bildungssysteme von staatlicher Obhut?

Welche Folgen sind von einer derartigen Aufwertung von Bildung für die nationalen Bildungssysteme und für die Bildungspolitik zu erwarten? Reicht es aus, mehr Geld in das vorhandene Bildungssystem zu pumpen, um „den Herausforderungen der Globalisierung" gewachsen zu sein? Oder wird darüber hinaus ein institutioneller Umbau des Bildungssystems erforderlich werden? Um diese Fragen wird es in diesem zweiten Abschnitt gehen. Wir möchten zeigen, daß zumindest ein in seiner Reichweite begrenzter institutioneller Umbau der nationalen Bildungssysteme unumgänglich sein wird, um den neuen Gegebenheiten gerecht zu werden.

An dieser Stelle müssen wir etwas weiter ausholen und, wenigstens mit groben Strichen, jene Bezüge des Bildungssystems zu Staat und Markt skizzieren, die seine bisherige Entwicklung geprägt haben. Zivilisatorische Grundkenntnisse wie Lesen und Schreiben und theoretisches Wissen, insbesondere mit grundsätzlicher Bedeutung für das Weltverständnis und die Mythologie (Astronomie, Mathematik...) waren von jeher wohlgehütete Geheimnisse vergleichsweise kleiner Eliten, deren Herrschaft sich nicht zuletzt auf dieses Wissen gründete. Mit dem 17. Jahrhundert setzt nun, von Westeuropa ausgehend, ein bis heute noch nicht abgeschlossener Prozeß kontinuierlicher Bildungsexpansion ein, der die Konturen und Leistungen des Bildungssystems geprägt hat. Wesentliche Auslöser waren einerseits die verschiedenen Spielarten aufklärerischen Denkens, andererseits die praktischen Erfordernisse einer sich industrialisierenden arbeitsteiligen Gesellschaft.

Der Prozeß der Bildungsexpansion wird insbesondere von zwei Momenten in Gang gehalten. Einmal von der gesellschaftlichen Praxis einer sich industrialisierenden arbeitsteiligen Gesellschaft. Dieses dynamische Moment ist mit der Institution sich selbst regulierender Märkte eng verknüpft.

Der Entwicklungsprozeß von eng begrenzten lokalen Märkten bis hin zu einer global verflochtenen Marktökonomie ermöglicht nicht nur, wie die Geschichte der Industrialisierung zeigt, gewinnbringende wissensbasierte Innovationen. Er erfordert weiterhin, daß alle potentiellen Marktteilnehmer die Techniken generalisierter Informationsübermittlung beherrschen. Dies beginnt bei der Alphabetisierung und wird derzeit zu einer Frage der Handhabung des Internets. Dieses Praxismoment hat aber auch mit dem Prozeß der Industrialisierung und dann mit dem der Tertiarisierung zu tun. Mit jeder neuen Industrialisierungs- und Tertiarisierungswelle steigt die Wissensabhängigkeit: Theoretisches Wissen wird hier immer mehr zum Entwicklungsmotor. Sehr deutlich machen dies Darstellungen, die die industrielle Entwicklung nach dem Modell der „langen Wellen" interpretieren (*Zapf* 1986; *Bühl* 1986; *Bornschier*, 1998; vgl. a. *Mayer* 1996).

Der zweite Pol hat mit dem modernen, durch den Geist der Aufklärung geprägten Staat und dem Konzept einer vernünftigen, rationalen Ordnung zu tun. Theoretisches Wissen ist von Beginn an immer Ordnungswissen gewesen. Es war und ist, jenseits aller Fragen der Nützlichkeit, auf Ordnungsleistungen beziehungsweise die Rekonstruktion einer unterstellten naturgesetzlichen Ordnung ausgerichtet. Insbesondere die Analysen *Michel Foucaults* haben gezeigt, wie der von den Gedanken der Aufklärung durchdrungene französische Staatsapparat Gesichtspunkte einer rationalen Ordnung, ausgehend von Militär und Strafjustiz, immer weiter entwickelt und durchsetzt (insbes. 1971; 1976). Mit dem Aspekt einer rationalen Ordnung ist ganz direkt die Praxis ihrer systematischen Durchsetzung verknüpft: der Staat als Gärtner, der Unterscheidungen praktisch durchsetzt und positive wie negative Zuordnungen exekutiert. Zu dieser Praxis gehört es etwa, „Wahnsinnige" in Irrenhäusern zu verwahren oder Lernende in Abhängigkeit von den gezeigten und benoteten Leistungen zu behandeln (zur Problematik dieser Praxis insbes. *Bauman* 1995).

Diese beiden divergierenden Anwendungsbezüge von Wissen zeigen sich auch in den erwarteten Bildungserträgen. Unter Markt- beziehungsweise Vermarktungsgesichtspunkten werden den Individuen durch Bildung zusätzliche Möglichkeiten erschlossen beziehungsweise Qualifikationen vermittelt. Zum anderen sind Bildung und Wissensvermittlung zentrale Elemente der gesellschaftlichen Integration. Bildung schafft, in der Sprache des Strukturfunktionalismus, Wertbindungen (*Parsons* 1951). Sie kann als ein zentrales Integrations- und Definitionsinstrument des modernen Nationalstaats angesehen werden (*Gellner* 1995). Beide Bezugspunkte, Markt wie Staat, schlagen sich auch in unterschiedlichen Philosophien der Institutionalisierung von Bildung nieder, auch wenn hier die Bezüge auf den Staat überwiegen.

Die Philosophie staatlich institutionalisierter Bildung zielt auf eine Rationalisierung der feudalen Ordnung. An die Stelle des Geburtsstatus tritt der Bildungsstatus. An die Stelle der feudalen Ständegesellschaft tritt eine hierarchisch gestufte Ordnung von Bildungszertifikaten (vgl. *Berger* 1989; *Kreckel* 1992, 107ff). Ebenso wie Bildung und Wissen eine unter spezifischen Gesichtspunkten vorgenommene Ordnung der Welt begründen sollen, ist das Bildungssystem seinerseits eine zentralisierte und hierarchisierte Ordnung. Über hierarchisch abgestufte Zertifikate hinaus sind die Institutionen der Wissensvermittlung ebenso wie die Bildungskarrieren hierarchisch geordnet. Lehrpläne und Lehrinhalte werden zentral fixiert und Elemente wie Prüfungen oder auch die Anordnung der Einrichtungsgegenstände in den Klassenzimmern sind dieser Struktur untergeordnet und unterstützen sie (hierzu wiederum die Analysen *Foucaults*).

Dagegen betont eine Philosophie, die von der Marktabhängigkeit von Wissen und Bildung geprägt ist, dezentrale Elemente gegenüber einem staatlich zentral strukturierten Bildungssystem. Jede einzelne Bildungseinrichtung muß sich gewissermaßen ihren Marktwert selbst erarbeiten. Umgekehrt ist der „Wert" von Bildungsabschlüssen nicht hierarchisch fixiert, sondern in erster Linie von dem Image der jeweiligen Schule oder Universität geprägt, abhängig von dem Ruf der Dozenten, den persönlichen Aktivitäten der Absolventen und so weiter. Während staatlich institutionalisierte Bildung in gleichartiger Weise in die Lebensverläufe eingreift (vgl. die These einer Institutionalisierung des Lebensverlaufs; *Kohli* 1989), trennt die die Marktabhängigkeit von Bildung betonende Philosophie weniger reinlich zwischen Bildungs- und Erwerbsphase.

Es muß betont werden, daß diese beiden Aspekte des Markt- und des Staatsbezugs von Bildung in der Realität immer in der einen oder anderen Weise zusammenkommen müssen. Eine reinliche Trennung ist nur analytisch in Anknüpfung an *Max Webers* Idealtypen (1988b) möglich. Dem Idealtyp staatsabhängiger Bildung kommt das Bildungsideal chinesischer Mandarine ziemlich nahe. Dem Idealtypus rein marktabhängiger Bildung entspricht in etwa die amerikanische Bildungstradition: der *self-made man* zeichnet sich ja auch dadurch aus, daß er nur das tut, was sich im nachhinein als besonders nützlich im Sinne von profitabel erweist (*Weber* 1988a). Aber auch diese beiden extremen Beispiele ändern nichts daran, daß sich Bildungssysteme, auch wenn sie von einem der beiden Pole dominiert sind, immer auch an den anderen anpassen müssen. Ein in hohem Maße staatsabhängiges Bildungssystem muß immer auch dem Arbeitsmarkt die erforderlichen Qualifikationen zuliefern, wobei hier die Vermittlung in der Regel über die Institution des Berufes und ihre Ausprägung in einer historischen Berufsstruktur erfolgt, die ja auch noch tätigkeitsübergreifend fixiert und definiert wird (zusammenfassend *Beck/Bolte/Brater* 1988). Umgekehrt muß ein marktabhängig institutionalisiertes Bildungssystem zumindest gewisse Mindeststandards an Staatsbezug mit abdecken. Die amerikanische Flagge ist in allen Schulen präsent, unabhängig von ihrem Prestige. Man kann versuchen, diese analytischen Überlegungen in der Weise in die Realität zurückzuübersetzen, daß man Bildungssysteme benennt, die besonders eindeutig staats- beziehungsweise marktabhängig strukturiert sind. Die naheliegenden Beispiele sind: das französische Bildungssystem für Staatsabhängigkeit und das US-amerikanische für Marktabhängigkeit.

Wir können diesen Exkurs nun abschließen und uns wieder dem Thema Globalisierung und Bildung zuwenden. Wir hatten bereits im ersten Abschnitt gesehen, daß in der Globalisierungsdiskussion durchweg der Gesichtspunkt der Marktabhängigkeit von Bildung betont wird und mit Bildung verbundene Ordnungsleistungen keine Bedeutung haben, zumindest insoweit, wie sie im nationalstaatlichen Bezug der Bildungssysteme repräsentiert sind. (Wir werden noch sehen, daß auch im Globalisierungsdiskurs Ordnungsfragen eine große Rolle spielen, jedoch in anderer Weise, als es der nationalstaatlich geprägten Tradition entspricht). Unser Exkurs zum Bildungssystem hat bereits, zumindest indirekt, deutlich gemacht, daß die zunehmende Wahrnehmung globaler Verflechtungen und Abhängigkeiten (vgl. zusammenfassend *Beck* 1998) nicht nur einfach den Marktwert von Bildung erhöht hat und Argumente für eine weitere Bildungsexpansion liefert, sondern darüber hinaus auch den Pol einer stärkeren Berücksichtigung der Marktabhängigkeit von Bildung betont. Wenn es eine Idealfigur für das wiederauflebende Interesse an Bildung im Zeitalter der Globalisierung gibt, dann hat diese mit den klassischen Bildungsidealen nichts mehr zu tun. Die neue Idealfigur ist eine Art Informationsmanager mit Gespür für profitable Ideen. Seine Anforderungen an das Bildungssystem haben vor allem mit Zugriffsmöglichkeiten und Verfügbarkeit, also mit Selektivität gegenüber einem im Detail längst nicht mehr überschaubaren Gebirge von Wissensbeständen zu tun. Subjektiver Sinn von Bildung und Wissen gerade auch im Sinne einer kompetenten Mediennutzung kann angesichts der Fülle potentieller Angebote erst über Praktiken selektiver Nutzung von Bildung, Wissen und Information hergestellt werden.

Nationale Bildungssysteme verlieren im Zeitalter der Globalisierung die für ihre Fortexistenz konstitutiven Grenzen und Schließungsmechanismen. In einer grenzübergreifenden Informationsgesellschaft werden ihre Inhalte, Zertifikate und Institutionen nur noch als eine unter vielen Möglichkeiten durchschaubar. Nationale Bildungssysteme erleiden damit das für Mobilität und offene Grenzen typische Schicksal von Wahrheitsverlusten einschließlich der Wertbindungen an stabile normative Ordnungen (vgl. wiederum die Analysen von *Bauman* 1995). Aber auch die instrumentelle Bedeutung nationaler Bildungssysteme, ihre Eigenschaft, nützliches und verwertbares Wissen zu vermitteln, gerät zumindest punktuell in Gefahr, weil auch andere klassische nationalstaatliche Institutionen wie die Berufsstruktur und der Arbeitsmarkt zumindest punktuell internationalisiert werden. Dies hängt damit zusammen, daß zumindest die großen Unternehmen zu globalen Akteuren werden, die ihre Bindungen an das Herkunftsland immer weiter abbauen (*Reich* 1994).

Es wäre nun aber höchst voreilig, aus diesen Tendenzen zu folgern, daß Bildungssysteme im Zeitalter der Globalisierung ohne Ordnungsstrukturen auskommen können. Die Diskussion zum Internet kann hier als ein paradigmatisches Beispiel gelten. Dabei ist noch offen, ob und inwieweit normative Filter, die beispielsweise Kinderpornographie, rechtsradikale Parolen oder Formen der Gewaltverherrlichung herausfiltern sollen, auf nationaler oder globaler Ebene eingerichtet werden sollen. Die Gegenposition kann sich nur das je individuelle Gewissen als den einzig wirksamen Filter in einer offenen Gesellschaft vorstellen. Man kann allerdings vermuten, daß der Schritt in die breite kommerzielle Anwendung des Internet nur dann schnell realisiert werden kann, wenn in der Tat bestimmte normative Mindeststandards garantiert werden. Unabhängig von dieser derzeit noch offenen Frage müssen aber in jedem Fall bestimmte technische Ordnungsstandards vorausgesetzt werden, um dieses Medium wirklich global nutzbar machen zu können. Sie unterliegen allerdings nicht normativen Geltungsansprüchen, sondern haben den Charakter von Konventionen, die Gesichtspunkte der Zweckmäßigkeit berücksichtigen müssen. Hieran wird deutlich, daß Ordnungsprobleme in offenen Gesellschaften nicht ausschließlich privatisierbar sind (so die Annahme von *Bauman* 1995, 239ff). Darüber hinaus bedarf das Leben in einer arbeitsteiligen globalisierten Weltgesellschaft der Zukunft in jedem Fall bestimmter Regeln im Sinne von Konventionen.

3. Neue Informations- und Kommunikationsmedien: Chancen für eine Weiterentwicklung des Bildungssystems

Die neuen Informations- und Kommunikationsmedien sind ein zentrales Element nicht nur der wirtschaftlichen, sondern auch der kulturellen und sozialen Globalisierung, da sie zeitliche und räumliche Kommunikationshindernisse überwinden. Die Utopie einer Echtzeitkommunikation rund um den Globus ist so zur technisch machbaren Realität geworden. Unter der Bedingung weiter sinkender Kosten für die Nutzung der neuen Medien werden so neben ökonomischen Transaktionen soziale Verflechtungen ungeachtet räumlicher Entfernungen möglich.

Welche Chancen entstehen hieraus für das Bildungssystem? Im Unterschied zu anderen Funktionssystemen basiert das Bildungssystem immer noch im wesentlichen auf direkter Kommunikation. Wissen wird im Bil-

Nationale Bildungssysteme im Globalisierungsprozeß

dungssystem, trotz aller Mediennutzung, immer noch zentral direkt vermittelt. Lehrende und Lernende müssen an einem Ort zur selben Zeit zusammengebracht werden, damit Wissensvermittlung vonstatten geht. Bildung gehorcht insofern auch heute immer noch der archaischen Grundsituation direkter Kommunikation. Die Lehrenden sind gewissermaßen in die Fußstapfen der Zauberer, Propheten, Geschichten- und Märchenerzähler getreten, auch wenn ihre Inhalte nüchterner geworden und in Lehrplänen und Studienordnungen bis ins einzelne kodifiziert worden sind. Dieses Element ist zweifellos wichtig gewesen dafür, daß Bildung eine Sozialisationsfunktion entfalten konnte und Wertbindungen und Ordnungsvorstellungen in der alphabetisierten Bevölkerung verankern konnte. Das Bildungssystem konnte solche Funktionen wohl gerade deshalb von der Familie abziehen, weil es ebenso auf der Grundlage von Kopräsenz und direkter Kommunikation funktioniert wie die Familie und ihr gegenüber den Vorzug hat, daß hier Kopräsenz zu Sozialisations- und Wissensvermittlungszwecken fest institutionalisiert ist. Insofern folgt Bildung auch dem Modell der manuellen Arbeit, die ebenfalls Kopräsenz in sachlicher Hinsicht voraussetzt.

Dagegen wird bei der Institutionalisierung des Lebensverlaufs (vgl. insbes. *Kohli 1989*) strikt zwischen Bildung und Erwerbsarbeit unterschieden. Unter diesen Bedingungen bedeutet Bildungsexpansion ganz zwangsläufig, worauf *Martin Kohli* ja wiederholt und eindringlich hingewiesen hat, eine Ausweitung der für Bildung reservierten Lebensphase auf Kosten der für Erwerbsarbeit vorgesehenen. Vor diesem Hintergrund nimmt es nicht wunder, daß die Bildungsexpansion der letzten Jahrzehnte bereits die fein säuberliche institutionelle Trennung zwischen Bildungs- und Erwerbsphase angegriffen hat, weil eine Umstellung in der Finanzierung der Bildungsphase von der Herkunftsfamilie auf Umlagefinanzierung nur sehr halbherzig in Angriff genommen wurde. Die Höhe und die Vergabebedingungen des Bundesausbildungsförderungsgesetzes haben zumindest an den Universitäten weitgehend zu Formen der Vermischung von Bildung und Erwerbsarbeit geführt, die wiederum die auf Kopräsenz orientierten Universitäten blockieren und in ihrer Effizienz beeinträchtigen.

Wahrscheinlich wäre ohne die Durchsetzung einer von Erwerbsarbeit freien Bildungsphase in der Kindheit und Jugend die bisherige Bildungsexpansion nicht erreichbar gewesen. Für den weiteren Weg in die Wissensgesellschaft wird institutionelle Trennung von Arbeit und Bildung in dieser Form aber zu einem Hemmschuh. Es wird sehr darauf ankommen, auf Bildung festgelegte arbeitsfreie Lebensphasen und zugleich auch die Form kopräsenter Wissensvermittlung wesentlich flexibler und gezielter einzusetzen.

Die neuen Medien, insbesondere die Arbeitsmittel Computer und Internet, schaffen sehr weitgehende Möglichkeiten für einen produktiven Umbau des Bildungssystems in diese Richtung. Sie steigern die Möglichkeiten, auf Wissen zeit- und raumunabhängig zuzugreifen. Ebenso schaffen sie wesentlich effizientere Möglichkeiten für die Technisierung von Bildungsprozessen durch Lernprogramme et cetera. Diese technischen Möglichkeiten können dann produktiv genutzt werden, wenn einmal ein Konsens darüber hergestellt werden kann, daß der Ordnungs- und Wertbindungseffekt von Bildung hinter den Dienstleistungseffekt zurücktreten kann, und wenn zweitens im Bildungssystem genauer zwischen der Vermittlung von Grundlagenwissen auf der einen und Vertiefung und Spezialisierung auf der anderen Seite unterschieden wird.

Unter Grundlagenwissen soll hier vor allem jenes Wissen verstanden werden, das den selbständigen Umgang mit formalisiertem und kontextunabhängigem Wissen vermittelt. Vertiefung und Spezialisierung setzt dies immer voraus und erschließt auf dieser Basis themenspezifische Wissensbereiche. Aus dieser Kennzeichnung ergibt sich bereits, daß die Vermittlung von Grundlagenwissen in stärkerem Maße an Kopräsenz, an direkte Kontakte zwischen Lehrenden und Lernenden gebunden ist als Prozesse der Wissensvertiefung und der Spezialisierung. Hier ist die Autonomie der Lernenden wesentlich höher zu veranschlagen. Dementsprechend sind hier die Flexibilisierungspotentiale besonders hoch.

Diese Zweiteilung von Wissen in Grundlagenwissen und spezialisiertes Vertiefungswissen liegt auch, allerdings in problematischer Weise, der teilweise in Deutschland bereits praktizierten Einführung von Bakkalaureus- und Magisterstudiengängen zugrunde. Problematisch an diesem Vorhaben ist vor allem, daß auf diesem Wege eine zusätzliche Selektionsschwelle eingeführt wird. Dabei darf allerdings nicht übersehen werden, daß damit den Anforderungen einer globalisierten Wirtschaft gleich mehrfach Rechnung getragen wird. Auf der einen Seite ermöglicht die Unterteilung in eine berufs- und forschungsorientierte Phase, daß auch diejenigen, die nicht in der Wissenschaft arbeiten wollen, einen anerkannten Studienabschluß erhalten und so bereits nach maximal drei Jahren in die Arbeitswelt „entlassen" werden können. Die Universitäten müssen hier jedoch dafür gradestehen, daß die „Grundausbildung" auch den Anforderungen des Arbeitsmarktes gerecht wird. Auf der anderen Seite entspricht sowohl die Bezeichnung der Studienabschlüsse als auch der strukturelle Aufbau des Studiums dem englischen Vorbild, so daß sich die Chancen auf dem internationalen Arbeitsmarkt bereits dadurch verbessern, daß Bakkalaureus und Magister im Gegensatz zum Diplom international anerkannte Abschlüsse sind. Außerdem wird dadurch der internationale Studienaustausch erheblich erleichtert, da man, abhängig von der Studienphase, in der man sich befindet, jederzeit an anderen Universitäten (zumindest im englischsprachigen Raum) sein Studium verlustfrei fortsetzen und so zusätzliche Qualifikationen erwerben kann. Weiterhin besteht die Möglichkeit, unterschiedliche Wissenschaftsdisziplinen zu einem individuellen Berufsbild (z.B. juristische Grundausbildung, danach wirtschaftswissenschaftliches Studium) zu formen – ein zusätzlicher Flexibilitätsvorteil, da man so auf die unterschiedlichen Anforderungen der Berufsfelder besser reagieren kann und in Abhängigkeit von der wirtschaftlichen Entwicklung neue „Berufe" kreieren kann.

Die neuen Medien geben aber auch Chancen für Veränderungen, die nichts mit Selektion und Elitebildung zu tun haben, sondern umgekehrt den Zugang zu Wissen weiter öffnen, indem das Prinzip kopräsenter Wissensvermittlung gezielter eingesetzt wird und Elemente des Fernstudiums in das Universitätsstudium integriert werden. Die Möglichkeiten sollen nun am Beispiel des Soziologiestudiums an Universitäten kurz skizziert werden. Das Feld für Flexibilisierungsmöglichkeiten, bei dem das Prinzip der Kopräsenz teilweise aufgegeben werden kann, liegt im Bereich der Vertiefungsgebiete, der speziellen Soziologien. Hier ist es ohne weiteres machbar, daß das ja immer sehr begrenzte lokale universitäre Angebot durch Internet-Seminare und auf Video aufgezeichnete Vorlesungen und Einführungsveranstaltungen in spezielle Soziologien ergänzt wird. Dieses Angebot könnte, ähnlich wie es ja auch von der Fernuniversität Hagen praktiziert wird[1], durch Blockveranstaltungen des jeweiligen Dozenten ergänzt werden, wo dann direkt über Probleme und offene Fragen diskutiert werden kann. Perspektivisch wäre eine Art Verbundsystem aller Dozenten mit Angeboten in spezieller Soziologie, zum Beispiel auf Länder- oder Bundesebene, ebenso sicherlich auch auf internationaler Ebene, denkbar, das die Spezialisierungsmöglichkeiten der Studierenden standortunabhängig drastisch erhöhen würde und zugleich die Spezialisierungsmöglichkeiten der Dozenten erheblich erweitern dürfte.

Darüber hinaus könnte man sich eine stärkere Flexibilisierung des Studiums dadurch vorstellen, daß Spezialisierungs- und Vertiefungsgebiete wahlweise nach klassischem Muster oder berufsbegleitend studiert werden können, wobei das berufsbegleitende Vertiefungsstudium hinsichtlich der Studiendauer weniger stark reglementiert werden kann. Ähnliches gilt heute ja bereits selbstverständlich für den Weg zur Promotion. Derartige Modelle würden darüber hinaus die Möglichkeiten einer berufsbegleitenden kontinuierlichen Weiterbildung erheblich verbessern und dieses Feld stärker in das universitäre Bildungsangebot integrieren. Obwohl die Universitäten sicherlich ein wichtiges und vorrangiges Feld für derartige Ent-

---

1 Außer der Fernuniversität Hagen, die fast vollständig auf Kopräsenz verzichtet, gibt es auch das Konzept eines kompletten Internet-Studiums, das sowohl raum- als auch zeitunabhängig absolviert werden kann. Vereinzelt wird diese Studienmöglichkeit bereits auch in Deutschland angeboten, vor allem in Studiengängen wie Informatik, Elektronik und Kommunikationstechnik.

wicklungen sein werden, ist ähnliches auch für den schulischen Bereich denkbar.

4. Zusammenfassung

Globalisierung bezeichnet Prozesse des gesellschaftlichen Zusammenwachsens über nationale Grenzen hinweg. In wirtschaftlicher Hinsicht geht es dabei vor allem um globalisierte Marktabhängigkeit und um globale Akteure. Begleitet wird dieser Prozeß durch kommunikative Globalisierung, die sich vor allem der neuen Medien bedient. Diese Tendenz verstärkt wiederum Aspekte kultureller Globalisierung. In politischer Hinsicht beschreibt Globalisierung Entwicklungen der transnationalen Zusammenarbeit und Einbußen nationalstaatlicher Souveränität.

Insbesondere jene Autoren, die sich mit wirtschaftlichen Globalisierungsaspekten beschäftigen, betonen die weiter wachsende Bedeutung von Bildung. Eine genauere Analyse zeigt, daß es dabei nicht einfach um eine Expansion der bisherigen nationalstaatlich geprägten Bildungssysteme gehen kann, sondern um deutliche Akzentverschiebungen, die vor allem Bildungssysteme mit ausgeprägt nationalstaatlichem Charakter betreffen. So wird nur die Bedeutung von innovativem und marktrelevantem Wissen weiter zunehmen, während klassisches Ordnungs- und Orientierungswissen eher weiter zerfallen wird.

Während Bildungsexpansion bislang immer eine direkte Ausweitung der für Bildung reservierten Lebensphase zur Folge hatte, wird diese starre Verkopplung zwischen Bildung und Lebensverlauf zunehmend aufgebrochen werden müssen, wenn der Weg in die Wissens- und Informationsgesellschaft weiter fortgesetzt werden soll. Für das Bildungssystem selbst hätte das zur Folge: mehr Dezentralisierung und Flexibilisierung und die Chance, von einer auf eine bestimmte Lebensphase spezialisierten zu einer lebensbegleitenden Institution zu werden.

PHILLIP BROWN,
HUGH LAUDER

Education, Globalization and Economic Development

Introduction[1]

Since this paper was conceived the Modernising *Blair* government has come into power in the United Kingdom and *Gerhard Schröder* has been elected to lead an SPD coalition in Germany. Initially it appeared that both were singing from the same hymn sheet extolling the virtues of a Third Way, as implied by their recent joint publication. However, what the Third Way means in practice has always been difficult to define. *Tony Blair* extols the virtue of shareholder capitalism, *Schröder* appears to remain wedded to a politics of social partnership. In relation to education and training the distinction between the two remains crucial if we see the Dual System as integral to a political economy based on 'stakeholder' values and practices. The fact is that, although the Dual System is confronted with a set of important challenges, training levels are still far superior in Germany to those of the UK. Moreover, from our research in Germany, it seems that the multinational German corporations also appear committed to the Dual System. In our view if nations are to thrive in the twenty-first century it will be through the skills and understandings of the population, what we call 'collective intelligence' in a book to be published soon (*Brown/Lauder* 2000). But the Third Way as defined by New Labour in Britain precludes such a possibility. The tolerance of extremes of wealth and poverty, flexible labour markets which ensure that profits can be made out of cheap unskilled labour, and the reduction in

---

[1] Revised version of an article that originally appeared in the *Journal of Education Policy*.

welfare provision which has led to the democratisation of insecurity and fear throughout much of society, cannot be the way forward.

Germany is closest of any economy to what we call in this paper post-Fordism. For it to pursue the British Labour Government's version of the Third Way would be to court a major decline in productivity, living standards and quality of life. After all, it is recognised in Britain that Germany has higher levels of productivity and investment, a far better skilled workforce in intermediate skills and a much more efficient national system of linking skill and innovation diffusion through the economy. We are well aware that the German economy faces problems but would argue that they can better be met within the existing structure of social partnership rather than by the 'Third Way'.

The question arises as to whether Germany has any option in this matter given the forces of globalisation. We are not as pessimistic in this regard as *Hans-Peter Martin* and *Harald Schumann* (1996) because it is clear that Germany's wealth will continue to be created by its competitiveness in intermediate manufactured goods. And, as companies like *VW* and now *Daimler-Chrysler* have discovered it is hard to replicate the quality of goods produced in Germany by manufacturing plants in other countries. The costs of exit by large companies from Germany are, often, not factored into the picture by 'globalisation pessimists'. The more general points to make are that most of the high skilled work of multinational corporations remains rooted in their country of origin. Moreover, it is an argument of this paper and our forthcoming book that nation states have much more room for manoeuvre than the Third Way rhetoric suggests. The crucial point is how nations respond to what we call the *global auction*. Where we would, now, agree strongly with *Martin* and *Schumann*, that the future of a political economy based on social partnership rests with Europe. It is for this reason that the recent difference of opinion between *Blair* and *Schröder* is of such significance. –

Since the first oil shock in the early 1970s western societies have experienced a social, political, and economic transformation that is yet to reach its conclusion. At its epicentre is the creation of a global economy that has led to an intensification of economic competition between firms, regions and nation states. This globalisation of economic activity has called into question the future role of the nation state and how it can secure economic growth and shared prosperity. At first sight this may appear to have little to do with educational policy, however, the quality of a nation's education and training system is seen to hold the key to future economic prosperity. This paper will outline some of the consequences of globalisation and why education is crucial to future economic development. It will also show that despite the international consensus concerning the importance of education, strategies for education and economic development can be linked to alternative 'ideal typical' neo-Fordist and post-Fordist routes to economic development which have profoundly different educational implications.

These neo-Fordist and post-Fordist routes can also be connected to alternative political projects. Since the late 1970s the States and Britain have followed a neo-Fordist route in response to economic globalisation, which has been shaped by the New Right's enthusiasm for market competition, privatisation and competitive individualism. However, with the election of the Democrats in the 1992 American presidential elections and the resurgence of the British Labour Party there is increasing support for a post-Fordist strategy. Although much has already been written about the flaws in the New Right's approach to education and national renewal, far less has yet been written on what we will call the 'left modernisers'. It will be argued that whilst the left modernisers present a promising programme for reform vis a vis the New Right, their account of education, skill formation and the global economy remains unconvincing. Therefore, an important task of this paper is to highlight the weaknesses in the left modernisers account to show that if post-Fordist possibilities are to be realised, it will be essential for those on the left to engage in a more thorough going and politically difficult debate about education, equity and efficiency in late global capitalism.

Globalisation and the New Rules of Economic Competition

The significance of globalisation to questions of national educational and economic development can be summarised in terms of a change in the rules of eligibility, engagement and wealth creation (*Brown/Lauder* 2001). Firstly, there has been a change in the rules of eligibility. In the same way that sports clubs run 'closed' events where club membership is a condition of entry, they may also run tournaments 'open' to everyone. Likewise there has been a shift away from the closed or walled economies of the post-war period towards an open or global economy. As a result of this change in the rules of eligibility domestic economies have been exposed to greater foreign competition (*Reich* 1991, *ILO* 1995). Changes in the rules of eligibility have also enhanced the power of the multinational corporations. The multinationals not only account for a growing proportion of cross-border trade, but are a major source of new investment in technology, jobs and skills. Since the mid-1970s the multinationals have grown more rapidly than the world economy. In real terms, whereas the US economy was growing at an annual rate of 2.8 per cent (the *OECD* average was 2.9 per cent), the multinationals annual sales growth was in the region of 3.5 per cent during the period between 1975-1990 (*Carnoy et al.* 1993, 49). Moreover, the old national 'champions' such as *Ford, IBM,*

ICI and *Mercedes Benz* have tried to break free of their national roots, creating a *global auction* for investment, technology and jobs.

In America and Britain the creation of this global auction has been linked to the breakdown of the Fordist rules of engagement between government, employers and workers. Although some writers have restricted their definition of Fordism to refer exclusively to the system of mass production, Fordism is a label that can equally be applied to Keynesian demand management in the postwar period referring to both the expansion of mass consumption as well as mass production (*Lipietz* 1987, *Harvey* 1989). The rapid improvement in economic efficiency which accompanied the introduction of mass production techniques necessitated the creation of mass markets for consumer durables, including radios, refrigerators, television sets and motor cars. In order for economic growth to be maintained, national governments had to regulate profits and wage levels to sustain the conditions upon which economic growth depended. Hence, the development of the welfare state in western industrial societies was seen to reflect efforts on the part of national governments to maintain the Fordist compromise between employers and organised labour. The combination of increased welfare state protection for workers, coupled with full employment and a degree of social mobility, temporarily 'solved' the problem of distribution (*Hirsch* 1977) under Fordism. The problem of distribution is that of determining how opportunities and income are to be apportioned. Under capitalism this is an ever present problem because it is a system which is inherently unequal in its distribution of rewards and opportunities. However, during the Fordist era the combination of the rewards of economic growth being evenly spread across income levels, increasing social security, occupational and social mobility according to ostensibly meritocratic criteria generated a high degree of social solidarity. However, over the last twenty years the U.S. and Britain have introduced 'market' rules of engagement. Here the nation state is charged with the role of creating the conditions in which the market can operate 'freely'. Therefore, rather than trying to engineer a compromise between employers and the trade unions the state must prevent the unions from using its 'monopoly' powers to bid-up wages which are not necessarily reflected in productivity gains. Hence, according to the market rules of engagement the prosperity of workers will depend on an ability to trade their skills, knowledge, and entrepreneurial acumen in an unfettered global market place.

In the new rules of wealth creation economic prosperity will depend on nations and companies being able to exploit the skills, knowledge, and insights of workers in ways which can no longer be delivered according to Fordist principles. Enterprise which can deliver a living wage to workers now depend on the quality as much as the price of goods and services, and on finding new sources of productivity and investment. Such 'value added' enterprise is most likely to be found in companies offering 'customised' goods and services in microelectronics, telecommunications, biotechnology, financial services, consultancy, advertising, marketing and the media. As it is more difficult for competitors to mass produce the same goods or to offer customers tailored services. In such companies improvements in productivity depend upon the 'organic' integration of applied science, technological innovation, free-flow information networks, and high trust relations between management and multi-skilled workers. The increasing costs of errors, demand for quality control, and for multi-skilled workers with a conceptual grasp of a large section of the production process or office activities has made the specialised division of labour in Fordism a source of organisational inefficiency.

In response to these new rules all western nations, in their domestic economies and foreign affairs, have had to look to their own social institutions and human resources to meet the global challenges they confront (*OECD* 1989). Lessons learnt from Japan and the Asian Tigers suggest that the 'human side of enterprise' is now a crucial factor in winning a competitive advantage in the global economy. Advantage is therefore seen to depend upon raising the quality and productivity of human capital. Knowledge, learning, information, and technical competence are the new raw materials of international commerce:

'Knowledge itself, therefore, turns out to be not only the source of the highest-quality power, but also the most important ingredient of force and wealth. Put differently, knowledge has gone from being an adjunct of money power and muscle power, to being their very essence. It is, in fact, the ultimate amplifier. This is the key to the power shift that lies ahead, and it explains why the battle for control of knowledge and the means of communication is heating up all over the world.' (*Toffler* 1990, 18).

Although such statements greatly exaggerate the importance of knowledge in advanced capitalist economies, without exception, national governments of all political persuasions have declared that it is the quality of their education and training systems which will decisively shape the international division of labour and national prosperity. Therefore the diminished power of nation states to control economic competition has forced them to compete in what we call the global *knowledge wars*. In Britain, for instance, the *National Commission on Education* suggests that:

'For us, knowledge and skills will be central. In an era of world-wide competition and low-cost global communications, no country like ours will be able to maintain its standard of living, let alone improve it, on the basis of cheap labour and low-tech products and services. There will be too many millions of workers and too many employers in too many countries who will be able and willing to do that kind of work fully as well as we or people in any other developed country could do it – and at a fraction of the cost' (1993, 33).

But how the problem of education and training policies are understood and how the demand for skilled workers is increased is subject to contestation and political struggle. There is no doubt, for instance, that the introduction of new technologies has expanded the range of strategic choice available to employers and managers. However, this has exposed increasing differences, rather than similarities, in organisational cultures, job design and training regimes (*Lane* 1989, *Green/Steedman* 1993). There are few guarantees that employers will successfully exploit the potential for 'efficiency', precisely because they may fail to break free of conventional assumptions about the role of management and workers, and cling to the established hierarchy of authority, status and power. This should alert us to the fact that the demise of Fordism in the West does not necessarily mean that the majority of workers will find jobs which exercise the range of their human capabilities. The interests of employers seeking to maximise profits and workers seeking to enhance the quality of working life and wages remain an important source of cleavage given that it is still possible for companies to 'profit' from low tech, low wage operations. There is no hidden-hand or post-industrial logic which will lead nations to respond to the global economy in the same way, despite the fact that their fates are inextricably connected. Indeed, we would suggest that the universal consensus highlighting education and training systems as holding the key to future prosperity has obscured fundamental differences in the way nations are responding to the global economy.

Therefore, while recognising that some of the key elements of Fordism in western nations are being transformed in the global economy, it is important not to prejudge the direction of these changes which must remain a question of detailed empirical investigation (see *Block* 1990). For analytical purposes it is useful to distinguish two 'ideal typical' models of national economic development in terms of neo-Fordism and post-Fordism (see figure). Neo-Fordism can be characterised in terms of creating greater market flexibility through a reduction in social overheads and the power of trade unions; the privatisation of public utilities and the welfare state, as well as a celebration of competitive individualism. Alternative, post-Fordism can be defined in terms of the development of the state as a 'strategic trader' shaping the direction of the national economy through investment in key economic sectors and in the development of human capital. Therefore, post-Fordism is based on a shift to 'high value' customised production and services using multi-skilled workers (see also *Allen* 1992).

In the 'real' world the relationship between education and economic development reveal examples of contradiction as much as correspondence. Moreover, although it is true to say that countries such as Germany, Japan and Singapore come closer to the model of post-Fordism, and the USA and Britain approximate neo-Fordist solutions, we should not ignore clear examples of 'uneven' and contradictory developments within the same region or country.

Post-Fordist Possibilities: Alternative Models of National Development

Fordism	Neo-Fordism	Post-Fordism
Protected National Markets	Global Competition through: productivity gains, cost-cutting (overheads, wages)	Global Competition through: innovation, quality, value-added goods and services
	Inward investment attracted by 'market flexibility' (reduce the social cost of labour, trade union power)	Inward investment attracted by highly skilled labour force engaged in 'value added' production/services.
	Adversarial market orientation: remove impediments to market competition. Create 'enterprise culture'. Privatisation of the welfare state	Consensus based objectives: corporatist 'industrial policy' Co-operation between government, employers and trade unions
Mass production of standardised products / low skill, high wage	Mass production of standardised products / low skill, low wage 'flexible production'	Flexible production systems / small batch / niche markets; shift to high wage, high skilled jobs
Bureaucratic hierarchical organisations	Leaner organisations with emphasis on 'numerical flexibility'	Leaner organisations with emphasis on 'functional flexibility'
Fragmented and standardised work tasks	Reduce trade union job demarcation	Flexible specialisation / multi-skilled workers
Mass standardised (male) employment	Fragmentation / polarisation of labour force. Professional 'core' and 'flexible workforce'; (i.e. part-time temps, contract, portfolio careers)	Maintain good conditions for all employees. None 'core' workers receive training, fringe benefits, comparable wages, proper representation
Divisions between managers and workers / low trust relations / collective bargaining	Emphasis on 'managers right to manage'. Industrial relations based on low trust relations	Industrial relations based on high trust, high discretion, collective participation
Little 'on the job' training for most workers	Training 'demand' led / little use of industrial training policies	Training as an national investment / state acts as strategic trainer

It also highlights the fact that there are important differences in the way nation states may move towards a post-Fordist economy with far-reaching implications for democracy and social justice. Nevertheless, these models represent clear differences in policy orientations in terms of the dominant economic ideas which inform them and underlying cultural assumptions about the role of skill formation in economic and social development (*Thurow* 1993). First we will assess the New Right's interpretation of education as part of a neo-Fordist strategy, before undertaking a detailed account of the left modernisers vision of a post-Fordist high skill, high wage economy.

The New Right: Education in a Neo-Fordist 'Market' Economy

According to the New Right the Fordist 'crisis' stems from the legacy of Keynesian economics and an egalitarian ideology which promoted economic redistribution, equality of opportunity and welfare rights for all. Hence, the overriding problem confronting western capitalist nations is to reimpose the disciplines of the market. The route to national salvation in the context of global knowledge wars is through the survival of the fittest, based on an extension of parental choice in a market of competing schools, colleges and universities (*Ball* 1993). In the case of education, where funding, at least during the compulsory school years, will come from the public purse, the idea is to create a quasi-market within which schools will compete (*Lauder* 1991). This approximation to the operation of a market is achieved by seeking to create a variety of schools in a mixed economy of public and private institutions. In some cases they will aim at different client groups such as the ethnic minorities; religious sects; or 'high flyers'. This 'variety' it is argued will provide parents with a genuine choice of different products (*Boyd/Cibulka* 1989, *Halstead* 1994). Choice of product (type of school) is seen to be sufficient to raise the standards for all, because if schools cannot sell enough desk space to be economically viable, they risk going out of business. Moreover, the economic needs of the nation will be met through the market, because when people have to pay for education they are more likely to make investment decisions which will realise an economic return. This will lead consumers to pick subjects and courses where there is a demand for labour, subsequently overcoming the problem of skill shortages. Equally, there will be a tendency for employment training to be 'demand led' in response to changing market conditions (*Deakin/Wilkinson* 1991).

Critics of the marketisation of education therefore argue that the introduction of choice and competition provides a mechanism by which the middle classes can more securely gain an advantage in the competition for credentials (*Brown* 1995). This is because not all social groups come to an educational market as equals (*Collins* 1979). Cultural and material capital are distributed unequally between classes and ethnic groups. In particular, it is the middle classes which are more likely to have the cultural capital to make educational choices which best advantage their children (*Brown* 1990, *Brown/Lauder* 1992).

What evidence there is about the workings of educational markets suggests that they are far more complex than its critics suggest (*Lauder et al.* 1999). Nevertheless, the evidence so far confirms the prediction that the introduction of parental choice and competition between schools will amount to a covert system of educational selection according to social class and in terms of resources. As middle class students exit from schools with working class children they will also take much needed resources from those schools and effectively add to already well-off middle class schools. In consequence, they tend to lead to social class and ethnic polarisation in schools (*Willms/Echols* 1992, *Lauder et al.*). In nations like the USA and Britain, the overall effect will be to segregate students in different types of school on the basis of social class, ethnicity and religion. The net result will again be a massive wastage of talent as able working class students once more find themselves trapped in schools which do not give them the opportunity of going to university (*Halsey et al.* 1980). If this is the overall effect then it can be argued that the marketisation of education, while appearing to offer efficiency and flexibility of the kind demanded in the post-Fordist era, will in fact school the majority of children for a neo-Fordist economy which requires a low level of talent and skill.

In the context of the global auction, the market reforms in education are likely to leave a large majority of the future working population without the human resources to flourish in the global economy. Here the link between market reforms and neo-Fordism is barely disguised in countries which have been dominated by New Right governments in the 1980s. The principle objective of economic policy is to improve the competitiveness of workers by increasing labour market flexibility by restricting the power of trade unions, especially in order to bring wages into line with their 'market' value. This philosophy led Britain to reject the Social Chapter of the Maastricht Treaty, which provided legislative support for workers, because it was argued that it would undermine Britain's competitiveness in attracting inward investment, despite the poor work conditions this would inflict on employees. In contradistinction, market reforms in education and the economy have ensured the conditions in which highly paid middle class professionals and elite groups are able to give their children an 'excellent' (sic) education in preparation for their bid to join the ranks of *Robert Reich's* (1991) 'symbolic analysts'.

A different critique, albeit coming to the same conclusion, can be mounted against the introduction of market mechanisms in post-compulsory education and training. A key area of the post-compulsory sector for a post-Fordist economy is that concerned with the education of skilled trades people and technicians (*Streeck* 1989). The New Right has argued that the introduction of market mechanisms into this area will ensure a closer matching of supply and demand for trained labour and hence greater efficiency in the allocation of skilled labour. The argument rests on the assumptions that individuals and employers should bear the cost and responsibility for training. It is assumed that individuals gain most of the benefits from such a training and that they should therefore bear much of the cost (*Lauder* 1987). Moreover, since they are paying substantially for their training they will choose to train in an area in which there is market demand. Insofar as employers should help bear the cost of training and the responsibility for the type of training offered, it is argued that employers are in the best position to assess the numbers of skilled workers required and the kind of skills they should possess. Underlying this observation is an appreciation of employers' short-term interests. Given the assumption that they 'know best' what the levels and nature of skilled labour there should be, it follows that they will be reluctant to pay taxes or levies for training undertaken by a third party, such as the state.

While this view, as with other New Right views, is plausible, it has come in for sustained criticism. One of the most cogent is that of *Wolfgang Streeck* (1989). He argues that under a free labour contract of the kind found in liberal capitalist societies which gives workers the right to move from one firm to another, skills become a collective good in the eyes of employers. This is because the rewards of training individuals can easily be 'socialised' by the expedient of trained workers moving to another job while the costs of training remain with the original employer. Since employers face a clear risk in losing their investment they are unlikely to invest heavily in training. *Streeck* argues that, as a result, western economies are likely to face a chronic skill shortage unless the state intervenes to ensure adequate training occurs.

Moreover, unless there is state intervention employers will reduce the training programmes they do have when placed under intense competitive pressure. *Streeck* (1989) notes that in the prolonged economic crisis of the seventies, western economies, with the exception of Germany, reduced their apprenticeship programmes. In Germany government and trade union pressure ensured that the apprenticeship programme was extended. Two consequences followed: the apprenticeship system helped to alleviate youth unemployment and it contributed to the technical and economic advantage enjoyed by German industry in the early eighties.

There are further criticisms that can be made of a market determined training system. From the standpoint of the individual, it is unlikely that those who would potentially enter a skilled trade or technical training, working and lower middle class school leavers, could either afford the costs of such a training or take the risks involved. The risks are twofold: firstly, given the time lag between entering a training programme and completing it, market demand for a particular type of training may have changed with a resulting lack of jobs. In the competitive global market, such an outcome is all too likely. In an employer-led training system the pressure will always exist for training to meet employers' specific and immediate needs. The consequence is that such a training system is likely to be too narrowly focused to meet rapidly changing demand conditions. Secondly, a further point follows from this, namely that the industries of today are likely to be tomorrow's dinosaurs. As a result, employer-led training schemes may not contain the vision and practice required in order to maintain the high skill base necessary for a post-Fordist economy.

The outcome of the reassertion of market discipline in social and economic institutions has been the development of a neo-Fordist economy characterised by insecurity and the creation of large numbers of temporary, low skilled and low waged jobs. The appeal to 'self-interest' and 'free enterprise' serves to mask the political interests of the most privileged sections of society. Indeed, the very notion of a national system of education is called into question as professional and elite groups secede from their commitment to public education and the ideology of meritocracy upon which public education in the twentieth century has been founded.

Left Modernisers: Education in a Post-Fordist 'Magnet' Economy

Over the last decade a new centre-left project has emerged in response to the ascendancy of the New Right. These 'left modernisers' reject much that was previously taken for granted amongst their socialist predecessors, contending that the transformation of capitalism at the end of the twentieth century had significantly changed the strategies that the left need to adopt in its pursuit of social justice *and* economic efficiency. This involves a recognition that the left must develop a credible response to the global economy, that will include economic policy and management as well as dealing with issues of distribution, equity and social policy (*Rogers/Streeck* 1994, 138). At the top of their agenda is a commitment to investment in human capital and strategic investment in the economy as a way of moving towards a high skilled, high waged 'magnet' economy. Underlying these economic forms of investment is a vision of a society permeated by a culture of learning for it is the knowledge, skills and insights of the population that is the key to future prosperity. The ideas of the 'left modernisers' are to be found in books such as *Reich* (1991) and *Lester Thurow* (1993) in the United States, the *Commission on Social Justice* (1994) and *Brown* (1994) in Britain. The ideas represented in these works are also consistent with Democratic politics in the United States and have informed the direction of Labour Party policy in Britain.[2]

The modernisers account of how to create a post-Fordist economy can be summarised in the following way. It begins with a recognition that it is impossible to deliver widespread prosperity by trying to compete on price rather than the quality of goods and services. They, therefore, advocate a change in policy relating to both investment in physical and human capital. They advocate what has become known as producer capitalism (*Dore* 1987, Thurow 1993, *Hutton* 1995) in which low cost long-term investment is linked to the development of human capital. Producer capitalism stands in stark contrast to market capitalism in which price and short term profit are the key criteria for enterprises. Not surprisingly, they reject the assertion made by the acolytes of market capitalism that the only route to prosperity is through the creation of greater market 'flexibility' by lowering labour costs or by repealing labour protection laws. The modernisers see that in the new economic competition making those at the bottom end of the labour market more insecure and powerless against exploitative employers is not the way for workers and nations to confront the challenge of the global auction. They recognise that the provision of a floor of protective rights, entitlements and conditions for workers in the context of the global auction is both socially desirable and economically essential. In practice what this means is reinforcing labour laws against the worst excesses of unscrupulous employers and the vagaries of the global auction. This will include a minimum wage and various forms of government intervention to get the long-term unemployed back into work. For modernisers, this is part of building a new high trust partnership between government, employers and workers. For, they argue that it is only through such a partnership that a high skill, high wage economy can be created. The role of the state in such a partnership is that of a 'strategic trader' (*Krugman* 1993) selecting 'winners' or guiding industrial development where appropriate and, most importantly, providing the infrastructure for economic development. Here the development of a highly educated workforce is seen as a priority.

---

2 The extent to which the *Clinton* administration in America has attempted to introduce a viable industrial policy has been clearly limited (see *Shoch* 1994).

The importance the modernisers attach to education stems from a belief that the increasing wage inequalities in America and Britain over the last decade are a reflection of the returns to skill in a global auction for jobs and wages. The essence of this idea was captured by *Bill Clinton* in a major address on education:

'The key to our economic strength in America today is productivity growth... In the 1990s and beyond, the universal spread of education, computers and high speed communications means that what we earn will depend on what we can learn and how well we can apply what we learn to the workplaces of America. That's why, as we know, a college graduate this year will earn 70 per cent more than a high school graduate in the first year of work. That's why the earnings of younger workers who dropped out of high school, or who finished but received no further education or training, dropped by more than 20 per cent over the last ten years alone.' ('They are All Our Children' Speech: *East Los Angeles College*, May 1992)

Hence, for all western societies the route to prosperity is through the creation of a 'magnet' economy capable of attracting high skilled, high waged employment within an increasingly global labour market. This is to be achieved through sustained investment in the national economic infrastructure including transportation, telecommunications, research and development, et cetera alongside investment in education and training systems. In the moderniser's account it is nevertheless acknowledged that there is unlikely to be enough skilled and well paid jobs for everyone. However, flexible work patterns are assumed to lead to greater occupational mobility permitting people to move from low skilled jobs when in full-time study, to high skilled jobs in mid-career back to low skilled jobs as retirement age approaches. Of course, such a view depends on substantial mobility in both an upwards and downwards direction (*Esping-Anderson* 1994). Therefore, in the same way that unemployment is tolerable if it only lasts for a few months, being in a low skilled, poorly paid job is also tolerable as long as it offers progression into something better.

Education and training opportunities are therefore pivotal to this vision of a competitive and just society. For not only can education deliver a high value-added 'magnet' economy but it can also solve the problem of unemployment. However, it is a mistake for nation states to 'guarantee' employment because this harbours the same kind of vestigial thinking that led to previous attempts to protect uncompetitive firms from international competition; they simply become even less competitive. The only way forward is to invest in education and training to enable workers to become fully employable. In this account, social justice inheres in providing all individuals with the opportunity to gain access to an education that qualifies them for a job. Clearly there is a tension here between the idea of flexibility and the need to guarantee a minimum wage so protecting labour from exploitation. All the indications are that the modernisers will err on the side of caution and provide what could only be described as minimal protection. In the end, the difference between the modernisers and the New Right on this issue may be marginal. Although, as we shall see there are good economic reasons why adequate social protection is desirable.

What is wrong with the left modernisers' concept?

There are several features of the modernisers account with which we concur, including the need to introduce a version of 'producer' capitalism, but as a strategic policy for education and economic development it is flawed. Our purpose in exposing these flaws is to set the scene for a more radical and thorough going debate about education, economy and society in the early decades of the twenty-first century. Our criticisms cluster around four related problems. First, the idea of a high skilled, high wage magnet economy; second, whether reskilling the nation can solve the problem of unemployment; third, whether it is correct to assume that income polarisation is a true reflection of the 'value' of skills in the global labour market; and finally, the problem of how the modernisers propose upgrading the quality of human resources so all are granted an equal opportunity to fulfil their human potential.

How can a high skilled, high wage 'magnet' economy be created?

The problem with the modernisers account is that they assume that highly skilled and well paid jobs will become available to all for at least a period of their working lives. Indeed, this is an essential tenet of their argument given that they suggest that widening inequalities can be overcome through upskilling the nation and that full employment remains a realistic goal. In other words, the modernisers continue to believe that the labour market can act as a legitimate mechanism (through the occupational division of labour) for resolving the distributional question in advanced capitalist societies.

The plausibility of this account hangs on the idea that the global auction for jobs and enterprise offers the potential for western nations to create 'magnet' economies of highly skilled and well paid jobs. This is an idea which has obvious appeal to a broad political constituency. It serves to replenish the spirits of those who see the US following Britain in a spiral of economic decline after a period of global dominance. We are presented with the comforting picture of a global economy which although no longer likely to be dominated by American and European companies, is characterised by prosperous Western workers making good incomes through the use of their skills, knowledge an insights. In reality, however, this characterisation represents an imperialist throw-back to the idea that innovative ideas remain the preserve of the advanced western nations with the possible exception of Japan. *Reich*, for example, assumes that as low skilled work moves into the new industrial countries and third world economies, America, the European Community countries and Japan will be left to fight amongst themselves for the high value-added jobs. The problem with this view is that it completely misunderstands the nature of the economic strategies now being implemented by the Asian Tigers, who have already developed economic and human capital infrastructures which are superior to many western countries (*Ashton/ Sung* 1994). This is partly reflected in the international convergence in education systems, at least in terms of expanding their tertiary sectors. Therefore, whilst we should not rule out the possibility that multinationals, when making inward and outward investment decisions, will judge the quality of human resources to be superior in particular countries, it is extremely unlikely that a small number of nations will become 'magnets' for high skilled, high waged work.

The difficulty for the modernisers is that by concentrating on the question of skill formation rather than on the way skills are linked to the trajectory of economic development, they obscure some of the fundamental problems, relating to educated labour, that need to be confronted. *Michael Piore* (1990) has, for example, argued that where labour market regulation is weak, there is no incentive for employers to invest and use the new technology in a way which raises the value added and the quality of work. Rather, weak labour market regulation leads to a viscous circle whereby profit is extracted through sweatshop labour, low wages and low productivity. In effect, what regulated labour markets do is to create an incentive for entrepreneurs to invest in capital intensive forms of production in order to generate the high value added to pay for the wage levels set by regulated labour markets (*Sengenberger/Wilkinson* 1995). If *Piore* is correct then we would expect the patterns of future work to develop along different trajectories depending on the degree to which their labour markets are regulated. While projections of labour supply and occupational change need to be viewed with some scepticism, the 1994 *OECD* report on this subject certainly supports *Piore's* position when the United States is compared with Holland. On all indices of social protection and labour market regulation Holland provides an example of far greater social protection for workers, yet the vast majority of new jobs being created could be classified as 'skilled' (*OECD* 1994). In the United States approximately half the jobs being created were in service occupations requiring little formal training. The lesson here is obvious, the route to a high value added economy must involve an analysis of factors affecting the demand for educated labour. The implicit assumption, harboured by the modernisers, that through investing in the employability of workers, employers will automatically recognise this potential and invest in upgrading the quality of their human resources is clearly naive.[3] There seems little doubt that although in some important respects the modernisers will succeed in producing some improvement in the quality of employment opportunities, they will not achieve the goals of post-Fordist development because investment in education and training as the focal point of their policy will not lead to the creation of a high skill, high wage economy.

Can Reskilling the Nation Solve the Problem of Unemployment?

The focus on employability rather than employment also leaves the modernisers accused of failing to offer a realistic return to full employment. Indeed, the high skill, high wage route may be pursued at the price of high unemployment. This is because neo-classical economists argue that labour market deregulation is the only way to solve unemployment. The theory is that the regulation of the labour market favoured by the modernisers bids up the price of those in work and discourages employers from taking on more workers. With deregulation the price of labour would fall and employers would 'buy' more workers. The debate over labour market deregulation has given rise to the view that all advanced societies are now on the horns of a dilemma in terms of unemployment. Either labour markets are deregulated as in America, where official unemployment is below five per cent, but where there is extensive poverty because wages at the bottom end of the labour market are insufficient to live off, or they are more regulated, as in the producer capitalist route pursued by Germany, where unemployment is higher, but so is the compensation paid to the unemployed (*Commission* 1993, *Freeman* 1995). The problem this poses to the modernisers is that on the one hand a majority of workers can expect good quality jobs and a reasonable standard of living but the polarisation of market incomes avoided by the producer capitalist route is reproduced between those in work and those unemployed. The divisions in society remain but the source is different.

Unemployment, at the low levels achieved during the post-war period was historically unique, depending on a contingent set of circumstances (*Ormerod* 1994). Attempting to create similar circumstances for the early part of the twenty-first century is likely to prove illusive and in political terms something of a hoax perpetrated by political parties who promise it or something close

---

3 The floor of protective rights for workers as envisaged by the modernisers is, for example, likely to be too weak to act as an incentive to employers to upgrading the quality of work opportunities. Moreover, see *Kuttner's* response to *Rogers* and *Streeck* (1994).

to it. It is, perhaps, for this reason that the modernisers translate full employment into full employability, thereby throwing the onus on the individual to find a job.

What appears to have happened in the past twenty five years is that a set of economic and social forces have pushed the lower limit of unemployment up substantially from an *OECD* average well below five per cent in the post-war period to an average well above seven per cent. The introduction of new technology which has enabled machines to replace workers could have had a significant impact on unemployment for both blue and white collar workers. Similarly the number of blue collar jobs lost to the developing nations has added to the problem (*Wood* 1994). However, these factors have to be placed within the wider context of economic regulation in relation to the global economy. It is worth noting that current economic orthodoxy ensures that interest rates rise with economic growth, thereby potentially choking off further investment in productive capacity and hence employment. It may also reduce demand, especially in countries like the States and Britain with a high proportion of families with mortgages.

More recently, studies have argued that it is declining economic growth and hence demand, among the *OECD* countries, since 1973 which is the fundamental cause of unemployment (*ILO* 1995, *Eatwell* 1995). But it is unclear whether raising levels to those in the period between 1960 and 1973 would have the same impact on unemployment now that it did then, as the examples of Australia and Canada show. The problem is that in a global economy, growth may be achieved through exports and the benefits of growth spent on imports rather than home produced goods. Whereas, in the post-war Fordist economies a rise in demand would percolate through the economy, thereby creating jobs, a rise in demand now may simply create jobs in some other part of the world. This may be especially so in countries where increases in incomes are accruing to the wealthy who spend their money on luxury goods from overseas.

The alternative to this macro-analysis of the causes of unemployment is the micro-analysis of some neo-classical economists, who argue that it is labour market rigidities, of the kind discussed above, especially the power of trade unions and highly regulated labour markets which cause unemployment and sustain inflation. There are two elements to their explanation. The first is that these rigidities bid up the price of labour and maintain it at a level higher than desirable to clear the labour market of unemployed. The second is that these rigidities allow the 'insiders' who are employed to bid up their wages even when others are unemployed. There are two problems with this theory. Firstly, there appears to be no strong relationship between the degree of social protection, labour market regulation and unemployment, with the exception of America (although see *Freeman* 1995). Historically the lowest levels of unemployment, 1950-1973, have been associated with the highest levels of social protection and labour market regulation, while the present period represents one of the lowest levels of protection and regulation and the highest levels of unemployment. Moreover even within the current period differences between nations relating to regulation, protection and economic performance hardly bear out this thesis (*OECD* 1994, 155). Secondly, where labour markets have been deregulated they have not brought about a substantial reduction in unemployment. This is certainly the case in Britain and in New Zealand where unemployment is still about seven per cent.

Overall, it seems extremely unlikely that the problem of unemployment can be solved by any of the conventional remedies and to pretend otherwise merely holds out false promises to a generation of unemployed. The New Right solution was to price people back into jobs. The modernisers solution is to create a high skill, high wage 'magnet' economy. Neither solution is adequate. The New Right solution manifestly has not worked and it threatens a new cycle of low wage job creation. The modernisers, whilst having a more sustainable approach to global economic competition have no answer to unemployment. Therefore, the most important conclusion to be drawn from this discussion is that the modernisers lack an adequate account of how all will share in the future prosperity accrued from investment in education and national economic growth. Unemployment will remain a structural feature of Western societies and the 'distributional' question (*Hirsch* 1977), temporarily solved under Fordism through full employment and the even spread of the fruits of growth across the occupational structure, must now be addressed by the modernisers. Consequently, we argue elsewhere (*Brown/Lauder* 2000) that the distributional problem can only be remedied by the introduction of a 'basic income' (*Parijs* 1992) and that occupational opportunities will have to be shared. Moreover, the question of unemployment is not only one about social justice, but one of economic efficiency. If the economic fate of nations increasingly depends upon the quality of their human resources, it will not be possible to write-off a large minority of the population to an 'underclass' existence. Indeed, the issue of long-term unemployment is part of a wider problem of social and economic polarisation.

Does income polarisation reflect the 'value' of skills, knowledge and insights in the global labour market?

Considerable doubt must be cast on the way the modernisers have understood the 'high skill = high wage' equation. This is important to our discussion because growing income inequalities are seen to reflect individual differences in the quality of their 'human capital'. Here their argument is based on trend data which shows a widening of income inequalities. There has been a dramatic increase in income inequalities in both America and Britain since the late 1970s. Such evidence is taken to reflect the relative abilities of workers to trade their knowledge, skills and insights on the global labour market. According to the modernisers, as low skilled jobs have been lost to developing economies with cheaper labour, the wages of less skilled workers in the West have declined. By the same token, in the new competitive conditions described above, those workers who have the skills, knowledge and insights that can contribute to 'value added' research, production, consultancy or service delivery in the global labour market have witnessed an increase in their remuneration. Hence analysis and remedy are closely related in the modernisers account: if the reason so many workers are in low paying jobs, or worse, unemployed is that they lack skills, the solution is to give them the skills. It's an appealing analysis but at best it is based on a partial truth.

If increasing income polarisation was a consequence of the neutral operation of the global economy we should find the same trend in all the advanced economies. However, the evidence suggests that the increasing polarisation in income is far more pronounced in America and Britain than in any other *OECD* country (*Gardiner* 1993, 14, *Hills* 1995). In Germany there has actually been a decline in income differentials (*OECD* 1993)!

It could also be expected that if the increased dispersion of income was a result of the changing cognitive and skill demands of work, then nations with the highest levels of technology and investment in research and development would lead the table of income inequalities. Yet, the evidence that does exist suggests quite the opposite. *Adrian Wood* notes that Japan and Sweden are leaders in applying new technology, while the USA and UK are laggards (1994, 281). He also notes that the work of *Pari Patel* and *P. Pavitt* (1991) suggests that civilian research and development, as a proportion of gross domestic product, in the 1980s was higher in Sweden and Japan than in the USA and UK. Equally, in terms of patenting in the USA, Germany, which experienced declining inequalities of income during this period, greatly outperformed the UK.

One conclusion to be drawn from these considerations is that rather than the returns to skill becoming more responsive to the operation of the global auction, the relationship between skill and income is less direct than the modernisers assume. The reason being that the relationships between income and skills is always mediated by cultural, political and societal factors. The answer is to be found not in a neutral operation of the global labour market as *Reich* and others have suggested. The polarisation in income can be explained more convincingly in terms of differences in labour market power than in return to skills.

If the rising incomes of the working rich is explicable in terms of 'paper entrepreneurialism' (*Reich* 1984) and corporate restructuring, can the decline in the wages of the unskilled be explained in terms of the neutral operation of the global economy? In addressing this question there is the problem of measuring the extent to which semi- and unskilled work have been transplanted to the developing nations. One estimate is that up to 1990 changes in trade with the South has reduced the demand for unskilled relative to skilled labour in the North by approximately twenty per cent (*Wood* 1994, 11). In addition, making it easier to hire and fire workers enabled companies to achieve numerical flexibility in terms of their wages bills (*Atkinson* 1985). At times of economic boom workers could be hired while in times of downturn they could be fired. In Britain, for example, in the last three months of 1994, some 74,000 full time jobs disappeared and 174,000 part-time jobs were created. This is a clear example of how to organise a labour market for short term expedience, but it also suggests that companies have not only externalised the risks associated with unstable market conditions but also their labour costs, especially among low skilled workers. In such circumstances it is difficult to see how the modernisers can resolve the problem of widening income inequalities when they are judged to reflect the neutral operation of the global economy.

Finally, how can the quality of human resources be upgraded where all are granted an equal opportunity to fulfil their human potential?

The modernisers recognise that ways must be found to develop the full potential of a much larger proportion of the population than prevailed in the Fordist era. They point to the need to widen access to tertiary education and to create the institutional framework necessary to offer life-long learning to all. A national commitment to investment in the 'employability' of present and future workers is understood by the modernisers to represent a new social contract between the individual and the state, given that such investment is viewed as a condition for economic efficiency and social justice. However, their interpretation of how equity and efficiency is to be achieved in the global economy is politically impoverished. In part, this is because the question of equity has been subsumed within a debate about how to upgrade the overall quality of education and training systems based on an assumption that domestic inequalities of opportunity are largely irrelevant if a nation can win a competitive advantage in the global knowledge wars, permitting all to compete for high skilled, high waged jobs. Therefore, the old national competition for a livelihood, based on the principles of meritocratic competition, is of far less importance than that of how to upgrade the quality of the education system as a whole. Again we find the idea of a high skill, high wage magnet economy used to extract the political sting from questions of social and educational inequalities.

The reality is that questions of social justice cannot be resolved through the operation of the global labour market. Indeed, if the creation of a post-Fordist economy depends on a general upgrading of the skills of the labour force, tackling the problem of domestic inequalities in income and opportunities has become *more* rather than less important with economic globalisation. There are at least two related reasons for this. Firstly, the use of education and training institutions to raise technical standards for all does not resolve the question of 'positional' advantage (*Hirsch* 1977). In other words, access to elite schools, colleges, and universities along with the credentials they bestow, remains a key factor in determining labour market power. In addition, if our analysis of income inequalities is correct, labour market power has, if anything, become more important as a result of corporate restructuring and the decline of graduate careers (*Brown/Scase* 1994). Therefore, the question of social justice will continue to depend on how individual nation states frame the competition for a livelihood.

The question of positional competition has also become more important because there has been a change in the nature of educational selection. Today the institutional expression of a commitment to meritocratic competition in education has been suffocated under the grip of the New Right. A commitment to a unified system of schooling within which students will be educated according to ability and effort has been abandoned in favour of consumer sovereignty based on parental 'choice' and a system of education based on market principles. A consequence of this change in the organisation of educational selection from that based on 'merit' to the 'market' (*Brown* 1995) is, as argued above, that it serves to encourage the creation of underfunded sink schools for the poor and havens of 'excellence' for the rich. Therefore, the school system in both America and Britain no longer reflect a commitment to open competition but gross inequalities in educational provision, opportunities and life chances.

Therefore, although equality of opportunity is recognised as a condition of economic efficiency the modernisers have effectively avoided perhaps the most important question to confront the left at the end of the twentieth century, that is of how to organise the competition for a livelihood in such a way that a genuinely equal opportunity is available to all. Avoiding the positional problem by appeals to the need to raise educational standards for all in the global market not only fails to address this question but also offers little insight into how the foundations for social solidarity upon which the institutional expression of meritocratic competition rests, are to be rebuilt. Indeed, their focus on increasing the 'employability' of workers reinforces a sense of the insecure nature of work at the end of the twentieth century (*Newman* 1993, *Peterson* 1994). It encourages people to constantly watch their backs and to put their child first in the educational and labour market jungle. Without an adequate foundation for material and social security the emphasis on enhanced employability within a culture of competitive individualism becomes translated into the Hobbesian condition of 'all against all'. When education becomes a positional good and where the stakes are forever increasing in terms of income, life-chances and social status, powerful individuals and groups will seek to maximise their resources to ensure that they have a stake in the game by whatever means. Therefore, how the state intervenes to regulate this competition in a way which reduces the inequalities of those trapped in lower socio-economic groups must be addressed, not only as a matter of economic efficiency but also for reasons of social justice in a post-Fordist economy.

The relationship between equity and efficiency at the end of the twentieth century does not only rest on the reassertion of meritocratic competition in education, but on a recognition that the wealth of the nation's human resources is *inversely* related to social inequalities, especially in income and opportunity. Therefore, narrowing such inequalities are likely to be a cost effective way of investing in human capital, which in turn should lead to improvements in economic efficiency. Hence, we would predict that the polarisation of income in nations like the United States and Britain during the eighties, will have led to a wider dispersal of educational achievement than in nations with little or no widening of incomes. The fact that at least a fifth of children in both America and Britain now live in poverty is inevitably going to have an detrimental impact on the ability of these children to respond to educational opportunities and to recognise the relevance of formal study when living in neighbourhoods with high unemployment, crime and deprivation. Indeed, the importance of equity to the question of social learning is illustrated in *Julius Wilson's* study of the urban underclass in America (1987). He argues that the exodus of 'respectable' middle and working class families from the inner city neighbourhoods in the 1970s and 1980s removed an important 'social buffer' that could deflect the full impact of prolonged and increasing joblessness, given that the basic institutions in the area (churches, schools, stores, recreational facilities, etc.) are viable so long as more economically stable and secure families remained. Hence, the more social groups become isolated from one another the less opportunities exist for the kind of social learning which even in the deprived neighbourhoods of American and British cities could offer role models to children other than those which are now existing due to the 'political economy of crack' (*Davis* 1990).

Moreover, the impact of widening social inequalities is not restricted to children from ghetto or poor backgrounds, it also infects the social learning of the wealthier sections of the population. In a characteristically perceptive discussion *John Dewey* noted that every expansive period of social history is marked by social trends which serve to 'eliminate distance between peoples and classes previously hemmed off from one another' (1966, 100). At times where the opposite happens it narrows the range of contacts, ideas, interests and role-models. The culture of the privileged tends to become 'sterile, to be turned back to feed on itself; their art becomes a showy display and artificial; their wealth luxurious; their knowledge over-specialised; their manners fastidious rather than humane' (p. 98).

Hence, the inequalities which the modernisers assume will narrow once there is proper investment in education and training, fails to recognise that the future wealth of nations depends upon a fundamental challenge to both inequalities in income and opportunities. Therefore, the role of the nation state must increasingly become one of balancing the internal competition for a livelihood with a strategy geared towards upgrading the quality of education for all through a reduction in relative inequalities. Moreover, a commitment to equality of opportunity is not only vital to the life-blood of a high skill economic strategy, but it provides a clear message to all sections of society that they are of equal worth and deserve genuine opportunities to fulfil their human potential.

Conclusion

The increasing importance attached to education in the global economy is not misplaced in the sense that nations will increasingly have to define the wealth of nations in terms of the quality of human resources among the population. The creation of a post-Fordist economy will depend upon an active state involved in investment, regulation and strategic planning in the economic infrastructure alongside a commitment to skill formation through education and training. We have argued that such an economic strategy is necessary because it is the best way of creating a social dividend which can be used to fund a 'basic income' for all given that the 'distributional' problem can no longer be solved through employment within the division of labour. A social wage which delivers families from poverty thereby become an important foundation of a learning society, designed to follow the post-Fordist trajectory to a globally competitive economy and to a socially just society (see *Brown/ Lauder* 2000). Hence, if the potential and limitations of educational reform in the creation of a post-Fordist economy are to be adequately addressed by the modernisers there is an urgent need for those on the left to grapple with the issues explored in this paper.

Reinhold Sackmann

Regulierung, Deregulierung oder regulierte Flexibilisierung der Arbeitsmärkte?
Folgen alternativer Optionen der Lösung von Exklusionsproblemen

Seit dem dauerhaften Anstieg der Arbeitslosigkeit in den siebziger Jahren wird eine lebhafte Diskussion über die Chancen und Gefahren einer Flexibilisierung des Arbeitsmarktes in Deutschland geführt. Scheinbar unversöhnlich stehen sich unternehmerfreundliche neoliberale Positionen und arbeitnehmerfreundliche Gerechtigkeitspositionen gegenüber. Diese hochideologisierte Debatte greift häufig auf die Erfahrungen anderer Länder zurück und steht im Kontext des gegenwärtig dominanten Globalisierungsdiskurses. Verallgemeinernd läßt sich sagen, daß in den siebziger Jahren der für die Nachkriegsgeschichte dominante keynesianische Diskurs mit seiner Vorstellung der Möglichkeit einer regulierten, staatsinterventionistischen Vollbeschäftigungspolitik in Frage gestellt wurde. In den achtziger Jahren erreichte der neoliberale, neoklassische, marktgläubige Deregulierungsdiskurs eine gewisse Hegemoniestellung insbesondere in Großbritannien und den USA. Die Regierungswechsel in diesen beiden Ländern in den neunziger Jahren und die sie begleitenden Reformdiskurse haben einer dritten Position Auftrieb gegeben, die ich in Ermangelung eines eingeführten Begriffs „regulierte Flexibilisierung" nennen möchte.

Wenig beachtet wurde, daß die in diesen Debatten diskutierte Form der Institutionalisierung von Arbeitsmärkten jeweils spezifische Auswirkungen auf die Arbeitsmarktchancen von verschiedenen Generationen auf dem Arbeitsmarkt hat. Gegenstand der Erörterungen sind deshalb hier die Folgen einer bestimmten Institutionalisierungsform des Arbeitsmarktes für die Arbeitsmarktchancen von Generationen (Arbeitslosigkeit, Lohnhöhe, Beschäftigungssicherheit).

Der Aufsatz gliedert sich in drei Teile: Im ersten Kapitel werden Theorie und Praxis der Arbeitsmarktregulierung und ihre Folgen erörtert. Im zweiten Kapitel werden Auswirkungen und Möglichkeiten von deregulierten Arbeitsmärkten diskutiert. Im letzten Teil wird unter den Stichworten „Übergangsstrukturen" und „Übergangsarbeitsmärkte" auf die Möglichkeiten und Probleme einer „regulierten Flexibilisierung" eingegangen. Bei diesem Ansatz wird versucht, die Vorteile von regulierten und flexibilisierten Arbeitsmärkten so zu kombinieren, daß die Nachteile dieser Ansätze möglichst minimiert werden (allgemein zur Kombination von Effizienz- und Gerechtigkeitsaspekten bei der Beurteilung von Arbeitsmärkten: *Schmid* 1994).

1. Exklusionseffekte der Regulierung von Arbeit

In der neoklassischen Ökonomie gilt der Arbeitsmarkt als ein Markt wie jeder andere. Vollbeschäftigung ist danach erreicht, wenn der durchschnittliche Lohn sich auf ein Angebot und Nachfrage ausgleichendes „markträumendes Gleichgewicht" einpendelt. Arbeitslosigkeit ist die Folge eines zu hohen Durchschnittslohnes (*Lachmann* 1991). Genau wie überteuerte Bananen in einem Supermarkt liegenbleiben, bis der Preis der Bananen so weit sinkt, daß potentielle Käufer sie wieder attraktiv finden, sinkt die Arbeitslosigkeit erst dann wieder, wenn sich der Preis der Arbeit diesem Gleichgewichtspunkt angenähert hat. Den Grund, weswegen eine Bewegung der Löhne zum Gleichgewichtspunkt hin unterbleibt, sehen neoklassische Autoren in einer Regulierung des Arbeitsmarktes.[1]

Unklar bleibt bei dieser geschichtslos abstrakten Konzeption, warum Arbeitsmärkte stärker als andere Märkte reguliert sind. *Robert Solow* (1990) gibt auf diese Frage die allgemeine Antwort, daß Arbeitsmärkte soziale Institutionen darstellen, die neben ökonomischen Effizienzgesichtspunkten auch soziale Normen berücksichtigen. Danach beeinflussen Normen über gerechte Löhne das Verhalten von Arbeitnehmern und Arbeitgebern. Löhne stellen – anders als Preise auf Produktmärkten wie zum Beispiel Bananen – nicht nur einen Teil der Kosten eines Unternehmens dar, sie haben indirekt auch Einfluß auf die Produktivität der Arbeitnehmer und stellen deshalb ein Teilelement der Produktionsfunktion von Unternehmen dar (vgl. *Brandes/Weise* 1999). Konstitutionstheoretisch hat *Karl Polanyi* (1944) gezeigt, daß reine (Arbeits-)Märkte im Sinne der neoklassischen Ökonomie historisch äußerst voraussetzungsvoll sind und selten auftreten (vgl. *Tilly/Tilly* 1994). In Fortführung dieses Ansatzes beschreibt *Gøsta Esping-Andersen* (z.B. 1990) den Einfluß des Wohlfahrtsstaates auf den Grad der Kommodifizierung („Warenförmigkeit") von Arbeit in modernen Gesellschaften. Er unterscheidet drei

---

1 In den Debatten um das „Ende der Arbeitsgesellschaft" wird manchmal die markträumende Funktion von Preisen vernachlässigt (Ausnahme: *Dahrendorf* 1983). Es wird argumentiert, daß Arbeitslosigkeit eine Folge einer zu geringen Arbeitskraftnachfrage (z.B. aufgrund technischer Entwicklungen) oder eines zu hohen Arbeitskraftangebots (z.B. infolge von demographischen Veränderungen, Zuwanderung etc.) sei, ohne daß berücksichtigt wird, daß das vorhandene Angebot und die vorhandene Nachfrage nicht naturwüchsig sind, sondern eine Folge des antizipierten Preises von Arbeit darstellen.

Institutionalisierungspfade: ein liberales Wohlfahrtsregime (z.B. USA), das durch einen hohen Kommodifizierungsgrad des Arbeitsmarktes bei geringen Wohlfahrtsleistungen charakterisiert ist, ein sozialdemokratisches Regime (z.B. Schweden), das hohe Wohlfahrtsleistungen und hohe Arbeitsmarktbeteiligung kombiniert, und ein konservatives Regime (z.B. Deutschland), das hohe Wohlfahrtsleistungen mit geringer Arbeitsmarktbeteiligung verbindet und dadurch den geringsten Kommodifizierungsgrad aufweist.

Die Regulierung des Arbeitsmarktes durch Arbeitsrecht erfolgt historisch kontingent, das heißt das Zusammenspiel verschiedenster Interessen (von Gewerkschaften, Parteien, Verbänden, Staatseliten) führt in verschiedenen entwickelten Marktgesellschaften und zu verschiedenen Zeiten zu unterschiedlichen Institutionalisierungen des Arbeitsmarktes. Eine konvergente Logik einer einheitlichen Regulierung kapitalistischer Arbeitsmärkte ist aufgrund der historisch gewachsenen Unterschiede zwischen den Ländern nicht festzustellen.

Die dominante Regulierung von Arbeitsmärkten in Deutschland, als einem konservativen Wohlfahrtsregime, stellt das im nachhinein so bezeichnete „Normalarbeitsverhältnis" dar, das sich als rechtliche Regulierung vor allem in der Prosperitätszeit zwischen den fünfziger und siebziger Jahren herausgebildet hat. Es ist gekennzeichnet durch dauerhafte, kontinuierliche, großbetriebliche, qualifizierte Beschäftigung auf Vollzeitbasis, die rechtlich „optimalen Schutz genießt" (*Mückenberger* 1990, 173). Es versucht, das Machtungleichgewicht zwischen Arbeitnehmern und Arbeitgebern sowohl individualrechtlich als auch durch die Anerkennung des kollektiven Status von Arbeitnehmern zu verringern. Da es die dauerhafte Teilhabe am Produktionsprozeß von Betrieben anerkennt, stützt es die betriebliche Bindung von Arbeitnehmern.

Diese Form der Regulierung diskriminiert alle Arbeitnehmer, die sich nicht in einem solchen „Normalarbeitsverhältnis" befinden, da sie weniger mit Schutzrechten ausgestattet sind: In Differenz zum „Normalarbeitsverhältnis" sind dies diskontinuierlich, kleinbetrieblich oder unqualifiziert Beschäftigte oder mit reduzierter Stundenzahl Erwerbstätige (*Mückenberger*, 174). Wichtig für unsere Fragestellung ist, daß die Art der Arbeitsmarktregulierung auch „Modalitäten des Zugangs zum und des Rückzugs vom Arbeitsmarkt" (*Michon* 1995, 60), des „Anziehens und Abstoßens von Arbeitskraft" (S. 50) festlegt. Zentral sind dabei die Auswirkungen des Normalarbeitsverhältnisses auf Dritte, auf Personen, die momentan keinen Arbeitsvertrag besitzen, auf Arbeitslose und Nicht-Erwerbstätige. *Esping-Andersen* (1990) geht zum Beispiel davon aus, daß die Gestaltung des konservativen Wohlfahrtsstaates die Exklusion von Personen aus dem Arbeitsmarkt begünstigt. „Schutzrechte" bewirken in diesem Kontext nicht nur einen Schutz von Beschäftigten gegenüber Arbeitgebern, sondern auch (ob beabsichtigt oder unbeabsichtigt) einen „Schutz" vor Konkurrenz durch Arbeitslose und Nicht-Erwerbstätige.

Regulierung, Deregulierung oder regulierte Flexibilisierung?

Während die eben diskutierten Theorien die soziale Konstruktion von Arbeitsmärkten in ihrer Abweichung vom neoklassischen Idealtypus historisch beschreiben, versuchen ökonomische Transaktionskostentheorien unter Effizienzgesichtspunkten zu begründen, wieso sich in Arbeitsmärkten ein Lohnniveau langfristig erhält, das nicht zu einer Markträumung führt, das heißt wieso unfreiwillige Arbeitslosigkeit bestehen bleiben kann. Insbesondere Effizienzlohntheorien und *Insider-Outsider*-Theorien beanspruchen derartige Erklärungen für sich. In Effizienzlohntheorien wird davon ausgegangen, daß höhere Löhne die Arbeitsmoral verbessern, eine höhere Durchschnittsqualität von Arbeitsplatzbewerbern sichern, die Fluktuationsrate senken und die Produktivität erhöhen, indem „Bummelei" (*shirking*) vermindert wird (*Sesselmeier* 1999). Als zum Beispiel der Automobilhersteller *Henry Ford* 1914 die Löhne für länger als ein halbes Jahr bei ihm beschäftigte Arbeitnehmer erhöhte und die tägliche Arbeitszeit reduzierte, stieg die Produktivität deutlich an, da die Fluktuationsrate drastisch sank, ebenso wie die Fehlzeiten zurückgingen. In der Summe erhöhten sich durch diese Unternehmensmaßnahme die Gewinne (*Raff/Summers* 1987). Effizienzlohntheorien gehen davon aus, daß sich Löhne über dem markträumenden Gleichgewichtspunkt für die Einzelunternehmung rechnen. Auch bei ansteigender Arbeitslosigkeit werden Unternehmen vor einer Lohnsenkung zurückschrecken, da sie dadurch einen Produktivitätsverlust befürchten.[2]

Insider-Outsider-Theorien (*Lindbeck/Snower* 1988; *Blanchard/Summers* 1986) argumentieren ebenfalls transaktionskostentheoretisch. Danach haben bereits Beschäftigte, sogenannte *Insider*, einen größeren Einfluß auf den vereinbarten Lohnsatz als Arbeitslose, sogenannte *Outsider*, da eine Einstellung von „billigeren" *Outsidern* Kosten verursacht. Transaktionskosten sind Kosten, die bei einem Austausch von *Insidern* durch *Outsider* entstehen. Dabei handelt es sich um Kosten der Personalauswahl, der Einarbeitung, der Demotivation der noch Beschäftigten und der geringeren Kooperation von *Insidern* mit neueingestellten *Outsidern*. In der Summe ergibt sich daraus ein Lohnsatz über dem markträumenden Gleichgewichtspreis in Höhe der durchschnittlichen *Insider*-Rente, die von Einzelunternehmen in ihrem wohlverstandenen Einzelinteresse nicht unterschritten wird. Nicht Gewerkschaften sind die Ursache von *Insider*-Macht – sie entsteht in nicht gewerkschaftlich organisierten Betrieben in ähnlicher Weise wie in organisierten Betrieben –, Gewerkschaften können aber als Sprachrohr für *Insider*-Interessen agieren.

---

2 Allerdings sind funktionale Äquivalente zu Effizienzlöhnen praktikabel: Verlagerung der *shirking*-Kontrolle und Entlohnung auf Gruppen oder Selbstkontrolle durch Gewinnbeteiligungslöhne (*Solow* 1990). Effizienzlohntheorien können auch nicht begründen, wieso die Effizienzlohndynamik von einzelnen Unternehmen nicht bei kollektiven Lohnverhandlungen durch das gemeinsame Interesse der Arbeitgeber außer Kraft gesetzt werden kann (*Neumann* 1991, 60).

Zugleich sieht sich der rationalisierungsfreudige Betrieb gedrängt, der Arbeitskraft einen Gegenwert für die Versagungen zu bieten, die er ihr auferlegt: Zwar entlasten zahlreiche Rationalisierungsmaßnahmen die Arbeitskräfte von körperlich anstrengender, schmutziger, gefährlicher Arbeit, und die Umverteilung von Verantwortlichkeiten, die sie zuwegebringen, wirkt ihrerseits entlastend. Aber qualifizierte Arbeitskräfte werden auf die Entwertung ihrer Qualifikationen, unqualifizierte auf die Metronomisierung ihres Tagesablaufs feindselig reagieren; hohe Löhne können diese Feindseligkeit wenigstens ein Stück weit abfangen.

Dieser Abtausch Lohn/Handlungsspielraum müßte genauer studiert werden. Ihm liegt ein schlichtes Modell vom Akteur zugrunde, demzufolge – allfällige absolute Grenzen des Tauschhandels einmal ausgeklammert – Privilegien und Versagungen direkt, gleichförmig und verläßlich in Geld umgerechnet werden können. Dieses Modell hat eine recht lange Geschichte und allem Anschein nach beträchtliche Erfolge auf seiner Seite. Andererseits zeichnete sich ein Jahrzehnt *nach* der Einführung des Fordismus die Notwendigkeit einer Revision des Rechnermodells in den Hawthorne-Untersuchungen ab. Bedenkenswert scheint folgender Umstand: Ford setzt die Hochlohnpolitik als Sozialisationsinstrument ein; die Eingewöhnung der qualifizierten und der unqualifizierten Arbeitskräfte in die Fabrikdisziplin – die jeweils an verschiedenen soziokulturellen Motiven ansetzt – wird durch den Lohn gesichert (und sonst so gut wie nichts, vor allem nichts „Menschliches", wie Ford wiederholt betont). Der Erfolg scheint beträchtlich (was sich zum Beispiel am dramatischen Absinken der Fluktuationsrate zeigt). – Freilich muß hier eine Einschränkung getroffen werden: Ford arbeitet nicht ausschließlich mit hohen Löhnen, sondern mit einer Reihe flankierender Maßnahmen, vor allem mit *Arbeitersiedlungen*. Diese Siedlungen – ähnlich wie diejenigen etwa der Krupp-Werke – funktionieren doppelt sozialisatorisch: einmal, indem sie die Arbeitskraft in den „Lebensraum" Fabrik einbinden – Siedlungswohnung als indirekte Lohnerhöhung –, andererseits, indem sie die Lebensformen der Arbeitskräfte disziplinierend zurechtmodeln – Inspektoren der Fabrik genießen jederzeit Zutritt, Untermieter sind verboten, die Konsumgewohnheiten der Arbeitskräfte werden en detail „studiert". (Aus Ford darf man allerdings schließen, daß dieses Disziplinierungsprojekt nicht allzugut funktioniert hat...) Es scheint aber klar, daß eine solche Einbindung des Alltagslebens in den Fabrikzusammenhang, diese Aufstufung der Fabrik zur „autarken" Gesellschaft, langfristig mit dem fordistischen Projekt selber inkompatibel ist, insofern sie die Durchsetzung des sozialen Fordismus behindert.

Der Lohn erscheint so nicht als Kostenfaktor der Produktion, sondern auch als Input, der die Produktion in Gang hält. Er funktioniert als Regelmechanismus par excellence, der sowohl die Absorption von rationalisierungsbedingten Spannungen wie die Verwertung rationalisierungsbedingter Ausstoßsteigerungen erlaubt; er verschränkt Produktions- und Reproduktionssphäre, und zwar tendenziell so eng, daß die Feinregulierung der Lohnhöhe das Gleichgewicht von Produktions- und Konsumentwicklung in Permanenz soll stabilisieren können. (Theoretisch funktioniert die Regelung über den Lohn sowohl dann, wenn die Wirtschaft expandiert, wie dann, wenn sie schrumpft. Ford selber mag von Rezessionen nichts hören.)

Aus: Rudolf M. Lüscher: Henry und die Krümelmonster. Versuch über den fordistischen Sozialcharakter, Tübingen o.J., 46f.

Regulierung, Deregulierung oder regulierte Flexibilisierung?

Insider-Outsider-Theorien sind von großer Relevanz für den Regulierungsdiskurs, da ihnen zufolge jede Regulierung des Arbeitsmarktes, die nur den bereits Beschäftigten zugute kommt und die Transaktionskosten des Austauschs erhöht, die Macht von *Insidern* gegenüber den *Outsidern* stärkt und damit indirekt gegen die Interessen von Arbeitslosen verstößt.[3] Sie besitzen Implikationen für eine dynamische, historische Analyse von Arbeitsmärkten, da sie beschreiben können, wieso bei Arbeitsmärkten Hysterese-Effekte auftreten können, also von den ursprünglichen Ursachen losgelöst nachhaltige Verschiebungen des Arbeitslosigkeitsniveaus (*Blanchard/Summers*). In Europa führten die Ölpreiserhöhung in den siebziger Jahren und die Hochzinspolitik der achtziger Jahre zu Nachfrageschocks, die zu einer schlagartigen Erhöhung der Arbeitslosigkeit beigetragen haben (ergänzend könnte man auch die Kosten der deutschen Wiedervereinigung in den neunziger Jahren als Nachfrageschock anführen). Der Lohnanstieg wird zwar bei einem direkten Anstieg der Arbeitslosigkeit gebremst, je verfestigter Arbeitslosigkeit aber durch einen hohen Anteil an Langzeitarbeitslosen ist, desto geringer ist der Einfluß der Arbeitslosigkeitshöhe auf das Lohnniveau. Der Einfluß der *Outsider* auf das Lohnniveau nimmt dann ab. Umgangssprachlich könnte man formulieren, daß nach einer gewissen Zeit ein höheres Arbeitslosigkeitsniveau als „normal" angesehen wird und an Handlungsrelevanz für die Tarifparteien verliert.

Insider-Outsider-Theorien können auch Ungleichheiten zwischen Generationen bei Arbeitsmarktkrisen erklären. Jede neu in den Arbeitsmarkt eintretende Kohorte beginnt mit dem Status eines *Outsiders*. Regulierungen des Arbeitsmarktes, die die Macht von – durchschnittlich älteren – *Insidern* stärken (über Bestandsschutz, Lohngarantien etc.), schwächen danach die Chancen von neu eintretenden Kohorten, da sie die Transaktionskosten erhöhen. In Vollbeschäftigungszeiten sind derartige Überlegungen irrelevant, da sich die Kategorien *Insider* und *Outsider* durch hohe Mobilität und eine geringe Verweildauer im *Outsider*-Status nicht verfestigen. Anders sieht die Situation aus, wenn ökonomische Schocks zu einem rasanten Anstieg der Arbeitslosigkeit führen, sich *Insider-* und *Outsider*-Positionen verfestigen und die Verteilung von Arbeitslosigkeit und anderen Kosten einer Arbeitsmarktkrise

---

3 Damit ergibt sich allerdings auch eine Komplikation, auf die *Solow* (1990, 76) hingewiesen hat: Deregulierungen oder *two-tier-wages* im Sinne der Interessen der *Outsider* können genauso als im Interesse der Arbeitgeber liegend interpretiert werden, was sowohl die Realisierungschancen dieser Maßnahmen senkt als auch evtl. nicht-intendierte Verteilungsimplikationen enthält.

selbst zu einem wichtigen Teilelement der Sozialstruktur einer Gesellschaft wird.[4]
Der Hinweis auf generelle Folgen von Regulierungen auf dem Arbeitsmarkt scheint zwar wichtig, aber er ist zu ungenau. Da die Wirkungen von Arbeitsmarktregulierungen seit den siebziger Jahren intensiv und kontrovers diskutiert werden, kann man heute sehr viel genauer als noch vor dreißig Jahren bestimmen, welche spezifische Form der Regulierung des Arbeitsmarktes bedeutsam für die Höhe und Dauer von Arbeitslosigkeit ist. Es zeigt sich, daß internationale Vergleiche eines generellen Zusammenhangs zwischen dem Regulierungsausmaß des Arbeitsmarktes eines bestimmten Landes und der Höhe der Arbeitslosigkeit zu uneindeutigen Ergebnissen führen (*Nickell* 1997; *Addison/Barrett/Siebert* 1997). Von daher konzentriert sich die Forschung in den letzten Jahren auf die spezifischen Auswirkungen einzelner Regulierungen, von denen ich im folgenden einige nennen möchte:[5]

- Kündigungsfristregeln, die eine Entlassung um einige Monate verzögern und nicht verhindern, gelten als effizient, da sie eine Suche nach einem neuen Arbeitsverhältnis aus einem bestehenden Beschäftigungsverhältnis erlauben und damit die Mobilitätskosten reduzieren (*Neumann* 1991, 136).
- Das deutsche Arbeitsrecht nimmt nur eine Abwägung der Interessen von Beschäftigten und Arbeitgebern vor, es vernachlässigt deren Auswirkungen auf *Outsider* (*Dorndorf* 1999).
- Da viele Regelungen des Arbeitsrechtes in Deutschland über unsystematisches Richterrecht getroffen werden, führt die Unberechenbarkeit der Entscheidungen zu einer risikovermeidenden Einstellungspolitik (*Dorndorf; Schellhaas* 1990, 101ff; *Franz* 1993).
- Das Mitspracherecht von Betriebsräten bei Entlassungen, insbesondere bei der Aufstellung von Sozialplänen, hat die Strukturwandlungsgeschwindigkeit reduziert. Obwohl im deutschen Recht keine generellen Abfindungsregelungen formuliert sind, sind die (meist in Sozialplänen ausgehandelten) Kosten für Abfindungen in Deutschland inzwischen höher als in Frankreich und Großbritannien. Sie begünstigen einseitig Beschäftigte in Großbetrieben gegenüber Beschäftigten in Kleinbetrieben (*Neumann*, 147ff; *Auer/Speckesser* 1996, 22).

---

4 Ein analoges Argument läßt sich für Ungleichheiten zwischen den Geschlechtern auf dem Arbeitsmarkt formulieren. Wenn, wie im deutschen Wohlfahrtsregime, familienbedingte Erwerbsunterbrechungen (einerlei ob erzwungen, begünstigt oder gewünscht) bei Frauen häufig auftreten, werden sie dadurch auf dem Arbeitsmarkt bei der Wiederaufnahme einer Erwerbstätigkeit in einer *Outsider*-Position beginnen, die desto schwerer zu überwinden ist, je stärker eine bestehende Regulierung des Arbeitsmarktes die Macht von (durchschnittlich eher männlichen) *Insidern* stärkt.

5 Die Auflistung einzelner Regulierungselemente ist notwendigerweise in der Darstellung der kontroversen Diskussion ihrer Wirkung knapp; es sei hier auf die weiterführende Literatur verwiesen. Die Beispiele zeigen, daß die hochideologisierte Debatte um Regulierung vs. Deregulierung sinnvollerweise überführt werden kann in eine spezifische Abwägung der (effizienz- und/oder gerechtigkeitssteigernden) Vor- und Nachteile einzelner Regulierungswirkungen. Unter Effizienz wird dabei wirtschaftliche Effizienz verstanden.

Regulierung, Deregulierung oder regulierte Flexibilisierung? 61

– Kollektive Lohnverhandlungen sind im Vergleich zu einzelbetrieblichen Lohnverhandlungen nur dann lohntreibend und inflexibel, wenn sie zentralisiert und nicht in korporatistischen Systemen stattfinden (*Nickell* 1997, 68).
– Die (im internationalen Vergleich ungewöhnliche) Verringerung der Lohnspreizung in Deutschland in den achtziger Jahren hat die Arbeitsmarktchancen von Unqualifizierten reduziert (vgl. *Schmid* 1997a, 310).
– Die deutsche Kurzarbeiterregelung (die Kosten auch für Beschäftigte und Unternehmer verursacht) verhindert überflüssige Transaktionskosten und ist tendenziell effizient und gerecht (*Neumann*, 78f).
– Bei der Ausgestaltung von Arbeitslosenversicherungen ist weniger die Höhe der Lohnersatzleistungen wichtig als die Dauer der Bezugsberechtigung: Je länger die (insbesondere versicherungsrechtlich konzipierte) Bezugsberechtigung dauert, desto länger ist die durchschnittliche Arbeitslosigkeitsdauer (*Schmid/Reissert* 1996).
– „Sichtbare" Lohnsubventionen für „Problemgruppen" des Arbeitsmarktes führen nicht nur zu hohen Mitnahmeeffekten, in Experimenten konnte nachgewiesen werden, daß sie über Stigmatisierungseffekte deren Arbeitsmarktchancen nicht verbessern, sondern verschlechtern (*Neumann*, 82f).

Bei der Beurteilung der gesellschaftlichen Folgen von Regulierungen des Arbeitsmarktes ist neben einer detaillierten *cost-benefit*-Analyse einzelner Maßnahmen und der Abwägung ihrer Gerechtigkeitsfolgen für Beteiligte und Dritte auch eine allgemeinere Einbettung der Regulierung von Arbeitsmärkten in ihre gesamtgesellschaftliche Wirkung und Bedingtheit zu beachten.

In der neueren international vergleichenden Lebenslaufforschung kommt man zu dem Ergebnis, daß in einem stärker regulierten Produktionsregime mit einem komplementären Wohlfahrtsstaatsregime im Vergleich zum Beispiel zu den USA nicht nur Erwerbsverläufe sicherer sind (durch längere Verweildauern in Betrieben) und stärker Exklusionseffekte auftreten (durch längere Verweildauern in Arbeitslosigkeit), sondern daß dadurch auch private Orientierungen langfristiger ausgerichtet sind (*Mayer* 1997, 219ff; vgl. *Leibfried u.a.* 1995). So sind in Deutschland Ehen stabiler als in den USA, und es dauert länger, bis es zu Wiederverheiratungen kommt. Frauen in Deutschland können sich hier stärker auf die Stabilität der Ehe verlassen, sie sind (durch Dekommodifizierungselemente des Wohlfahrtsstaates auch gezwungenermaßen) weniger erwerbsorientiert als ihre amerikanischen Geschlechtsgenossinnen. Die implizite Orientierung an Langfristigkeit durch bestimmte Arbeitsmarktregulierungen weist eventuell auch Folgen für die Gesellschaft auf, die über den Arbeitsmarkt im engeren Sinn hinausweist.

2. Wirkungen der Deregulierung von Arbeit

In verschiedenen europäischen Ländern gab es in den achtziger und neunziger Jahren Versuche zur Deregulierung von Arbeitsmärkten. Diese Bemühungen waren unterschiedlich radikal; in Deutschland war ihr Umfang recht gering. Diese Aussage steht scheinbar im Widerspruch zum diesbezüglich herrschenden sozialwissenschaftlichen Diskurs der „Erosion des Normalarbeitsverhältnisses" (vgl. *Osterland* 1990) in der Bundesrepublik. Wenn man sich internationale Vergleiche des Regulierungsgrades von Arbeitsmärkten ansieht, stellt man fest, daß die Bundesrepublik nach wie vor einen mittleren Rang in bezug auf den Regulierungsgrad des Arbeitsmarktes einnimmt (*Addison/Barrett/Siebert* 1997, 83). Aufgrund umfangreicherer Deregulierungen anderer Länder in den letzten zwei Jahrzehnten steht die Bundesrepublik im Vergleich zu ihrer Position vor zwanzig Jahren inzwischen etwas weiter oben in der Rangliste des Regulierungsgrades von Arbeitsmärkten.

Vielfach rezipierte Tabellen, die eine Zunahme von „Nicht-Normarbeitsverhältnissen" zwischen 1970 und 1996 von 15 auf 34 Prozent der abhängig Beschäftigten in Deutschland konstatieren, beruhen fast ausschließlich auf der Zunahme von Teilzeitbeschäftigten und geringfügig Beschäftigten („630-DM-*Jobs*") (*Kommission* 1998, 46).[6] Diese beiden Beschäftigungsformen beruhen nicht auf rechtlichen Innovationen der letzten beiden Jahrzehnte, sie sind also nicht die Folge einer bewußten Deregulierungspolitik. Die Zunahme beider Beschäftigungsformen beruht zu einem nicht unerheblichen Maß auf der Zunahme der Frauenerwerbsquote.

Selbst Flexibilisierungsgegner konstatieren, daß Teilzeitarbeit „in ihrer Normalform, d.h. unbefristet und sozialversicherungspflichtig (...) eine recht unproblematische Beschäftigungsform" ist (*Deml/Struck-Möbbeck* 1998, 32). Wohl kann man berechtigt die gesellschaftlichen Bedingungen (Halbtagsschule etc.), die Frauen mit Kindern dazu zwingen, eine Teilzeitarbeit aufzunehmen, kritisieren, weil sie zu Humankapital-, Aufstiegs- und Einkommensverlusten von Frauen führen (*Blossfeld/Hakim* 1997). Gleichzeitig ermöglichen aber Teilzeitbeschäftigungsverhältnisse eine zunehmende Frauenerwerbstätigkeit unter den bestehenden gesellschaftspolitischen Bedingungen. Die Subsumption von Teilzeitarbeit unter den Begriff „atypische Beschäftigung", „prekäre Beschäftigung" oder „Nicht-Normarbeitsverhältnis" erscheint in dieser Konstellation als diskriminierend. Die Zunahme der Anzahl geringfügig Beschäftigter ist in diesem Kontext schon sehr viel problematischer, da die Rechtskonstruktion selbst sehr viel diskriminierender ist. Es ist kein

---

6 Andere Nicht-Normarbeitsverhältnisse wie Leiharbeit, Heimarbeit und befristete Beschäftigung sind quantitativ unbedeutend bzw. haben sich in ihrem Umfang nur unwesentlich verändert (vgl. *Kommission* 1998; *Deml/Struck-Möbbeck* 1998).

Regulierung, Deregulierung oder regulierte Flexibilisierung? 63

Zufall, daß diese Beschäftigungsform Gegenstand einer (unzureichenden) Reregulierung nach dem deutschen Regierungswechsel 1998 war.
Die größte deutsche Deregulierungsanstrengung betraf die Ausweitung der Möglichkeiten befristeter Beschäftigungsverhältnisse im Beschäftigungsförderungsgesetz 1985. Die umfangreichen Evaluationsforschungen zu diesem Gesetz können in einem Satz zusammengefaßt werden: „Both descriptive analysis and econometric work fail to detect any substantive effect of this admittedly rather modest piece of legislation" (*Addison/Barrett/Siebert*, 92). Trotz der vom Gesetzgeber und von den Arbeitgeberverbänden geäußerten positiven Erwartungen auf Beschäftigungseffekte konnten nicht mehr als 150.000 neue Beschäftigungsverhältnisse als Folge der gesetzlichen Veränderung ausgemacht werden (*Neumann*, 87f). Durch die geringe Inanspruchnahme des Gesetzes erfüllten sich auch nicht die von der damaligen Opposition und den Gewerkschaften geäußerten Befürchtungen einer „Amerikanisierung des deutschen Arbeitsmarktes". Die geringe Wirkung dieses Gesetzes hemmte spätere Deregulierungsversuche in Deutschland. Die von der 1988 eingesetzten Deregulierungskommission erarbeiteten Vorschläge (*Donges* 1992) wurden überwiegend nicht in neue Gesetze umgesetzt.

Die generationenspezifische Folge dieser Form der Deregulierung (Beschäftigungsförderungsgesetz 1985) ist, daß die in den Arbeitsmarkt neu eintretenden Generationen stärker vom neuen Recht betroffen sind. Befristete Beschäftigung konzentriert sich auf jüngere Altersgruppen (*Deml/Struck-Möbbeck* 1998, 12f). Aufgrund der geringen Akzeptanz der Deregulierung in Deutschland sind allerdings die davon ausgehenden Wirkungen auf Generationsungleichheiten gering.

Generationenspezifische Wirkungen einer selektiven Deregulierungspolitik kann man am besten in Spanien und Frankreich studieren. Beide Arbeitsmärkte sind traditionell stärker reguliert gewesen als der deutsche Arbeitsmarkt. Insbesondere das am Ende des Franquismus installierte Arbeitsrecht Spaniens institutionalisierte einen hochgradig regulierten Arbeitsmarkt, der in einigen Zügen mit dem öffentlichen Dienstrecht Deutschlands verglichen werden kann (vgl. *Argandona* 1997). Eine Folge dieser Art der Regulierung des Arbeitsmarktes ist eine extrem generationsungleiche Verteilung von Arbeitslosigkeit. In Spanien konzentriert sich deshalb die Arbeitslosigkeit im Nach-Transitionsprozeß auf die Gruppe der 15- bis 35jährigen (*Sackmann* 1998, 124ff). In Frankreich und Spanien versucht man seit Mitte der achtziger Jahre, die Jugendarbeitslosigkeit durch eine Zulassung von befristeten Arbeitsverträgen bei neuen Beschäftigungsverhältnissen zu reduzieren. In beiden Ländern, insbesondere in Spanien, nimmt die Zahl der befristeten Arbeitsverträge schnell zu (*OECD* 1993, 21). In Spanien sind nur mehr drei Prozent der seit Mitte der achtziger Jahre neu abgeschlossenen Verträge unbefristet (*Argandona*, 203). Von befristeten Arbeitsverträgen sind überwiegend neu in den Arbeitsmarkt eintretende Kohorten betroffen. In einer derartigen Konstellation kommt es zu einer rechtlichen Spaltung des Arbeitsmarktes: (ältere) Beschäftigte verfügen über stark gesicherte Arbeitsverhältnisse (bei rechtlich begünstigter Betriebsbindung), während sich bei (jüngeren) Neu-Beschäftigten befristete, ungesicherte Arbeitsverhältnisse konzentrieren.

Eine Beurteilung dieser generationsungleichen Flexibilisierung des Arbeitsmarktes ist nicht einfach, zumal sich die Wege in Frankreich und Spanien unterscheiden. In Frankreich erfüllen befristete Verträge häufig eine Brückenfunktion in eine unbefristete Beschäftigung, sie sind zu einem normalen Element eines altersspezifischen Berufseinstiegs geworden. In Spanien wurden dagegen 1994 die „Normalarbeitsverhältnisse" für alle flexibilisiert, indem Entlassungen erleichtert wurden (S. 203ff). Die Ausdehnung von befristeten Verträgen hat sowohl in Spanien als auch in Frankreich bestehende *Insider-Outsider*-Differenzen gemildert, da die Einstellung von Stellenbewerbern erleichtert wurde, ohne gleichzeitig die rechtlich bestehende *Insider*-Macht zu beeinträchtigen. Nur in Spanien verallgemeinerte sich (nach ca. 20 Jahren Arbeitsmarktkrise) in einem zweiten Schritt eine alle Beschäftigten betreffende Deregulierung (die nicht vollständig ist, sondern eher einer Angleichung an andere europäische Länder entspricht).

Eine dritte Gruppe von Ländern weist historisch schon seit langer Zeit eine geringe Regulierung des Arbeitsmarktes auf. Es handelt sich hier also nicht um deregulierte Arbeitsmärkte, sondern um schon seit langem flexible Arbeitsmärkte. Zu dieser Gruppe gehören die USA, Großbritannien und – lange Zeit weniger beachtet – Dänemark. In diesen Ländern gibt es keine oder kaum Entlassungsregelungen. Die Folge davon ist ein sehr viel höheres Niveau des zwischenbetrieblichen Arbeitsmarktaustausches: Zugänge in Arbeitslosigkeit sind relativ konjunkturunabhängig in den USA zirka zehnmal so hoch wie in Deutschland oder auch in Spanien, die Abgänge aus Arbeitslosigkeit sind aber auch entsprechend höher (*Sackmann* 1998, 113; ausführlich hierzu: *Schettkat* 1992). Folglich gibt es sowohl kürzere Verweildauern in Betrieben als auch kürzere Verweildauern in Arbeitslosigkeit, von der mehr Personen betroffen sind. Die kurzfristigeren Beschäftigungsmuster korrespondieren hier mit den geringeren Möglichkeiten von Unternehmen, langfristige Kredite auf dem Kapitalmarkt zu erhalten (*Hutton* 1996). Aufgrund der größeren Spreizung der Löhne in den USA und in Großbritannien und dem geringeren Ausbau des Wohlfahrtsstaates kommt es in beiden Ländern (aber nicht in Dänemark) zu einer höheren Armutsrate als in Deutschland, die insbesondere auch auf einem höheren Anteil von „arbeitenden Armen" (*working poor*) beruht (*Leibfried u.a.* 1995). Ein risikoträchtigerer Arbeitsmarkt geht hier auch mit risikoträchtigeren Familienbeziehungen einher, was sich zum Beispiel an höheren Scheidungsraten (und Wiederverheiratungsraten) zeigt (*Mayer* 1997).

Großbritannien und die USA (nicht aber Dänemark) weisen aufgrund ihres unspezifischen Ausbildungssystems eine relativ hohe Konzentration von Jugendarbeitslosigkeit auf (*Sackmann* 1998). Da in den USA Schulzertifikate

Regulierung, Deregulierung oder regulierte Flexibilisierung? 65

nicht sehr aussagekräftig sind und berufsspezifische Ausbildungen kaum stattfinden, erhält in den USA das biologische Alter eine Signalfunktion für die „Sicherheit" eines Beschäftigungsverhältnisses. Da Jüngeren eine geringe Betriebsbindung unterstellt wird, erhalten erst über 25jährige ein intensiveres *on-the-job-training*, das heißt erst dann wagen Unternehmer eine Beschäftigung auf Stammarbeitsplätzen und investieren in die Ausbildung ihrer Beschäftigten (*Rosenbaum u.a.* 1990).

3. Pfadabhängigkeit der Regulierung von Arbeitsmärkten

Wie kann man die länderspezifisch sehr unterschiedlichen Pfade der Regulierung des Arbeitsmarktes erklären? Warum gibt es (bisher?) keinen *one best way* der Regulierung des Arbeitsmarktes? Warum zeigte die Deregulierung des Arbeitsmarktes in der Bundesrepublik kaum Wirkungen? Eine Möglichkeit zur Beantwortung dieser Frage gibt die neue Institutionenökonomie (z.B. *North* 1992). Märkte sind danach höchst voraussetzungsvolle gesellschaftliche Institutionen, die historisch wachsen. Organisationen (z.B. Unternehmen) handeln in einer aus formellen und informellen Institutionen geformten Matrix, die Gewinnmöglichkeiten und Lernrichtungen festlegt. Wichtig für die Lernrate einer Gesellschaft ist ihre Anpassungseffizienz. Im Optimum ermöglicht sie viele Versuche, ist dezentral organisiert und enthält klare Eliminierungsregeln für ineffiziente Organisationen (beispielsweise das Konkursrecht). Es gibt keinen evolutionären Mechanismus, der zu einer Auslese der effizientesten Gesellschaft führt. Gesellschaftsentwicklungen erfolgen historisch kontingent, da jeder eingeschlagene Entwicklungspfad zunehmende Erträge bringen kann (zumindestens im kurzfristigen Vergleich mit einem Wechsel des Entwicklungspfades). Vorherige Entwicklungen bestimmen durch die Verlaufsabhängigkeit von Pfaden spätere Entwicklungen, da Pfade normalerweise durch an ihrem Fortbestand orientierte mächtige Organisationen und durch ihnen korrespondierende subjektive Modelle (Wissensbestände, Ideologien) stabilisiert werden.

Ich will diese Theorie der Pfadabhängigkeit von Entwicklungen am Beispiel der geringen Deregulierungswirkungen in Deutschland veranschaulichen. Die Begleitforschung zu den Wirkungen des Beschäftigungsförderungsgesetzes 1985 brachte das Ergebnis, daß Unternehmen in der Regel das vorher bestehende Arbeitsrecht nicht als großes Hindernis betrachtet haben (*Büchtemann* 1993). Nicht nur mächtige Organisationen, wie die Gewerkschaften, beziehen einen Teil ihrer Macht aus der Kontinuierung des deutschen Entwicklungspfades. Auch scheinbar durch formelle Regeln in ihrem Handeln eingeschränkte Organisationen, wie private Unternehmen, haben die informellen Regeln ihres Handelns an diesen Regelungen orientiert. Neben diesen wissensförmigen Orientierungen an der Kontinuität des Entwicklungspfades haben sich private Unternehmen in Deutschland in der Gestaltung ihres jeweiligen Betriebes (Maschinenbestand, qualifizierte Beschäftigung) an den bestehenden langfristigen Arbeitsbeziehungen orientiert. Kurzfristige Beschäftigungsverhältnisse würden in den Kernbereichen dieser Betriebe dem wohlverstandenen Eigeninteresse der Kapitaleigner widersprechen. Jeder Wechsel eines Entwicklungspfades ist zumindestens am Anfang mit hohen Transaktionskosten (und hohem Risiko) verbunden: Jeder Pfadwechsel ist mit dem potentiellen Ruin von Organisationen, der Entwertung von Wissen und allgemein mit einer Verschiebung des Machtgleichgewichts einer Gesellschaft verbunden. Obwohl sich langfristig vielleicht die gesamtgesellschaftliche Effizienz einer bestimmten gesellschaftlichen Institution bestimmen läßt, sind kurzfristig aufgrund der Komplexität der Wirkfaktoren und der möglichen Folgen sowie der geringen Anzahl der vergleichbaren Länder (Fälle) wissenschaftlich rationale Effizienzaussagen zu einzelnen Institutionen kaum möglich (vgl. *Mayer* 1997).

In der Summe legt eine Berücksichtigung der Pfadabhängigkeit von Entwicklungen nahe, daß eine Konvergenz von divergenten Regulierungspfaden eher unwahrscheinlich ist, daß inkrementale Wechsel innerhalb eines Pfades wahrscheinlicher, kostengünstiger und (zumindestens kurzfristig) wirkungsvoller sind als radikale Strukturbrüche (vgl. *Neumann* 1991). Pragmatisch legt eine derartige Betrachtungsweise eine gewisse traditionalistische Sicht der deutschen Arbeitsmarktregulierung nahe: Da ein Pfadwechsel riskant und kurzfristig teuer (gerade auch für Politiker und Parteien als politische Unternehmer) wäre, scheint es besser, zu versuchen, die bestehenden Probleme des bisher beschrittenen Regulierungspfades pfadimmanent zu lösen, als eine radikale Flexibilisierung des Arbeitsmarktes anzustreben.

Mit dieser Sichtweise wird aber nicht erklärt, ob flexible Arbeitsmärkte langfristig effizienter und gerechter als regulierte Arbeitsmärkte sind. Der Hinweis auf negative Folgen von nicht regulierten Arbeitsmärkten in bestimmten Ländern, wie zum Beispiel den USA und Großbritannien, kann zu Fehlschlüssen verleiten. Wenn man etwa Dänemark als Paradebeispiel eines nicht regulierten Arbeitsmarktes nimmt (und nicht anglo-amerikanische Länder), stellt man fest, daß viele der üblicherweise mit flexibilisierten Arbeitsmärkten in Zusammenhang gebrachten negativen Wirkungen (hohes Risiko, hohes Armutsniveau) nicht zutreffen. Es fällt anscheinend schwer, die Regulierungsform des Arbeitsmarktes als einzigen Wirkfaktor zu isolieren.

Empirisch ist es so, daß durch den Erhalt eines Billiglohnsektors und durch eine rigide, eine Wiederaufnahme von Erwerbsarbeit erzwingende Gestaltung des Wohlfahrtssystems die durchschnittliche Verweildauer in Arbeitslosigkeit in der Zeit der Arbeitsmarktkrise der achtziger Jahre in den USA kaum ge-

Regulierung, Deregulierung oder regulierte Flexibilisierung? 67

stiegen ist, während in Deutschland die durchschnittliche Verweildauer im selben Zeitraum stark stieg, unter anderem weil Frühverrentungsformen von Firmen genutzt wurden, nach denen Entlasssungen von 57-, 58- oder 59jährigen mit Abfindungen kompensiert wurden und die Zeit zwischen dieser Entlassung und dem Eintritt in den Ruhestand mit Arbeitslosenunterstützungen überbrückt wurde (*Schettkat* 1992).

Eine entscheidende Differenz zwischen dem Arbeitsmarkt der USA und Deutschlands scheint also, wie noch genauer zu untersuchen wäre, nicht nur im Ausmaß der Regulierung des Arbeitsmarktes zu bestehen, sondern auch in der Gestaltung von Übergängen. Die vom Regulierungsgrad eines Arbeitsmarktes vorgegebene Austauschgeschwindigkeit von Arbeitskräften scheint nicht entscheidend für die Verweildauer in Arbeitslosigkeit zu sein. Mindestens genauso wichtig sind die Form der Institutionalisierung von Übergängen und die darin enthaltenen Optionsmöglichkeiten.

4. Regulierte Flexibilisierung und Übergangsstrukturen

Das traditionelle Ziel der Beschäftigungspolitik der Bundesrepublik bestand in der Beschäftigungssicherung für Beschäftigte. Dieses Ziel wurde weitgehend erreicht, allerdings um den Preis einer zunehmenden Kluft zwischen den geschützten Rechten von Beschäftigten (*Insidern*) und den abnehmenden Chancen von Arbeitslosen und Arbeitsuchenden (*Outsidern*), eine Stelle zu erhalten, was ein Ansteigen der allgemeinen Kosten von Arbeitslosigkeit und Hysteresis-Effekte auf dem Arbeitsmarkt zur Folge hat. Ein neues Ziel für die Beschäftigungspolitik könnte sein, eine Verfestigung von Arbeitslosigkeit, insbesondere von Langzeitarbeitslosigkeit, zu verhindern, also die Verweildauer in Arbeitslosigkeit so kurz wie möglich zu halten.

Diese Zielvorstellung wurde schon früh mit einer aktiven Arbeitsmarktpolitik verfolgt. Das Pionierland auf diesem Feld, Schweden, strebt schon seit langem nicht die Vermeidung von Arbeitslosigkeit an, sondern die Verkürzung der Verweildauer in Arbeitslosigkeit. Schweden weist deshalb selbst in Vollbeschäftigungszeiten eine Zugangsrate in Arbeitslosigkeit auf, die sehr viel höher liegt als in der Bundesrepublik (*Sackmann* 1998, 113). Ein anderer Weg aktiver Arbeitsmarktpolitik, die Finanzierung von Arbeitslosigkeit (durch Versicherungsleistungen) in eine Finanzierung von Beschäftigung (z.B. von ABM-Stellen) zu verwandeln, ist aber in der Bundesrepublik, insbesondere in Ostdeutschland, nicht sehr erfolgreich in die Praxis umgesetzt worden (*Schmid/Reissert* 1996, 267ff).

In Fortentwicklung dieser Konzepte wird in den letzten Jahren insbesondere die Förderung von Übergangsarbeitsmärkten (z.B. *Schmid* 1997b; *Schmid/Ga-*

zier/Flechtner 1999) und *employability* (*Gazier* 1999) propagiert. Das Ziel von Übergangsarbeitsmärkten beschreibt *Günther Schmid* folgendermaßen:

„Im Gegensatz zur Strategie des zweiten Arbeitsmarkts werden durch Übergangsarbeitsmärkte die Brückenköpfe zwischen regulärem Arbeitsmarkt und anderen wohlfahrtssteigernden Lebensbereichen (Bildung, Familie, Kultur, Freizeit) verstärkt, so daß der ‚Verkehr' in beide Richtungen fließen kann" (1997b, 178).

Als Beispiele nennt er unter anderem Kurzarbeit, Arbeitsförderungsbetriebe, Weiterbildung, Rotationsmodelle, *sabbaticals* und Altersteilzeit. Trotz oder gerade wegen der Fülle der Einzelvorschläge geht bei diesem Ansatz unter, daß institutionalisierte Übergänge als Institutionen darauf angewiesen sind, daß sie eine auf Dauer angelegte Gestalt aufweisen, da sich nur dann informelle Regeln und Wissenssysteme anlagern können. Wenn dies nicht der Fall ist, verpuffen die „Maßnahmen" in der Vielfalt der Förderprogramme der Bundesanstalt für Arbeit, ohne eine neue institutionelle Matrix aufzubauen. Auffällig ist auch, daß *Schmid* in der Tradition des deutschen Wohlfahrtsregimes den Wegen aus dem Arbeitsmarkt ein ebenso bedeutendes Gewicht gibt wie den Wegen in den Arbeitsmarkt.

Employability ist im anglo-amerikanischen Reformdiskurs der neunziger Jahre zu einem entscheidenden Schlagwort geworden. Dabei handelt es sich um einen schillernden Begriff. *Bernard Gazier* (1999) unterscheidet nicht weniger als sieben verschiedene Konzeptionen dieses Begriffs, von denen allerdings nur zwei in den neueren Diskussionen Bedeutung gewonnen haben. *Initiative employability* geht von einem neuen Verständnis des Arbeitnehmers als Arbeitskraftunternehmers aus. Ziel ist es, seine nicht durch Betriebe begrenzte Karriere (*boundaryless career*) zu fördern, indem man lebenslanges Lernen unterstützt, aktiv Informationen über die Fähigkeiten des (suchenden) Arbeitskräftepools verbreitet und unternehmerische Existenzgründungen fördert. Ein nicht regulierter Arbeitsmarkt wird dabei positiv bewertet. Insbesondere in Großbritannien, gerade auch unter *New Labour*, wird dieses Konzept verfolgt. *Gazier* (1999, 49) kritisiert daran, daß dieses Konzept „elitäre" Grundzüge aufweist, da es nur ressourcenstärkere Arbeitnehmer und Arbeitslose fördert, während ressourcenschwächere Gruppen aufgrund des individualisierenden Ansatzes nur ihr Scheitern konstatieren können (bzw. die negativen Sanktionen von *workfare* statt *welfare* zu spüren bekommen). Eine andere Konzeption von *employability*, *interactive employability*, geht demgegenüber von der Interaktion zwischen den persönlichen Merkmalen der Arbeitskraft und dem Arbeitsmarkt aus, bezieht also das Arbeitsmarktumfeld des Individuums mit ein. Ziel ist es dabei, die Zeit der Arbeitslosigkeit zwischen zwei Beschäftigungen zu verkürzen. Zu diesem Zweck wird früh ein *profiling* von Arbeitslosen erstellt, um gezielt potentiellen Langzeitarbeitslosen zu helfen, eine Arbeitsstelle zu bekommen. Es handelt sich dabei um eine präventive Strategie, die vor dem Eintritt von Langzeitarbeitslosigkeit greifen soll. Der Schwerpunkt dieses Konzepts liegt auf aktivierenden und präventiven Maßnahmen. Das Konzept wurde in Kanada, dem „europäischsten" der anglo-amerikanischen Staaten entwickelt. *Gazier* wendet dagegen ein, daß es aufgrund seiner Komplexität noch schwer anwendbar sei (S. 51). Allgemein kann man sagen, daß *employability*-Konzepte in der Tradition liberaler (und sozialdemokratischer) Wohlfahrtsregime den (möglichst schnellen) Wegen in den Arbeitsmarkt den Vorrang geben und Wege aus dem Arbeitsmarkt vermeiden wollen.

In früheren Arbeiten habe ich in Anlehnung an lebenslauftheoretische Überlegungen das Konzept „Übergangsstrukturen" vorgeschlagen (ausführlicher zum folgenden: *Sackmann* 1998). Ausgangspunkt ist dabei die Vorstellung, daß Übergänge zwischen Erwerbszuständen, wenn sie nur von Individuen gestaltet werden, aufgrund von Ungewißheiten (von Arbeitskräften und Beschäftigern) zu Friktionen in Form von Arbeitslosigkeit führen. Institutionalisierte Strukturen, die Zwischenstatus legitim ausdifferenzieren, können demgegenüber den Übergang effizienter bearbeiten.

Ein Beispiel für eine derartige Übergangsstruktur ist das duale Ausbildungssystem in der Bundesrepublik, bei dem der Übergang von Bildung in Beschäftigung in einem Mischstatus der Verknüpfung von Bildung und Beschäftigung ausdifferenziert wurde. Der Vorteil dieser Übergangsstruktur ist, daß das betriebliche Risiko einer fluktuationsbedingten Fehlinvestition in individuelles Humankapital gemildert wird, indem für Berufsanfänger ein Anreiz zum Verbleib im Betrieb bis zum Ausbildungsende geschaffen wird. Die legitime Ausdifferenzierung eines Zwischenstatus „Ausbildung" fördert die Bereitschaft der Auszubildenden, einen relativ niedrigen Lohnsatz zu akzeptieren, der für einige Betriebe eine Ausbildung, die über den Eigenbedarf hinausgeht, profitabel macht. Die hochkomplexe Institution „duale Ausbildung" funktioniert – bei aller komplexitätsbedingten Störanfälligkeit – nur, weil eine Matrix von formellen und informellen Regeln, Normen und Wissenssystemen um diese Institution herum entstanden ist, in die Arbeitgeber, Gewerkschaften, Staat und Jugendliche eingebunden sind. Die sonst bei Kollektivgütern auftretenden Trittbrettfahrerprobleme können dadurch leidlich in Schach gehalten werden. Es hat zirka hundert Jahre gedauert, bis diese Institution zu einer dominanten Form des Übergangs von Bildung in Beschäftigung geworden ist. Ein Resultat dieser Übergangsstruktur ist eine im internationalen Vergleich ungewöhnlich niedrige relationale Jugendarbeitslosigkeitsrate in der Bundesrepublik.[7]

---

7 Ein Vergleich mit anderen Transformationsländern zeigt, daß diese Aussage selbst bei der schwierigen Arbeitsmarktlage in Ostdeutschland zutreffend war. Daß die Form der Institutionalisierung der Verknüpfung der Zustände entscheidend für die Effizienz dieser Übergangsstruktur ist (und nicht etwa die horizontale Ausdifferenzierung von Berufen – vgl. *Müller/ Shavit* 1998 – oder das Qualifikationsniveau), sieht man u.a. in der sehr viel höheren Arbeits-

Im internationalen Vergleich der generationenspezifischen Verteilung von Arbeitslosigkeit fällt nicht nur die niedrige relative Jugendarbeitslosigkeit der Bundesrepublik auf, sondern auch die hohe relative Altersarbeitslosigkeitsrate. Es soll hier nicht detailliert auf die Form des Frühverrentungsgeschehens in der Bundesrepublik eingegangen werden. Entscheidend für die Diskussion der Bedeutung von ausdifferenzierten Übergangsstrukturen ist, daß eine legitime Ausdifferenzierung eines Zwischenstatus „Altersteilzeit" in Schweden ähnlich arbeitslosigkeitssenkende Wirkungen für den Übergang von der Erwerbstätigkeit in den Ruhestand entfaltet hat wie die duale Ausbildung beim Übergang vom Bildungssystem in Beschäftigung. Dabei kann allerdings auch studiert werden, wie langwierig die hochkomplexe Institutionalisierung einer entsprechenden Übergangsstruktur ist, da sowohl die Verbreitung als auch die gesamtgesellschaftliche Akzeptanz dieser Institution selbst in Schweden, zwanzig Jahre nach ihrer Einführung, nicht in dem Umfang gegeben ist wie bei der dualen Ausbildung in Deutschland. In Deutschland scheiterten bisher entsprechende Versuche einer breiteren Einführung von Altersteilzeit an der Trägheit gesellschaftlicher Strukturen. Altersteilzeit wurde von den relevanten kollektiven Akteuren (und den Individuen) als „Blockaltersteilzeit" in eine anders finanzierte Form der Frühverrentung umdefiniert, die wenig mit dem ursprünglichen Sinn von Altersteilzeit als einer Form des abgestuften Übergangs in den Ruhestand zu tun hat.

Allgemein kann man den Ansatz einer regulierten Flexibilisierung so umschreiben, daß als Ansatzpunkt für eine gesellschaftliche Intervention eine Beeinflussung von Transaktionskosten angesehen wird (Flexibilisierung wird hierbei nicht als natürlicher Endzustand angesehen, sondern als ein jeweils genau zu bestimmendes Gesellschaftsprodukt bei bestimmten Übergängen). Ziel einer regulierten Flexibilisierung ist die Verkürzung der Verweildauer in Arbeitslosigkeit. Es gibt drei Gründe für ein derartiges Ziel: Je länger eine Arbeitslosigkeit andauert, desto negativer dürfte sie von den Betroffenen empfunden werden.[8] Je länger Arbeitslosigkeit durchschnittlich andauert, desto größer sind *Insider-Outsider*-Differenzen auf dem Arbeitsmarkt. *Insider-Outsider*-Differenzen sind unter Gerechtigkeitsgesichtspunkten problematisch, da sie Exklusion als eine Form sozialer Ungleichheit begünstigen. Sie sind unter Effizienzgesichtspunkten problematisch, da Langzeitarbeitslosigkeit eine Marktanpassung des Lohnniveaus verhindert. Über Hysterese-Effekte wird dadurch eine (durch welchen Nachfrageschock auch immer verursachte) Massenarbeitslosigkeit über Jahre verfestigt. Je länger eine Arbeits-

---

losenrate von Fachschulabgängern im Vergleich zu Absolventen einer beruflichen Lehre (vgl. *Konietzka* 1998).

8 Diese Korrelation dürfte in all den Fällen nicht zutreffend sein, in denen die Betroffenen selbst keine erneute Erwerbstätigkeit anstreben, sondern einen Übergang in Nicht-Erwerbstätigkeit (z.B. Ruhestand, Familienpause).

Regulierung, Deregulierung oder regulierte Flexibilisierung? 71

losigkeit andauert, desto höher sind die dadurch verursachten individuellen Humankapitalverluste – die in der Summe einen Schaden für die Volkswirtschaft bedeuten.

Bei der Umsetzung des Ansatzes einer regulierten Flexibilisierung gibt es drei in der Zielvorstellung miteinander verbundene Wege: Beim Konzept der *initiative employability* wird die Selbständigkeit des Individuums gestärkt. Trotz des ideologisch fragwürdigen Gehalts dieses Ansatzes haben Evaluationen von Programmen, die eine Umwandlung von Arbeitslosenunterstützung in Existenzgründungsunterstützungen anstreben, in der Summe positive Beschäftigungseffekte gefunden, die eine Verweildauer in Arbeitslosigkeit verkürzen (*Meager* 1996). Dieses Konzept ist allerdings nur bei der „Elite" der Arbeitslosen hilfreich.

Beim Konzept der *interactive employability* wird versucht, das *matching* zwischen Beschäftigungslosen und Betrieben zu verbessern. Als in Evaluationen erfolgreiches Verfahren hat sich dabei die Methode des frühzeitigen *profiling* von potentiellen Langzeitarbeitslosen und eine daran anschließende intensive Arbeitssuchhilfe erwiesen (*Erhel u.a.* 1996, 298f). Ein ähnliches Ziel verfolgt die Ausdifferenzierung von speziellen Agenturen zur Vermittlung von scheinbaren „Problemgruppen" des Arbeitsmarktes, zum Beispiel die Arbeitsvermittlungsorganisation *Maatwerk*, der es gelang, scheinbar aussichtslose Langzeitarbeitslose in das Erwerbsleben zurückzuvermitteln. Das Konzept *interactive employability* ist vor allem für Benachteiligte unter den Arbeitslosen hilfreich.

Beim Konzept Übergangsstrukturen wird versucht, Zwischenzustände auszudifferenzieren, die Übergänge von und in Nicht-Erwerbstätigkeit für Erwerbspersonen und Unternehmen erleichtern. In Deutschland wäre dabei weiter eine Förderung echter Altersteilzeit anzustreben, wohlwissend, daß es sich dabei – in den Worten *Max Webers* – um ein dickes Brett handelt, dessen Durchbohrung lange Zeit in Anspruch nimmt. Bedenkenswert wäre auch eine Umleitung von Resourcen der Familienförderung, die Nicht-Erwerbstätigkeit in Form von Erwerbspausen begünstigen (Erziehungsurlaub, Kindergeld etc.), in Instrumente, die Anreize für eine Kombination von Erwerbstätigkeit und Erziehungszeit schaffen. Damit könnten Humankapitalverluste, insbesondere bei weiblichen Erwerbsverläufen, und unklare Zustände zwischen Arbeitslosigkeit und Nicht-Erwerbstätigkeit vermieden werden. Bei Vollzeit-Weiterbildungen könnten betriebliche Komponenten gestärkt werden, um deren Verbindlichkeit zu erhöhen und die Wiederbeschäftigungschancen vermindernde „Institutionseffekte" der Weiterbildungsteilnahme zu verringern (*Wingens/ Sackmann/Grotheer* 2000). Das Konzept Übergangsstrukturen ist vor allem für (potentiell) Arbeitslose an den Grenzen von Erwerbs- und Nicht-Erwerbsstatus hilfreich.

Regulierte Flexibilisierung stellt kein Allheilmittel gegen Arbeitslosigkeit dar. Dennoch könnte es ein Instrument zur Verringerung von generationenspezifischen Ungleichheiten bei der Verteilung der Kosten von Arbeitsmarktkrisen darstellen. Regulierungen des Arbeitsmarktes, die nur eine Beschäftigungssicherung anstreben (im Extrem das Beamtenrecht), bewirken in Zeiten der Arbeitsmarktkrise starke Ungleichheitseffekte für neu eintretende Kohorten (die in Deutschland durch das duale Ausbildungssystem in ihrer Wirkung eingeschränkt werden). Indirekt fördern sie Arbeitsmarktexklusionen, die vor allem ältere Arbeitnehmer in Form von Frühverrentungen betreffen. Eine regulierte Flexibilisierung könnte demgegenüber die Generationsgerechtigkeit erhöhen. Wenn durch einen schnelleren Austausch auf dem Arbeitsmarkt eine Erhöhung der Gesamteffizienz des ökonomischen Systems erreicht werden könnte, könnten indirekt alle Generationen davon profitieren.

JØRGEN GOUL ANDERSEN

From Citizenship to Workfare? Changing Labour Market Policies in Denmark since the Oil Crisis

1. Introduction

Denmark is one of the countries contradicting the idea that European nations are caught by some sort of 'Eurosclerosis' immanent in generous welfare systems. Without serious retrenchments and while even improving economic equality, the Danish welfare state has overcome severe economic crises, and full employment has nearly been restored. However, whereas the unusually generous social rights of the unemployed went almost unchallenged by the Conservative governments in the 1980s, the Social Democratic coalition governments since 1993 have adopted quite path-breaking policies of 'activation'. Whether this strategy is responsible for the 'employment miracle', is a contested issue, however, and it is also much debated whether activation should be seen as an improvement or as a deterioration of social rights. This article does not aim at an evaluation but provides an overview of the changing Danish unemployment policies and their underlying philosophies. But first, we take a brief look at the level and structure of unemployment.

2. Unemployment in Denmark

Unlike other Nordic countries, Denmark has a 25-year long experience of mass unemployment. From a low point of about one per cent in 1973, there was a nearly monotonic increase in unemployment until 1983 when it reached more than ten per cent of the labour force. Economic growth in the mid-1980s gave a little relief but was followed by a long recession where registered unemployment increased to a peak of over twelve per cent in 1993. Since then, unemployment steadily declined to a low point of some five per cent in the end of 1999. This is close to the level in the USA and around one-half of the European average.

As to the structure of unemployment, the most obvious factor beside the usual gender differences is education; by 1999, unemployment among unskilled workers was about one-half above average. Apart from higher figures among 25-34-year-old women, the relationship between age and unemployment is close to zero. High youth unemployment rates have always been avoided by activating the young; unemployment among the middle-aged is close to average because of an unusually low degree of employment protection (*Ministry of Finance* 1999, 184; *Government* 1999, 285); and among the elderly, opportunities for early retirement has kept unemployment down.

From a citizenship point of view, long-term unemployment is particularly interesting. Like in the other Nordic countries, the Danish figures are comparatively low. By 1996, one fourth of the unemployed had been without work for twelve months or more; in Britain, Germany and Italy, the figures were 40, 48 and 66 per cent, respectively (*Eurostat* 1998). In the early 1990s increasing long-term unemployment aroused much debate about inflexibility, disincentives, poverty traps, and labour market exclusion. However, long-term unemployment always increases disproportionately during recessions, and as the number of long-term unemployed declined from 135.000 in 1993 to 80.000 in 1996 and 47.000 in 1998, the issue seems to be settled. Although leave and activation programmes account for some of the decline, a major part of it is genuine. It seems obvious that estimations and speculations about structural unemployment were too pessimistic, as was also predicted by survey-based studies some years ago (*Andersen* 1995).

From the point of view of incentives, the Danish unemployment benefit system has remained quite unique. Although duration has been cut to four years, it has remained unusually generous (*Martin* 2000, 101; *NOSOSKO* 1999, 64-71). The system is exceptional by a compensation rate of ninety per cent and its moderately low ceiling of some 150.000 Danish crowns per year. This means that by December 1998 only 25 per cent received less than maximum benefits. In practice, unemployment benefit is nearly a flat-rate benefit. It is not means tested, and level and duration of benefits is not related to seniority (except for special rules for young people aged less than 25 years, introduced by 1995). Although average (pre-tax) compensation, relative to wages, has declined from 75 per cent in 1975 to about sixty per cent in 1999, unemployment benefit levels have remained very generous for low-income groups. This should be viewed in relation to the extremely liberal Danish rules as to hiring and firing people. This policy mix has created an unusually flexible labour market (*OECD* 1998) without much insider/outsider division.[*] The high (and nearly flat-rate) compensation level is the stable element; but in many other ways, the unemployment benefit system has changed quite dramatically in the 1990s.

---

[*] Vgl. *Sackmanns* Beitrag in diesem Band.

3. Employment and unemployment policies

Philosophies and problem definitions

The changing unemployment policies should be seen against changing underlying philosophies concerning unemployment. One may identify four dominant philosophies since the 1970s:

1) Under the Social Democratic governments until 1982, economic thinking was dominated by the *Keynes*ian conviction that government was responsible for reducing unemployment by stimulating aggregate demand, but also by an emphasis on incomes policies that could enhance competitiveness and limit the balance of payment deficit.
2) Without giving up entirely the *Keynes*ian legacy, the new bourgeois government in 1982 brought with it new economic philosophies stressing the negative side effects of demand-stimulating policies.[1] The new government gave one-sided priority to competitiveness and low inflation, arguing that this was the only *sustainable* way to fight unemployment.
3) Until the end of the 1980s, it was implicitly assumed that unemployment was a matter of too little aggregate demand for labour power (or too much aggregate supply): with improved competitiveness and increasing exports, unemployment could be significantly reduced. But from 1988/89, attention was directed to *distortions* on the labour market, for example to 'inflexible' wage structures (i.e., high minimum wages) making low-skilled workers unemployable, or to disincentives, 'poverty traps' et cetera, generating structural unemployment. In the following years, this problem definition of unemployment as *structural unemployment* became accepted with only few reservations by most major parties and by all major interest groups on the labour market. They mainly disagreed only on appropriate strategies: improving qualifications or lowering wages.

Both interest factors and ideational factors contribute to explain this change. The fact that the diagnosis was compatible with the interests of the major actors in the field (see below) is important. But so was social learning, especially the interpretation of Danish economic policies: Between 1983 and 1986, the philosophy of competitiveness seemed confirmed by actual events as aggregate employment increased by some 200.000 full-time employed. But in 1986, the balance of payment deficit rose to an intolerable level of more than five per cent of gross domestic product (GDP), and in 1987 time wages increased by some ten per cent. What followed was a seven-year long recession, and although it was partly based on misinterpretations, it became an 'institutional truth' that unemployment could not be significantly reduced: If it went below the high level of structural unemployment, this would lead to bottlenecks and unbearable

---

1 For instance, it was pointed out that in a world with free capital movement in global capital markets and with rational expectations, fear of inflation lead to increasing interest rates that offset the effetcs of *Keynes*ian demand-stimulating policies even before they begin to work.

wage increases which would destroy competitiveness.[2] From then on, labour market policy became the central aspect of economic policy: Without more 'flexible' labour markets, any attempt to fight unemployment would be in vain. Throughout the 1990s, this became a basic economic philosophy guiding economic policies altogether.[3]

4) As compared to this path-breaking change, there was less innovation in *ideas* (but certainly innovation in practices) associated with the Social Democrats return to office in 1993. But it certainly introduced path-breaking *policy* changes.

As the new philosophies in the late 1980s did not materialise into policies until the Social Democrats took over, the above ideas resulted in three clusters of policies; what the Bourgeois government failed to accomplish in the 1989-1992 period was to some extent obtained in concessions from the new government after 1993.

The Keynesian strategies of the 1970s (1975-1982)

Like other countries, Denmark was hit by the oil crisis in 1973, and when a Social Democratic government was elected in 1975, its main priority was to fight unemployment. The first major strategy was to stimulate aggregate demand through a temporary halving of the value added tax in 1975/76 and, more continuously (but not always voluntarily), by large budget deficits, increasing to an all-time high of nearly twelve per cent of GDP by 1982. At the same time, public employment increased dramatically, partly due to a 'switch policy' aiming at substituting private consumption with labour-intensive and domestically produced public consumption in order to avoid the constraints of the balance of payment deficit. From 1975 to 1982, the number

---

2 This is not the place to discuss the idea of structural unemployment or its measurement. What was *politically* important in Denmark was the interpretation of the 1987 wage increases. In reality, these wage increases are probably explained more by political than by economic factors as 1987 was an election year where the government had made generous promises to public employees (*Ibsen* 1992; *Andersen* 1993, 295-99). Ironically, Danish exports fared extremely bad in 1985-86, *prior* to the wage increase, but extremely well *after* the wage increase in 1987 (which to a large extent derived from a wage-compensated lowering of working hours).

3 The other guiding idea was that income transfers were uncontrollable (reflecting the dramatic increase in transfers from 1982 to 1993); also this idea was rather misleading as it neglected the political determinants of increasing transfers (*Andersen* 1997a). - The first path-breaking analysis was presented by the *Economic Council* (1988) which was supported by the government's White Book in 1989 (*Government* 1989). It was officially endorsed by the trade unions in the report from a corporative *Commission on Labour Market Structural Problems* (1992) which failed to establish agreement on recommendations but agreed on problem definitions; and it was confirmed by the *Social Commission* (1993) and the *Welfare Commission* (1995).

of full-time public employees increased from about 550.000 to 750.000 (*Andersen* 1993, 37).

As this did not have much visible effects on unemployment, new strategies of lowering labour supply were adopted in 1979. An early retirement allowance was introduced, granting 60-66-year-old members of an unemployment insurance fund[4] the right to retire with maximum unemployment benefits for the first two years and (as from 1986) eighty per cent afterwards. Also in 1979, longer holidays (from four to five weeks) were introduced as a means to reduce unemployment. Prohibition against overtime and side jobs was discussed but rarely adopted. Activation also took a beginning already in the late 1970s (see below).

Simultaneously, the government aimed at improving competitiveness, by means of successive small devaluations, and a strong incomes policy with routine interventions in wage negotiations. But all efforts seemed in vain. By 1982, both unemployment and inflation was about 10 per cent, long-term interest rates were above twenty per cent, the balance of payment deficit was four, and state deficit twelve per cent of GDP. For many years, this remained a traumatic experience (*Andersen* 1991, 68); it paved the way for new strategies – and for a new government as the centre parties withdrew their support for the Social Democrats.

The export strategy of the 1980s (1982-1992)

The new Conservative-Liberal government in 1982 announced a new strategy of 'economic reconstruction' which remained its political *raison d'être*. Basically, it followed an anti-inflationary strategy giving first priority to the balance of payment deficit and, more generally, to policies improving competitiveness and strengthening the market. This included, for instance, liberalization of capital markets, a fixed currency policy linking the Danish crown to the Deutschmark, fixed budgets for the public sector and zero growth in public employment, temporary abolition of indexation of wages (from 1987 permanent), and freezing of maximum unemployment benefits (1982-85), partly compensated by a ten per cent increase in 1988. The first three elements were irreversible and soon became accepted (though reluctantly) by the Social Democrats. Although the government had aimed at a 'bourgeois revolution', in actual practice no systemic change took place (*Andersen* 1997b). Unintendedly, even priorities in economic policies were reversed by lower interest rates due to market expectations of lower inflation. This triggered off

---

4 Like Belgium, Sweden and Finland, Denmark follows the so-called 'Ghent system' based on voluntary membership in heavily state-subsidized unemployment insurance funds attached to the trade unions.

huge capital gains of homeowners which stimulated a dramatic increase in private consumption.

Labour market policies were left nearly untouched. Little action was taken to improve incentives or strengthen controls. The generous unemployment benefit system was maintained and nearly approached a citizen's income system (fig. 1): *Access* was easy as only one year of membership and a half

Figure 1: The Danish Unemployment Benefit System by 1992/93: Close to a citizen's wage

1. *Easy Access*

    1 year of membership in Unemployment Assurance Fund, 26 weeks of employment within the last three years (1999: 52 weeks)

2. *Long Period of Support*

    2½ years but right to participation in a job project twice, with entitlement to benefits for another 2½ year period. Including the job project period, this meant entitlement to at least eight years of full-scale support (1999: four years)

3. *High Level of Compensation*

    90 per cent of former wage, with a relatively low ceiling. In practice, it came close to a flat-rate benefit. No differentiation according to family situation, seniority or duration of unemployment (1999: not changed)

4. *Moderate Control*

    with active job-seeking, depending on the business cycle (1999: tightened)

5. *Early retirement allowance*

    60-66 years old who had been insured against unemployment for at least 20 years were entitled to leave the labour market. During the first 2½ years, they were entitled maximum unemployment benefits; for the remaining period 80 per cent of that amount (1999: significant change decided)

6. *Transitional Allowance*

    Introduced by 1992, granting 55-59 years old long-term unemployed right to a transitional allowance (80 per cent of maximum unemployment benefits) until they receive early retirement allowance from the age of 60 (abolished).

year of (normal) employment was required to achieve *full* entitlements. It was also easy to *remain* in the system: Entitlement to two and a half years of unemployment benefits could be prolonged for another two and a half years twice by participation in a job programme, that is, the effective unemployment period was about eight years. And the compensation level of ninety per cent was maintained. Also, control systems were liberal. The unemployed could not refuse an appropriate job and were formally required to be actively job-seeking. But especially in recession periods, little was done to ensure an effective works test.

The Activation strategy of the 1990s (1993 and onwards)

Writing in retrospect, the Government (*Ministry of Finance* 1999) describes the changing labour market policy of the 1990s as a reform in three stages. The first stage was the 1993 Labour Market Reform, including a 'check up' in the compromise over the 1995 state budget. The second stage was the compromise one year later over the 1996 budget. And the third stage came in 1998 as part of the compromise over the 1999 budget. However, if we take a closer look, policies appear more ambivalent and contradictory which also explains the different interpretations (*Torfing* 1999, *Jensen* 1999). One could say that labour market policies in the first half of the 1990s followed two or even three partially contradictory paths: a *Keynesian* path, a related *citizen's wage* path, and an *activation* path. Further, there remained for quite a while an ambivalence in the activation path between strengthening the rights and the duties of the unemployed.

Return to Keynesianism?

Although the Social Democrats accepted the philosophy of structural unemployment, one of its first actions was a *Keynes*ian 'kick-start' of the economy by stimulating private consumption through tax relief and cheap loans to homeowners. Also, but more than intended, the government has increased public consumption (by some 20 per cent in fixed terms 1992-1999) and thus public employment. Still, this does not signify any return to the economic philosophies of the 1970s. For instance, public debt is considered a matter of real concern.

The Citizens' Wage Path

The citizens' wage path was not immediately abandoned. On the contrary, in an attempt to break the unemployment curve, the 1993 labour market reform introduced new elements. 'Transitional allowance' was extended to include the 50-54-year-old. And new arrangements for parental and educational leave which had been introduced in 1992 were significantly improved. In particular, parental leave was extended from 36 to 52 weeks of which the first 13 became a *right* for all parents with one to eight years old children (26 weeks if the child was less than one year). The allowance was eighty per cent of maximum unemployment benefits but in the mid-1990s, most municipalities provided additional support. Educational leave was also improved. This still required replacement and acceptance by the employer but allowance was one hundred per cent of maximum benefits. Both arrangements were open also to unemployed who until 1998 typically constituted about one half of the persons on leave. Finally, a sabbatical leave was introduced on the same economic conditions as parental leave but conditional on job rotation and employers' acceptance.

Although the main motive was to obtain an immediate decline in unemployment figures, ministers began to speak about the government's new philosophies of work and the changing relationship between family life and working life. However, parental leave immediately gave bottleneck problems as nurses and other groups with zero unemployment did not want to miss this single opportunity in a lifetime to enjoy a leave on benefits. Thus, already in the 'check up' in 1994, before policies had become irreversible, compensation for parental leave was decided to be gradually lowered from eighty to sixty per cent. In return, both parental and educational leave were made permanent whereas sabbatical leave was terminated. After an initial explosion, the number of (full-time) persons on leave has halved from some 60.000 in 1996 to below 35.000 in 1999 (*Ministry of Labour* 2000). Besides, the transitional allowance was closed for new applicants from January 1996. This means that the citizens' wage path has been effectively closed.

The New Main Path: The Active Line

The significant change in the 1990s is the active line which is firmly rooted in the philosophy of structural unemployment. It was introduced with the idea that structural unemployment derives to a large extent from a mismatch between wages and labour productivity. From this philosophy, three functionally equivalent policies can be derived:

1) lower minimum wages, unemployment benefits etc. to improve incentives and stronger controls
2) subsidies for low-productivity work and
3) improved productivity through education and job training.

Not least in order to avoid a strong version of the first policy, the labour movement accepted the second and especially the third strategy, and even accepted stronger controls. Thus, the combination of activation and control is essential for the 'active Line'.

It is important to underline that activation was not *as such* a new phenomenon. It has been intensified but what happened in the 1990s was just as much *a change from one active line to another.* Although based on different philosophies, the tradition of active labour market policies in Denmark is long. Already by 1977, municipalities and counties were required (in a law about youth unemployment) to establish employment projects, education and courses et cetera for young unemployed. In 1978, a job training programme was adopted for people in danger of dropping out of the unemployment benefit system. In the mid-1980s, this was prolonged by an additional round and supplemented by subsidizing education or the establishment of a private firm as an alternative. In short, the old system before 1993 was by no means characterized solely by 'passive support'. Large numbers of unemployed were involved in activation, and the costs were considerable. By 1992, 13.9 billion crown (about 1½ pct. of GDP) was spent on active labour market policies, and calculated as 'full-year persons' 116.200 persons participated in activation (*Commission on Structural Labour Market Problems* 1992). According to *OECD* definitions and calculations, spending on active labour market policies went up from 1.1 per cent of GDP in 1986 to 1.8 per cent in 1994 and 1997. By comparison, the European Union average stagnated at about one per cent during the same period (*Martin* 2000, 85). Denmark is not unique but only Swedish figures are *significantly* higher.

An important difference is the changing balance between rights and duties. In fact, the first stage of the 1993 reform was ambivalent at this point. On the one hand, the maximum unemployment period was fixed to seven years of which the last three years should be on activation (education or job training) without possibility of regaining entitlement to benefits. On the other hand, seven years (through leave occasionally extended to nine years) is a long time, and it only took half a year of ordinary employment to become entitled to another seven-year period. The active labour market policy was decentralized to 14 regions which should direct policy implementation according to specific regional needs, facilitating at the same time a higher level of responsiveness to the unemployed. Further, the reform demanded that an 'individual plan of action' should be elaborated for all long-term unemployed: In a dialogue between the unemployed and the employment office, a plan of activation should describe how an activation could be designed in accordance with the wishes and the abilities of the unemployed as well as the need of regional labour markets so to maximize employment opportunity (*Jensen* 1999). In principle, this constitutes a strengthening of rights, even though practices have not always followed the ideals (*Olesen* 1999).

But successive reforms have given ever more emphasis to duties. Just to take the change in language, 'Job offer' was replaced by 'activation', and 'social rights' was replaced by the phrase 'right and duty'. The net effect is a quite strong tightening (*Ministry of Finance* 1998; 1999, 184). The trend towards stress on duties was discernible already before the 1993 reform. Already in 1990, a 'youth allowance' was introduced for the 18-19-year-old demanding early activation as a condition for receiving social assistance. By 1992, this had been extended to the entire age group below 25 years (in the 1998 'Law on active social policies' which replaced the law on social assistance, this was further extended to the 25-29-year-old).

From 1995 the three years of 'active period' came to include the 'right and duty' to permanent activation, without regaining entitlement to a new period of benefits. In the compromise with the Conservatives over the 1996 budget which was in effect the second phase of the reform, the duration of benefits was cut to five years, with 'right and duty' to activation after two years. Entitlements to benefits now required a whole year of ordinary employment, and various other requirements as to transport time and duty to take jobs outside one's trade were tightened. Finally, the third phase was negotiated with unions and employers' associations but included in the agreement over the 1999 state budget. Duration was now fixed to four years, with (a very costly, it turned out) duty to activation after only one year. The 50-54-year-old who had until then maintained right to unemployment benefits infinitely, were now transferred to ordinary conditions, whereas the special arrangements for the 55-59-year-old were maintained.

The third phase also included a reform of the popular early retirement allowance, giving people a strong incentive to remain at the labour market until the age of 62 by otherwise reducing the allowance to 91 per cent of the full amount. Finally, as part of this reform package, the pension age was lowered from 67 to 65 years. As most people retire earlier, this was also a measure of saving money. Also, a quite expensive, ear-marked early retirement contribution was introduced in addition to the ordinary fee to unemployment insurance, and early retirement was made contingent on 25 years contribution. People who do not use their right to early retirement but continue to work until the age of 65 receive a cash payment (of some 14.000 ECU).

Also in 1998, the Law on Social Assistance was replaced by a new law complex including a 'Law on Active Social Policy'. Both the title of the law and the wording of the paragraphs underline the duty to work and the loss of social assistance for those who refuse. As elsewhere, the effects will depend much on street-level implementation; however, there are indications of unintended effects among some of the weakest groups who are not able to participate in any kind of activation. Finally, a framework for a reform of Disability Pension, also emphasizing the work line alongside with some improvements, was agreed upon in the negotiations over the 2000 Budget.

To sum up, the main line in these reforms is an ever stronger emphasis on the duty to work, to a large extent based on a communitarian notion of work as the very core of citizenship and social integration. But increasingly, the reforms have also been influenced by the lower unemployment rates making it more realistic to find a job and more necessary from an economic point of view to avoid bottlenecks and inflation which could reverse the economic re-

Figure 2: An Overview of Labour Market Policy in Denmark in the 1990s: Two Paths

Period	Path of activation	Citizen's wage path
1980s		Easy access to unemployment benefits
1990 - 1992	Tightenings for young unemployed on social assistance	Transitional allowance for long-term unemployed 55-59 years (compromise over 1992 Budget) Parental leave: 36 weeks. Conditional on-job-rotation and employers' acceptance Educational leave (from Feb. '93 access also for unemployed)
1993 - 1994	Labour Market reform I Duration of unemployment benefits 7 years (plus leave), right and duty to activation after 4 years, i.e. last 3 years on permanent activation without earning entitlements to continued benefits Individual plans for long-term unemployed	Parental leave (26 weeks) a right. Including unemployed. Up to 52 weeks conditional on employers' acceptance 80% of maximum benefits + frequently additional support from municipality Sabbatical leave (same compensation; conditional on job rotation and employers' acceptance) Educational leave (also for unemployed). 100% of maximum benefits, regardless of previous income Transitional leave for all long-term unemployed aged 50-59 years. 80% of maximum benefits Checkup
1994 - 1996	Labour Market Reform II Duration of unemployment benefits 5 years, right and duty to activation after 2 years	Compromise on 1995 Budget: Parental leave: Allowance gradually reduced to 60% of maximum unemployment benefits Sabbatical leave phased out in 1999 Compromise on 1996 budget: Transitional allowance for 50-59-year-old to be phased out; entrance closed from Jan 31, 1996
1996 - 1999	Labour Market Reform III Tripartite negotiations. Compromise on 1999 state budget Duration of unemployment benefits 4 years Activation after one year Law on social assistance replaced by new law complex, including 'Law on active social policy', stressing duty to activation	

covery. Still, there has been a dramatic change within a few years from a system approaching a citizens' wage system to a system which, according to the Government's 'benchmarking' of duty to work, place the requirements of the Danish system nearly on line with those of Sweden where the duty to work has always been a core element in social and labour market policy (*Ministry of Finance* 1999, 183ff; *Government* 1999, 290f; *Andersen* 1996, 161).

Finally, yet another functional alternative to create jobs for the unskilled should be mentioned: the service strategy. This strategy, based on subsidizing labour-intensive household services (in 2000 by 50 per cent), was first proposed around 1990. It was strongly supported by the Welfare Commission and by the Ministry of Industry, and it became a 'pet project' also of the minister who was the leader of one of the small coalition parties (the Centre Democrats). Thus a household service programme was implemented in 1993. Although it has enjoyed only half-hearted support by the government, the sector does employ some 10.000 workers. It is uncertain, however, to which extent it provides jobs for students and other part-time workers rather than for the unskilled workers it was originally designed for.

4. Conclusions

Why such changes?

Apart from noting that significant path breaking is possible, one may speculate why the Social Democratic Party which used to resist any attack on the rights of the unemployed, has changed its position so profoundly. Although a full explanation is beyond the scope of this article, relevant factors would seem to include that it was willing to, it was forced to, and it was not so afraid to do so:

- It was willing to because of the influence of ideas: a new orthodoxy of economic ideas as well as communitarian ideas of social integration and citizenship
- it was forced to because of the political situation: The coalition partner, the Radical Liberals, found their *raison d'être* in demanding institutional change, and for Bourgeois parties, labour market reforms provided a well-suited target for routine negotiations over the budget
- it enabled the party to avoid what could be worse: To maintain high compensation and long duration of benefits, the Social Democrats were forced to give in on tightening the system
- the Social Democrats were not so afraid to tighten up as the labour movement maintains considerable control over street-level implementation
- low unemployment meant that the risks of becoming excluded from this system in favour of social assistance became much smaller.

Implications for citizenship

The path-breaking changes in Danish welfare policy have considerable implications for citizenship. Following a widely used distinction, these implications may be considered along two major dimensions: citizenship *rights* and citizenship as full *participation* in social and political life. Finally, we should perhaps also consider the notion of *citizen duties* to arrive at an adequate interpretation of the changes.

To summarize in a very simple way, both the strategies of the 1970s/1980s and of the 1990s were aimed at avoiding marginalisation and maintaining full citizenship, only by different means. The strategies of the 1970s and 1980s were to avoid loss of citizenship by maintaining the jobless in the unemployment benefit system, avoiding economic marginalisation and stigmatization associated with social assistance, and maintaining equal social rights for employed and unemployed. This was visible

1) in the prolonged duration of entitlements to unemployment benefits;
2) in the easy access to the system;
3) in the high level of benefits enabling people to maintain a decent standard of living;
4) in the principle that wages during job training should follow collective agreements and
5) in the earning of entitlement to benefits while in job training, like in all other employment.

It should also be noted

6) that until 1999 there was a strong emphasis on the principle of equal access to leave arrangements for employed and unemployed.

The active line of the 1990s has violated most of these rights: (1) duration was shortened; (2) access became more restricted; (4) wages of job trainees do not have to follow collective agreements; (5) unemployed do not gain new entitlements while on activation and (6) access of unemployed to leave has been restricted from 1999. Only (3) high compensation level has been maintained, along with a relatively long duration of benefits after all. What pulls in the opposite direction as a strengthening of rights are the individual plans of action that emphasize the dialogue between the unemployed and the employment officer.

However, the main rationale of the active line of the 1990s is another one: One can say that the policies of the 1990s are influenced by a communitarian notion of citizenship regarding employment as a more or less indispensable source of full citizenship. From this perspective, activation is an improvement as people who are excluded from the labour market are believed to be marginalised on other arenas of social action (including democratic political participation), to become stigmatized, or even to develop 'un-civic' attitudes. From a communitarian perspective, also a renewed stress on duties in return for rights is welcomed. Although this normative debate cannot be reduced to empirical questions, it is obvious that it rests on many assumptions about the relationship between unemployment and citizenship that can be put forward to an empirical test. So far, this is rarely done, however.

The same holds for the questions about efficiency of activation and about its economic costs and benefits. From the Danish experience, it seems difficult to claim that the policy changes that have taken place are necessary from economic point of view. Like elsewhere, most evaluations are uncertain about the effects of activities. As far as the principle of early activation after one year is concerned, it has been very costly and definitely economically inefficient in the short run. It also means that welfare expenditures can explode in a situation of rapidly increasing unemployment, as they did in Sweden in the 1990s. However this may be, it remains that a deteriorating economy may be an even larger threat to citizenship than weakening of social rights. And once again this means that the question of citizenship is to a large extent an empirical question and not just a matter of principles. So far, few of these questions have been answered convincingly, including the question if activation should at all be considered an economic gain, or to what extent the present Danish success in fighting unemployment should be ascribed to the new activation policies - or to the generous social rights in the recession period allowing people to maintain to a considerable extent their former way of living even in case of long-term unemployment.

Martin D. Munk

The Same Old Story? Reconversions of Educational Capital in the Welfare State[*]

Introduction

In recent years among politicians, policy-makers, and researchers there has been a progressively stronger focus upon the future role of education as a key factor in coping with fast changing 'globalised' labour markets in which competitiveness is more crucial. This article outlines aspects of the links between the system of education in Denmark and social position (work) for different birth cohorts, seen in the light of an expanded educational system, focusing on inequality and policy. The analysis is based upon a theoretical framework in which the concept of social space is central (cf. *Bourdieu* 1979). This space is differentiated by at least two forms of capital, cultural and economic, and is additionally structured by other forms of capital like work experience. But also welfare systems and labour market trends (unemployment rates) make a difference.

For a long period the Danish society could be characterised as a universalistic system which basically included de-commodification of social rights (cf. *Esping-Andersen*, 1990). After World War II the welfare state was established; it developed over the years, and was consolidated into stable structures. The political goal of the welfare state was, among others, to promote equal opportunities for every citizen, regardless of his social origins (*Kvist* 1999). One major aim has been to create possibilities for people to enter and complete different kinds of education, to strengthen the link between education and work, to formalize the process of qualification, and to reduce poverty and inequality. The period from 1975 to 1996 was characterised by relatively high rates of unemployment, even if there was some variation over the years, especially in the beginning of the period and from 1986 to 1987. This should be taken into account when investigating patterns of inequality over the years for different birth cohorts.

---

[*] This project was supported by a grant from the Danish Research Council (No.: 9700145). Special thanks to Anne Mette Johansen and Gerda Engholm, Centre for Research in Health and Social Statistics.

Changes during the last six years have limited amount and duration of social benefits for unemployed, marginalized labour, and others from the most deprived parts of the population, but compared to other states, unemployment benefits are still relatively high and long term. In addition, a new policy was introduced by the Social Democratic-Social Liberal government, which gives opportunities for leave. At the same time, unemployment has decreased to five per cent in 1999 which is rather low considering that 73 per cent of the women are active in the labour force. The unemployment rate is now the same as in 1974, approximating the level at the time of the oil crisis. It must be added that according to official statistics especially men are, nowadays, more often temporarily employed. This may imply increasing job insecurity for both unemployed and employed.

These new constraints are probably important for individual strategies of reconversions, defined as practices by which every agent endeavours to maintain or even change their position in society, a way of keeping up with societal changes. Therefore, the relative significance of capital is a matter of struggle between positions as people deal with existing living conditions. According to *Pierre Bourdieu*

'reconversions correspond to movements in a social space which has nothing in common with the unreal and yet naively realistic space of so-called "social mobility" studies. The same positivistic naivety, which sees "upward mobility" in the morphological transformations of different classes or fractions is also unaware that the reproduction of the social structure may, in certain conditions, demand very little "occupational heredity". This is true whenever agents can only maintain their position in the social structure by means of a shift into a new condition (e.g., the shift from small landowner to junior civil servant, or from craftsman to office worker or commercial employee).' (1979, 131)[*]

In this process education plays a role in producing new possible social trajectories, thereby contributing to repeating and reproducing 'fastened' relations between classes. There are two interesting and remarkable quasi-political constructions in the field of education: on the one hand an increasing use of adult educational systems, mostly attended by the skilled and semi-skilled; on the other hand a homologizing of higher education (towards an Anglo-Saxon system with bachelor, masters and Ph.D. degrees). The first trend seems to be a way of relegating individuals with less convertible capital to positions or at least occupations where they can be kept 'busy'. The second trend seems to act as a tool for more privileged groups to maintain or expand acquired capital. Previously, it was possible to obtain many academic jobs, also within the university, with a master degree (six years, but normally

---

[*] Vgl. Bourdieu 1982, 219. In der autorisierten deutschen Übersetzung sind die *reconversions* „Umstellungen", (ökonomische) Konversionen.

accomplished after eight years of study). Now, students are expected to get a Ph.D. degree like in America, England, France and other countries.

A point of departure for the analysis is a study by *Erik Jørgen Hansen* (1995) of a 1953/1954 cohort, followed as a panel sample taken from school classes in 1968. He concludes that there are still unequal outcomes, measured in terms of income, education, political participation, health *et cetera* of (higher) education and positions in the labour market for different social origins. During the period from World War II until 1975, recruitment to higher education was more equally distributed. For some thirty years there was some evidence of declining inequality.

Comparing several Danish studies of social recruitment and opportunities one finds a better chance for working class people to obtain further university education, however still much lower than in privileged social groups (*Hansen* 1997, 12f). The main question in this article is: Has this trend continued over the years, when comparing different birth cohorts, seen in relation to social position and to level and composition of educational capital? To what degree does social inequality exist over time *between* members of different birth cohorts in Danish society in relation to key issues such as general education, adult education, work experience, unemployment, and job opportunities?[1]

The Educational System

The development of universal basic education in Denmark is illustrated by reappearing junctures of system reform through the last 200 years. Different levels of education can be perceived as social historical constructions, articulated as interests of certain social classes, as a reaction or an answer to changing living conditions. With the rise of political parliamentarism about 1900, still more fields of education were constituted as public education supported by the state, and they were institutionally and economically legitimised (see *Wallerstein* 1999 for a comprehensive argument).

The Danish educational system of today is formally characterised by uniformity and is controlled by the state. In principle, every citizen has free access to education, but admittance to university depends on grades and final exams

---

[1] The empirical data of this paper includes official statistics and extracted data from Statistics Denmark, including 3.6 million people of the Danish population born between 1935 and 1980. Additionally, social data from 1980-1995 is used, especially from 1980, 1985, 1990 and 1995, regarding covariates and outcome variables. The analysis comprises birth cohorts born in 1954, 1959 and 1964 at the age 31 in 1985, 1990 and 1995. Variables included are social origin, sex, education, and employment.

in grammar school (*gymnasium*). Admittance to vocational training normally depends on secondary school exams (*folkeskole*). The sequence of vocational education consists of first theory, then theory and praxis, for example learning at a workplace. In the past, there were about ninety study directions, but they have been reduced to seven entries. Parallel to the ordinary system there is an alternative system of adult education in which both employed and unemployed people have opportunities to enter relatively short training courses. The educational system in Denmark was, at least until the 1980s, considered to be a decentralised system in which free schools (self-driven schools parallel to *folkeskole*) and open adult education colleges (*folkehøjskoler*) offered a broad range of opportunities in the educational system (*Archer* 1979, 423ff). During the 1980s, the educational system became more regulated by the state, and has perhaps turned less autonomous. Taken from the general studies of education, it can be concluded that formal credentials and their quantity gain importance and become crucial in the process of social differentiation (*Young* 1958; *Collins* 1979).[2]

Trends of Inequality in Denmark

Does the importance of higher education increase or decline for certain social groups? Can adult education compensate for a low level of general education, or act as a kind of extra capital? How does adult education act as a vehicle of qualification for different social groups? It will be illustrated that the rates of inequality primarily measured by life-chances for people of different social origin change over time, especially for different birth cohorts. The data seems to reveal social patterns which do not appear in normal questionnaire surveys.[3]

Original cross-tabulations point out that younger generations are in a more competitive situation than ever before. There are more competitors on the labour market with an academic degree or other kinds of education. At the same time preliminary analyses show that the association between certain origins and education (and social position) is decreasing. Some people from dominating classes seem to avoid a demanding trajectory in academic fields

---

2 *Goldthorpe* (1996) points out *Young's* satiric book about meritocracy as the one which started the basic study of how education functions in the social structure as credentials.
3 Probably due to non-response problems; even though the registers have some limitations, there are clear advantages: to be able to investigate successive total birth cohorts since it is possible to make comparisons and to get rid of the non-response problems.

(descending social mobility), or they have other strategies that allow them to enter new sectors compared to the culture of their social origin. All in all, there seems to be a new trend of divisions between social classes and cohorts. More and more young people have obtained further education, implying that the *social selection process* is delayed regarding the transition from education to social position. However, further education does not necessarily lead to academic or executive positions. This is also the case for women. Women in younger cohorts (1964, compared to 1954) have higher probabilities for success in academic institutions.

The social selection trend comprises two social effects: an effect of the *class habitus*, durable through a lifetime, and an effect of the *inflation of titles*, in other words a change of the reproduction of social structures (see also *Bourdieu* 1979; *Munk* 1998). The selection process is illustrated by the divisions of social trajectories which for example includes graduated and not graduated segments of adult education. This distinguishes two major trajectories, of which the latter seems to be more socially disadvantaged. However, logistic regression analysis shows that a combination of formal vocational training (four years) and adult education can be of help in some cases.

Several logistic regression analyses were modelled to elucidate these claims (see also *Marshall/Swift/Roberts* 1997). The following table in which the outcome is social position, especially regarding the chance of becoming an academic or executive manager, shows that persons born in 1959 are 31 per cent more likely to succeed than those born in 1964. The birth cohort of 1954 also had a better chance of entering academic and executive positions. However, university education still has a great impact upon the chance of becoming an academic or executive manager. The success of this type of trajectory increases with at least one year of work experience. The odds ratio is nearly doubled compared to the odds ratio of the reference group with less than one year in the labour force. In this trajectory, it is obviously not an advantage to complete different kinds of adult education (see also *Jensen/Jensen* 1996). Trajectories, including social position of academics, are far from life trajectories with 'less' education, suggesting that there is still a strong barrier between different sectors in society. Younger people with less capital face a 'vulnerable' life, indicating that it is hard to change the direction of a life trajectory (*Blossfeld/Stockmann* 1999, 13).

Social origin still plays a major role in the process of obtaining a social position as academic or executive manager. The odds ratio for social origin is 2.38 for father as academic or executive manager which would in fact have been higher without including highest educational level as a variable. In other words, the effect of origin declines when the parameter of highest/longest education is used. This is comparable with the situation in other countries (*Erikson/Jonsson* 1998, 25). Thus, children of executive managers and academics have better opportunities of entering higher education than children of skilled or unskilled parents, even though the chance of this latter class actually increased between 1947 and 1976 (*Hansen* 1997). After this period this trend has to some extent increased; not in the sense that fewer and fewer obtain a university degree, on the contrary. But seen in relation to social origin there is still an unequal access to higher education: children of managers and academics are 'closer' to the university system. In addition, younger generations still have a *smaller chance* of entering the social position of academics.

When looking at the position of the skilled worker, another picture turns up. Especially work experience seems to have an impact on whether or not a person enters the position of skilled worker. Not surprisingly, the older generations have a greater chance of entering this position, the reason being that in the past it was more typical to follow a traditional vocational trajectory.[4] The logistic regression analysis points out that both vocational and further adult education are important for entering the position of a skilled worker. However, at the same time there also seems to be an association between 'skilled worker' and unemployment between the ages of 26 and 31. In some sectors this is not unusual, considering the decrease in building and construction during the winter period.

When governments prepare educational policies, they could consider the possibility of making new formal entries, combining different tracks of education. However, if the vocational system is redefined towards a more 'academic' mixture, there is a risk of creating greater social selection in the educational system. The expansion of the educational system has

'led to the displacement of formally less qualified workers by formally higher qualified workers over the past decades, has clearly reduced the career opportunities of the man who has "come up the ladder"' (*Blossfeld/Stockmann* 1999, 12).

The unskilled and people outside the labour force, that is, with little or no formal education, seem to be cut off from possibilities to make their way through life (*Bourdieu et al.* 1993).

The overall situation seems to be that more and more people obtain formal education and adult education throughout their life trajectory, implying that people from different social classes attend and accomplish progressively higher and further education. But at the same time, still a number of children, especially those from the working class, enter the trajectory of unskilled workers and groups outside the work force. Speaking in general terms, investments in educational capital and other forms of capital can shape the condi-

---

4 Official statistics (from October 1998) show that only 44,598 young men (27,895 women) at the age of 20 to 24 years completed a vocational education as their highest education, compared to 83,497 men (61,036 women) between 45 to 49 years of age.

The Same Old Story?

Logistic Regression of social origin, highest education, sex, unemployment, adult education, cohort and work experience on social position at the age of 31.*

	Skilled Worker		Academics/Director	
	Parameter estimates	Odds ratios	Parameter estimates	Odds ratios
Intercept	-4.44	0.01	-1.38	0.25
Basic Education/Gymnasium	-0.09	0.92	-2.10	0.12
Vocational Education	0.00	1	0.00	1
Long/Academic Education	3.07	21.45	-3.71	0.02
Men	0.00	1	0.00	1
Women	-1.12	0.33	-2.44	0.09
Cohort = 1954	0.06	1.06	0.84	2.31
Cohort = 1959	0.27	1.31	0.35	1.42
Cohort = 1964	0.00	1	0.00	1
Father Academic	0.87	2.38	-0.51	0.60
Father Employed	0.60	1.83	-0.30	0.74
Father Artisan	0.40	1.49	-0.17	0.84
Father Skilled	0.32	1.38	0.13	1.14
Father Unskilled	0.00	1	0.00	1
Father Out o LF	0.25	1.28	-0.15	0.86
Work exp. 0 Years	-1.74	0.18	-2.20	0.11
Work exp. <1 Year	0.00	1	0.00	1
Work exp. 1 Year	0.68	1.98	-0.77	0.46
Work exp. 1-5 Years	0.20	1.23	0.76	2.15
Work exp. 5-10 Years	0.11	1.11	1.27	3.55
Work exp. >10 Years	0.10	1.11	1.63	5.12
Unemployed Yes	0.00	1	0.00	1
Unemployed No	0.42	1.52	-0.59	0.55
Adult Education Yes	0.00	1	0.00	1
Adult Education No	0.38	1.47	-0.47	0.63
	Deviance: 2.5 / Chi-square: 5828.3		Deviance: 2.0 / Chi-square: 8991.4	

* 'Best model'. I checked for interaction between covariates. Logit is the link function. The distribution is binominal. N (1954)= 69,514; N (1959)=67,706; N (1964)=76,490. 1,124 are totally missing.

tions for converting social positions in order to create new pathways (*Buchmann/Sacchi* 1998), however not in a straightforward way.

In fact, investigations of social inequality in the Danish welfare state show that social differentiations in the population have changed chances and opportunities in the life trajectory. Obtaining different levels of education and jobs still depends on social origin and gender, and, of course, on cohorts. Apparently, there is a remarkable effect of cohorts regarding the chances for achieving specific educational and social positions. The welfare system had played a part in reducing inequalities, measured for example by redistributed disposable income (*Goul Andersen* 1999; *Taylor-Gooby* 1999). Despite of these tendencies inequality, measured by parameters such as market income (*Ministry of Finance* 1999, 2000), opportunity of entering education, and chances of reaching different levels of jobs, is increasing again in Denmark, albeit not as much as in other countries.

New Welfare Systems and Educational Strategies

Some of the variations in life chances over the years are probably due to policy changes. Certainly the number of students attending higher education increasing from some 95,000 in 1980 to 117,000 in 1988 and to 167,000 in 1997, corresponding to a 43 per cent rise from 1980 to 1997, can be attributed to the implementation of general policies. Besides focusing on general welfare programs and general education policies, there has been increasing attention to adult education combined with activation of people outside the labour market as a means to solve unemployment problems. All the same, one problem related to continuing education is that spending time in this system does not cancel out the risk of unemployment, despite some positive results for younger individuals during the recent years (also found in the study of cohorts).

Tendencies of chances in the educational system and in the labour market, associations between education and social position, especially in the last three years, should be seen in the light of changed welfare systems. This refers to new ways of designing government policies which focus on the problems of unemployment and globalization, motivated by the prospect of tax and spending reductions. There is a shift in the way people are expected to cope with societal changes, not only in relation to the globalized economy and market, but also in relation to a changed welfare system as such. These changes occur in most welfare systems and regimes (*Esping-Andersen* 1990; *Kautto et al.* 1999), but the perspectives on new welfare state policies are very different (*Giddens* 1998; *Hay* 1998; *Taylor-Gooby* 1999).

A Model for the Social Space in Denmark

The tendencies concerning inequality can be illuminated in the light of the following integrated system. The social and cultural reproduction which varies over time can be understood in terms of both a model of social space (which itself is changing) and as a specific welfare regime (cf. above). *Michel Peillon* (1998) has outlined a combined social space model which he terms a welfare field model. However, the model lacks a theory of reconversions (*Munk* 1998) and it does not consider the different types of welfare states. The integrated system is structured by the welfare systems, too. In general, the Nordic social-democratic welfare state model was renowned for its extensive public sector (*Rinne/Kivirauma* 1999). Over the last ten to fifteen years welfare regimes have been deregulated – a deregulation followed up by active labour market policy and the new social policy of activation schemes signifying the 'rebirth' of societal 'duties' – a mixed picture in other words.

The social space is differentiated by at least two forms of capital, cultural and economic (*Bourdieu* 1979; *Munk* 1998), and presumably by forms of 'welfare state capital' attached in varying degree to different social groups. Welfare capital refers to forms of social benefit opportunities. This means that social positions are structured by both symbolic and materialised relationships at the same time. Therefore social space corresponds to the space of lifestyles, the space of social positions and to the space of the life trajectories, the latter constituting the third axis, but also to forms of welfare capital.

In the case of Denmark, it is reasonable to speak of cultural capital in terms of educational capital and work experience, since especially institutionalised capital is a very important element in the structure of the social space, connoting the variation over time for different cohorts. The Danish distribution of economic capital, measured by annual income per capita (and family) is quite egalitarian compared to other nation-states. In this way we obtain a kind of social space differentiated mainly by ordinary and adult educational capital, work experience, gender, employment – and to some degree by economic capital.[5] Acquiring different kinds of capital is often viewed as an investment in the future, as a ticket to well-paid jobs and positions in general, or as a spring-board to social mobility. In all societies there are struggles for scarce and attractive resources; people convert and reconvert different kinds of capital into social positions in order to create new

---

5 Within this space one finds production and social fields, related to the field of power (cf. *Munk* 1998). Reconversions can be mediated through a particular field, for example transitions between the field of sports and the social space. The conversion rate for many transitions between jobs and education and jobs is closely related to the fact that Denmark is a society with relatively strong boundaries between fields and between sectors.

pathways in the social space. Here it becomes very important to focus upon the third dimension of social space which makes it possible to explain changes and social dynamics and how these changes contribute to the form and structure of the social space.

In addition there are three other important integrated forces leading to a modification of the social space. That is, specific life-modes (of self-employed, wage-earners, and career-orientated, cf. *Højrup* 1995) which effect the integrated system more or less continuously over time. Furthermore, it is well known that the Danish society is more or less regulated by the welfare state, through 'arrangements' and laws providing social support for the unemployed and retired, etc. Thirdly, it must be added that the state is organized in a very specific way. The state is historically seen as dependent on a stable corporatism, that is the stable collaboration between the state and organisations. This dependence reflects the tradition of the Liberal and Social Liberal Parties, and partly the Social Democratic Party, as well as the importance of unions (*Madsen* 1998) and other associations (*Gundelach/ Torpe* 1997), closely linked to the civil society or, perhaps more precisely, the community (*Tönnies* 1957). The *motor* in this process affecting and modifying social space, is what *Max Weber* termed the calculative spirit together with the modern capitalist enterprise.

Policy and Structural Homology as Inequality

The welfare state regimes of mixed regulations and deregulations are crucial in our kind of society (*Grover/Stewart* 1999). This means that the distribution of capital is not just given: there is a more or less democratically regulated struggle for capital in the political and in the bureaucratic field. 'Specialized' agents from universities govern the struggle. This is particularly the case in France, where *ENA*[*] and other *grandes écoles* are very significant institutions, producing not only academic titles. These institutions contribute to the reproduction of the 'corps' elite through unequal distributions of titles in accordance to social origin, thus operating as *state magic*. Bourdieu demonstrated the strong relation between 'state constructions', the reproduction of the field of power, and the field of specific universities (*grandes écoles*).[**]

---

[*] *École Nationale d'Administration*, eines der hauptsächlichen Rekrutierungsreservoirs der Verwaltungselite.
[**] Bei den *grandes écoles* handelt es sich um Elitehochschulen zur Ausbildung von Führungskadern, parallel zum Universitätssystem; vgl. *Bourdieu* 1982, 870.

The structural oppositions in the field of power are homologous with the structural oppositions in the field of universities. Structural homology is a very particular relation of causal interdependence (*Bourdieu* 1989, 263).

This particular relation is the basis of inequality, always active despite of state policies. The point is that state policies, old and new ones, are in fact a part of the structural homology. This means that the distribution of different kinds of capital is constrained and imposed by a structural homology which includes new policies acting as moderation, referring to the earlier mentioned integrated forces. This mechanism consequently influences the rate of inequality, through practices and strategies of reconversions in everyday life. The relations between different social positions, corresponding to the system of dispositions, are thereby redistributed and reproduced. Eventually, the interdependence between the power field and educational fields is strongly connected to the establishment and reproduction of the state. This is a way of underlining that the distributions of and struggles for capital in the social space are effected by state policy.

In sum, it seems that structural 'effects' are still operating, also in the welfare state with its very large and expanded social programs, even if those programs have been reformed and cut down in economical terms. This means that the creation and construction of the welfare state has led to the support of groups with less capital, thereby changing the distance and transforming the relations between social classes. There is still, however, a relative gap between social classes, in spite of political, social and organisational structures of redistribution (cf. *Taylor-Gooby* 1999).

How can this be explained? It is necessary to focus on how and why structures and magic interact and on the existence of a kind of law of social inertia (parallel to Newton's law in physics) in the process of reproduction of the social space. There seems to be a clear division between the classes, even if there are some differences across age, cohort, and gender which 'overrule' political-social constructions. Policy is dominated by structural homology even if the disadvantaged classes and generations in the Danish welfare state, compared to other kinds of welfare states, have better living conditions and rights to assistance from public institutions and possibilities for adult education (especially the skilled workers). But policy operates as an integrated part of the reproduction of homology – contributing to the structure of inequality. As a matter of fact, the basic structure in society, as pervaded in different fields, operates according to its own rules and laws; it reinforces hierarchies in places and fields, and it contributes to unequal distributions of *legitimate* capital. This is especially the case within the power field.

Structural homology and relative autonomy in fields imply, among other things, a rather closed structure with an opposition between the 'old' and the 'new' agents who enter and act in the field. It is thus difficult to enter a field and obtain a permanent position, not only because of personal and organisational structures, for example embeddedness (*Granovetter* 1985), but because of symbolic barriers which correspond with body and settings, that is, the system of dispositions (both persons and institutions). So when, for example, a firm or an institution demands for (incorporates) groups or a single individual, there are social mechanisms behind our 'back' and even behind the constructed regimes.

Conclusion

Empirical investigations show no tendency towards a society with less social inequality. Therefore one can conclude that social inequality, related to education, still exists. However, studies of data from official registers at Statistics Denmark revealed that the strength of association varies over time, by birth cohorts. One might speak of new ways of organising social life. This invariance and variation at the same time are explained by several factors: different levels of education, work experience, gender, adult education and eventually by social origin. The social mechanism of structural homology seems to be a way of giving a general answer regarding the persisting reproduction of social inequality which can be interpreted as a reproduction of the relative distance between groups. Periods with unemployment, increasing number of students in the educational institutions, growing size of generations, cohorts in the 1960s, and changed policies connected to institutions of education and labour markets probably explain much of the variation in the linkage between social origin, education and job.

Danish generations born in the mid-1960s are 'less' advantaged than generations born in the mid- and late 1950s, measured by the time when the birth cohorts were 31 years old. Individuals from the 1960s experienced a period of unemployment (from the 1980s until 1996 when unemployment fell, partly because of better conjunctures and changed labour market policies) at the same time as the size of the cohorts increased, culminating in 1966. In this sense, social inequality can *increase* over the years, though further studies of younger cohorts might reveal that inequality *decreases* along with the size of generations. It might mean that the competition in the labour market declines, since there are fewer young individuals. 'Globalisation' may abolish this trend which is likely to take different directions, depending on areas and sectors. Further studies will have to concentrate upon more detailed life trajectories, especially regarding younger cohorts.

ANDY FURLONG,
FRED CARTMEL

Change and Continuity in Education and Work: British perspectives

Introduction

Over the last decade, new perspectives on youth transitions have emerged across Europe, although British social scientists have been somewhat slower to embrace these changes than their colleagues in Germany. These new perspectives, which highlight the importance of the subjective construction of biographies and processes of individualisation, have been strongly influenced by the work of *Ulrich Beck*. With 'Risk Society' having been published in German some five years prior to the availability of an English translation, the incorporation of these ideas is partly explained by restricted dialogue. The centrality of social class within British sociology and a reluctance to abandon a structuralist tradition also accounts for the slow pace of change. However, we suggest that the essential conservatism of British sociologists, who have tended to place a greater emphasis on continuity rather than change, has helped avoid the subjective reductionism which has characterised some European perspectives on youth.

The emergence of individualisation as an influential concept within German sociology of youth itself requires some sociological investigation. The German system of education and training is particularly rigid when contrasted with British institutional structures. Links to the labour market are highly regulated and with many young people being channelled towards specific occupational segments from an early stage, there would appear to be little room for the reflexivity. Moreover, there is little evidence to suggest that the link between social class and occupational outcomes are weaker in Germany than in most other European societies (*Shavit/Blossfeld* 1993). In contrast to

Germany, educational pathways in Britain are relatively open and the links between educational and vocational credentials and labour market segments tend to be flexible.

To explain the development of individualised approaches within a highly regulated society and the retention of structural approaches in a system characterised by flexibility is somewhat problematic. It has been suggested that, in part, German approaches reflect the importance of social pedagogics in discourses about youth (*European Group for Integrated Social Research* 1999). In contrast, in Britain one of the main concerns of youth researchers has been to account for patterns of social reproduction. However, differences in theoretical traditions are unlikely to provide more than a partial explanation. A stronger explanation probably lies in the different labour histories of the two societies. In Germany, a strong manufacturing skill base together with the use of migrant workers to fill many of the lower status and less secure positions in the labour market has historically provided some protection for young people from working class families. In contrast, until relatively recently, many young people in Britain made mass transitions from the school to unskilled positions in factories and building sites.

By focusing on education and the labour market, in this chapter we suggest that trends which can be identified in Britain carry strong themes of continuity: the same is likely to be true in Germany. The different theoretical traditions appear not to be justified by empirical evidence. Changes which have occurred in the two societies are radical enough to justify a reconceptualisation of youth transitions, although we suggest that the scope for the successful development of individualised biographies remains largely a middle class preserve. We argue that the diversification of experiences and the emergence of new trajectories has helped to obscure underlying class relationships and provides the impression of greater equality without actually providing anything of substance: a process which we refer to as the epistemological fallacy of late modernity (*Furlong/Cartmel* 1997).

Our overall argument is that, on a structural level, patterns of continuity are more important than processes of change. Levels of participation in education have changed among all social groups and routes into the labour market have become more complex, but patterns of social reproduction have largely been preserved. In this sense we reject *Beck's* (1992) argument that class ties have weakened insofar as it has become more difficult to make predictions using information about family backgrounds and occupations.

While we disagree with *Beck's* characterisation of the new epoch as 'capitalism without classes', we agree that subjective dimensions of class have weakened and that lifestyles have become increasingly individualised. In these circumstances young people are frequently forced to put themselves at the centre of their plans and reflexively construct their social biographies. There is also evidence that youth transitions have become more difficult to accomplish on a subjective level as the increasing diversity of experiences is often associated with a heightened sense of risk and new sources of vulnerability. In this sense it is suggested that a process of subjective disembedding can be identified which leads to the creation of a new set of risks and opportunities for modern youth.

In our view, any reconceptualisation of youth must rest on the premise that the scope for the individualisation of biographies is structurally constrained and that subjective impressions of control or active negotiation may run counter to objective analyses of the links between socio-economic positions and transitional outcomes. This tension between changing subjective interpretations and stable and predictable outcomes is best summed up by *Ken Roberts'* (1995) term 'structured individualism'. In this chapter, we provide an overview of British trends, draw attention to sociological interpretations of the changing experiences of young people and highlight some of the implications of this tension in the areas of education and work.

Educational Trends

Over the last two decades, there have been many important changes in the British educational system although we suggest that the most prominent feature of the British (and, indeed, most European systems) has remained firmly intact: namely, outcomes which are powerfully differentiated by social class. However, this is not to dismiss the significance of those changes which have occurred as these have had an impact on levels of participation and the ways in which young people experience education.

In Britain, in the 1970s, minimum-aged school-leaving was common, especially among young people from working class families. Today relatively few young people leave school at the minimum age and the upper secondary school has lost much of its social exclusivity (*Biggart/Furlong* 1996). As in many parts of western Europe, the changing rates of post-compulsory educational participation between the 1970s and 1990s have been quite dramatic. In 1973/74, around a third of sixteen year-old males and just less than four in ten females participated in some form of full-time education. By 1998 more than seven in ten sixteen year-olds participated in full-time education. Similarly, full-time participation among 17 and 18 year-olds more than doubled during this period (*Department for Employment* 1994). Higher Education, which was once the preserve of a very small and privileged minority, has become part of the educational experiences of a growing number of young people with the odds of a young person securing a place at university having increased dramatically (*Smithers/Robinson* 1995; *Halsey* 1992; *Blackburn/Jarman* 1993).

Despite these changes in patterns of participation, the main youth surveys in Britain show that while participation in post-compulsory education has grown considerably among all social classes, strong differentials still exist. Using data from the England and Wales Youth Cohort Studies, *Joan Payne* (1995) showed that among the cohort who reached the age of 16 during the 1990/91 school year, staying-on rates varied from 84 per cent among young people with parents in professional, managerial and technical occupations to 51 per cent among those with parents working in semi and unskilled and personal service occupations. With disproportionate numbers of working class young people studying vocational subjects, patterns of differentiation within the upper secondary school have become increasingly significant. In 1996/97, around 57 per cent of those who remained at school beyond the minimum leaving age were primarily studying academic subjects while the remainder were following more vocational pathways.

In the upper secondary school as well as in Higher Education, we can identify new forms of differentiation which are based not so much on the objective routes which young people follow through the education system, but which relate to their subjective responses to education. Whereas the less academic student was once filtered out of the system at a relatively early stage, today education often serves as a holding device for those who see little prospects in the labour market (*Biggart/Furlong* 1996). Given the greater social mix within post-compulsory education, young people can find it difficult to pick up clear messages about their likely destinations. With the growing importance of educational credentials, they may also see failure in individual terms rather than regarding it as part of a normal set of class based experiences.

A similar picture emerges in relation to Higher Education: in absolute terms, there has been a continuous growth in working class participation. This rise has been particularly sharp in recent years: the number of first year students on full-time courses in higher education in England more than doubled between 1979 and 1996 (*Watson/Bowden* 1999). Again, these changes are not indicative of a process of equalisation (*Burnhill/Garner/McPherson* 1990; *Halsey* 1992; *Blackburn/Jarman* 1993): while 58 per cent of those from non-manual backgrounds entered Higher Education in 1993, just 20 per cent of those from manual backgrounds gained entry (*Surridge/Raffe* 1995). These class-based differences in access to higher education are very similar to those found in Germany where young people from professional and managerial families are around three times more likely to participate in higher education than those from manual backgrounds (*European Commission* 1997).

Although we argue that educational changes have had little impact on patterns of social reproduction, new forms of educational provision and an increased demand for an educated and trained labour force have had far reaching effects on young people's experiences. In the Fordist era, the availability of relatively unskilled positions in large manufacturing units meant that employment opportunities existed for minimum-aged, unqualified school-leavers. As academic credentials were unnecessary for many working class jobs, young people often had little incentive to strive for improved educational qualifications.

In contrast, the post-industrial era has been characterised by a dramatic decline in the demand for unskilled youth labour and, as a consequence, levels of post-compulsory educational participation have increased quite rapidly. In the modern labour market, employment contexts are increasingly differentiated and with increased competition for jobs, individual academic performance has become a prerequisite for economic survival (*Beck* 1992). In this context it has been argued that young people's relationships to the school have become individualised and that the class-based divisions which were once the key to understanding educational experiences have become diluted (*Biggart/Furlong* 1996). Caught in a situation where rejection of educational values or hostility towards school-based figures of authority almost guarantee long-term unemployment, class-based resistance becomes covert and young people are pitted against each other in a bid to maximise their educational attainments so as to survive in an increasingly hostile world.

Many of the changes we have described are a direct consequence of educational policies introduced in the last two decades and some of the most significant shifts have involved the construction of education as a consumer product. Increasingly schools are having to 'sell themselves' on the market with parents being invited to select the 'product' best suited to the needs of their child. While these changes facilitate individualised consumer choices, the resources which social actors trade in the educational market place vary considerably. Consequently the rewards of the educational system remain unequally distributed. The illusion of choice created by the marketisation of education masks the continued entrenchment of traditional forms of inequality.

The introduction of parental choice legislation in the 1980 *Education Act* for the first time gave parents the right to make a request to place their child in the school of their choice (subject to the availability of space). Parental choice legislation was supported by the introduction of a *Parents Charter* in 1991 (amended in 1994) which provided information on the 'product' through making available details about school performance in the form of 'league tables', prospectuses; annual reports from the school governors; reports from school inspectors and annual progress reports on pupils supported by testing at key stages. Other moves to strengthen the 'ideology of

Wo das fordistische Projekt aber mit der trägen Überlieferung zusammenprallt, erwachsen ihm Durchsetzungsschwierigkeiten, deren Verarbeitung das Projekt schon früh modifiziert und seiner „reinen" Durchführung langfristig abträglich ist.
(...) die Neustrukturierung der Arbeitsabläufe stößt auf doppelten Widerstand. Die industriegewohnten, qualifizierten Arbeitskräfte widersetzen sich der Entwertung ihrer Qualifikationen und dem Abbau ihrer Kontrolle über den Produktionsgang. Die neu in die Industrialisierung einbezogenen, agrarisch organisierten Arbeitskräfte kehren sich gegen die Metronomisierung und die „Versachlichung"/Maschinisierung ihrer Tätigkeiten.

Natürlich leistet die Fordisierung nicht nur Dequalifizierung, sondern auch Requalifizierung (im strategischen wie operativen Planungsbereich, bei der Instandhaltung, im Reparatur- und Dienstleistungssekor usw.). Zu unterscheiden wäre hier wohl zwischen der Dequalifizierung von Arbeits*plätzen* und jener von Arbeits*kräften*. Eine genauere Analyse der Qualifikationsverschiebung der Arbeits*kräfte* erscheint darum schwer realisierbar, weil kaum Daten über Qualifikations„biographien" zu haben sind. Weiter wäre wohl zwischen verschiedenen Nationalwirtschaften sorgfältig zu differenzieren. Es scheint nicht unplausibel anzunehmen, dass in den USA ein Pendant zur Facharbeiterkultur der deutschen Metallindustrie nur bruchstückhaft gegeben war. Andererseits scheint die (horizontale) Mobilität und Fluktuationsneigung der Arbeitskraft in den USA höher gelegen zu haben als etwa in Deutschland oder Frankreich. Die Grobdifferenzierung zwischen dem bereits industrialisierten und dem zu industrialisierenden Teil der Arbeiterklasse hingegen scheint international anwendbar und trägt zur Analyse des Arbeiterwiderstandes wesesentlich bei. Wichtig erscheint hier der enorme Konkurrenzvorteil, den die fordisierte Fabrik gegenüber traditionelleren Betrieben dank ihrer Gleichgültigkeit gegen hohe Fluktuationsraten genießt, weil sie die Anlernzeit der Arbeitskraft und den informellen Zusammenhang zwischen den einzelnen Arbeitern massiv senkt. Andererseits stehen der Verwertung der erst zu industrialisierenden „Arbeiter der tausend Berufe" darum Hindernisse entgegen, weil die präindustriell sozialisierte Arbeitskraft ihr Arbeitsethos, das sich am Umgang mit Natur gebildet hat (Rhythmisierung, Wechsel zwischen verschiedenen Tätigkeiten, Kontrolle usw.) nicht auf das industriell geforderte Ethos abbilden kann, der Maschinenwelt gegenüber keine Loyalität entwickelt und just aus ihrer Inkompetenz gegenüber dem maschinisierten Betrieb eine Waffe macht: sie ist weit eher bereit, Maschinen zu beschädigen, Arbeitsabläufe durcheinanderzubringen, und weit weniger bereit und fähig, Eingriffe in den Betriebsablauf rational auszukalkulieren als die industrialisierte Arbeitskraft. Darauf kann die Fabrikorganisation freilich mit einem Gemisch von unverhülltem Terror und patriachalischen Sozialisationsmaßnahmen reagieren; im eigentlichen Sinne fordistisch ist das aber nicht, im Gegenteil: es setzt die Bedeutung der Stellgröße Lohn herab. Hier liegt ein Schlüsselproblem der Fordisierung: die Loyalität der Arbeitskraft, auf die auch die fordisierte Fabrik angewiesen ist, lässt sich innerhalb der Fabrik darum schwer produzieren und stabilisieren, weil Loyalität keine konkreten Anhalte in den Betriebsabläufen findet. Eine Lösung für dieses Problem bieten die Human-Relations-Strategien an, sie zersetzen aber den Fordismus, insofern sie die Stellgröße Lohn abwerten und durch Maßnahmen ergänzen, die nicht präzis und punktuell auskalkulierbar sind.

Aus: Rudolf M. Lüscher: Henry und die Krümelmonster. Versuch über den fordistischen Sozialcharakter, Tübingen o.J., 56f.

parentocracy' (*Brown* 1990) and increase choice included allowing schools to 'opt out' of local authority control and permitting a degree of selectivity with respect to potential entrants. Describing trends in the new educational market place, *Sharon Gewirtz* suggests that 'schools (as producers) are now supposed to compete for the custom of children and their parents (as consumers)' (1996, 289), while the level of funding available to individual institutions is increasingly dependent on their success in the marketplace.

The implications of the commodification of education have been discussed in detail by educationalists (see for example *Adler/Petch/Tweedy* 1989; *Willms/Echols* 1992; *Ball/Bowe/Gewirtz* 1996). In the context of the current discussion, it is important to note that these changes help to create an illusion of equality whilst masking the persistence of old inequalities. By giving families greater responsibility for the type of education received by their children, negative outcomes can be attributed to poor choices on the part of the parents as customers. As a consequence, the state is able to relinquish some of its traditional responsibilities as the provider of an educational system based on social justice and underpinned by meritocratic principles.

In a recent study of the impact of parental choice in different local educational authority areas, *Stephen Ball* and colleagues observed two key outcomes:

'First, choice is directly and powerfully related to social class differences. Second, choice emerges as a major factor in maintaining and indeed reinforcing social class divisions and inequalities' (*Ball/Bowe/Gewirtz* 1996, 110).

Ball and colleagues predict that parental choice will reinforce social segregation as parents draw on their social and cultural advantages to select the best schools for their children. Other writers have argued that parental choice and the introduction of competition between schools leads to class polarisation (*Adler/Petch/Tweedy* 1989; *Willms/Echols* 1992; *Brown/Lauder* 1996[*]).Middle class children, for example, are increasingly placed in schools with a 'name', while working class children are left in schools with inferior resources which rapidly become ghettoised.

Although it is clear that meritocratic principles have been undermined by the barriers which stem from the ways in which education is being reorganised in Britain, it is also true that, despite different modes of delivery, similar forms of inequalities exist across the industrialised world (*Shavit/ Blossfeld* 1993). On an objective level, traditional structures of social inequality remain intact, but we suggest that perceptions of these processes have been obscured by changes which have taken place. The greater diversity

---

[*] Vgl. den Beitrag von *Brown* und *Lauder* in diesem Jahrbuch.

of routes and marketisation of education help produce a feeling of separation from the collectivity which has been referred to as individualisation.

Labour Market Trends

In the labour market we can also identify important continuities, as well as significant changes. Linked to the extension of participation in post-compulsory education, transitions from school to work take much longer to complete: this is true across most of Western Europe. Not only have transitions become increasing protracted, they have also become much more complex (*Roberts/Dench/Richardson* 1987; *Furlong/Raffe* 1989) and few make the sort of direct transitions which were common in the 1970s. Young people follow different courses of education and training, they may enter full-time employment only to return to education or training. They may become unemployed at different points in time and may end their unemployment in a variety of ways: through part-time work, through re-training or even through withdrawal from the labour market. With the predictability of transitions apparently having weakened and with discontinuities, uncertainties and backtracking becoming ever-more common, terms like 'YoYos' and 'butterflies' have been used to describe the youth life course (*Walther et al.* 1999).

Consequently, researchers can no longer afford to limit themselves to a description of routes into the labour market because among any group of young people we can identify a wide range of subjective adaptations. Among those who are unemployed, for example, some may be desperately seeking work but others may be taking time out to pursue other interests. Among those in work, we may find unqualified and highly qualified young people working alongside each other in unskilled jobs: to understand their life contexts we not only have to look at labour market positions and how they fit into a broader trajectory, we also need to take account of young people's own interpretation of their positions.

Although the term 'individualisation' may help us to conceptualise these changes, it must be regarded as a structured individualisation (*Roberts* 1995) insofar as when we look at transitional patterns we find that the outcomes of some routes remain more certain than others, and various individual characteristics serve to heighten or reduce the chances of success. At the same time, perceptions of risk may extend across the social spectrum (*Lucey* 1996). It is also clear that, for some, discontinuities and fluctuations are associated with marginalisation while for others they are seen as part of a post-materialist search for self-actualisation (*du Bois Reymond* 1998). But this greater complexity makes it increasingly difficult to identify those who are vulnerable to marginalisation.

Some of the key changes affecting the experiences of young people in Britain stem from the collapse of the youth labour market during the early 1980s and the re-structuring of employment opportunities within a policy framework which placed priority on increased training, 'flexibility' and securing a reduction in relative labour costs. With an increase in all-age unemployment caused by the economic recession, minimum-aged school-leavers increasingly faced difficulties securing work and by the mid-1980s, the majority of 16 year-old leavers were spending time on Government sponsored training schemes (*Furlong/Raffe* 1989). These changes led to a fundamental re-structuring of the youth labour market (*Ashton/Maguire/Spilsbury* 1990) and had a radical impact on transitions from school to work. As a consequence, the number of young people leaving school to enter the labour market at age 16 declined sharply.

In line with changes occurring throughout the industrialised world, the restructuring of the British economy has involved a continued decline in the manufacturing sector and the growth of employment in the service sector. Between 1970 and 1995, the total number of employees working in manufacturing industries fell from around 8.6 to around 3.8 million. During the 1980-83 recession, around a third of the jobs in the engineering industry were lost, a trend which affected the large number of young males who traditionally found employment in this sector. Over the same period, employment in the service sector increased from 11.3 to 16.2 million (*Maguire* 1991). Whereas school-leavers in many industrial centres once made mass transitions from school to manufacturing employment, today they tend to work in smaller scale service environments and are less likely to be working with large numbers of other young people or sharing work experiences with their peers. By 1991, nearly half of the 18-19 age group were working in firms with less than 24 employees.

One particularly significant change in the youth labour market is that which stems from the development of 'flexible' employment practices. The recession of the 1980s provided employers with an incentive to seek ways of reducing labour costs and one of the ways in which this was achieved was through the increased use of part-time and temporary workers (*Ashton/Maguire/Spilsbury* 1990). Indeed, during the 1980s, many firms reduced their core workforces and created a periphery of workers, many of whom were females working part-time hours or provided through government funded schemes: strategies which relieved employers of a number of financial obligations, such as the provision of sick pay or the payment of *National Insurance* contributions (*Atkinson* 1984). In this context it is important to note that young service workers tend to be concentrated in the lower tier services, frequently have little control over their working environment and often have poor job security. The poor working conditions of young service workers has been highlighted recently in the British press where attention was drawn to part-time employees at *Burger King* who were apparently forced to 'clock out' at those times during the day when customer demand was low. In this context it is worth noting that *MacDonald's* claim that they will be the largest British employer of 16 to 20 year-olds by the year 2000 (*Hatcher* 1998).

For young people, unemployment and the threat of unemployment has had a strong impact on recent labour market experiences. As *Phil Mizen* argues,

'today, in the 1990s, far from being easy, finding a job directly from school has been the exception rather than the rule and many young workers are now forced to confront realities of a hostile labour market in a way unimaginable even twenty years ago' (1995, 2).

Unemployment among the 16-17 age group increased from nine per cent among males and females in 1977, to 13 per cent of males and 14 per cent of females in 1993 (*Office of Population, Census and Surveys* 1995). Among the 18 to 24 age group unemployment increased from seven per cent of males and six per cent of females in 1977, to 18 per cent of males and 11 per cent of females in 1993.

For young people leaving school at age 16 and 17, the introduction of government training schemes must be regarded as one of the most significant changes affecting transitional patterns. From the mid-1970s, as levels of youth unemployment increased, youth training schemes were introduced. By the mid-1980s, a majority of minimum-aged school-leavers were experiencing youth training (*Furlong/Raffe* 1989) which had become central to an understanding of the transition from school to work. With the collapse of the youth labour market and the subsequent withdrawal of Social Security and Unemployment Benefit, today's 16 year-olds tend to face a choice between remaining in full-time education or finding a place on a scheme. In some areas the range of training opportunities has been limited; young people have been sceptical about the value of the programmes and hostile towards the low allowance provided (*Raffe* 1989).

Despite Government claims that youth training has helped increase the skill-level of young people, subsequent employment prospects are not good. Indeed, it has been argued that when it comes to securing jobs, the *context* of youth training (which includes contact with internal labour markets and informal recruitment networks) is much more significant than the *content* of the training (including the skills and competencies gained) (*Raffe* 1990). *Roberts* and *Glynnis Parsell* (1992) also argue that the stratification of youth training results in a diversity of experiences with some young people (primarily working class trainees with few qualifications and members of ethnic minorities) being trained in contexts where the chances of employment are virtually nil.

With routes between school and work having become more complex and diverse, it can be argued that today few young people share identical sets of experiences and most encounter situations where they are able to select between competing sets of alternatives (*Roberts* 1995). In this context *Roberts* suggests that a process of individualisation has occurred insofar as these changes have involved a reduction in the number of young people with closely matching transitional patterns. However, the existence of individualised or diversified routes should not be taken as an indication that structural determinants of transitional outcomes have weakened. On a number of different levels, young people's transitional experiences can be seen as differentiated along the lines of class and gender. Indeed, we suggest that in many crucial respects, continuity rather than change best describes the trends of the last two decades.

Despite an apparent increase in the possibilities to continue full-time education or embark on a course of training, young people from advantaged positions in the socio-economic hierarchy have been relatively successful in protecting privileged access to the most desirable routes. Although young people from working class families are increasingly likely to remain at school beyond the age of 16, they continue to be over-represented among early labour market entrants (*Courtenay/McAleese* 1993). Moreover, there is no evidence to suggest that class-based differentials have declined over the last decade (*Hoskins/Sung/Ashton* 1989; *Furlong* 1992).

Similarly, experiences of Youth Training have remained highly stratified by class, gender and 'race'. Those from working class families have always been more likely than middle class youths to join training schemes (*Furlong* 1992; *Roberts/Parsell* 1992; *Courtenay/McAleese* 1993), and quality training tends to be reserved for those with strong academic credentials (who are often from the more advantaged class positions). A number of writers have noted the ways in which the most disadvantaged young people tend to be concentrated in certain schemes with low rates of post-training employment (*Roberts/Parsell* 1992). These second-rate training schemes have been variously described as 'sink schemes' or the 'warehousing' schemes (*Roberts/Parsell* 1992).

While levels of unemployment have increased in a general sense, again most young people who spend significant periods of time out of work come from working class families and are located in parts of the country which have been badly hit by recession and by the restructuring of labour markets (*Ashton/Maguire/Garland* 1982; *Roberts/Dench/Richardson* 1987; *Furlong/Raffe* 1989; *White/McRae* 1989). Among those who reached the minimum school-leaving age in 1991, just two per cent of those with parents in professional occupations were unemployed the following spring, compared with around one in ten of those with parents in manual occupations (*Courtenay/McAleese* 1993).

Conclusion

In this chapter we have argued that despite significant changes which have affected young people in education and the labour market, powerful continuities can be observed. Young people may encounter a greater range of experiences and regard outcomes as uncertain, yet underlying this complexity we can identify persistent inequalities and entrenched patterns of disadvantage. In these circumstances, we suggest that it would be wrong to abandon structural perspectives on youth. However, in the modern age, the range of possibilities open to individuals mean that young people are constantly forced to engage with the likely consequences of their actions.

Subjectively young people are forced to reflexively negotiate a complex set of routes in education and the labour market and in doing so develop a sense that they alone are responsible for their outcomes which tend to be perceived as dependent upon their individual skills. Indeed, the greater range of routes available helps to obscure the extent to which existing patterns of inequality are simply being reproduced in different ways.

In this sense, life in late modernity can be seen as revolving around an epistemological fallacy in which a feeling of separation from the collectivity represents part of a long-term historical process which is closely associated with subjective perceptions of risk and uncertainty. Although German researchers have adopted individualism as a key concept much more wholeheartedly than British researchers, we suggest that processes occurring in the two societies are not that dissimilar. The new agenda for youth research needs to be focused much more closely on the tension which clearly exists between subjective and objective dimensions.

MARKUS ACHATZ,
RUDOLF TIPPELT

Wandel von Erwerbsarbeit und Begründungen kompetenzorientierten Lernens im internationalen Kontext

1. Kompetenz: ein Begriff macht Karriere

Die Bedingungen und Konsequenzen des gesellschaftlichen Wandels stehen im Zentrum der Diskussion aktueller Modelle von Bildung im weiteren Sinne und von neueren Konzepten der Aus- und Weiterbildung im engeren Sinne. Eine der zentralen Fragen ist es, wie die Leistungen des Bildungssystems den Anforderungen des Beschäftigungssystems innovationsfördernd angenähert werden können. Die strukturellen Veränderungen von Arbeit und Technik lassen sich dabei nicht allein auf nationale Rahmenbedingungen beziehen, sondern innovative Bildungsansätze sind in einem internationalen Kontext zu verorten. Insbesondere der Begriff der *Kompetenz* erfährt in diesem Zusammenhang auf europäischer Ebene – zunehmend aber auch in asiatischen und südamerikanischen Ländern – eine Neu- beziehungsweise Wiederentdeckung.

Dabei treten Parallelen zur Diskussion um die Bedeutungen von Schlüsselqualifikationen aus den siebziger und achtziger Jahren auf. Beide Begriffe, Kompetenz und Schlüsselqualifikation, sind zu Modewörtern geworden und im Zuge wachsender Beachtung einer terminologischen Bedeutungsvielfalt unterworfen; somit wird auch das Konzept der Kompetenz „weder einheitlich gebraucht noch immer zutreffend angewendet" (*Bunk* 1994, 9).

Dies zu überwinden setzt eine systematischere Auseinandersetzung mit möglichen Klassifizierungen und Lesarten von Kompetenz voraus. Sind Schlüsselqualifikationen noch eindeutig auf die Anforderungen des Arbeitsmarkts und des Beschäftigungssystem bezogen, werden Kompetenzen im deutschen pädagogischen Diskurs vor allem als Persönlichkeitsdimensionen aufgefasst, die ganzheitlich die „fühlenden, denkenden, wollenden und handelnden Individuen" (*Erpenbeck/Heyse* 1999, 156) in ihren lebenslangen Lern- und Entwicklungsprozessen thematisieren. Bei der Betrachtung von Kompetenzentwicklung und -vermittlung müssen die beruflich qualifizierenden Systeme berücksichtigt werden, Systeme, die als kulturspezifisch anzusehen sind und die an die jeweils gegebenen staatlichen Voraussetzungen angepaßt sind (*Schaack/Tippelt* 1997). Der breite personenbezogene Kompetenzbegriff in Deutschland ist gut auf das historisch gewachsene Berufsprinzip und die duale Ausbildung zu beziehen, das international stark amerikanisch geprägte *competency-based training* dagegen ist aus dem Dilemma entstanden, schulisch orientierte berufliche Bildung intensiver und genauer an den praxisbezogenen Anforderungen des Beschäftigungssystems auszurichten. Den Ambitionen international eingeführter Konzepte des *competency-based training* (z.B. Philippinen, Peru, Argentinien) ist gemeinsam, die Inhalte und Methoden der beruflichen Bildung aus den sich verändernden Gegebenheiten der Arbeitswelt und des Beschäftigungssystems abzuleiten. *Job analysis* und *task analysis* gewannen in den neunziger Jahren hierbei im internationalen Raum zunehmend an Bedeutung. Vor allem der von *Robert E. Norton* (1997) entwickelte *DACUM*-Ansatz lieferte die geeigneten Kriterien. *DACUM* („*Develop a Curriculum*") basiert auf der Grundlage, daß Facharbeiterinnen und Facharbeiter als *expert workers* in den Betrieben auch als Fachleute bezüglich ihrer eigenen auf die Tätigkeiten bezogenen Kompetenzen anzusehen sind. Zur Erschließung und Festlegung jobspezifischer und allgemeiner Fertigkeiten und Kenntnisse werden Listen (*DACUM*-Charts) erstellt, die als Basismaterial einer *competency-based education* zur Verfügung stehen.

Einige wesentliche Kennzeichen können wie folgt beschrieben werden (vgl. *Tippelt* 1999b):

– Lernresultate (*competencies*) sind in meßbarer Form zu spezifizieren und zu publizieren;
– diese Resultate müssen vor Beginn des Lernprozesses durch curriculare Arbeitsanalysen festgelegt werden;
– die Beherrschung dieser festgelegten *competencies* ist das entscheidende Kriterium für den Lernerfolg, und der Lerner muß die definierten Standards erreichen;
– die Zulassung zu Prüfungen ist unabhängig von der Art und der aufgewendeten Zeit des Lernens. Auch die Leistungen in non-formalen Lernformen (und zurückliegendes Lernen) werden anerkannt, denn es kommt nur darauf an, daß Lernende die festgelegten und erwarteten *competencies* nachweisen.
– Instruktion und Lernen sind so individualisiert wie möglich zu gestalten;
– Instruktion ist *field centered* und realistische Arbeitssituationen und aktuelle Arbeitserfahrungen werden im Sinne situierten Lernens aufgewertet;
– Instruktion erfolgt in curricular modularisierter Struktur.

Neben der Festlegung von *general knowledge and skills* ist im *DACUM*-Modell die Aufschlüsselung von *worker behaviors*, relevantem *equipment* (d.h. von Materialien und Werkzeugen) sowie von Entwicklungsperspektiven und Zukunftstrends vorgesehen. Es wird deutlich, daß der Ansatz stärker die Ergebnisse der Lehr- und Lernprozesse als die Prozesse an sich betont. Dies hat auch *William E. Blank* aufgegriffen, der in seinem *Handbook for Developing Competency-Based Training Programs* (1982) die am Ende von Lernprozessen stehenden *competencies* der Auszubildenden als entscheidendes Ziel ansieht. *Competency-based training* setzt sich demnach in mindestens vier Punkten von konventionelleren Ausbildungsprogrammen ab. „*What* it is trainees learn, *how* they learn each task, *when* they proceed from task to task, and finally, how we determine and report if students learned each task" (*Blank* 1982, 3f). Die Berücksichtigung der Lernvoraussetzungen der Auszubildenden im Programm des *competency-based training* kann als Ergänzung zu *DACUM* betrachtet werden (vgl. *Deutsche Gesellschaft für Technische Zusammenarbeit* 1998).

Im Vordergrund der Erwartungen - auch von international anerkannten Formen des *competency-based training* - steht eine höhere Flexibilisierung des Bildungssystems (*Grootings* 1994, 7): Systematische Begründungen kompetenzorientierten Lernens können dazu verhelfen, die durch den raschen Wandel von Arbeitsstrukturen und Arbeitsorganisation erforderlichen Reaktionen auch unter Einbeziehung der Fähigkeiten und Fertigkeiten der Beschäftigten, der lernenden und lehrenden Individuen, erbringen zu können. Die Berücksichtigung und Konzeption neuer Lernkulturen und -formen stellt dabei die eigentliche Herausforderung für die Bildung dar und bietet Chancen, den permanenten Mobilitätsnachteil des Bildungswesens gegenüber dem Arbeitsmarkt (*Grootings* 1994, 5) zu relativieren.

Im folgenden werden zunächst Prozesse des Wandels von Arbeit und Beruf charakterisiert, sind diese doch in schulischen, in betrieblichen und in dualen Systemen die Voraussetzungen oder auch Impulse für eine sich verändernde Definition und Festlegung von Kompetenzen. Im Zentrum stehen die Bedeutung kompetenzorientierter Aus- und Weiterbildung, sowie die Notwendigkeit und Förderung der Kompetenzvermittlung unter Berücksichtigung wichtiger Erkenntnisse der pädagogisch-psychologischen Lernforschung. Das Konzept der *Schlüsselqualifikationen* mit seiner ausführlichen Forschungstradition wird auf die Bedeutsamkeit für kompetenzorientierte Ansätze befragt. Als paradigmatisches Modell auf der Basis projektorientierten Lernens wird das *PETRA-plus*-Ausbildungskonzept der Firma *Siemens* herangezogen. Kompetenzorientiertes Lernen gründet auf handlungsorientierten Qualifikationen, die eine Verzahnung verschiedenster Kompetenzbereiche zu ganzen Kompetenzeinheiten erforderlich machen. Ein Bereich der deutschen Bildungsforschung spricht in diesem Kontext vom Wandel der Qualifikationen zu Kompetenzen, von der Weiterbildung zur Kompetenzentwicklung. Allerdings haben die anders strukturierten und stärker an *competency-based training* orientierten Systeme Großbritanniens und der USA heute einen großen internationalen Einfluß und wirken weit in die berufspädagogischen Diskussionen anderer Nationen und zunehmend auch der Entwicklungsländer hinein. Ein gemeinsames Problem allerdings ist, daß die Vermittlung von Kompetenzen neue Konzepte und Theorien des Lernens erforderlich macht. Der letzte Abschnitt vertieft dieses Plädoyer, fragt aber nicht nur nach wünschenswerten, sondern auch nach realisierbaren Ansätzen.

2. „Die Signatur der Zeit heißt Wandel"[1]

Die einschneidenden strukturellen Veränderungen, denen Arbeit und Beruf ausgesetzt sind, haben auf eine Vielzahl von Aspekten des gesellschaftlichen und individuellen Lebens Auswirkungen. Sie sind eng verknüpft mit aktuellen Bedingungen des demographischen, wirtschaftlichen und technischen Wandels, aber auch mit Bedeutungsverschiebungen von Wertmaßstäben und Einstellungen. Nicht die Tatsache der Strukturveränderungen ist der Kern der Problematik, denn hier haben wir es mit keinem neuen Phänomen zu tun, vielmehr sind die Folgen für Erziehung und Bildung und ihre Implikationen für zukünftige Konzepte von Belang. In Verbindung mit den Diskussionen um einen beschleunigten Strukturwandel wurden vor allem folgende Szenarien entwickelt:

1. *Krise der Arbeitsgesellschaft:* Es wurde immer wieder das Ende der Arbeit und der Arbeitsgesellschaft proklamiert.[2] „Die These vom Ende der Arbeitsgesellschaft ist (...) höchst umstritten. Wie insbesondere internationale Vergleiche zeigen, vollzieht sich der Wandel der Arbeitsgesellschaft in den verschiedenen modernen Staaten viel zu unterschiedlich" (Sackmann 1998, 486)[*]; in einigen Ländern läßt sich sogar eine Ausweitung der Erwerbsarbeit, insbesondere im Dienstleistungsbereich, feststellen (*Willke* 1998, 23). Die Gründe für strukturelle Arbeitslosigkeit liegen zum Teil auch in den zurückliegend stärkeren Geburtenjahrgängen und in der Erhöhung der Frauenerwerbsquote. Strukturelle Arbeitslosigkeit ist also nicht allein auf modernisierungs- und rationalisierungsbedingten Arbeitsplatzverlust, sondern auch auf den rasanten Anstieg des Anteils der Arbeitsuchenden zurückzuführen. Aus einer internationalen Perspektive läßt sich verdeutlichen, daß die Krise der Arbeitsgesellschaft von großen nationalen Unterschieden geprägt ist. Gemeinsam ist allen Märkten aber, daß die weniger und schlechter qualifizierten Menschen am meisten von Arbeitslosigkeit bedroht und betroffen sind. Diesen Aspekt gilt es bei der Begründung kompetenzbasierter Aus- und Weiterbildung zu beachten.
2. *Wandel des Verständnisses von Erwerbsarbeit:* Nicht das Ende der Arbeitsgesellschaft, so wird argumentiert, sondern das Ende eines tradierten Verständ-

---

1 *Bunk* 1994, 9.
2 Der Begriff wurde vor allem von *Ralf Dahrendorf* (1989; 1983) popularisiert. Bereits viel früher ging *Hannah Arendt* von dem Dilemma aus, daß der Arbeitsgesellschaft mit der Arbeit womöglich „die einzige Tätigkeit, auf die sie sich noch versteht" ausgehen könnte.
* Vgl. *Sackmanns* Beitrag in diesem Jahrbuch.

nisses der Erwerbsarbeit ist zu konstatieren. Wenn *Jeremy Rifkin* „Das Ende der Arbeit und ihre Zukunft" als Titel für seine Analyse der Entwicklungen der Beschäftigungslage in den USA verwendet, dann kommt er zwar der Vision vom Ende der Arbeit und der arbeitszentrierten Gesellschaft nahe, doch hegt er Hoffnung auf Arbeit in einem postmarktwirtschaftlichen Zeitalter, die auf „sozialer Verantwortlichkeit" und gemeinschaftlicher Arbeit basiert (*Rifkin* 1995, 183, 189ff). Deutlicher und gesellschaftstheoretisch breiter entwickelt *Amitai Etzioni* (1997) in seinen Überlegungen zur „Verantwortungsgesellschaft" diese Position. Eine Verschiebung der Bedeutungszumessung von Erwerbsarbeit im herkömmlichen Sinne und eine Abschwächung der identifikatorischen Bindung an die Erwerbsarbeit würden so zwangsläufig.

3. *Diskontinuierliche Beschäftigung – prekäre Arbeit:* In der von der *Kommission für Zukunftsfragen* der Freistaaten Bayern und Sachsen erarbeiteten Studie zur Erwerbstätigkeit in Deutschland wird die Zunahme diskontinuierlicher Beschäftigung bis zum Anfang der siebziger Jahre zurückverfolgt. Demnach hat sich die Anzahl von „Normarbeitsverhältnissen" gegenüber der Anzahl der Nicht-Normarbeitsverhältnisse gravierend verändert: Das Verhältnis betrug damals noch fünf zu eins und verschob sich kontinuierlich von drei zu eins (Mitte der achtziger Jahre) bis zwei zu eins im Jahre 1996. Bei Fortlauf dieser Tendenz wird in wenigen Jahren jeweils ein Normbeschäftigter einer Person mit diskontinuierlicher Beschäftigung gegenüberstehen (*Kommission für Zukunftsfragen* 1998, 43ff). „Die höchste Zuwachsrate überall auf der Welt haben die flexible Arbeit und die prekäre Beschäftigung. Das gilt auch für Deutschland." (Beck 1999, 86)

Mit der Auflösung der Normarbeitsverhältnisse zeigt sich die Kehrseite der Flexibilisierungstendenzen, denn den Unternehmen bieten sich neue Begründungen zur Rationalisierung, die sich hinter zeitlichen (Überstunden, befristete, projektbezogene Beschäftigungsverträge) und räumlichen (Dezentralisierung durch Teleheimarbeit, Leiharbeit) Entstandardisierungen der Arbeit verbergen (*Rützel* 1998, 30f). Die Unvorhersehbarkeit der Auswirkungen konfrontiert den einzelnen Betroffenen mit plötzlichen Brüchen in seiner Erwerbsbiographie oder mit neuen, nicht zu erwartenden Anforderungen an seine Fähigkeiten. Um mit derartigen Situationen zurechtzukommen, bedarf es einer möglichst breit angelegten, kompetenzbasierten Berufsbildung und einer differenzierten beruflichen Weiterbildung (*Tippelt* 1995, 85f).

4. *Technologische Veränderungen:* Der Kenntnisstand über die „Beschäftigungswirkungen neuer Technologien ist immer noch unzureichend" (*Willke* 1998, 180). Außer Frage stehen die strukturverändernden Momente technischer Innovationen. Neue Produktionsverfahren zielen auf erhöhte Effizienz und verbesserte Produktivität ab. Erreichbar ist dies durch volle Ausschöpfung informationstechnischer Ressourcen, durch Automation und Digitalisierung. Insbesondere *Rifkin* gilt als Vertreter einer Zukunftsvision von „Fabriken ohne Arbeiter" (1995, 21) im Sinne eines „Kontraktionsmodells", demzufolge der rapide sinkende Bedarf an Arbeitskräften zur Krise führt. Dem entgegen steht das „Diffusionsmodell", das neben periodisch auftretenden Kontraktionen längerfristig Prosperität verspricht. Diese könne in sekundärer Wirkung im Sog des technischen Wandels durch Kosten- und Preissenkungen Kaufkraft, Nachfrage und dadurch wiederum Produktion und Beschäftigung erhöhen (*Willke*, 170ff). Die Prognosen divergieren stark. Festzuhalten bleibt, daß technische Innovation und

gesellschaftliche Entwicklung sich wechselseitig bedingen, der Pfad der Entwicklung mithin im Wechselspiel der Interessen politisch gestaltbar ist. Die Ausgangslage für eine verantwortungsvolle Gestaltung von Technik und Arbeit ist dabei geprägt vom Dilemma struktureller Arbeitslosigkeit.

5. *Wandel der Arbeitsorganisation:* Die Arbeitsorganisation steht in einem engen Zusammenhang mit beruflichen Anforderungen und der Notwendigkeit einer Verbreiterung der beruflichen Bildung. Unter dem Diktat der Erhöhung von Effizienz und Produktivität entstanden neue Formen der Arbeitsorganisation, in denen die Rolle der Beschäftigten aufgewertet wird. Team- und Gruppenarbeit, Projektarbeit und andere Formen arbeitsteiliger Prozesse ermöglichen eine erhöhte Flexibilisierung der Arbeit und der Arbeitszeiten und verändern nachhaltig die Strukturen der Erwerbsarbeit. Beispielsweise gehen *Prognos* und *IAB* in einer Studie zur Beschäftigungsentwicklung davon aus, daß höher qualifizierte Dienstleistungen im Jahr 2010 erfolgreich nur noch von Teams bewältigt werden können (*Prognos AG* 1989). Die gewohnten Bestimmungsebenen werden durch flachere Hierarchien mit gemeinsamer Verantwortung aufgelöst. Es entwickeln sich Ansprüche an eigenverantwortlicheres Tun und Chancen für die Ausweitung selbstgesteuerten Handelns. Aus bislang getrennten Arbeitsbereichen und einzelnen Beschäftigten werden Netzwerke von Teams und Spezialisten, die projektbezogen zusammenkommen, um sich nach Abschluß der Phase wieder zu trennen und später mit anderen Netzwerken und Teams wiederum neu zu organisieren.

6. *Innovationen der Informationstechnologie und Wissensmanagement:* Die verschiedensten Anwendungsbereiche von Datenverarbeitungssystemen (Telefon, Fax, Multimedia-Anwendungen, E-Mail, Bildtelefon, Videokonferenzen, Internet etc.) sind mittlerweile problemlos kombinierbar. Die Gebundenheit an bestimmte Orte oder (Arbeits-)Zeiten wird, zum Beispiel durch Telearbeit, zunehmend obsolet. Der Bedeutungszuwachs digitalisierter und virtueller Anteile der Erwerbsarbeit verläuft parallel mit einer Zunahme wissensbasierter Tätigkeiten, die „zu einem neuen Typ des ‚Arbeiters' – zum ‚Wissensarbeiter'" (*Willke*, 134) führen. Nicht mehr die isolierte, unstrukturierte, kontext-unabhängige Daten- und Informationsarbeit, sondern das strukturierte, kognitiv verankerte, kontext-abhängige Wissensmanagement ist gefordert. In eigenverantwortlichen Arbeitssituationen werden Wissensgenerierung, -repräsentation, -kommunikation und -transfer zu wichtigen Anforderungen an das berufliche Handeln und an die Aus- und Weiterbildung (*Reinmann-Rothmeier/Mandl/Erlach* 1999, 753f). Das neue Wissensmanagement auf individueller und organisationaler Ebene korrespondiert mit den sich neu entwickelnden Formen der Arbeitsorganisation und den daraus ableitbaren überfachlichen Fähigkeiten des selbstgesteuerten Handelns, der Teamarbeit und anderer individualer und sozialer Qualifikationen (*Fink* 1999, 6).

Der aktuelle Wandel der Beschäftigungsstrukturen verläuft in ähnlich elementarer Weise wie einstmals der Übergang von der Agrar- in die Industriegesellschaft (*Rifkin* 1995; *Klauder* 1996). Dabei differenziert sich der tertiäre Dienstleistungssektor inzwischen in Richtung spezifisch auf Wissen basierender Dienstleistungen aus, hin zu einem neuen Sektor. Das Wissen wird zu einem zentralen Wertschöpfungsfaktor. In diesem Bereich offenbart sich derzeit die größte Dynamik in der Beschäftigungsentwicklung. Der tertiäre Sektor ist zunehmend durch den Wandel von Tätigkeiten und Arbeitsorganisation in seiner Expansion bedroht. Dabei werden die einfacheren Tätigkeiten weiter erheblich schrumpfen und Bereiche, die niedrigere Qualifikationen erfordern, zunehmend durch Automatisierung und „intelligente" Technologie ersetzbar (Beispiel Banken). Auch hieraus wird die Notwendigkeit einer Neugestaltung der arbeitsmarktbezogenen Qualifizierung ersichtlich.

Der Wandel der Arbeitsorganisation zeitigt steigende individuelle Anforderungen; Potentiale, die sich mit den Kompetenzen der Mitarbeiter verbinden, werden von den Unternehmen zunehmend erkannt und eingefordert werden.

„Tendenzen des Wandels," faßt *Gerhard Bunk* seine programmatischen Forderungen nach Kompetenzvermittlung zusammen, „zeigen sich unter anderem in der Verschiebung von größerer Arbeitsteilung zu komplexer Misch- und Gruppenarbeit, von bloß ausführender Arbeit zu mehr dispositiver Arbeit, von fremdgesteuerter Arbeit zu selbstgesteuerter Arbeit, von statischen Arbeitsabläufen zu dynamischen Umstellungen, von Fremdorganisation zu mehr Selbstorganisation, von Fremdkontrolle zu mehr Selbstkontrolle, von Fremdverantwortung zu mehr Eigenverantwortung. Bei derartigen beruflichen Anforderungen reicht heute Fachkompetenz allein nicht mehr aus. Zusätzlich werden notwendig Methodenkompetenz, Sozialkompetenz, Mitwirkungskompetenz." (*Bunk* 1994, 15)

3. Schlüsselqualifikationen und Kompetenzen für die Wissensgesellschaft

Zur Etablierung einer auf Kompetenzen basierenden Berufsbildung sind die einzelnen europäischen Länder auf die Schaffung (und Gewährleistung) von Anreizen für die beteiligten Interessengruppen angewiesen. Das Bewußtsein für den gegenseitigen Nutzen für Arbeitgeber und Arbeitnehmer im Sinne eines „Tauschgeschäfts" (*Marsden* 1994) und eine aktive Zusammenarbeit der Arbeitgeber bis hin zur Stabilisierung der Ausbildungsinvestitionen durch stabile Rahmenbedingungen sind die Voraussetzungen für europaweite Reformbestrebungen unter Berücksichtigung eines erweiterten Transfers von umfassenderen, berufsübergreifenden Qualifikationen. „Auf europäischer Ebene ist der Wechsel von Qualifikation zu Kompetenz deshalb sehr viel mehr als nur ein Wechsel der Wortwahl" (*Grootings* 1994, 8). Es geht letztlich um ein völlig neues Instrumentarium. Der Hinweis auf den Zusammenhang von variablen Formen der Arbeitsorganisation und der Lockerung bisheriger Berufsklassifikationssysteme in Europa verdeutlicht dies:

„In Deutschland zielt die ‚Tarifreform 2000' der IG Metall auch auf die Anpassung der Lohngruppen an flexiblere Arbeitsmethoden ab. In Frankreich ist ebenfalls ein beträchtlicher Wandel der Berufsklassifikationssysteme zu beobachten, weg von den starren Berufskategorien tayloristischer Prägung hin zu Kriterien, die eine größere Variabilität zulassen. In Großbritannien sind viele Unternehmen bemüht, Arbeitsplatzbegrenzungen abzubauen und flexiblere Formen des Qualifikationseinsatzes bzw. polyvalente Qualifikationen einzuführen." (*Marsden*, 18)[3]

Die veränderte Situation im Hinblick auf neue Anforderungen an die Mitarbeiter verstärkt die Dringlichkeit einer Flexibilisierung der beruflichen Ausbildung. Mindestens seit Anfang der siebziger Jahre wird an Modellen zu einer ausgeweiteten Flexibilisierung in der Berufsbildung gearbeitet; damals unter dem Imperativ einer Ausweitung allgemeinbildender Inhalte, wie sie beispielsweise in den Überlegungen des *Deutschen Bildungsrats* 1970 formuliert wurden (vgl. *Tippelt/van Cleve* 1995, 184f; *Weinbrenner* 1995, 251f).

Mit der Benennung expliziter „Kenntnisse, Fähigkeiten und Fertigkeiten, welche nicht unmittelbaren und begrenzten Bezug zu bestimmten, disparaten praktischen Tätigkeiten erbringen" (*Mertens* 1974, 40) wurde bereits Mitte der siebziger Jahre der Grundstein für eine Erweiterung von Qualifikationsinhalten über reine Fachkenntnisse hinaus gelegt. Inzwischen ist dieser erste Ansatz von *Dieter Mertens* vielfach rezipiert, kritisiert und erweitert worden.[4] Bei aller Heterogenität des Konzepts der Schlüsselqualifikationen finden sich dennoch gemeinsame Kernaspekte, was gleichzeitig auch ein inhaltlicher Begründungszusammenhang der Idee ist: *Franz Weinert* beschrieb in Rückbezug auf *Mertens* den „Kern des Konzepts Schlüsselqualifikation im Sinne eines dekontextuierten, entspezialisierten, funktional-autonomen Wissens und Könnens" (*Weinert* 1998, 23). Die hierin definierten Qualifikationen haben die Aufgabe, über Fach- und Spezialkenntnisse hinaus eine Übertragbarkeit auf andere Arbeitsfelder oder Wissensbereiche zu bewerkstelligen. Doch steckt genau in dieser Forderung bereits wieder eine Problematik: die Schwierigkeit der Erlern- und Vermittelbarkeit von Schlüsselqualifikationen.

Über das Erlernen von Schlüsselqualifikationen können nur Aussagen formuliert werden, wenn die für nötig erachteten veränderten Qualifikationen spezifiziert werden und über ein „Konglomerat unterschiedlicher Bedeutungen" (*Weinert*, 25) hinausgehen. Es ist zutreffend, daß die Renaissance der Thematisierung von Schlüsselqualifikationen das Risiko einer Reduzierung ihrer Bedeutung auf einen „Mythos" (S. 23) in sich birgt. Dennoch kann das Konzept der Schlüsselqualifikationen hilfreich sein, indem es Chancen für ein

---

3 Bei *Marsden* finden sich Literaturangaben zur Situation in den genannten Ländern. Exemplarisch seien folgende genannt: Deutschland: *Huber/Lang* 1993; Frankreich: *Maurice* u.a. 1988; Vereinigtes Königreich: *Atkinson/Meager* 1986.
4 Hierzu sei exemplarisch auf *Kaiser* (1992), *Gonon* (1996), *Beitz* (1996), *Weinert* (1998) sowie *Laur-Ernst* (1996) verwiesen.

brauchbares Modell zur Vermittlung von beruflichen Kompetenzen theoretisch bietet. Dazu schlägt *Weinert* die Konzeption eines heuristischen Modells für den Erwerb von Schlüsselqualifikationen vor. Diese müßten auf ihre kognitiven Aspekte zurückgeführt werden, um Erkenntnisse der psychologischen Forschung für die (berufs-)pädagogische Praxis nutzbar machen zu können. Sein Ziel ist es, an die Stelle der riesigen internationalen Liste von „654 Verwendungsvarianten des Konzepts Schlüsselqualifikation" (S. 24f) die Unterscheidung von Ebenen des Erwerbs und der Vermittlung von Schlüsselqualifikationen zu setzen:

Bereichsunspezifische Schlüsselqualifikationen (wie allgemeine Planungs-, Steuerungs-, Kontroll- und Beurteilungskompetenzen, Strategien der Lernsteuerung, generelle sozial-kommunikative Kompetenzen) werden besonders gut im Rahmen überfachlicher Projekte erlernt.

Bereichsspezifische Schlüsselqualifikationen (wie naturwissenschaftliche, sprachliche, handwerklich-technische und technologische Kompetenzen) können vor allem durch die langfristige Beschäftigung mit der jeweiligen Domäne erworben werden, bleiben häufig implizit (sind also nicht immer bewußt), sind aber äußerst wichtig.

Disziplinäre, berufsspezifische Schlüsselqualifikationen (wie kognitive oder sensomotorische Fähigkeiten und Fertigkeiten), die für unterschiedliche Lern- und Arbeitsaufgaben des jeweiligen Berufs funktionalen Stellenwert besitzen.

Subdisziplinäre Schlüsselqualifikationen (wie Lesen, Schreiben und grundlegende mathematische Operationen) sind notwendige Voraussetzung und Basis für schulische und berufliche Entfaltung: „Je abstrakter und flexibler das begriffliche Allgemeinwissen und je automatisierter, aber reflektiv zugänglich das prozedurale Können erworben wird, um so effektiver sind diese Kompetenzen für das weiterführende Lernen und für die Nutzung des Gelernten in variablen Situationen" (*Weinert*, 33). Die Qualität des Metawissens über diese subdisziplinären Schlüsselqualifikationen sind Basis für alle Schlüsselqualifikationen höherer Ordnung.

Schlüsselqualifikationen und Kompetenzen sind eben kein bunter Katalog persönlicher und sozialer Wünschbarkeiten. Entsprechend gilt es auch die Erarbeitung solcher Curricula zu forcieren, die Schlüsselqualifikationen in eine Balance mit Möglichkeiten inhaltlichen Wissenserwerbs bringen. Notwendig sind pädagogische und didaktische Konzeptionen für die Aus- und Weiterbildung und die Unterstützung der Lehrenden, Ausbilder und Trainer.

4. Erlernen von Schlüsselqualifikationen und Kompetenzen – ein Beispiel

Ein paradigmatisches Projekt dazu ist das Modellvorhaben zur „Projekt- und transferorientierten Ausbildung *(PETRA plus)*" von *Siemens*. Auf der Grundlage mehrjähriger Praxiserprobung und internationaler Anerkennung legt das *PETRA*-Projekt nunmehr eine evaluierte und an aktuelle Bedingungen betrieblichen und technischen Wandels angepaßte Konzepterweiterung vor. Schlüsselqualifikationen „werden hier als berufs- und fachübergreifende Fähigkeiten verstanden" (*Fink* 1999, 8). Im *PETRA-plus*-Konzept werden Schlüsselqualifikationen unter den Gesichtspunkten ihrer Besonderheit integriert; sie „stehen nie für sich alleine" (S. 10), sind stets im Zusammenhang mit ihren Anwendungsbereichen zu sehen und werden vor allem in ihrer Summe bedeutsam, das heißt erst ihre Kombination zeichnet das Konzept aus. Die erforderliche Kompetenzorientierung in den Berufen, betont *Rudolf Fink* (S. 8), sei nur langfristig durch gezielte und ausgewogene Förderung von Schlüsselqualifikationen erreichbar. *PETRA plus* zielt auf den Erwerb beruflicher Handlungskompetenz, mittels einer kombinierten Förderung von beruflicher Qualifikation und Kenntnissen der betrieblichen Prozesse. Die Lernenden werden in die relevanten Phasen des Produktions- beziehungsweise Geschäftsprozesses eingebunden und an Entscheidungen, Planungen oder Evaluationen beteiligt, um dann als „Fachkräfte im steten Wandel ihres Berufslebens bestehen (zu) können" (S. 12). Der ganzheitlichen Orientierung der Ausbildung entsprechend steht die modellhafte Vermittlung von *Fachkompetenz, Methodenkompetenz, Sozialkompetenz* und *Individualkompetenz* im Vordergrund des Projektinteresses.

Im deutschen pädagogischen Diskurs können Schlüsselqualifikationen eher dem berufs- und arbeitsbezogenen Umfeld zugerechnet werden; Kompetenzen sind dagegen viel enger auf die Person und ihre Persönlichkeitsmerkmale zu beziehen. Eine kompetente Persönlichkeit zeichnet sich demnach durch ein Bündel von Fähigkeiten und Kenntnissen aus, die auch bei der Bewältigung des Alltags dienlich sind (vgl. dazu auch *Lindemann/Tippelt* 1999). Wie das *PETRA-plus-Konzept* verdeutlicht, besteht die Stärke des kompetenzorientierten Ansatzes in seiner Ausrichtung auf die Handlungsfähigkeiten der Person. Handlungen sind dabei als intentionale „verändernde Akte des Menschen gegenüber seiner Umwelt" (*Bunk* 1994, 11) zu verstehen. Dies gilt es zu erlernen.[5]

Die internationale Diskussion, insbesondere die sich an angelsächsische Konzepte anlehnende Verwendung des Kompetenzbegriffs in Entwicklungsländern (*Moura Castro* 2000), konzentriert sich eindeutig auf die Definition von *Fachkompetenz*.

---

5 Im Blick auf die Forschungsdebatte hat sich über eine breitere Ebene diese Unterscheidung der einzelnen Kompetenzkategorien durchgesetzt. Ausgehend von *Bunk* (1994) läßt sich die Liste der Kompetenzdefinitionen auf der Basis von Fachkompetenz, Methodenkompetenz, Sozialkompetenz und Individualkompetenz (oder personale Kompetenz) an verschiedensten Stellen wiederfinden (z.B. *Heyse/Erpenbeck* 1997, *Fink* 1999).

Wandel von Erwerbsarbeit und kompetenzorientertes Lernen 121

„One common rule is that the size of units of competence (competencies) should represent a function or activity in employment that is recognized by employers and employees... The concept of competency focuses on what is expected of an employee in the workplace rather than on the learning process, and embodies the ability to transfer and apply skills and knowledge to new situations and environments. Competency is a broad concept that includes all aspects of work performance and not only narrow task skills. Competency includes the requirement to perform individual tasks (task skills), manage a number of different tasks within the job (task management skills), respond to irregularites and breakdowns in routine (contingeny management skills, problem solving)." (*Tippelt* 1999b, 5f)

Die Verknüpfung von Fachkompetenz mit weiteren Kompetenzen (z.B. *generic skills*) wird aber auch im englischen Sprachraum diskutiert: Die in den Kontext der Wertewandel-Diskussion gestellte deutsche wie die internationale Kompetenzdebatte beziehen sich auch auf den schulischen Bereich, Klärung und Umsetzung von kompetenzbasiertem Lernen sind aber in erster Linie in der beruflichen Bildung und Weiterbildung vorangetrieben worden. Der Begriff der Berufskompetenz integriert erstmals auch das breitere Arbeitsumfeld des Beschäftigten und betont neben den Grundvoraussetzungen beruflicher Fertigkeiten und Fähigkeiten verstärkt die Bereitschaft zu selbständiger und dispositiver Arbeitsorganisation.

5. Internationale Divergenz: Heterogener Kompetenzbegriff

In bezug auf den internationalen Diskurs bedeutet die Heterogenität der Kompetenzen – ähnlich wie bei der Vielzahl an gefundenen Schlüsselqualifikationen – zunächst eher ein Erschwernis denn einen Nutzen. Es bleibt noch einmal festzuhalten, daß auf internationaler Ebene die Diskussionen um den Kompetenzbegriff zwar von den Bestrebungen einer qualitativen Verbesserung der Berufsbildungssysteme geleitet sind und sich somit auch ein gemeinsamer Nenner bietet, daß jedoch die Inhalte bislang noch von weitestgehend nationalen Problemen aus angegangen werden. Schließlich befinden sich die einzelnen Länder – auch innerhalb der Europäischen Union – auf jeweils unterschiedlichem Diskussionsstand und in unterschiedlichen Phasen der Neuorganisation ihrer Berufsbildungssysteme.

So ist beispielsweise in Deutschland im Zuge der Flexibilisierung und Modularisierung verstärkt von Kompetenz die Rede (*CEDEFOP* 1998). Im Vereinigten Königreich stehen vor allem Fragen der Messung und Zertifizierung von Kompetenzen im Zentrum (*Wolf* 1994). Zertifizierungs- und Evaluierungsverfahren unterstützen eine intensive Bedarfsorientierung und erhöhen die Beschäftigungsrelevanz der Ausbildung. Durch die Modularisierung der Lernprozesse wird die Bewertung kleinerer Ausbildungseinheiten gewährleistet, was für viele im Aufbau und Wandel befindlichen Ausbildungssysteme in Entwicklungs- und Schwellenländern sehr interessant ist. Andere europäische Länder, wie zum Beispiel Spanien oder Portugal sind verstärkt mit der Organisation ihres formalen Aus- und Weiterbildungssystems beschäftigt. Je nach Stand der Entwicklung und Systembildung geraten zweierlei Themenkomplexe in der internationalen Debatte in den Vordergrund:

„Bei dem einen geht es um die Verankerung einer *kompetenzgestützten Methodik* in der Berufsbildung; beim zweiten dreht sich die Diskussion um die Anpassung des vorhandenen Berufsbildungsangebotes an *neue Kompetenzen*, die sich aus neuen Formen der Arbeitsorganisation und veränderten Einstellungspraktiken der Unternehmen ergeben." (*Grootings* 1994, 7)

Letzteres findet man schwerpunktmäßig in Ländern wie Deutschland, Dänemark oder den Niederlanden, wo sich bereits ein weiterentwickeltes Berufsbildungssystem etabliert hat beziehungsweise wo die Meinung vorherrscht, das Berufsbildungssystem sei „schon jetzt in der Lage, die kompetenten Arbeitnehmer heranzubilden, die der Arbeitsmarkt benötigt" (*Grootings*).

In Großbritannien dagegen wurde in Anlehnung an die Vorreiterkonzepte der USA und Kanadas ab etwa Mitte der achtziger Jahre eine Neuordnung der Berufsbildung eingeleitet. Orientiert an einer ausgeweiteten Beschreibung beruflicher Kenntnisse und Fertigkeiten im Sinne übergreifender Kompetenzen sollten statt der Entwicklung von Lehrplänen für die Ausbildung präzisere „Berufsbildungsstandards" hergeleitet werden. Diese werden als neue berufliche Leistungsstandards zu einem übergreifenden Rahmen für die angewandten Lernverfahren. Die Lernziele weisen dementsprechend eine starke Ergebnisorientierung auf. Schließlich werden die Standards dafür von den Ausbildungsgremien der einzelnen Wirtschaftszweige gesetzt. Eine Institutionalisierung erfuhr der kompetenzorientierte Ansatz im Vereinigten Königreich durch das *National Council for Vocational Qualifications*. Dieser Rat ermöglicht es den jeweiligen Einrichtungen für sogenannte nationale Berufsqualifikationen (*National Vocational Qualifications – NVQ*) Bescheinigungen auszustellen. Dabei kann es sich um die berufliche Ausbildung im Sinne einer vollständigen Qualifikation oder um Teilqualifikationen im Rahmen einer beruflichen Weiterbildung handeln (vgl. hierzu *Parkes* 1994). Die *lead bodies* als lenkendes Gremium fordern eine eher enge Definition des Kompetenzbegriffs. Dadurch besteht zumindest das Risiko, daß keine tatsächlich übergreifende Kompetenzentwicklung, die sich an den Bedarf und die Anforderungen der sich wandelnden Arbeitswelt anlehnt, möglich sein wird (*Parkes*; *Wolf* 1994). Ein Ausweg kann im Verzicht liegen, die „einzig gültige Auffassung des Kompetenzbegriffs" weiterzuverfolgen und ihn stattdessen in seiner breiteren Bedeutung zu belassen und beispielsweise eher „Übereinkunft zu erzielen über die allgemeine Zielrichtung des Lehrplans" (*Parkes*, 29).

6. Internationale Konvergenz: Neue Lernprinzipien und neue Lernkultur

International übereinstimmend wiederum wird als eine wichtige Grundbedingung für neuere Formen des kompetenzorientierten Lernens ein verändertes Verhältnis zwischen Lehrern und Lernern, Ausbildern und Auszubildenden angestrebt (*Richter* 1995, 31): Die Unterstützung von selbstorganisiertem Handeln und Lernen verlangt nach einer neuen Rollenverteilung zwischen Lehrenden und Lernenden. Die Einführung von prozeßorientierten Modellen und die Begründung von neuen lerntheoretischen Prinzipien machen auch eine aktualisierte handlungsorientierte Professionalisierung der Ausbilder erforderlich (*Dybowski* 1995; *Fink* 1999). Im

„Spannungsfeld zwischen Professionalisierung und breiterer Kompetenzentwicklung für alle kann dem selbstgesteuerten Lernen eine vermittelnde Funktion zukommen: Die Eigenkompetenz der Lernenden wird anerkannt, ermutigt und in ihrer Entwicklung unterstützt. Zugleich aber wird das Knowhow der ‚Profis' den Lernenden jeweils nach Bedarf und persönlicher Entscheidung zur Optimierung des eigenen Lernens verfügbar gemacht." (*Dohmen* 1999, 29)[6]

Es soll das Ziel verfolgt werden, „die Lernenden zu Experten ihres eigenen Lernens zu machen". Die Fähigkeit zu selbstgesteuertem Lernen erfordere „eine Veränderung der vorherrschenden Lernkultur. Es handelt sich dabei um die Bewältigung einer didaktischen Aufgabe, die in enger Verbindung mit dem individuellen Wissenserwerb geleistet werden muß" (*Weinert* 1998, 37). Möglich wird dies durch „das beständige Ausbalancieren zwischen inhaltlichem Wissenserwerb und der Vermittlung formaler Schlüsselqualifikationen auf unterschiedlichen Allgemeinheitsebenen" (S. 41). Wissen mit Metawissen

---

6 Häufig werden „selbstgesteuertes" und „selbstorganisiertes" Lernen in der Literatur synonym gebraucht. *Erpenbeck* hat eine Unterscheidung vorgeschlagen. Demnach werden beim selbstorganisierten Lernen die Lernziele, Strategien, Kontrollprozesse und die Offenheit dieser Faktoren vom Lernenden selbst bestimmt. Selbstorganisiertes Lernen wird als dispositionales Lernen verstanden. Es lassen sich innere Dispositionen des Lernenden, der Gruppe oder des Unternehmens miteinbeziehen, die im Lernen erweitert oder vertieft werden. Diese Differenzierung ermöglicht eine Gegenüberstellung von selbstgesteuertem und fremdgesteuertem bzw. selbstorganisiertem und fremdorganisiertem Lernen. In „realen Lernprozessen" sind aber Anteile aller Sichtweisen zu finden, es geht also „nicht um eine vollständige Trennung" (*Erpenbeck* 1997, 310ff).

zu ergänzen kann nur durch eine gezielte und systematische Förderung des Lernenden erreicht werden. Die curriculare Verankerung metakognitiver Kompetenzen im Sinne der *Kompetenzbündel* ist dabei an die Berücksichtigung von zwei Grundbedingungen gebunden: Erstens sind altersabhängige entwicklungspsychologische Stufen der kognitiven Voraussetzungen des lernenden Individuums gegeben, und zweitens bestehen interindividuelle Unterschiede, die über alle Altersstufen hinweg vorhanden sind. Zur erfolgreichen Vermittlung von Kompetenzen werden lernförderliche Arbeitsplätze, zeitgemäßere Lernstrategien und methodisch-didaktische Innovationen eingefordert. Es handelt sich um „eine veränderte Praxis des Lernens insgesamt sowie um ein verändertes theoretisches Verständnis von Lernen" (S. 35). Aus didaktischer und pädagogisch-psychologischer Sicht werden sechs Lernprinzipien vorgeschlagen:

Aktiv-sinnstiftendes Lernen: Ein tieferes Verständnis des Gelernten kann erreicht werden, wenn die „neuen" Informationen aktiv und konstruktiv in das bisherige Wissen eingebunden werden. Hierfür müssen die Lernenden konstruktive und sinnstiftende Aktivitäten durchführen können, denn „situiertes Lernen" begünstigt den persönlichen Aufbau von kognitiven Kompetenzen. Passiv-mechanisches Lernen beeinträchtigt dagegen die Qualität des Wissensaufbaus.

Nutzungsbezogenes und erkenntnistheoretisches Lernen: Die Nutzbarmachung mentaler Symbole sowie kontextbezogener Pragmatik des Wissens beziehungsweise des Wissensaufbaus sind für den Erwerb von Kompetenzen wichtig.

Abstrahierendes und automatisierendes Lernen: Für die Lösung schwierigerer Probleme hat sich gezeigt, daß abstrahiertes Wissen, Routinen und Automatismen eine flexiblere und ressourcensparende Nutzung von Wissen möglich machen. Automatisierendes Lernen entlastet die Aufmerksamkeit und macht frei für die Konzentration auf schwierige Prozesse der Problemlösung.

Selbständiges und angeleitetes Lernen: Die Konzentration auf autonomes, selbständiges Lernen ist beim Kompetenzerwerb mit Sicherheit besonders bedeutsam. Selbständiges Lernen ist der Kontrolle von korrektem Expertenwissen unterworfen. Der begünstigende Effekt von angeleitetem Lernen im Hinblick auf Fachwissen, Schlüsselqualifikationen und die Förderung der Selbständigkeit des Lernens läßt sich über alle Altersstufen hinweg nachweisen. Kompetenzerwerb ist also auf beide Lernformen angewiesen.

Individuelles und kooperatives Lernen: Teamorientiertes Lernen ist in hohem Maße an die individuellen Lernfähigkeiten jedes einzelnen gekoppelt. Kooperatives Lernen fördert die Lernmotivation, ist transferierbar et cetera, und dennoch ist kooperatives, teamorientiertes Lernen nur so gut wie die individuellen Lernleistungen jedes einzelnen in einer Lern- oder einer Arbeitsgruppe.

Inhaltliches und methodisches Lernen: Das Gewicht einer verstärkten Prozeßorientierung für den Erwerb von Kompetenzen wurde im *PETRA-plus*-Modell deutlich. Projektbezogenes Lernen ist besonders geeignet, kompetenzbasierte Lernprozesse anzuregen (z.B. *Fink* 1999). Metakognitive Kompetenzen wie das Wissen über das Lernen des Lernens sind in einer Didaktik der Kompetenzvermittlung von größter Bedeutung (*Weinert* 1998, 35f; vgl. auch *Lindemann/Tippelt* 1999).

Kompetenzentwicklung verlangt nach Methodenvielfalt und -weiterentwicklung: Gruppenlernmethoden, Methoden zum Lernen im Prozeß der Arbeit, Fernlernmethoden, Lerntechnologien und Methoden für Selbstlernen. Den einzelnen Kompetenzkategorien (wie Fach-, Methoden-, Sozial- und Individualkompetenz) sind spezifische Lernmethoden in der Erwartung zugeordnet worden, daß effiziente Ergebnisse erreicht werden können (z.b. *Erpenbeck/ Heyse* 1996, 84ff und 143ff). Da die Entwicklung von verschiedenen Kompetenzen zu individuellen Kompetenzbündeln das Ziel dieser methodisch-didaktischen Modelle ist, liegt auf der Hand, daß eine eindeutige Zuordnung der Methoden zu bestimmten Kompetenzen nicht erstrebenswert ist. Pluralität und die kreative Kombinierung mehrerer Techniken verspricht am ehesten den gewünschten Erfolg. Kombinationen aus verschiedenen aktiven und auch reaktiven Methoden können und sollen die schrittweise Kompetenzentwicklung in einem langen Lern- und Erfahrungsprozeß ermöglichen. Durch den Bedeutungszuwachs sozialer Fähigkeiten, also sozialer Kompetenzen, gilt es dabei verstärkt auf die Sozialformen des Lernens und Lehrens zu achten. Neben traditionellen Frontalformen oder Einzelformen wächst die Bedeutung von Gruppenlernen oder partnerschaftlichem Lernen.

Über Lernprinzipien und Lernmethoden hinaus wird international über eine neue Lernkultur nachgedacht, die im Zuge neuer Unternehmenskulturen nicht mehr utopisch ist. Die pädagogischen Stichworte hierzu lauten:

Problemlösekultur – Lernen als Ausweg, anstatt bei Schwierigkeiten zu verharren;
Lernkultur – Lebenslanges Lernen als selbstverständliche, alltägliche Kraft der Gesellschaft;
Kreativkultur – Flexibilität durch Chaos-Kultur anstatt schablonenhaften Denkens nach bürokratischen Mustern;
Konstruktive Fehlerkultur – Fehler machen zu dürfen und die Bereitschaft, diese als Lernchance anzusehen;
Positive Konfliktkultur: Streiten können, „Streitkultur" entwickeln und dadurch Chancen für Veränderungen zulassen;
Partizipationskultur – von Interesse und nicht von Desinteresse der Mitarbeiter, Auszubildenden oder Schüler ausgehen; diese als Mitdenker, Mitverantwortliche, Ideenlieferanten integrieren;
Verantwortungskultur – Individualismus als positive Kraft nutzen und Egoismus und Karriereorientierung eindämmen;
Unternehmenskultur – Wirtschaftliches *know-how* und Kenntnisse marktwirtschaftlicher Strukturen ausbauen, Innovationen und Existenzgründungen anerkennen und fördern.

Dieser Katalog vermittelt einmal mehr die Verkettung von gesellschaftlichen Faktoren mit individuellen Werthaltungen und Emotionen. In diesen neuen Kulturen lassen sich die erstrebten Kompetenzbündel generieren, von der realen Veränderung der modernen Unternehmenskultur ergäbe sich Rückenwind für kompetenzbasiertes neues Lernen.

Zusammenfassend läßt sich sagen, daß sich die neuen, durch die globalen Umbruchtendenzen geforderten Kompetenzen sowohl auf die Interessen der Arbeitnehmer als auch der Unternehmen richten. Der gesamte europäische Markt steht im Zuge der Europäischen Union und Währungsreform einem erweiterten internationalen Wirtschaftsraum gegenüber. Das hat ebenso Auswirkungen auf die Betriebe und ihre Beschäftigten wie auf die internationalen Bildungsstrukturen. Moderne und innovative Bildungs- und Lernkonzepte müssen daher internationale und globale Bezüge herstellen und für die Zukunft garantieren.

Längst ist kompetenzbasiertes Lernen ein strategischer Faktor der Unternehmenspolitik geworden und in komplexe Modernisierungsstrategien eingebunden. Es soll die Innovationsfähigkeit der Beschäftigten systematisch fördern, damit diese ihrerseits zur Flexibilisierung der innerbetrieblichen organisatorischen Strukturen beitragen können. Den Mitarbeitern werden fachliche, methodische, soziale und personale Kompetenzen abverlangt, damit die Unternehmen auf globalisierten Märkten den erhöhten, international definierten Qualitätsansprüchen an ihre Produkte und Dienstleistungen entsprechen können. Der *kompetente Mitarbeiter* ist in der Lage, sich selbständig und zielsicher neues Fachwissen und neue Arbeitsmethoden anzueignen; er ist fähig, tragfähige Kontakte und Arbeitsbeziehungen herzustellen. Er kann seine Stärken und Schwächen einschätzen und im Sinne eines Selbstmanagements beherrschen. Die vielfältigen Anforderungen, die im Berufsalltag an die Mitarbeiter beziehungsweise die Auszubildenden gestellt werden, finden sich in den „Kompetenzbündeln" wieder. Von zentraler Bedeutung sind Modelle und Strategien, die über traditionelle Formen der Wissensvermittlung hinausgehen und aktuelle Bedingungen des sozialen Wandels wahrnehmen, indem neuen Lern- und Lehrkulturen Raum und Anerkennung gegeben wird.

In diesen Kontext gehören Perspektiven des lebenslangen beziehungsweise lebensbegleitenden Lernens ebenso wie der Ausbau der Vermittlung handlungsorientierter Kompetenzen. Es ergeben sich Chancen, dem internationalen und europäischen Gedanken eine wachsende Bedeutung im pädagogischen Diskurs einzuräumen. Die aktuelle Debatte erweitert und universalisiert sich über die länderspezifischen Schwierigkeiten und Entwicklungsstände hinaus. Die Betonung von *foreign language skills* in Verbindung mit interkulturellen Kompetenzen (in europäischen Ländern wird auch von *Europe-related competence* gesprochen) findet sich im Vereinigten Königreich und in Deutschland ebenso wie im weiteren angelsächsischen Raum (Australien/ Neuseeland, USA) oder in asiatischen Ländern (*Tippelt* 1999a; 1999b).

Den stärksten internationalen Einfluß üben bislang die mehr auf Bedarfsermittlung und Fachkompetenzen, Zertifizierung und Modularisierung ausgerichteten Kompetenz-Konzepte der angelsächsischen Länder, vor allem des Vereinigten Königreichs und der USA, aus. Beispielhaft bieten die *NVQ* gemeinsame Maßstäbe bezüglich der Kompetenzen, die unabhängig davon, wo sie bescheinigt wurden, den Arbeitgebern eine gewisse Sicherheit darüber bieten, was die Arbeitnehmer zu leisten vermögen. Da die *NVQ* nicht an bestimmte institutionelle Programme gebunden sind, sind sie für die Arbeitnehmer relativ gut zugänglich.

Die explizit aus der deutschen Debatte hervorgehenden Impulse zeigen sich in der breiteren Fundierung des Kompetenzbegriffs und im Interesse an einem vertikalen biographischen Aufbau von Kompetenzen sowie dem ausgeweiteten Spektrum verschiedener Lernortkombinationen (*Dohmen* 1999) oder „Kompetenzentwicklungsorten" (Lernen im Seminar, Lernen am Arbeitsplatz, Selbstlernen, *coaching*). Institutionales formales und dezentrales informales Lernen werden aufeinander bezogen, oder, normativ formuliert, sollen koordiniert werden. Die duale Ausbildung, wie sie in der Bundesrepublik Deutschland existiert, bietet eine gute Voraussetzung für kompetenzbasiertes Lernen. Dies in Zukunft auf internationaler Ebene noch stärker hervorzuheben, ist trotz der aufgezeigten Unterschiede notwendig, zumal im Bereich der hochqualifizierten Arbeitsplätze auch Konvergenzen der Lern- und Bildungsdiskussion festzustellen sind.

GERALD HEIDEGGER,
WOLFGANG HENDRICH

„Mutual Learning" und institutionelle Berufsbildungspolitik in Europa

Seit einiger Zeit hat das Interesse an ausländischen Bildungssystemen auch in der deutschen bildungspolitischen Diskussion zugenommen. Dabei sind es vor allem internationale Vergleiche schulischer Leistungen, die das deutsche Bildungssystem von interessierter Seite – bezeichnenderweise in ökonomischen Kategorien formuliert – als nicht genügend „wettbewerbsfähig" erscheinen lassen. Wieder einmal richtet sich der Blick besonders nach Japan, aber auch auf europäische Länder, auf der Suche nach womöglich übertragbaren Modellen, die hierzulande mehr oder weniger „implementiert" werden könnten. Dabei gerät auch die spezifisch deutsche Variante der beruflichen Qualifizierung unter Legitimationsdruck, orientiert sich institutionelle Berufsbildungspolitik in der Europäischen Union doch maßgeblich an den in den meisten Mitgliedsstaaten existenten schulischen Qualifikationsprozessen für den Arbeitsmarkt. Die Wirkung der Institutionalisierungsformen von Bildungs- und besonders berufsbildenden Lernprozessen bleibt dabei häufig unberücksichtigt. Sollen im Interesse der Subjekte berufsbildungspolitische Inhalte in einer Weise organisiert werden, die ihnen eine breite berufliche Handlungskompetenz und berufsbiographische Anschlußfähigkeit ihrer erworbenen Qualifikationen ermöglichen, so wäre zunächst eine wechselseitige gemeinsame Verständigung als Basis der Formulierung einer europäischen Berufsbildungspolitik erforderlich. Eine derartige Verständigung ist unseres Erachtens Voraussetzung und wichtiger Zwischenschritt zugleich für institutionell orientierte Berufsbildungspolitk in Europa[1] und kann nur über gemeinsame Lernprozesse (*mutual learning*) in längerfristigen Arbeitszusammenhängen erreicht werden. Auf dem Hintergrund langjähriger Erfahrungen in berufsbildungspolitischen europäischen Forschungszusammenhängen soll dieser Ansatz dargestellt werden.

1. Auf dem Weg zu einer europäischen Berufsbildungspolitik?

Trotz aller Differenzen der in den Mitgliedsländern konkurrierenden politisch-programmatischen Grundorientierungen (Mitte-Rechts oder Mitte-Links), lassen sich deutliche Konvergenzen in der Wirtschafts- und Sozialpolitik der EU-Staaten beobachten. Demgegenüber kann von einer gemeinsamen europäischen Berufsbildungspolitik oder vereinheitlichenden Tendenzen bislang keine Rede sein. Im Gegenteil ist festzustellen, daß sich gerade auf der institutionellen Ebene die Berufsbildungssysteme stark unterscheiden, mehr noch, daß sich kaum Annäherungstendenzen ausmachen lassen. Dafür lassen sich folgende Gründe anführen:

– Die wirtschaftlichen Verflechtungsprozesse der jüngeren Zeit erfassen überwiegend die export- und importrelevanten Wirtschaftssektoren mit zunehmend international agierenden Unternehmen. Hierzu gehören vornehmlich die exportorientierten Industriebetriebe und ihre Zulieferer sowie große Finanzunternehmen. Die in diesen Bereichen arbeitenden Beschäftigten, bei denen Tendenzen zu einer internationalen Angleichung ihrer Qualifikationen zu verzeichnen sind, stellen mit 25 bis 35 Prozent der Erwerbsbevölkerung – je nach Abgrenzung – eine relative Minderheit dar, während die Mehrheit von Internationalisierungsprozessen jedenfalls nicht direkt betroffen ist.
– Auch in Sektoren wie etwa dem Handel, in dem internationale Ketten mehr und mehr an Bedeutung gewinnen, erweisen sich die nationalen Berufsbildungsstrukturen als stabil und nahezu veränderungsresistent. Offenbar lassen sich vergleichbare Qualifikationen auf sehr verschiedenen Wegen erwerben, ein Befund, der die Frage

---

1 Trotz intensivierter wirtschaftlicher Verflechtungen vor allem auf der Ebene von Großunternehmen existiert immer noch ein deutliches wirtschaftliches Nord-Süd-Gefälle in Europa. Die Verhältnisse in den mittel- und osteuropäischen Staaten differieren gegenüber den gegenwärtigen Mitgliedsländern der Europäischen Union zudem sowohl in wirtschaftlicher als auch in soziokultureller Dimension noch einmal so stark, daß eine übergreifende Betrachtung extrem schwierig ist. Wir werden uns in unseren Überlegungen daher weitgehend auf die Länder der Europäischen Union beziehen, die in unterschiedlicher Weise von der Dynamik des europäischen Inegrationsprozesses betroffen sind.

aufwirft, ob eine gemeinsame europäische Berufsbildungspolitik notwendig oder überhaupt wünschenswert ist.
- Die Berufsbildungssysteme werden im öffentlichen Bewußtsein immer auch als Teil der jeweiligen Bildungssysteme wahrgenommen, auch wenn in Ländern mit einem dualen System der Berufsausbildung die Ausbildung rechtlich überwiegend dem Bereich der wirtschaftlichen Tätigkeit zugeordnet ist. Gerade nationale Bildungssysteme sind schließlich besonders stark in den jeweiligen kulturellen Kontext eingebettet, kommt ihnen doch eine zentrale Enkulturationsfunktion für die Reproduktion der jeweiligen Lebens-, Arbeits- und Vorstellungswelt der Erwachsenen zu.
- Dieser zentralen Enkulturationsfunktion des Bildungssystems trägt auch die Verteilung der Zuständigkeiten zwischen der Europäischen Kommission und den nationalen Regierungen Rechnung. Das im Grundsatz gültige Subsidiaritätsprinzip läßt die formale Zuständigkeit der Nationalstaaten für die berufliche Bildung weitgehend unberührt, eine Harmonisierung der Berufsbildungssysteme durch Rechtsakte wird im Vertrag von Maastricht ausdrücklich ausgeschlossen.

Der Handlungsspielraum der Gemeinschaft im Bereich der beruflichen Bildung wurde gleichwohl neu definiert und begrenzt. Die Kommission hat insoweit eine erweiterte Kompetenz erhalten, als sie unterstützende und ergänzende Politikmaßnahmen selbst initiieren kann. Unterhalb der formalen Ebene nationalstaatlicher Verantwortung der Mitgliedsstaaten für Inhalt und Gestaltung der beruflichen Bildung wirkt die Kommission durch das EU-Programm *Leonardo da Vinci* stärker auf den beruflichen Bildungsbereich ein als auf das Feld der allgemeinen und akademischen Bildung und hat dabei eine Entwicklungsdynamik in Gang gesetzt, die die jeweiligen Modelle der Berufsbildung in ein mehr oder weniger konkurrierendes Verhältnis zueinander bringt. Konkret wird dies etwa bei der gegenseitigen Anerkennung von Berufsabschlüssen in den einzelnen Mitgliedsstaaten. Auch das Primat der Freizügigkeit von Arbeitnehmern im Interesse der gewünschten Mobilität von Arbeitskräften mit Blick auf einen europäischen Arbeitsmarkt als Kern einer genuinen europäischen Berufsbildungspolitik hat für das deutsche Berufsbildungssystem unter Umständen erhebliche Auswirkungen und wird im Handwerk möglicherweise zu gravierenden Veränderungen führen, falls der Meisterbrief für die Führung eines deutschen Handwerksbetriebes künftig nicht mehr nötig sein sollte (worauf juristische Vorstöße, die in den diesbezüglichen deutschen Regeln einen Verstoß gegen das Gebot der EU-weiten Niederlassungsfreiheit sehen, hinauslaufen könnten).

Trotz dieser Relativierungen ist eine substantielle Veränderung der in der EU koexistierenden Berufsbildungsstrukturen unseres Erachtens gegenwärtig nicht abzusehen. Es scheint uns zumindest überzogen, von einer „europapolitischen Herausforderung" zu sprechen, und eine „Europafähigkeit" des bundesrepublikanischen Berufsbildungssystems daran zu messen, ob und in welchem Umfang es in der Lage ist, „auf den von dem Integrationsprozeß ausgehenden ‚Angleichungsdruck' angemessen zu antworten" (*Münk* 1997,

91).² Gleichwohl kann in dem Sinne von einem Europäisierungsprozeß gesprochen werden, daß institutionalisierende Wirkungen sowohl von den in Förderprogramme umgesetzten europäischen Leitbildern als auch von einem zunehmenden Vergleich der Berufsbildungspolitiken der Mitgliedsländern ausgehen.

2. Probleme und Nutzen international vergleichender Berufsbildungsforschung

Eine international vergleichende Berufsbildungsforschung ist inzwischen eher leidlich etabliert. Dementsprechend wird ein Mangel an vergleichenden Studien, die insbesondere den komplexen Zusammenhängen von Formen der Institutionalisierung von Bildung (besonders beruflicher Bildung) und berufsbiographischen Chancen nachgehen, beklagt (*Chisholm* 1996, 29, 34). Eine vergleichende Perspektive gewann in der zweiten Hälfte der achtziger Jahre mit Blick auf die wirtschaftliche Wettbewerbsfähigkeit in der „Triade" Europa-USA-Japan ein zeitweise starkes Interesse, als in bezug auf die industriellen Kernsektoren der unaufhaltsam scheinende Aufstieg der japanischen Exportindustrie mit deren überlegenen Organisationsstrukturen erklärt wurde, denen zugleich andere Rekrutierungs- und Weiterbildungsprozesse entsprechen als in den USA und den europäischen Exportnationen. Obwohl nicht als Berufsbildungsstudie konzipiert, wurde die vergleichende *MIT*-Studie über „die zweite Revolution in der Automobilindustrie" (*Womack/Jones/Roos* 1992), die mit ihrer Propagierung von *lean production* eher implizit das an Berufen orientierte Qualifikationsmuster von Facharbeitern in Frage stellte, auch in der deutschen Berufsbildungsforschung breit rezipiert (vgl. etwa *Hans-Böckler-Stiftung/IG Metall* 1992). Für einige exponierte Vertreter der Industriesoziologie (*Kern/Sabel* 1994, *Baethge* 1995 und *Baethge-Kinksy* 1998) erscheint im Zuge der Japan-Rezeption das deutsche, an Berufen orientierte Modell der Arbeitsorganisation im Vergleich zum japanischen Organisationsmodell nunmehr als modernisierungshemmend: Ein an beruflichen Kompetenzen orientiertes „Denken in Kategorien einer prioritären Zuständigkeit" (*Kern/Sabel* 1994, 613) behindere geradezu die Imple-

---

2 Auch wenn es zunächst anders klingt, geht auch *Münk* eigentlich nicht davon aus. Am Ende seines Artikels prognostiziert er, daß er weniger eine Angleichung der institutionellen Strukturen erwartet als vielmehr eine „allmähliche Annäherung der Leistungsfähigkeit; nicht aber unbedingt der institutionalisierten Strukturen der nationalstaatlichen Berufsbildungssysteme" (1997, 104).

mentation des Integrationsprinzips auf allen Ebenen der Organisation.³ Nun bezeugt ein derartiger Argumentationsstrang unseres Erachtens ein äußerst verkürztes Verständnis ökonomischer Funktionalität von Berufsbildungssystemen und unterschlägt die dem Beruflichkeitsprinzip inhärenten Flexibilitätspotentiale (kritisch insbesondere *Georg* 1998, 195). Als Gegenpol läßt sich die eher berufssoziologische Forschungstradition im Anschluß an *Beck/ Brater/Daheim* bis hin zur „subjektorientierten" Berufstheorie der achtziger Jahre verstehen, die stärker die gesellschaftlichen und individuellen Konsequenzen unterschiedlicher Berufsbildungssysteme mit einbezieht. Beide Richtungen lassen sich auch in der europäischen vergleichenden Berufsbildungsforschung auffinden. Ihre Entstehungsgeschichte ist nicht zuletzt geprägt vom Gegensatz der Vereinheitlichung und der Subsidiarität, der auf widerstreitende Tendenzen hin zu einem vereinigten europäischen Staat einerseits und zu einer lockeren Staatengemeinschaft andererseits zurückgeht. Die europäische vergleichende Berufsbildungsforschung bewegt sich damit in zwei Spannungsfeldern: zum einen im Spannungsfeld von ökonomischer Wettbewerbsorientierung versus Förderung von individuellen und gesellschaftlichen Chancen für eine demokratisch orientierte Arbeitswelt, zum anderen in dem zwischen Vereinheitlichung und jeweils eigenständiger Verbesserung der nationalen Systeme.⁴ Diese Spannungsfelder lassen sich in mehr oder minder allen Verlautbarungen der Europäischen Institutionen wiederfinden, so in den Weißbüchern der *Kommission zu Wachstum, Wettbewerbsfähigkeit und Beschäftigung* sowie zur allgemeinen und beruflichen Bildung und in den Beschlüssen des Rats über die Programme *Sokrates* und *Leonardo da Vinci*.

Fragt man nach dem prinzipiellen Nutzen vergleichender Berufsbildungsforschung, so lassen sich vor diesem Hintergrund drei Aspekte der europäischen vergleichenden Berufsbildungsforschung unterscheiden:

„Horizonterweiterung"

Besonders in den großen europäischen Ländern Großbritannien, Frankreich und Deutschland wurde die Berufsbildungsdiskussion über weite Strecken ohne Bezug auf die jeweils anderen Kulturräume geführt. Gerade in Deutschland mit seiner besonders ausgeprägten Tradition der Berufsbildung im dualen System ist im wesentlichen bis heute eine starke nationale Verengung des Untersuchungsfeldes zu beobachten. Fremdsprachige Literatur wird selbst in wissenschaftlichen Aufsätzen kaum rezi-

---

3 Unberücksichtigt bleiben in dieser Argumentation die Probleme, die sich aus der starken Betriebsbindung des japanischen Qualifikationsmodells ergeben, die fehlende Transferierbarkeit von Qualifikationen und die den Beschäftigten auferlegten Loyalitätszwänge.
4 Vgl. auch *Chisholm* (1996, 21), die auf die Ähnlichkeit der bildungspolitischen Argumentationsmuster der sechziger und siebziger Jahre und heute hinsichtlich des Primats technologiebzw. wirtschaftsbedingter Bedarfslagen auf dem Arbeitsmarkt hingewiesen hat.

Mutual Learning 133

piert. Hier kann die europäische (und natürlich allgemeiner die internationale) vergleichende Forschung zu einer Erweiterung des Horizonts beitragen. Man ruft ins Bewußtsein, daß es auch ganz andere Formen der Institutionalisierung von Berufsbildung gibt, und zwar für Wirtschafts- und Gesellschaftssysteme, die zumindest in ihrer äußeren Leistungsfähigkeit große Ähnlichkeit aufweisen.

„Fremder Blick" auf die eigenen Verhältnisse

Gleichsam auf einer zweiten Stufe kann man die Befremdung, die einen beim Studium ausländischer Berufsbildungssysteme erfaßt, nun beim Blick auf das eigene System erneut erfahren, wenn man den Standpunkt eines externen Beobachters einzunehmen versucht. Der „fremde Blick", ein Begriff aus der Ethnologie, macht darauf aufmerksam, daß das, was man bisher für selbstverständlich, ja für natürlich hielt, eine ganz spezifische national-kulturelle Ausprägung darstellt. Dies hat *Walter Georg* einmal als wichtigste Leistung des internationalen Vergleiches herausgestellt. Ein derart „fremder Blick" regt dazu an, das scheinbar Selbstverständliche in Frage zu stellen.

„Bessere" institutionelle Lösungen übernehmen?

Die Erwartung, *examples of best practice* ausfindig zu machen und für das eigene System zu übernehmen, ist insbesondere bei Politikern noch weit verbreitet. Ein solcher „Punkt-zu-Punkt"-Vergleich einzelner Elemente scheitert jedoch tatsächlich daran, daß diese Elemente mit dem jeweiligen Gesamtsystem vernetzt sind. Werden sie aus diesem Netz herausgelöst und in ein anderes transplantiert, könnten sie dort ganz andere Wirkungen entfalten. Noch weniger ist die Übernahme eines ausländischen Gesamtsystems möglich, weil es mit den jeweiligen kulturellen Bedingungen auf das engste verwoben ist und ohne diese nicht existieren kann. So muß man Versuche, das deutsche duale System, oft als Exportschlager tituliert, in Entwicklungsländern „einzuführen", als gescheitert ansehen; Ähnliches gilt aber auch für den Bereich der beruflichen Weiterbildung.[5]

---

5 So wurde das von der UNESCO propagierte Modell des *lifelong learning* mit Blick auf die Förderung lokalen informellen Lernens mit dem Ziel entwickelt, negative Effekte der Institutionalisierung in den Entwicklungsländern (wie Überakademisierung, Landflucht und Arbeitslosigkeit) zu vermeiden (*Holzer* 1998, 15).

3. „Mutual Learning" als kommunikative Verständigungs- und Veränderungsstrategie

In Anbetracht der in allen Industrieländern zu beobachtenden wirtschaftsstrukturellen und arbeitspolitischen Veränderungen ist danach zu fragen, was man denn überhaupt Konkretes aus europäischen oder internationalen Vergleichen lernen kann. *Learning from each other* gilt mit der Orientierung an *best-practice*-Modellen immer noch als durchgängige Leitlinie für europäische Projekte. Allerdings scheint mittlerweile auch in der Kommission ein generelles Bewußtsein darum zu wachsen, daß die Bindung vorhandener institutioneller Regelungen in den einzelnen Mitgliedsländern der EU an unterschiedliche historische und systemische Bedingungen eine Übertragung einzelner Elemente nationaler Berufsbildungssysteme in andere soziale und kulturelle Kontexte nicht ohne weiteres erlaubt und ein höchst voraussetzungsvoller und komplexer Prozeß ist (*European Commission* 1997, 63ff). *Learning from each other* – eine zunächst sehr idealistisch anmutende Formel – hat tatsächlich weniger mit der Transplantation von „besten Modellen" zu tun als mit dem Verstehen von Wirkungsmechanismen. Die Überlegungen zu *mutual learning*, wie wir sie hier vertreten, sind demgegenüber weiter reichend als ein hermeneutischer Ansatz entwickelt worden, der gerade die relative wechselseitige kulturelle Fremdheit zum Ausgangspunkt gemeinsamer Forschungsprozesse zur Berufsbildung nimmt.

3.1 Das Konzept des „mutual learning"

In einer kritischen, an einer Förderung der individuellen Bildungs- und Beschäftigungschancen orientierten, berufsbildungspolitischen Forschungsperspektive kommt *mutual learning* eine Politikentwürfe mindestens ergänzende oder im günstigsten Fall vorausgehende Funktion zu. Die Reorganisation bestehender Berufsbildungsstrukturen setzt zunächst den Versuch voraus, die Funktionen eines Berufsbildungssystems innerhalb des jeweiligen nationalkulturellen Rahmens zu verstehen und die sinnhafte Bedeutung einzelner Elemente für diese Funktionen zu erschließen. Nur so wird es möglich, bildungspolitische Prinzipien, die den jeweiligen Systemen zugrunde liegen, darauf zu befragen, ob man sie auch im eigenen Land befördern möchte. Dabei kommt es darauf an, Grundgedanken teilweise zu übertragen, ihre Verwirklichung aber nicht durch simples Übernehmen anzustreben, sondern sie zu verwenden, um das eigene System aus sich heraus entsprechend eigenständig umzugestalten. Diesen *Prozeß* des Verstehens und *allmählichen* Veränderns nennen wir *mutual learning*. Er ist auf verständigungsorientierte Kommunikation in gemeinsamen Forschungs- und Entwicklungsprozessen angewiesen, an denen sich Gruppen von Akteuren aus verschiedenen Ländern beteiligen. Denn eine nationale Forschungsgruppe, die die Bedeutung eines Berufsbildungssystems in einer fremden Kultur untersucht, wird immer Gefahr laufen, sich grundlegenden Mißverständnissen auszuliefern. Eigene Erfahrungen aus einer größeren Zahl solcher Forschungsprojekte deuten allerdings darauf hin, daß auch unter diesen Bedingungen die Verständigung schwierig bleibt. Gerade im direkten Kontakt mit ausländischen Kollegen wird man der Intensität gewahr, mit der kulturelle Bedingungen die Wahrnehmungsweisen prägen.

Im Gegensatz zu einer an normativen Leitbildern orientierten europapolitischen Qualifikationspolitik bietet der Ansatz des *mutual learning* mindestens zwei entscheidende Vorteile. Zum einen bewirkt er ein besseres wechselseitiges Verstehen der jeweiligen sozio-kulturellen Handlungs- und Argumentationskontexte als entscheidende Voraussetzung für die Abschätzung des Realitätsgehalts und der potentiellen Wirkungen ursprünglich „vom grünen Tisch" her gedachter Veränderungen. Zum anderen ermöglicht seine konsequente Anwendung auch die Entdeckung von Unvorhergesehenem und kann im Rahmen europäischer Forschungsprojekte zu Ergebnissen führen, die zuvor so nicht abgeschätzt wurden. *Pekka Kämäräinen* (1998) hat am Beispiel verschiedener Ansätze in europäischen Ländern zur Diskussion von Schlüsselqualifikationen auf eine mögliche forschungspraktische Strategie im Sinne eines *mutual learning* hingewiesen. Die Identifizierung gemeinsam für relevant gehaltener Forschungsgegenstände ist für ihn die zentrale Voraussetzung, um diese dann aus den Blickwinkeln der unterschiedlichen Ansätze zunächst transparent und schließlich bearbeitbar zu machen. Erst auf dem Hintergrund eines solchen Verständigungsprozesses wird es dann in weiteren Schritten möglich, Verbindungen zu komplexeren Bezugsebenen herzustellen, wie in seinem Beispiel zur unterschiedlichen Umsetzung von Kerncurricula oder Lehr-/Lernarrangements, um schließlich zu einer synoptischen Bewertung der unterschiedlichen Ansätze zu kommen. Forschungsmethodologisch scheint uns dieser Ansatz daher insbesondere für solche Projekte geeignet, bei denen es um eine stärkere subjektorientierte Perspektive in der Berufsbildung geht, da auf dem Hintergrund eines derartigen Verständigungsprozesses erst alternative gemeinsame inhaltliche Positionen entwickelt werden können.

In der nachstehenden Abbildung haben wir den idealtypischen Verlauf eines *mutual-learning*-Prozesses skizziert. Was auf den ersten Blick von außen eher banal anmutet, erweist sich in der Praxis gemeinsamer Forschungsprozesse als ausgesprochen schwierig. Sollen tatsächlich berufsbildungspolitisch relevante Ergebnisse befördert werden, wird eine derartige Vorgehensweise zur essentiellen Voraussetzung, die der Arbeit mit dem forschungsmethodischen Instrumentarium der empirischen Sozialforschung vorausgehen und sie begleiten muß.

Idealtypischer Verlauf von „mutual learning" als rekursiver Prozeß

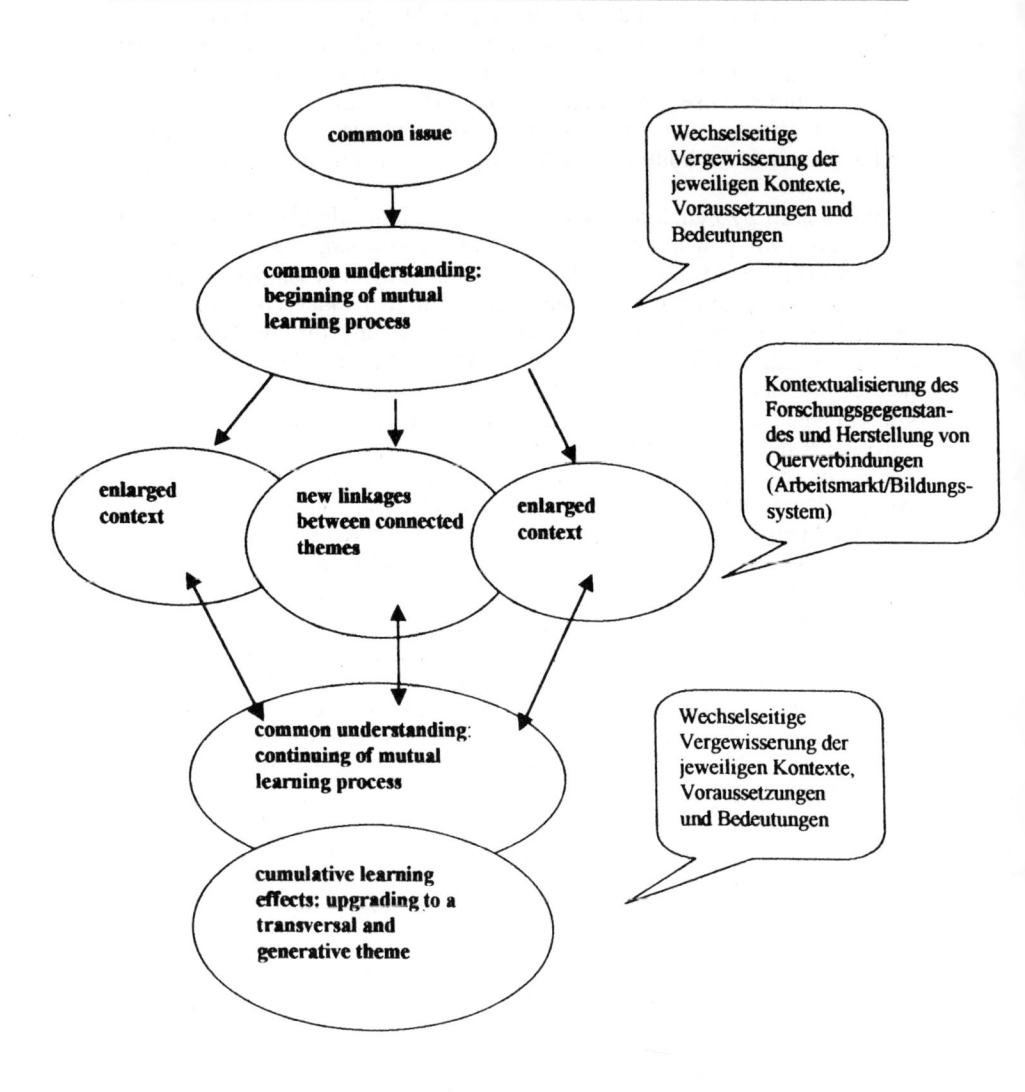

- common issue
- common understanding: beginning of mutual learning process
  - Wechselseitige Vergewisserung der jeweiligen Kontexte, Voraussetzungen und Bedeutungen
- enlarged context
- new linkages between connected themes
- enlarged context
  - Kontextualisierung des Forschungsgegenstandes und Herstellung von Querverbindungen (Arbeitsmarkt/Bildungssystem)
- common understanding: continuing of mutual learning process
- cumulative learning effects: upgrading to a transversal and generative theme
  - Wechselseitige Vergewisserung der jeweiligen Kontexte, Voraussetzungen und Bedeutungen

3.2 Leitbilder der Modernisierung in der Perspektive des „mutual learning"

Gewissermaßen als vorläufiges Resümee der Erfahrungen mit Forschungsprozessen, die dem Prinzip des *mutual learning* folgen,[6] und als Bezugsrahmen für eine berufsbildungspolitische Diskussion in europäischer Perspektive lassen sich einige zentrale Aspekte der Rahmung nationaler Berufsbildungsprozesse formulieren. In der europäischen Dimension von Berufsbildung spielen unseres Erachtens konkurrierende ökonomische und politische Leitbilder, die man mit sozialstaatlicher versus neoliberaler Berufsbildungspolitik charakterisieren kann, eine prominente Rolle. In stark vereinfachter Betrachtungsweise lassen sich diese im Verhältnis von deutschen versus angelsächsischen Berufsbildungsstrategien wiederfinden – mit all ihren Konsequenzen für die grundlegenden Prinzipien und die Organisation von Berufsbildung sowie das Verhältnis von Bildungs- und Beschäftigungssystem.

3.2.1 Berufsprinzip und Beschäftigung

Das Beschäftigungssystem in Deutschland ist im großen mittleren Hierarchiebereich durch das System der anerkannten Ausbildungsberufe strukturiert, für die heutzutage ungefähr zwei Drittel eines Altersjahrgangs ausgebildet werden. Es umfaßt neben den gewerblichen auch die kaufmännischen Berufe. Die Ausbildung im öffentlichen Dienst, besonders auch für die Krankenpflegeberufe, orientiert sich ebenfalls an diesem Ordnungsrahmen, selbst wenn hier das duale System nicht eingeführt ist. Ähnliches findet sich im übrigen deutschen Sprachraum und darüber hinaus vor allem in Dänemark. Als Gegenpol sei hier das britische System erwähnt, das solche Ausbildungsberufe nicht (mehr) kennt. Zwar gibt es den Begriff der *vocational education*, der Prozesse der beruflichen Bildung bezeichnet, und ist die Tätigkeit etwa eines Maurers oder *bricklayers* im wesentlichen ähnlich. Die unterschiedliche Institutionalisierung des Erlernens dieser Tätigkeit zeigt sich dann darin, daß der deutsche „Beruf" gleichzeitig die Tätigkeitshierarchie und den Arbeitsmarkt strukturiert. Aufgrund der Anbindung an das Tarifsystem begründet er Ansprüche des Arbeitnehmers, aber auch Erwartungen an die Arbeitsleistung von seiten der Arbeitgeber. Eine solche Strukturierung kennt das britische System dagegen nicht. Ansprüche und Erwartungen sind individuell auszuhandeln, selbst wenn die Beliebigkeit durch das eingeschränkt ist, „was üblich ist". Die größere Spreizung der Lohnhöhe in Groß-

---

6 Z.B. im Rahmen des *Sokrates*-Forschungsprojektes *RE-ENTER* (*Niemeyer* 1999) oder des Projekts *TACIT KEY*; vgl. a. *Heidegger* 2000.

britannien, vor allem die Existenz eines großen Niedriglohn-Sektors, wird gewöhnlich darauf zurückgeführt. Trotz bleibender struktureller Abstimmungsprobleme von Berufsbildungs- und Beschäftigungssystem verleiht der Beruf schließlich eine Berufsidentität, *occupational identity*, wie es auch in dem europäischen Forschungsprojekt *EUROPROF* analysiert wurde.

3.2.2 Berufsbildung und Kompetenzerwerb

Der Beruf repräsentiert eine Kompetenzstruktur, aus der heraus der Berufstätige handelt. Der Begriff Kompetenz wurde in den letzten Jahren, ausgehend von der Entgegensetzung von *competence* und *performance*, wie sie in der amerikanischen Linguistik ausgearbeitet wurde, auch in die deutsche Bildungsdiskussion übernommen. Hier bezeichnet er Fähigkeiten, die dem Individuum innewohnen, die es aber erst in der Konfrontation mit einer konkreten Aufgabe aktualisiert und dabei auch spezifiziert (Performanz). Dem gegenüber bedeutet der Begriff *competence* in der angelsächsischen bildungstheoretischen Diskussion eine jeweils spezifische Fähigkeit, die direkt mit der Performanz gekoppelt ist und entsprechend über diese gemessen werden kann. Nicht nur Berufsbildungs-, sondern auch allgemeine Bildungsprozesse dienen nach dieser Auffassung dazu, sehr stark operationalisierte *competencies* zu vermitteln, die im Laufe der Zeit an Schwierigkeit und Zahl zunehmen. Ergebnis eines Berufsbildungsprozesses, etwa in aufeinander folgenden Phasen des Lernens am Arbeitsplatz und in einem *further education college*, ist dann eine Ansammlung von *competencies*, die im deutschen Sprachgebrauch eher als spezifische Qualifikationen zu bezeichnen wären. Ein solches Qualifikationsbündel wird im Hinblick auf eine erwartete Nachfrage am Arbeitsmarkt erworben und kann je nach Veränderung der Anforderungen um neue Qualifikationselemente mit der unterstellten Erwartung einer größeren individuellen Flexibilität erweitert werden. Der Beruf ist dagegen stärker als Angebot des Arbeitnehmers definiert, das er auf dem Arbeitsmarkt macht, hat darüber hinaus aber zugleich die Funktion, Transparenz über die erwartbaren Qualifikationen des Berufsinhabers – und nicht nur über einzelne *competencies* – auf dem Arbeitsmarkt herzustellen (*Beck/Brater/Daheim* 1980). „Beruf" impliziert darüber hinaus die ordnende Hand des Sozialstaates, wenn auch korporatistisch vermittelt, zur Absicherung der Individuen gegen verschiedene Formen sozialer Risiken. Offene Qualifikationsbündel repräsentieren dagegen eher den neoliberalen Glauben an die optimale Steuerungsfähigkeit und Transparenz des (Arbeits-)Marktes.

3.2.3 Kontinuität und Flexibilität in der (beruflichen) Erwerbsbiographie

Beruflichkeit so eng mit Sozialstaatlichkeit zu verknüpfen, mag zunächst überraschen, weil der Beruf im deutschen Begriff ein eher konservatives

Konstrukt ist, wie es sich historisch bei *Georg Kerschensteiner* zeigt. Er hat diese Nähe auch erst erhalten, seitdem die politische Orientierung auch in der Bundesrepublik an einem neoliberalen Paradigma eine nahezu hegemoniale Position gewonnen hat (mittlerweile mit leichten sozialdemokratischen Modifikationen), um alles hinwegzufegen, was den Marktkräften entgegensteht. Daß der Beruf eine sozial absichernde Funktion hat, wird schließlich in seiner Funktion dafür deutlich, wieweit sich in der Perspektive der Subjekte eine „sinnhafte" Berufsbiographie herstellen läßt, auch wenn man den Beruf mehrfach im Lebenslauf wechselt.

Forschungspragmatisch geht es um das Verhältnis von Stabilität/Kontinuität versus Flexibilität/Mobilität. Das britische System des allmählichen Qualifikationsaufbaus durch Lernen am Arbeitsplatz und zunehmende Aneignung spezifischer Module ist offenkundig gut geeignet, Flexibilität (innerhalb eines Arbeitsbereiches) und Mobilität (hin zu fremden Arbeitsbereichen) zu unterstützen. Es bleibt aber die Frage, ob auch der Einzelne dies als konsistente Weiterentwicklung begreifen kann oder eher als Zwang erfährt, sich auf immer neue Verhältnisse einstellen zu müssen, die er nicht beeinflussen kann, denen er sich vielmehr hilflos ausgeliefert fühlt. Das deutsche Berufssystem scheint – zumal aus deutscher Perspektive – eine qualifikatorisch vergleichsweise solidere Basis bereitzustellen, die es dem Einzelnen ermöglicht, sich im Beruf weiterzuentwickeln. Daß Berufe in ihrer gegenwärtigen Struktur aber auch die Bereitschaft einschränken können, über Berufsgrenzen hinweg zu kooperieren, haben nicht nur *Horst Kern* und *Charles Sabel* im Vergleich mit dem japanischen Organisationsmodell von Arbeit konstatiert, sondern wird auch in berufspädagogischer Perspektive zunehmend als Problem wahrgenommen (*Kutscha* 1992; *Ruth* 2000, 93). Eine offene Frage ist auch, wie der Nutzen erworbener Qualifikationen im Falle eines Berufswechsels von den Einzelnen bewertet wird. Zwar gibt es Hinweise darauf, daß ein einmal erlernter Beruf ein Bewußtsein der „Meisterschaft" verleiht, auf dessen Grundlage die Subjekte auch ganz neuartigen Anforderungen selbstbewußt begegnen können (*Heidegger/Rauner* 1997). Sollen Flexibilität und Mobilität erhöht, zugleich aber die Chance einer Berufsidentität gewahrt werden, scheint aber die Orientierung von Berufen an künftig „offenen, dynamischen Berufsbildern"* notwendig. Auch die Frage, ob ein relativ starres Berufssystem in Anbetracht der Auflockerung traditionaler Beschäftigungsstrukturen in der Perspektive der Subjekte letztlich nicht doch eher hinderlich dafür ist, eigenständig eine Berufsbiographie zu konstruieren, scheint uns noch offen.

---

* Vgl. den Beitrag *Rauners* in diesem Jahrbuch.

doch eher hinderlich dafür ist, eigenständig eine Berufsbiographie zu konstruieren, scheint uns noch offen.

3.2.4 Institutionelle Formen der Berufsbildung und individuelle „coping"-Strategien

Individuelle Chancen der persönlichen und beruflichen Entwicklung sind in hohem Maße abhängig von den – aus der Sicht der Individuen – zunächst gegebenen institutionellen Strukturen des jeweiligen Bildungs- und Berufsbildungssystems. Als notwendig erachtete Qualifikationen oder Kompetenzen im Hinblick auf künftige wirtschaftliche und arbeitspolitische Entwicklungen werden zumeist eher normativ reklamiert. Die Erwartungen an die Individuen, in welcher Weise sie sich auf sozialen Wandel einzulassen haben und welche Kompetenzen sie hierfür benötigen, werden mit scheinbar plausiblen Kompetenzkatalogen formuliert, zu denen etwa „Problemlösungskompetenzen", „Lernkompetenzen", „Pluralitätskompetenzen", „Übergangskompetenzen", „soziale Kompetenzen" und ähnliche zählen (*European Commission* 1997; *Geißler/Orthey* 2000), ohne jedoch danach zu fragen, ob diese Art von Kompetenzen auch den Anforderungen der Individuen entsprechen. Ebenso wenig wie *models of best practice* der Berufsbildung einfach in andere sozio-kulturelle Kontexte „implementiert" werden können, kommt sozialer Wandel ohne eine mehr oder weniger aktive Zustimmung der Individuen aus (vgl. *Holzer* 2000). Gerade in einer europäischen vergleichenden Perspektive, zumal unter Einbeziehung potentieller östlicher Beitrittsländer, wäre danach zu fragen, inwieweit die unterschiedlichen institutionellen Formen beruflicher Bildung die Individuen mit solchen Qualifikationen und Kompetenzen ausstatten, die sie in die Lage versetzen, neue berufliche Anforderungen und sozialen Wandel nicht nur erfolgreich zu bewältigen, sondern auch mitgestalten zu können. Der Ansatz des *mutual learning* vermeidet eine vorschnelle Festlegung auf „Implementationsstrategien" sogenannter *best-practice*-Modelle. Er bietet demgegenüber die Chance, zunächst die Veränderungsprozesse in ihrer Bedeutung für die Individuen und ihre Lebenszusammenhänge in den verschiedenen Ländern zu verstehen – um diesem Hintergrund angepaßte Politikstrategien zu entwickeln; und zwar nicht als Empfehlungen externer Experten, sondern im Kontext gemeinsamer Kommunikationsprozesse, wie wir sie oben beschrieben haben. Von einem derartigen Vorgehen dürften deutlich andere Ergebnisse zu erwarten sein, als von Bewertungen und Empfehlungen, wie sie üblicherweise im Wege von Fachgutachten eingeholt werden. Es verspricht nicht nur die Bilanzierung des Nutzens verschiedener institutioneller Formen beruflicher Bildung aus organisationswissenschaftlicher Perspektive, sondern auch die Ermittlung von Erwartungen und Anforderungen an berufliche Bildung aus der Sicht der Individuen und dürfte so eher geeignet sein, die spezifischen Leistungen unterschiedli-

Während schließlich eine international vergleichende Perspektive zu zwar wichtigen, aber im wesentlichen lediglich deskriptiven Ergebnissen führen würde, dürfte die Anwendung des Prinzips des *mutual learning* zu einem deutlich besseren wechselseitigen Verstehen der jeweiligen Spezifik der interdependenten Beziehungen zwischen institutionellen Rahmenbedingungen beruflichen Lernens und individuellen *coping*-Strategien beitragen – und damit gleichzeitige Lerneffekte hinsichtlich der Veränderungen der jeweils „eigenen" institutionalisierten Strukturen (z.B. hinsichtlich der Adaption von Modularisierungsformen beruflicher Bildung) bewirken. Dabei wären derartige Lerneffekte nicht von der Faszination einer imaginierten Effizienz anderer Berufsbildungsmodelle inspiriert, sondern basierten auf empirischen Resultaten der Wechselwirkungen zwischen Berufsverlauf, objektivierbaren Effekten und subjektiver Bedeutung institutionalisierter Formen beruflicher Bildung (der *institutional settings*) und der mehr oder weniger erfolgreichen Entwicklung von individuellen Strategien, mit ihnen umzugehen.

4. Fazit

Wir vertreten die Auffassung, daß dem Erfordernis des *mutual learning* bislang praktisch kaum Rechnung getragen wird. Erfahrungen aus gemeinsamen europäischen Forschungsprojekten zeigen aber, daß sie für die unmittelbar Beteiligten große Lerneffekte zeitigen und sich ihnen bereits durch die bloße wissenschaftliche Kooperation vielfach neue Sichtweisen eröffnen. *Mutual learning* als forschungsmethodologisches Prinzip scheint uns darüber hinaus zum einen für die *gemeinsame Bewertung berufsbildungspolitisch relevanter Entwicklungen* von zentraler Bedeutung zu sein, zum anderen eine wichtige Voraussetzung für die *Entwicklung alternativer beufsbildungspolitischer Positionen*, die sich nicht an vordergründigen ökonomischen Effizienzkriterien, sondern an der Förderung der individuellen Beteiligungs- und Gestaltungschancen orientieren – die sich schließlich auch als ökonomisch effizienter herausstellen dürfte. Die Organisation von Forschungsprozessen als *mutual-learning*-Prozesse unterstützt eine solche Perspektive strukturell, weil sie zu einer eingehenden Auseinandersetzung mit den verschiedenen nationalen, sozialen und personalen Implikationen beruflicher Bildungsprozesse zwingt. Dabei könnte sich im Ergebnis zeigen, daß Aspekte formaler Institutionalisierung beruflicher Bildung eine weniger große Rolle spielen als *Qualität und Richtung* von Lernprozessen, die mit unterschiedlichen institutionellen Rahmenbedingungen *durchaus* kompatibel sein können.

LORENZ VON STEIN

Wie das Kapital in der industriellen Gesellschaft seine Herrschaft äußert[*]

Wenn es wahr ist, daß die bestimmte Gestalt der Gesellschaft die Ordnung der Verfassung und die Verwaltung des Staats beherrscht, so muß es natürlich auch ein durch die industrielle Gesellschaft als solche bedingtes Staatsleben geben. Ehe wir aber zu diesem übergehen, müssen wir einen Blick auf die Bewegung werfen, welche im Innern der Gesellschaft durch die Entstehung der Herrschaft des Kapitals hervorgerufen wird.

Das Geldkapital ist allerdings zunächst aus der Arbeit hervorgegangen. Allein, indem es sich selbständig neben derselben konstituiert, und sie in ihren verschiedensten Formen von sich abhängig macht, tritt es alsbald in einen eigentümlichen Gegensatz zur Arbeit und zum Erwerbe durch dieselbe, den man sich vergegenwärtigen muß, um den tiefen Widerspruch, der sich durch die industrielle Gesellschaft hinzieht, deutlich verfolgen zu können. Es ist diese Tatsache von höchstem Interesse für unsere Gegenwart und Zukunft, und viel wäre allein schon dadurch gewonnen, daß man sie der gehörigen Beachtung würdigte!

Die *Verwendung des Geldkapitals*, oder die Verwaltung des Geldgeschäftes ist keineswegs eine einfache und leichte. Es wird uns hier erlassen werden, auf dieselbe näher einzugehen; auch kommt auf die Art und Weise wenig an. Allein es ist ihr entschiedener Charakter, daß sie *erstlich* nur auf Berechnung beruht und mithin eine reine geistige Tätigkeit, also keine Arbeit im engeren

---

[*] Ausschnitt aus dem 2. Band (Kap. I, Abschnitt 3, des ersten Teils) der 1850 erschienenen, im Anschluß an einen mehrjährigen Frankreichaufenthalt geschriebenen dreibändigen „Geschichte der sozialen Bewegung in Frankreich von 1789 bis auf unsere Tage": „Die industrielle Gesellschaft, der Sozialismus und Kommunismus Frankreichs von 1830 bis 1848". Die *International Encyclopedia of the Social Sciences* würdigt dieses Werk des 1815 im dänischen Schleswig geborenen und 1890 bei Wien gestorbenen Hegelianers und erklärten Saint-Simonisten, seine „Einsichten in die Ursachen der Klassenkonflikte und der Bedingungen politischer Stabilität, (...) als beeindruckenden Beitrag der Forschung zu Industrialisierung und Demokratieentwicklung". Im Kontext dieses Bandes hervorhebenswert ist auch v. *Steins* These, daß erst die Berufsförmigkeit von Arbeit die Unabhängigkeit von Grundbesitz herzustellen vermochte. Er war es im übrigen auch, der (im „Handbuch der Verwaltungslehre") die Berufsbildung von der Elementarbildung (als vorgängigem) und der Allgemeinbildung (als ihr potentiell folgendem Bildungsprozeß) unterschied. – Der hier wiedergegebene Text folgt der Neuausgabe von 1959: *Lorenz v. Stein*, Geschichte der sozialen Bewegung in Frankreich, 2, Hildesheim 1959; ihrerseits Nachdruck der Ausgabe von München 1921.

Sinne des Wortes ist; und daß sie *zweitens* nichts *produziert*, sondern sich nur der Produktion *anderer* als Mittel darbietet, aber dennoch den *größten Gewinn zieht*. Wo aber erst ein Kapital entstanden ist, da gibt dasselbe auch ohne alle Arbeit eine gesicherte Existenz und eine geachtete gesellschaftliche Stellung; es ist, gerade wie einst der Grundbesitz des Lehnswesens, die Quelle des *arbeitlosen Einkommens*. Es ist daher der Hauptfaktor, die erste Bedingung aller irdischen Genüsse, aller persönlichen Entwickelung; es gibt allein Sicherheit der Existenz, der Unternehmung, der Aussicht in die Zukunft.

Durch diese Momente bewirkt das Kapital in jeder Gesellschaft, in der es auftritt, ein zweifaches.

Zuerst setzt es den Erwerb durch eigene praktische Tätigkeit in den Augen der nach Besitz Strebenden herab, und weil die Arbeit als solche von dem Kapital abhängig ist, läßt sie das Arbeiten überhaupt als eine Beschäftigung der Abhängigen, die Arbeitenden als Abhängige und Untergeordnete erscheinen. Die Folge davon ist, daß diejenigen Beschäftigungen, welche ohne zu produzieren zum Erwerbe des Kapitals führen, denen vorgezogen werden, welche erst durch produktive Anstrengung ein Kapital erzeugen. Hier geht stets eine sehr beachtenswerte Entwicklung vor sich. In dem Zeitraume, wo die volkswirtschaftliche Gesellschaft in die industrielle hinüberzutreten, und das Kapital in die Unternehmungen einzugreifen beginnt, fangen die tüchtigsten und betriebsamsten Unternehmer, die noch kein Kapital besitzen, an, sich durch höchste Anstrengung ihrer besten Kräfte neue Absatzwege für ihre Waren und einen ausreichenden Unternehmungsgewinn zur Amortisierung ihres Anlagekapitals zu suchen. Sie suchen neue Märkte, neue Meister und Formen, neue Kombinationen aller Art auf, ringen nach Erfindungen in den Produkten und nach Ersparungen in den Kosten, kämpfen mit Hindernissen, wagen und versuchen, und tragen die Grenze der Industrie und des Handels immer weiter hinaus. Diese Zeit ist stets die Jugendzeit der industriellen Gesellschaft. In ihr bildet sich durch jene Bewegung der industrielle Mittelstand, der vom landwirtschaftlichen und volkswirtschaftlichen Mittelstand dadurch wesentlich unterschieden ist, daß dieser auf der mittleren Größe seines Besitzes oder seines Erwerbes beruht, während die Natur des ersteren darin besteht, daß er durch seine Unternehmungen zum Kapitalbesitze zu gelangen hofft und der Regel nach auch dazu gelangt. Allein sobald das Kapital sich an den Unternehmungen beteiligt, erdrückt es auch hier mit seiner größeren Gewalt, die in dem kleineren Gewinne besteht, jenen Mittelstand, und macht ihn auch von sich abhängig. Dann ist die Jugendzeit der industriellen Gesellschaft vorüber; es entstehen mehr und mehr die alten großen *Häuser* und *Firmen*, die ihr Anlagekapital amortisiert haben und keine Konkurrenz möglich machen. Wo diese vorhanden sind, da muß der Drang, an dem herrschenden Elemente, dem Kapitale teilzuhaben, einen anderen Weg einschlagen.

Dieser Weg erscheint zunächst wiederum als die *Spekulation*. Die Spekulation beruht darauf, daß Angebot und Nachfrage oft nicht durch das regelmäßige allgemeine, sondern durch ein lokales und temporäres Bedürfnis bedingt erscheinen. Diejenige Produktion, sowie derjenige Handel, welche nach solchen, oft ganz zufälligen Bedürfnissen bestimmt und berechnet werden, bilden die Spekulation. Sie will stets einen plötzlichen Unternehmungsgewinn realisieren, und ist in allen Verhältnissen die Höhe aller Berechnung, solange nicht die Unternehmungen überhaupt auf sie basiert sind. Wo aber im regelmäßigen Gange des Güterlebens die amortisierten Unternehmungen die Konkurrenz der kapitallosen ausschließen, da werden die letzteren mehr und mehr *gezwungen*, um überhaupt nur zu dem ihnen so notwendigen Kapitale zu kommen, sich der allgemeinen Berechnung ab- und der Spekulation zuzuwenden. Das hat zur Folge, daß unter günstigen Umständen oft plötzlich eine Menge weit aussehender Unternehmungen entstehen, die aber, weil jene günstigen Umstände ihrer Natur nach eben zufällig und vorübergehend sind, nie auf die Dauer bestehen können. Im Gegenteil wird der kleinste Unfall dabei zum Ruin dieser Unternehmer; ganz auf den noch ungewissen Unternehmungsgewinn berechnet, führen sie notwendig die *Fallissemente* herbei. Die Fallissemente*, wo sie in häufiger Wiederkehr auftreten, sind daher ein bedeutsames Symptom der gesellschaftlichen Entwicklung. Sie treffen stets, oder doch in bei weitem überwiegender Zahl die *kapitallosen* Unternehmungen in dem Gebiete der Spekulation. Sie kommen immer nur da vor, wo neben ihnen eine Reihe großer Häuser und Firmen dastehen. Sie zeigen daher, daß die kapitallose Unternehmung *nicht mehr*, wie in der volkswirtschaftlichen oder Erwerbsgesellschaft, imstande ist, ohne äußerste Gefahr zum Kapital zu gelangen; sie zeigen, daß die Unternehmungskraft nicht erschöpft ist, oder sie gehen dieser Erschöpfung *vorauf;* sie sind das Symptom des Überganges in den ausgebildeten Zustand der industriellen Gesellschaft. Wenn man eine genaue Statistik der Fallissemente hätte, so würde dieselbe zeigen, daß Fallissemente nie häufig sind *vor* der Entwickelung der großen Kapitalien, weil da die Konkurrenz noch nicht durch diese gebrochen wird, und ebensowenig *nach* ihrer völligen Herrschaft, weil da kein kapitalloses Unternehmen mehr entsteht; daß sie aber unter der Despotie wie in der Epoche der bloßen Land- und Hauswirtschaft unbekannt sind, weil dort wegen der Unsicherheit und hier wegen der Wertlosigkeit aller beweglichen Ware ein Unternehmen überhaupt nicht gewagt wird. Hinter den Fallissementen aber und mit ihnen zugleich entsteht nun die haltloseste Form aller Unternehmungen, gleichsam der letzte verzweifelte Versuch des selbsttätigen Erwerbes, zum Kapital zu gelangen, das *Börsenspiel* und die *Schwindelei*.

Börsenspiel und Schwindelei unterscheiden sich von Handel und Spekulation dadurch, daß bei ihnen nicht mehr wie bei diesen ein Besitz von wirklichen Waren und irgendwelche Berechnung von Angebot und Nachfrage

---

* Zahlungsunfähigkeit.

auf dem wirklichen Markte, sondern bloß die Differenz zwischen den verschiedenen Kursen der Waren zugrunde liegt, und in bekannter Weise um diese Differenz gespielt wird; beim Börsenspiel in der Weise, daß die Spielenden imstande und willens sind, diese Differenz zu bezahlen, bei der Schwindelei ohne diese Absicht und ihre Voraussetzung, ein hinreichendes Kapital. Am gewöhnlichsten wird bekanntlich um Papiere gespielt, allein auch das Börsenspiel um Waren ist häufig und nicht minder gefährlich. In diesem Spiele geht dann der letzte Rest eigener Tätigkeit, der ganze Charakter des Erwerbes verloren; die Umstände, welche über jene Differenz entscheiden, liegen der Regel nach ganz außer aller Berechnung, und der Zufall beherrscht den Ausfall. Es ist die letzte Ausartung des Triebes nach einem Kapital, und entweder das Zeichen der entstehenden Anerkennung der Bedeutung des Kapitals wie zu der Zeit *Laws*,* wo es dann aber stets schnell wieder verschwindet, oder das Zeichen der steigenden Unerreichbarkeit des Kapitals durch regelmäßige Unternehmungen. Wo das Börsenspiel heimisch wird, da ist mit der Herrschaft des Kapitals die industrielle Gesellschaft entschieden an die Stelle der volkswirtschaftlichen getreten.

So wie dies geschehen ist, wendet das Kapital seinen Einfluß dem Leben des Individuums zu. Da die Verwaltung des gewonnenen Kapitals selten höhere und edlere Kräfte im Menschen anregt, so werden die reineren, geistigeren Bedürfnisse des Menschen in ihm nicht geweckt. Das Einkommen aus dem Kapitale, das arbeitslose so gut als das durch die Verwaltung des Kapitals gewonnene, wird daher, da es doch seiner Natur nach Genuß bringen soll, zu einem den niederen Bedürfnissen entsprechenden Genusse verwandt. Diese Genüsse werden alsdann hoch geschätzt wie das, was sie allein befriedigt, das Kapital; in ihnen beginnt die Gesellschaft den Gipfel menschlicher Vollendung zu suchen, und alle Radien menschlicher Entwicklung werden zusammengebrochen, um ihnen zu dienen, auch wenn sie ihrer reineren Natur nach sich ihnen abwenden. Die plumpe Pracht, die Nützlichkeit, die Abwesenheit aller Poesie beginnt heimisch zu werden; der Genuß wird nach seinem Preise, die Kunst nach ihrem Einkommen berechnet; die Fähigkeiten werden nach dem Maße geschätzt, in welchem sie dem Kapitale dienen, die Lebensaufgaben, und ob sie nach den höchsten Gütern der Menschen ringen, nach dem Maße gewürdigt, in welchem sie das Interesse des Kapitals fördern. Die ganze ungeheure Masse menschlicher Tatkraft, menschlicher Tüchtigkeit, ja menschlicher Hoffnungen und Träume wendet sich dem Kapitale zu; es absorbiert die besten Kräfte, die edelsten Naturen, die großartigsten Regungen. Fast unwillkürlich ordnen sich seinem Interesse die größten menschlichen Interessen unter; weil das arbeitslose Geldeinkommen das Ziel des Lebens ist, fangen alle anderen Forderungen an den Menschen an, dieser nachzustehen.

---

* *John Law of Loriston*; zu Beginn des 18. Jahrhunderts.

Wer es nicht hat, fühlt sich isoliert, abhängig, machtlos, ungeachtet, ohne Schutz; wer es hat, muß das Höchste erreicht glauben, weil es die Voraussetzung des Höchsten ist, was der Mensch vom materiellen Leben erreichen kann. Darum wird dann *jede* Anstrengung allmählich käuflich, und damit der Mensch selber am Ende verkäuflich. Und an wen? An diejenigen, welche nur das kennen und schätzen, was das Geschäftsleben sie kennen und schätzen gelehrt hat; an diejenigen, welche von dem Interesse lebend, alles auf das Interesse beziehen. Und nicht dabei allein bleibt jene gewaltige, alles absorbierende Gewalt des Kapitals stehen. Sie drängt sie zurück in die engsten Kreise der Familie; sie gebietet der Zuneigung, der Liebe, der Geselligkeit; sie knüpft die Ehen der Jungen, und löst die Freundschaft der Alten; sie wird das allergemeinste Lebenselement aller geistigen wie aller materiellen Bewegung, und der freie, kühne, erwärmende Pulsschlag im Leben der Menschheit, das Bewußtsein der Möglichkeit freier und zukunftreicher persönlicher Entwickelung, die jugendliche Harmonie zwischen Streben und Erfolg, das erhebende Gefühl der Gemeinsamkeit der Besten in Schaffen und Hoffen, der Schwung der Poesie und die Freude der Kunst entfliehen, um der plumpen Herrschaft des Kapitals und seiner erdrückenden Schwere Platz zu geben.

Dieser Zustand eines Volkslebens, in dem das Kapital die gesellschaftliche und gesellige Macht, sein Genuß der höchste Genuß der Gemeinsamkeiten, die Anerkennung seiner Wichtigkeit bis zur Hochachtung vor ihm, und das Streben nach ihm bis zur Käuflichkeit und Verkäuflichkeit gestiegen ist, ist der *Materialismus* der menschlichen Gesellschaft. Der Materialismus ist nicht die Achtung vor der erwerbenden Arbeit, nicht das Streben nach Erwerb, nicht der rohe materielle Genuß, nicht der Mangel an höheren Bedürfnissen und Bildungen; der Wilde, der Naturmensch, der Ungebildete, der emsig Betriebsame sind nicht materiell; der Materialismus ist ein ganz bestimmter Zustand des Geistes der menschlichen *Gesellschaft*, und unmittelbar verknüpft mit der Herrschaft des Kapitals. Seine Symptome sind Geldstolz und Abwesenheit von Kunst und Poesie, nicht Schwelgerei und Barbarei, auch nicht die bloße Sparsamkeit, die Geschäftätigkeit oder die Gesinnungslosigkeit; erst die Herrschaft der großen Kapitalien macht aus allen diesen Elementen den Materialismus. Dies ist der wahre Sinn dieses so viel gebrauchten, so bedeutsamen Wortes.

Aber weil der Materialismus aus der Herrschaft des Kapitals hervorgeht, und dieser eine natürliche und notwendige Entwicklungsstufe der volkswirtschaftlichen Gesellschaft ist, so muß er als eine naturgemäße Erscheinung in *jedem* Volksleben betrachtet werden. Nur mit dem großen Unterschiede, daß er bei einigen den Charakter des ganzen Volkes und seiner ganzen Gesellschaft bilden kann, während er bei anderen nur in gewissen Teilen und Kreisen herrscht. Immer aber ist er die eine Hauptwirkung der Herrschaft des Geldkapitals auf den Geist der Gesellschaft.

Die zweite ist faßlicher; ihre Anknüpfungen liegen schon in dem Vorhergehenden und werden in dem Folgenden wieder aufgenommen werden. Da alle Unternehmungen nämlich, sowie die Kapitalien zu selbständigen Unternehmungen verwandt werden, nur durch den möglichst niedrigen Preis ihrer Waren bestehen können, so erscheinen sofort eine Reihe von Symptomen, die dem letzten entscheidenden Zustande vorhergehen. Wir greifen auch hier mitten ins Leben hinein; was anderes soll uns das Leben kennen lehren? Das kapitallose Unternehmen, sowie es von dem amortisierten Unternehmen gedrückt wird, fängt fast unwillkürlich an, jene allmähliche, bei Kleinem beginnende Verschlechterung der Ware vorzunehmen, welche man die Unreellität, die Unzuverlässigkeit derselben nennt, die bekanntlich in mannigfachster Weise erscheint; und die stets dazu dienen soll, die Konkurrenz mit anderer Ware durch Herabsetzung des Preises möglich zu machen. Der Mangel an verfügbarem Gelde bringt daneben die Verschleuderung hervor, das Verkaufen ohne Gewinn und gar unter dem Werte. Alle diese und ähnliche Versuche machen aber dennoch eine anhaltende Konkurrenz nicht möglich. Alsdann muß das kapitallose Unternehmen, um die Niedrigkeit des Preises zu erschwingen, sich gegen die Arbeit wenden, um so mehr, je teurer der Stoff durch die steigende Zahl der Unternehmungen wird. Wo dies geschieht, wird der *Arbeitslose von dem Unternehmer herabgedrückt*, und durch diese Herabdrückung die Arbeit, die schon neben dem Kapitale in der Achtung der Gesellschaft gesunken ist, zugunsten der Unternehmung *ausgebeutet*. So fürchterlich dies Mittel ist, so kann die Industrie doch nicht dabei stehen bleiben, denn steht der Arbeitslose bei dem kapitallosen Unternehmer niedriger als sonst, so hindert den Kapitalherrn nichts, auch seine Arbeiter niedriger zu löhnen. Alsdann ist für jenen wieder die Konkurrenz unmöglich und jetzt beutet der Unternehmer den Arbeiter, das Kapital den Unternehmer aus. So entsteht ein System der Produktion, in welchem es sich für den Arbeiterstand um *den möglichst niedrigen Arbeitslohn handelt; die Ausbeutung der Arbeit* zugunsten des Kapitals, die materielle Abhängigkeit des Arbeiters neben seiner gesellschaftlichen; und in dem auch der Unternehmungsgewinn, weil er doch nicht zum Kapitale führen kann, zum *Arbeitslohne herabsinkt*, der vom Kapitalisten möglichst tief herabgedrückt wird. Es ist Unverstand und zum Teil Bosheit, diese Konsequenz der gegebenen gesellschaftlichen Grundlagen einzelnen zum Vorwurfe zu machen; sie liegt in dem unabänderlichen Gange der gesellschaftlichen Entwicklung. Allein es ist ebenso unverständig und gefährlich, das Elend und die Gefahr eines solchen Zustandes übersehen, oder zu gering anschlagen zu wollen. Denn er ist ein Widerspruch mit dem ersten und natürlichsten Bedürfnis der menschlichen Freiheit in materiellen Dingen, durch die eigene Arbeit eine eigene und selbständige Existenz gründen zu wollen. Ein Volk, das diesen Widerspruch nicht erlebt, ist nicht lebensfähig, denn es hat nicht Kraft, durch die Volkswirtschaft und die Industrie hindurch zur materiellen Freiheit überhaupt zu gelangen; ein Volk aber, das ihn nicht fühlt und ihn absolut erträgt, ist nicht minder des höheren Lebens unfähig, weil in ihm die Freiheit in ihrer körperlichsten Grundlage, der Arbeit und ihrem Erwerbe, vernichtet wird. Was aber geschieht, wenn dieser Widerspruch zum Ausbruche kommt, wird die folgende Geschichte zeigen.

Auf diese Weise nun entwickelt sich das Kapital zur Herrschaft in der Gesellschaft, die wir die industrielle nennen; der *Geist dieser Gesellschaft* ist in den beiden obigen Hauptmomenten zusammengefaßt; die beiden großen *Klassen* derselben aber sind die, welche entweder schon ein *Kapital* oder doch die *Möglichkeit* haben, ein solches zu erwerben, die Kapitalisten und die Unternehmer, die ihr Anlagekapital amortisieren können, und die, welche dem *regelmäßigen Gange der Dinge nach kein Kapital erwerben können.* –

– Dies nun ist die Ordnung der industriellen Gesellschaft. (...)

RAINER HASLBECK, HERBERT KUBICEK

Wo bleiben die Informatiker und Informatikerinnen?

(Expertengespräch; Moderation: Walter R. Heinz)

Heinz: Auf welche Tätigkeiten beziehungsweise Erfahrungen können Sie zurückgreifen, wenn Sie sich mit der derzeit heiß diskutierten Frage nach den Gründen für den Mangel an Fachkräften im I&K-Sektor befassen?
Haslbeck: Ich bin für die Leitregion Nord mit neuen Standorten der Siemens AG im Norden der hauptamtliche Referent für die Hochschulbetreuung, der da die Kontakte zu Studenten, zu Professoren sucht, auch über Praktikantenprogramme, Werkstudentenprogramme, über ein Siemens-Studentenprogramm, über einen regionalen Studentenkreis. Ich betreue ehemalige Azubis, also alles, was die Zusammenarbeit von Studenten mit dem Unternehmen betrifft und zum Thema Nachwuchsgewinnung und Imageprägung gehört.
Heinz: Herr Kubicek, bitte!
Kubicek: Ich habe eine Professur für Angewandte Informatik an der Universität Bremen und war vorher zehn Jahre Professor für Betriebswirtschaftslehre an der Universität Trier. Angewandte Informatik heißt, Verfahren der Informationstechnik in die Anwendungsbereiche hineinzudenken. Dazu braucht man Anwendungskenntnisse. Einer meiner aktuellen Schwerpunkte, der auch zu unserem Thema gehört, ist der Computer-Einsatz in Schulen. Ich bin zwar kein Pädagoge, aber es war relativ schnell erkennbar: Wenn man Informationstechnik in größerem Maße in die Schulen bringt, dann entstehen da ähnliche Probleme des IT-Managements wie in einem mittleren Betrieb. Wir müssen, wenn diese Investitionen wirksam werden sollen, daher nicht nur über die pädagogische Eignung, sondern auch über den wirtschaftlichen Betrieb der neuen Techniken nachdenken. Ich will noch ergänzen, daß ich in der letzten Legislaturperiode Mitglied einer Enquêtekommission des Bundestags war, in der es um Deutschlands Weg in die Informationsgesellschaft ging, und derzeit für das Bundeswirtschaftsministerium im „Forum Informationsgesellschaft" eine Arbeitsgruppe mit dem Titel „Demokratie und Verwaltung" leite. In dem Zusammenhang spielt auch die Frage der Befähigung der Menschen, mit diesem neuen Medium umzugehen, eine Rolle. Mir ist es daher ganz wichtig, daß wir nicht nur über den Arbeitsmarkt der „Entwick-

ler" sprechen, sondern genauso über die Qualifikationen, die die Millionen „Anwender" brauchen. Denn letztlich muß man in Zukunft in fast jedem Büroberuf das Internet effektiv einsetzen können, und sogar die Konsumenten sollten dies lernen.

Heinz: Da sind wir ja schon beim Thema. Was führt eigentlich dazu, daß die technisch-naturwissenschaftliche Ausbildung in Deutschland in Wellenbewegungen abläuft? Meine Fragen: ist es wirklich so, daß sich wenig junge Leute für die technisch-naturwissenschaftliche Ausbildung generell interessieren? Muß man speziell werben dafür, oder muß man darauf hoffen, daß die Computer-*Freaks*, die ja schon neben der Schule eigene Computer-Erfahrungen sammeln, von selbst auf die Idee kommen, später mal so was als Beruf machen zu wollen?

Kubicek: Ein erster Grund liegt darin, daß speziell im Bereich der Informatik die Ausbildung in den Hochschulen doch in vielen Fällen noch nicht den praktischen Anforderungen entspricht. Die Informatik ist in den siebziger Jahren mit den Großrechnern entstanden, und in vielen Studiengängen wird immer noch so ausgebildet, als würde die Mehrzahl der Absolventen bei Siemens, Telefunken oder ähnlichen Firmen neue Computer-Systeme entwerfen und produzieren. Vieles von dem, was gelehrt wird, braucht man heute in der Praxis nicht mehr, und vieles, was man in der Praxis der nun dominierenden Anwendungsentwicklung braucht, wird in den meisten Studiengängen nicht vermittelt. Bremen ist da allerdings eine positive Ausnahme. Hinzu kommt, daß das Wissen in diesem Bereich doch erheblich schneller veraltet als in anderen Fächern. Ein Kollege am MIT[*], Nolan, spricht von drei großen Epochen in der Computer-Entwicklung. Wir haben mit den Großrechnern angefangen, dann kamen Ende der siebziger, Anfang der achtziger Jahre die PCs. Leider konnte man für die Organisation des Betriebs dieser Rechner und für die Anwendungsentwicklung in der PC-Ära relativ wenig aus der Großrechner-Ära übertragen. In den Unternehmen haben sich außerhalb der Rechenzentren völlig andere Organisationsformen um den PC herum entwickelt, die sich eine Zeitlang sogar bekämpft haben. Und jetzt kommen wir laut Nolan in die dritte, in die Netzwerkära, die insbesondere durch das Internet gekennzeichnet ist. Und dafür kann man aus der PC-Ära wiederum relativ wenig übertragen. Man kann es auch anders sagen: Der Computer war zunächst ein Automat, dann war er ein Werkzeug, und jetzt wird er ein Medium, über das Menschen auch miteinander kommunizieren. Die Anforderungen sind nun wiederum andere. Und deswegen ist die ganz große Schwierigkeit heute, daß wir auf der einen Seite durchaus Leute haben, die noch aus der Großrechnerära kommen und solche, die die PC-Welt beherrschen, aber beide zusammen können nicht das abdecken, was wir jetzt für diese dritte

---

[*] Massachusetts Institute of Technology.

Ära brauchen. Dies stellt natürlich ein Bildungssystem und auch die Abstimmung zwischen Bildungs- und Beschäftigungssystem vor größere Herausforderungen als in anderen Technologiebereichen, wo die Entwicklung vielleicht doch kontinuierlicher verläuft.
Heinz: Herr Haslbeck, wie sehen Sie das?
Haslbeck: Also, zum einen kann ich das aus meiner Praxis bestätigen, was Herr Kubicek gesagt hat. Als ich 1975 bei Siemens als junger Ingenieur anfing und mich entsprechend eingearbeitet habe in praxisrelevante Themen, haben wir häufig bei Systemen und Anlagen eben einen übergeordneten Rechner oder andere Organisationen gehabt. Das war für uns immer so ein schwarzer Kasten, und wenn da die Informatiker kamen, dann waren das immer so abgehobene Leute, die einen da nicht rangelassen haben. Das waren Informatiker, die aber teilweise gar nicht so richtig den Praxisbezug hatten, sondern die haben nur ihre Informatikwelt gesehen. Ein Großrechnersystem war für uns die Schnittstelle; wir mußten die Signale liefern, und die haben dann damit weitergearbeitet. Was ich gegenüber Studenten immer vertrete: der abgehobene Informatiker, der nur seine Sprachen kennt und das Innere von einem Computer, den brauchen wir eigentlich gar nicht bei uns. Jeder Informatiker oder Informationstechniker muß bestimmte Anwendungen im Hinterkopf haben. Ob das jetzt hier Netze sind oder Netzwerke oder die Kommunikation oder die Automatisierungstechnik oder die Visualisierung, also, alle Anwendungen, die man mit der Informatik machen kann, sind für uns wichtig. Sie sagten das bei Ihrer Frage: Was muß man eigentlich tun, um junge Leute mehr dafür zu begeistern? Ich merke das immer, auch in Gesprächen. Wir machen ja sehr viele Veranstaltungen auch mit Schülern über Verbände wie VDE, VDI[*] und Verband der Metallindustrie, denn junge Leute hängen heute sehr viel an Namen. Wenn da steht: Fachbereich Elektrotechnik oder Energietechnik, dann ist das etwas Klassisches; Schwermaschinen, dicke Transformatoren, das ist doch nichts für mich. Wenn da aber steht: Medieninformatik, das signalisiert Internet und Kommunikation; also, der Name bei Studiengängen macht heute eine Menge aus.
Heinz: Nun sind aber ja die modernen I&K-Berufe nicht nur Akademikerberufe. In der Diskussion sind gegenwärtig auch die Systemtechniker, Fachinformatiker, die aus dem dualen System kommen. Es gibt Schätzungen, daß von den etwa 70.000 plus/minus 10.000 derzeit fehlenden I&K-Fachkräften eigentlich nur etwa ein Viertel Universitätsabschlüsse benötigen; der Rest kann aus den anderen Qualifizierungseinrichtungen kommen. Würden Sie das, Herr Haslbeck, auch so sehen?
Haslbeck: Die Berufsausbildung hat sich ja mittlerweile auch vom reinen Starkstromelektriker, der Strippen zieht und anschließt, gewandelt. Wir bil-

---

[*] VDE: Verband Deutscher Elektrotechniker; VDI: Verein Deutscher Ingenieure.

den heute bei uns in der Industrie den Fachinformatiker aus, mit der Fachrichtung Systementwicklung und Anwendungsentwicklung, also Leute, die einen bestimmten Level beim Einstieg schon haben. Wir bilden da fünfzig Prozent Abiturienten und fünfzig Prozent Realschüler aus. Also, der Trend geht dahin, daß wir einen Abiturienten ausbilden, der sich dann auch intern weiterqualifizieren kann. Wir bieten mittlerweile mit verschiedenen Hochschulen in Berlin, Paderborn *et cetera* eine kooperative Berufsausbildung bzw. ein Studium an. Siemens macht seine eigene Berufsausbildung im Hause; damit wird der technische Mittelbau abgedeckt. Dies ist die Siemens-Technik-Akademie, die eine zweijährige Ausbildung für Abiturienten anbietet, auch in Fachrichtungen der Informationstechnik und Informatik, die mit dem „Industrietechnologen" abgeschlossen wird. Das ist unser technischer Mittelbau zwischen der Berufsausbildung und dem Beginn einer Ingenieurausbildung, dem Fachhochschulingenieur. Also, dieser Industrietechnologe, der nach einer Qualifikationsphase von, ich glaube, nochmal zwei Jahren, dann auch einen *bachelor* in Verbindung mit der Fachhochschule machen kann. Insofern stimmen die Zahlen in etwa, daß wir ungefähr zwanzig Prozent bis ein Drittel Universitätsabsolventen für Entwicklung und Forschung einstellen. Dann haben wir ein Großteil für spezielle Anwendungen, zum Beispiel Prozeßorientierung, wo Fachhochschulabsolventen angestellt werden, und der Rest, das letzte Drittel, das decken wir mit unserer eigenen Ausbildung ab, den Industrietechnologen.

Kubicek: Sind da auch Engpässe auf dieser unteren oder mittleren Ebene?

Haslbeck: Jeder Bereich, jede Abteilung ist bei Siemens heute ein Profitcenter. Auch die Siemens-Berufsausbildung ist ein Dienstleister, der für verschiedene Unternehmensbereiche ausbildet. Und wenn jetzt der Bereich X zu der Siemens-Berufsausbildung sagt: Bilde mir zehn von diesen Industrietechnologen aus, dann muß er diese zehn bezahlen. Eigentlich bräuchte er vielleicht 15, aber weil er nicht so viel Geld hat, bildet er nur zehn aus und sagt: Na, den Rest hole ich mir vielleicht von der Technikerschule oder von der Ingenieurschule oder von der Universität. Ich sage das mal so ein bißchen ungeschützt, aber es ist teilweise so, daß die Berufsausbildung das Dienstleistungsunternehmen ist, und dies bekommt den Auftrag und bildet dann zehn, zwanzig oder fünfzig aus. Es ist häufig so, daß in bestimmten Unternehmensbereichen bei uns der Leidensdruck so stark werden muß, daß man sagt: Okay, dann mache ich das Portemonnaie auf und finanziere noch fünf weitere. Viele Bereichsleiter bei uns sind schon der Meinung: Was da fehlt, das hole ich mir dann einfach von der Fachhochschule. Aber die gibt es ja auch gar nicht mehr so richtig, die Massen an Absolventen. Also, es muß – und das ist auch meine Aufgabe – in der internen Kommunikation klargemacht werden: Paß auf, du hast eine Alternative, du kannst eine eigene Ausbildung anbieten, du kannst die von der Siemens-Techniker-Akademie, du kannst den Fachhochschulabsolventen, oder du kannst den Universitätsabsolventen nehmen. Wo mußt du den einsetzen? Wenn der im Service ist und macht Service, dann reicht das, wenn der aus der eigenen Ausbildung kommt oder aus der Siemens-Techniker-Akademie. Wenn der in die Entwicklung kommt und zum Beispiel die neue Mobilfunkgeneration entwickeln soll, dann muß das ein Universitätsabsolvent sein.

Heinz: Aber diese Entwicklung ist beunruhigend aus der Sicht der Universität, denn es bauen sich Firmen sozusagen ihre eigenen Qualifizierungskanäle. Wie kommt es, daß für mittlere Qualifikationen Abitur vorausgesetzt und innerhalb der Betriebe ausgebildet wird?

Haslbeck: Ja, das sind die Abiturienten, die Ihnen nachher als Studenten fehlen.

Kubicek: Ja gut, aber bisher haben wir in der Informatik ja nicht so sehr das Problem, daß wir zu wenig Studenten haben, sondern eher das Problem, daß die Studierenden nur mit der Erwartung kommen: Was brauche ich im Beruf? Und die grundsätzliche Reflektion, die vielleicht auch langfristig durchaus im Interesse von wirtschaftlichen Tätigkeiten ist, bei dieser sehr starken Verwertungsorientierung zu kurz kommt. Die Inhalte eines Universitätsstudium, das sich stark auf berufsqualifizierende Abschlüsse konzentriert, sind nicht mit denen identisch, die man für die Ausbildung des wissenschaftlichen Nachwuchses braucht. Wenn die Industrie neben der berufsqualifizierenden Fortbildung auch die Ausbildung eines größeren Teils der Abiturienten übernehmen würde, könnten wir uns wieder stärker auf die Ausbildung des wissenschaftlichen Nachwuchses konzentrieren. Aber mich hat in der Aussage von Herrn Haslbeck etwas anderes beunruhigt: nämlich diese sehr starke Investitionsökonomie, die sich hier herausbildet. Wir gehen auf eine Wissensgesellschaft mit hohem Humankapitaleinsatz zu. Wenn man als Manager für jeden, der ausgebildet wird, schon vorher das Geld hinlegen muß, wird man ja kaum noch extensiv in diese Zukunft investieren, weil man bei der hohen Ungewißheit nicht sicher sein kann, ob sich das jemals rentieren wird. Dann haben wir dieses *free-rider*-Problem, daß sich jeder sagt: wenn ich hier Kosten sparen kann, sollen die anderen das machen, und ich werbe diese Mitarbeiter dann später ab.

Haslbeck: Ja, aber ich habe das ein bißchen überzeichnet.

Kubicek: Das ist mir schon klar, aber es ist schon ein strukturelles Problem, und wir sehen es ja jetzt auch an der *green-card*-Debatte, die ein *free-rider*-Problem auf internationaler Ebene darstellt. Wenn ich den Personalbedarf konservativ und vorsichtig schätze, werde ich nachher Bedarfsdeckungsprobleme haben. Das liegt sozusagen in der Struktur der Investitionspraxis drin.

Heinz: Aber wie kommt es dann, daß offensichtlich Länder, die keineswegs den Lebens- und Dienstleistungsstandard entwickelt haben wie wir in Westeuropa, wie die Ukraine, wie Indien, die I&K-Qualifizierung anders gesteuert haben? Denn dort scheint es ja Kapazitäten zu geben in dem Bereich, den wir suchen, Informatik-Spezialisten – was immer man jetzt genau darunter versteht, ist noch eine andere Frage. Woher kommt das?

Kubicek: Das ist genau der Punkt, daß dort sowohl auf der staatlichen Seite als aber auch auf der Wirtschaftsseite nicht so spitz gerechnet wird, sondern Ausbildung zunächst mal als etwas, was schon irgendwie gut und sinnvoll ist, begriffen wird. Ich glaube, daß wir ja mittlerweile in einer Phase sind, wo fast wie in der Fließbandzeit jede Bewegung, auch im kaufmännischen Bereich, nach Heller und Pfennig und Rentabilität und *shareholder value* berechnet wird und daß bei diesen differenzierten Kostenrechnungs- und *profitcenter*-Verfahren die Zukunftsinvestitionen zu kurz kommen. Demgegenüber reicht in den weniger weit entwickelten Volkswirtschaften noch die Überzeugung, daß Ausbildung eine Investition in die Zukunft ist.

Heinz: Könnte man sagen, Herr Haslbeck, daß wir uns selber durch die Restrukturing von Arbeit und der innerbetrieblichen Arbeitsmärkte, zum Beispiel durch *outsourcing* und *profit center*, vielleicht eine kurzsichtige Personalplanung eingehandelt haben?

Haslbeck: Naja, gut, „profitorientierte Entwicklungen" höre ich immer nicht ganz so gerne, weil wir zwar immer, auch in den achtziger Jahren, von der Globalisierung geredet und das gefordert haben. Die Globalisierung beschert es uns mittlerweile, daß wir wettbewerbsfähig mit unseren Produkten, mit unseren Systemen, mit unseren Dienstleistungen, zum Beispiel auch in Bremen, sein müssen. Wenn ich hier ein Angebot mache, da sind es nicht nur aus dem großen Bremer Raum die Firmen, die mit anbieten, sondern da kommt der Engländer, der Italiener, vielleicht auch der Ukrainer; diese Firmen bieten das auch mit an. Das heißt, wir müssen wettbewerbsfähig europaweit oder weltweit sein, und das beschert uns natürlich, daß wir auch mit bestimmten Dingen innerhalb des Unternehmens was verändern müssen, um wettbewerbsfähig zu bleiben.

Kubicek: Aber Sie schauen doch vor allem auf die aktuellen Zahlen, auf den Marktanteil und den Produktivitätszuwachs in diesem und dem nächsten Jahr.

Haslbeck: Ja.

Kubicek: Aber das reicht bei der Frage nach dem Sinn einer mehrjährigen Ausbildung nicht. Da müßte man doch fragen: Was bringt mir das, was ich heute tue, in fünf oder zehn Jahren? Wenn ich das nicht beziffern kann, das meinten Sie ja, glaube ich, ...

Haslbeck: Das meinte ich.

Kubicek: ... daß dann die längerfristigen Maßnahmen zugunsten der kurzfristig erfolgsträchtigeren zurückgestellt werden. Die heute üblichen Rechnungsinstrumente, das *controlling*, sind gar nicht über fünf oder zehn Jahre angelegt, weil man sagt: das kann sowieso niemand mehr abschätzen.

Haslbeck: In der heutigen Sichtweise ist natürlich ein Planungshorizont von fünf oder von zehn Jahren nicht mehr realistisch. Das muß man auch deutlich sagen.

Heinz: Aber ist das nicht grade bei Qualifizierungsprozessen, die ja eine Entfaltungsspanne, eine zeitdynamische Entwicklungschance haben müssen, nicht zu kurzsichtig?

Haslbeck: Ja. Ich habe es ein bißchen, wie gesagt, überzeichnet. Ich habe als Ausbildungsleiter ja auch häufig versucht, Unternehmensbereiche und Abteilungsleiter zu überzeugen mit Argumenten wie: Ausbildung ist eine Investition in die Zukunft, und das ist ein Fünf-Jahres-Block. Wenn ich heute einen Auszubildenden auswähle oder einen, der so eine qualifiziertere Ausbildung macht wie an der Siemens-Techniker-Akademie, dann wähle ich den meistens ein Jahr im voraus aus, dann kommt der in die Ausbildung, dann macht der zwei Jahre, zweieinhalb Jahre Ausbildung. Also, es sind drei, vier Jahre, die da ins Land gehen, bis der als fertiger Absolvent einsetzbar ist, und dann vergehen noch mal ein bis zwei Jahre, bis er richtig eingearbeitet ist.

Kubicek: Es gibt da noch einen anderen Aspekt. Wir sprechen über ein Großunternehmen, das im Zweifel doch noch ausbildet. Wenn man sich die Branchenstruktur speziell im Softwarebereich anguckt, dann sind dort keineswegs nur große Unternehmen, und von daher ist, wenn schon die großen eher unter dem eigenen Bedarf ausbilden, die Frage, wie die kleineren Unternehmen, die nur zwanzig, dreißig, fünfzig Mitarbeiter haben, mit dem Problem umgehen. Und dann addiert sich doch dieser Bedarf.

Haslbeck: Ja. Also, wir bilden nicht unter unserem Bedarf aus. Jeder Bereich bildet bedarfsorientiert für seine Zukunft aus; dafür hat er natürlich Zahlen. Der weiß, wie viele Mitarbeiter im nächsten oder übernächsten Jahr oder in fünf Jahren in den Ruhestand gehen. Es gibt langjährige Mittel, wo Fluktuation und Wechsel – in andere Standorte zum Beispiel – ermittelt werden. Jeder Bereich ist angehalten, durch die Eigenständigkeit für seinen eigenen Bedarf auszubilden.

Heinz: Offensichtlich gibt es aber Mangel an geeignetem Nachwuchs, und die Frage ist konkret, Herr Haslbeck: Werden Sie bei Siemens überhaupt in die *green-card*-Initiative einsteigen müssen, wenn Sie dort, wie Sie es gerade beschrieben haben, eigentlich doch eine mittelfristig sinnvolle Personalaquisitionspolitik betreiben?

Haslbeck: Grundsätzlich ist es so, daß in den neuen Berufen, also den Fachinformatikern oder Industrietechnologen, die wir ausbilden, die Zahlen bei uns deutlich angestiegen sind. Im Bereich der Fachhochschulen und auch der Universitätsabsolventen fehlen uns speziell an Großstandorten wie München und Erlangen ganz bestimmte Qualifikationen, also IT-Spezialisten und Informatiker; da könnten wir schon den einen oder anderen auch aus dem Ausland gebrauchen. Also, auch das Thema *green card* unterstützen wir. Bei einem großen Unternehmen, wie wir es sind, das schon global forscht und entwickelt, gibt es Inder, die bei uns in der Landesgesellschaft in Bombay sitzen. Sie entwickeln auch Software und übertragen das übers Internet, und das ist am nächsten Morgen, wenn der Münchner Kollege zur Arbeit kommt, auf seinem PC. Solche Arbeitsteilungen gibt es schon seit zehn oder fünfzehn Jahren, weil wir Landesgesellschaften in Indien, China, Malaysia und Thailand und wo auch immer haben.

Heinz: Große Konzerne haben also ihren internationalen internen Arbeitsmarkt. Und die müßten eigentlich gar keine Leute importieren; die haben sie sozusagen in ihren Dependancen oder ihren Kooperationspartnern.

Haslbeck: Uns fehlen aber für bestimmte fachliche Themen im Hause in München Informatiker.

Kubicek: Um noch mal auf diese drei Epochen zurückzukommen: Man kann mit dem älteren Personalstamm, der die Großrechnerverfahren betreut hat und den man auch bei den Jahr-2000-Problemen noch sehr gut einsetzen konnte, nicht die Entwicklungsprojekte gleichermaßen qualitativ gut durchführen, die jetzt beim elektronischen Handel anstehen. Da haben, glaube ich, die großen Unternehmen durchaus qualitative Probleme. Und die neuen Firmen, die um das Internet herum in der Netzentwicklung und Anwendungs-Software entstehen, haben ebenfalls Probleme, weil sie im Moment viele Aufträge wegen Personalmangel nicht bearbeiten können. Einige gründen Tochterunternehmen im Ausland, etwa in Kalifornien, weil sie zum Beispiel Russen – es müssen ja nicht immer Inder sein –, also die qualifizierten Informatiker von irgendwo anders, dort leichter einstellen können, und die arbeiten dann dort für diese deutschen Unternehmen. So ist die *green-card*-Lösung entstanden. Sie ist eine Notlösung, weil man Versäumtes nicht so kurzfristig nachholen kann.

Heinz: Was ist denn konkret versäumt worden?

Kubicek: Das Internet ist ja nicht erst 1997 entstanden, sondern es ist sehr viel älter. Aber man hat sowohl in der deutschen Wissenschaft, als auch in weiten Teilen der von Großunternehmen bestimmten Industrie lange Zeit auf die ISO- und CCITT-Normen, also auf die von Ingenieuren verwalteten Standards gesetzt. In dieser fest von Ingenieurtraditionen bestimmten Normungsbürokratie sind die Großunternehmen tonangebend; das hat alles seine geregelten Bahnen. Dort hat man zum Beispiel für den Bereich der elektronischen Post noch lange auf dem x-400-Standard beharrt und dafür Produkte entwickelt, als in den USA *e-mail* im Internet schon bestimmend war. Die Industrieingenieure haben das, was sich dort im wissenschaftlichen Bereich als chaotisches Internet entwickelte, nicht ernstgenommen. Nun darf man niemandem vorwerfen, daß er kein Hellseher war, aber wegen eines gewissen „Bias" in der Wahrnehmung, was gut und solide ist aus der Tradition heraus, wurde das Neue unterschätzt. Das gilt zum Teil auch für die Wissenschaft! Man hat auch im deutschen Forschungsnetz zu lange an den ISO-Normen festgehalten. Und die deutsche Multimedia-Politik hat sich noch ganz auf das digitale Fernsehen konzentriert, als 1993 Clinton und Gore in den USA das Internet aus dem Wissenschaftsbereich herausgeholt und Programme gestartet haben, um es zu einem allgemeinen Informations-Superhighway auszubauen. Dazu gehörte unter anderem eine gemeinsame Initiative mit der Computer- und Telekommunikationsindustrie, um alle Klassenzimmer an das Internet anzuschließen. Clinton und Gore haben erfolgreich vermittelt, daß Staat und Wirtschaft zusammen in das Bildungssystem investieren müssen, damit es in den nächsten Jahren die Absolventen für den IT-Sektor produzieren kann. Im Vergleich dazu haben Wirtschaft und Politik bei uns mittlerweile einen „time lag" von drei bis fünf Jahren, der jetzt eigentlich mit sehr viel stärkerem Einsatz aufgeholt werden muß, sonst haben wir langfristige Standortnachteile.

Heinz: Aber dennoch hat die USA ja auch die *green card* für ausländische Fachleute. Offensichtlich hat die Clinton/Gore-Initiative nicht flächendeckend durchgeschlagen, denn wir wissen ja, daß in USA das Schulsystem qualitativ sehr unterschiedlich ist. Aber jetzt nochmal zurück zu den Schulen: Der technische Nachholbedarf ist vielleicht auf der Ebene der Ausstattung mit Internetzugängen schrittweise zu schließen. Aber haben wir denn genug Lehrer und genug Personal, die das auch pädagogisch umsetzen? Denn die Schüler werden ja sozusagen Anwender; die sollen ja keine Entwickler werden. Wie sehen Sie das aus Ihrer Erfahrung auch an Schulen, Herr Haslbeck?

Haslbeck: Wir haben 1997 eine Initiative gestartet – da hat Siemens 150-jähriges Bestehen gehabt – und ein Programm namens „Jugend und Wissen" mit 50 Millionen Mark ausgestattet. Es gab zwei Förderschwerpunkte: der eine Schüler und Lehrer und der zweite die Hochschulen. Wir fördern viele Stipendiaten, speziell im osteuropäischen und südostasiatischen Raum, aus diesem Programm. An Lehrer und Schüler wendet sich die Initiative „Teach Multi-Media" und „Learn Multi-Media". Was ich festgestellt habe, auch in Workshops, ist, daß Lehrer oft die Notwendigkeit gar nicht erkennen, zu Themen wie technisch-naturwissenschaftliche Anwendungen oder Fachrichtungen oder Leistungsfächer beizutragen. Nicht nur der Anwender zu sein, sondern auch das, was dahintersteckt, weiterzuentwickeln für unsere Wissensgesellschaft oder unsere Netzwerke, da liegt ein Mangel. Diese Humboldt-Mentalität: die Abiturienten sind doch mehr auf dem schöngeistigen oder geisteswissenschaftlichen Bildungstrip und denken: Warum sollen wir für euch in der Industrie die Leute vorbereiten? Wir machen hier sehr viel mit Lehrern zusammen, wir haben mit den Verbänden Werkstouren und Lehrerbetriebspraktika gemacht – viele Lehrer wissen ja gar nicht, was Dienstleistung in der Technik heißt.

Heinz: Herr Kubicek sagte vorhin, daß die Hochschulen eigentlich stärker an Bildung und weniger an den praktischen Einsatz der Qualifikationen denken sollten; mir scheint, daß das geistig-ideologische Klima in den Gymnasien diese Orientierung stützt.

Kubicek: Aber ich glaube, da sind andere Probleme bestimmend. Wir brauchen qualifizierte Entwickler, und wir brauchen qualifizierte Anwender – beides. Was die Ausbildung von Entwicklern angeht, sind zumindest die Strukturen einigermaßen da und müßten in einzelnen Aspekten qualitativ verbessert werden. Es gibt Informatik als Wahlfach, aber es gibt zu wenig didaktische Konzepte dafür, wie man dieses Fach in der Konkurrenz mit anderen Fächern an die Schüler und vor allen Dingen die Schülerinnen heranbringt. Fünzig Prozent eines Jahrgangs an einem Gymnasium sind Mädchen, aber nur fünf Prozent interessieren sich nachher für Informatik. Und in den Hochschulen fehlt eine Fachdidaktik für Informatik. Der Mathematik- oder Physiklehrer, der hat es sich irgendwie selbst angeeignet, wie ein Computer funktioniert, und dann macht er die Informatik-AG und auch das Informatik-Wahlfach. Dadurch werden vor allem die erreicht, die schon das Interesse daran mitbringen.

Was die Anwender angeht, so ist die langfristige Entwicklung mindestens genauso problematisch. So wie man in der informationstechnischen Grundausbildung heute lernt, wie man den Computer als Schreibmaschine, als Zeichenwerkzeug und als erweiterte Rechenmaschine für Tabellenkalkulation benutzt, müßte man ja in Zukunft lernen, wie man den Computer als Medium benutzt, um Informationen zu einem bestimmten Thema zu recherchieren und wie man das, was als Ergebnis angeboten wird, qualitativ zu bewerten hat. Deswegen sagen wir: Der Computer als Medium sollte gar nicht mehr in einem speziellen Informatikunterricht vermittelt werden, sondern der müßte in Physik, in Geographie, im Geschichts-, im Mathematik-, im Sprachunterricht eingesetzt werden. Wir stehen vor der riesigen Herausforderung, nicht nur alle Klassenräume und Fachräume mit Technik auszustatten, sondern wir müßten auch alle Fachlehrer und -lehrerinnen so ausbilden, daß sie in ihrem Medienmix neben Büchern und Arbeitsblättern eben auch noch Internetrecherche einsetzen. Aber wir haben weder fachdidaktische Konzepte, noch ist es heute so, daß im Lehramtsstudium vermittelt wird, wie dieses neue Medium im Unterricht einzusetzen ist.

Heinz: Aber ist es nicht an den Fachhochschulen anders, weil dort eine traditionelle Orientierung an Praxisbezügen vorherrscht?

Haslbeck: Die Praxisorientierung ist an der Fachhochschule ausgeprägt, durch Projekte, auch durch Praxissemester. Die Ingenieure, die dort rauskommen, haben auch überwiegend eine Berufsausbildung hinter sich. Wo ich ein größeres Problem sehe: im Gymnasium gibt es gar keine richtige Berufsorientierung, während an der Realschule das Fach „Arbeit, Wirtschaft, Technik" und Betriebspraktika angeboten werden.

Heinz: Für den sich weiter ausbreitenden Markt für die Berufsfelder Informations- und Kommunikationstechnik fehlt demnach schon die Einstimmung im Gymnasium. Ist es denn wirklich so, daß die Attraktivität dieser

beruflichen Profile und Werdegänge immer noch gering ist bei den Schülern?
Kubicek: Ja, denn ein Wachstum von fünf auf zehn Prozent eines Jahrgangs ist zwar eine Verdopplung, und alle, die das zusätzlich verkraften müssen, haben da ihre Probleme. Aber es sind eben nur zehn Prozent. Dies hat sicher was mit den doch hohen Anforderungen zu tun. So müssen die Studierenden der Informatik hier auch vier Semester Mathematik machen, und das schaffen viele nicht. Und man kann ihnen oft nicht erklären, warum sie bestimmte mathematische Beweise lernen müssen. Auf der anderen Seite wird das, was sie können, Programmieren oder einen Rechner auseinandernehmen, überhaupt nicht honoriert im Studium. Das ist sicher ein Problem, aber mir kommt es doch noch einmal sehr darauf an zu sagen, daß diejenigen, die diese Technik entwickeln, immer eine Minderheit sein werden.

Das Qualifizierungsproblem liegt mindestens im gleichen Maße bei denen, die diese Technik dann intelligent anwenden sollen. Bei der Nutzung des Computers als Medium, des Netzes auch als Plattform für elektronischen Geschäftsverkehr, da muß die Person im Marketing und die im Einkauf natürlich wissen, wie es funktioniert und wie sie es als Arbeitsmittel einsetzt. Der Nutzen dieser Technologie wird im wesentlichen von intelligenter Anwendung abhängen, und das heißt, in jeden technischen und kaufmännischen Beruf muß eben die Nutzung dieses Mediums hineinkommen, und von daher haben wir ein viel größeres Problem, was die Zielgruppe angeht und den Aufwand, um bestehende Ausbildungsgänge anzupassen und die bereits Ausgebildeten entsprechend fortzubilden.

Heinz: Sie würden also sagen, daß die Unausgewogenheit zwischen Nachwuchs und Bedarf im Entwicklerbereich kurz- oder mittelfristig zu bewältigen ist. Das Problem wird langfristig sein: Wie geht die Gesellschaft um mit dem neuen Medium, mit den neuen Suchmaschinen?

Kubicek: Richtig, weil wir da von ganz anderen Zahlen ausgehen müssen. Dann sprechen wir von über dreißig Millionen Menschen, von denen ja zwei Drittel in Verwaltungs- und kaufmännischen Berufen arbeiten.

Heinz: Wird hieran nicht ein paradoxes Verhältnis zwischen Theorie und Praxis deutlich? Jeder geht irgendwie mit diesem Medium um und sagt: Ich kann ja, wenn ich will, über die Suchmaschine mir Informationen beschaffen. Ist der Sprung, dies als Experte oder Expertin zu machen und den PC reflektiert im Alltag zu benutzen, vielleicht doch nicht nur ein qualitativer, sondern auch einer der Professionalisierung?

Kubicek: Ja, zunächst mal bedeutet ja Internet eine „Deprofessionalisierung": Wir sollen nun als Anwender das machen, was bisher von speziell ausgebildeten Fachleuten gemacht wurde. Für Informationsrecherche gibt es eine eigene Ausbildung. Und jetzt soll jeder selbst recherchieren. Beim Einkaufen übernimmt der Handel bisher für mich Qualitätskontrolle, Logistik, Bonitätsprüfung und anderes mehr; nun soll ich alles selbst machen als Konsument. Also, die Vision ist teilweise die einer totalen *do-it-yourself-*

Gesellschaft, wo jeder die Qualifikationen von zig Fachberufen übernehmen soll. Das wird zum großen Teil so gar nicht funktionieren. Vielmehr werden sich sicher wieder neue Mittler etablieren. Aber bis zu einem gewissen Grad wird man diese Tätigkeiten selbst übernehmen können müssen. Denn man bekommt doch heute keinen Job im Bürobereich mehr, wenn man nicht mit einem PC umgehen kann. Schreibmaschine und Steno zählen da nicht mehr. So wird man in drei oder fünf Jahren erwarten, daß ein Bewerber um eine Stelle im Internet recherchieren kann. Und Recherchieren heißt ja mehr als eine Suchmaschine zu bedienen. Was nützt es Ihnen, wenn Sie einen Suchbegriff eintippen und Sie bekommen 1300 Treffer, die nach nicht nachvollziehbaren Kriterien sortiert sind.

Heinz: Aber wo kann man diese Kriterien lernen? Man kann sich darauf vorbereiten oder vorbereitet werden, wenn man in der Schule, wie Sie vorhin angedeutet haben, über den ganzen Bereich der Fächer lernt, wie man sich da Kenntnisse aneignet. Aber wie läßt sich das wieder vermitteln in die Berufstätigkeit?

Kubicek: So wie der PC als Werkzeug heute in die Berufsausbildung hineingehört und man lernt, mit Tabellenkalkulation und Datenbanken umzugehen, muß als zusätzliche allgemeine Qualifikation – ob Sie jetzt Bankkaufmann oder Versicherungskaufmann oder Einzelhandelskaufmann sind – die Nutzung des Internet als Medium für bestimmte Recherchen, Transaktionen und so weiter in die ganz normale Berufsausbildung einfließen.

Haslbeck: Das wird ja mittlerweile auch so gemacht. Das ist ja der Inhalt der neuen Berufsausbildungsgänge, nicht nur der des Industriekaufmanns, und diese Ausbildungsinhalte werden auch ständig aktualisiert. Der Fachinformatiker, der IT-System-Elektroniker, da ist es überall ...

Kubicek: Nein. Da sind wir wieder bei den IT-Berufen. Ich spreche von den anderen Ausbildungsberufen für den Bürobereich. In Bremen beginnt gerade ein Bund-Länder-Modellversuch, in dem das Internet in einige ausgewählte kaufmännische Berufsausbildungsgänge hineinkommen soll und wo wir zusammen mit den Ausbildungsbetrieben und den Berufsschullehrern klären, wie dies am besten geschehen kann. Dazu haben wir zunächst überlegt, in welchen Branchen wir das machen. Touristik zum Beispiel kann man nach meiner Überzeugung ohne Internet nicht mehr betreiben. Aber die Fachlehrer, das darf ich jetzt vielleicht öffentlich gar nicht sagen, die sehen das noch nicht. Also, mit denen kriegen wir das im Moment noch nicht hin und beginnen deshalb mit den Bank- und Großhandelskaufleuten.

Heinz: Aber stehen hinter diesem Zögern nicht langlebige Interessen, die sich in Berufsbildern spiegeln? Denn Tourismus beispielsweise ist ja ein Berufsfeld, in dem überwiegend Frauen arbeiten. Und Sie hatten vorhin auch angedeutet, daß für Frauen der Weg in diese technischen Berufe ein sehr harter und steiniger ist. Dies bestätigt eine neue Untersuchung des Instituts für Arbeitsmarkt- und Berufsforschung: Frauen, die sich entschieden haben

für einen Beruf im Informatikbereich, haben es schwer, eine ihrer Qualifikation entsprechende Beschäftigung zu finden.
Kubicek: Da muß man differenzieren. Das mit der geringen Nachfrage von Frauen bezog sich ja auf die Technikberufe, die ich auf der Entwicklungsseite sehe. Innerhalb der Anwendungsberufe ist es nicht so, daß Frauen größere Vorbehalte gegenüber Technik haben. Wir wissen, daß insgesamt sehr viel mehr Frauen Technik benutzen als Männer. Also, wenn Sie sich eine Küche anschauen: so viel Technik benutzen viele Männer nicht. Und in den Büros gehen die weiblichen Sekretärinnen oft kompetenter mit dem Computer um als ihre männlichen Chefs. Frauen haben zumeist allerdings die Erwartung: Die Technik muß mir bei der Bewältigung meiner Aufgabe was nützen. Was man nicht so häufig bei Frauen findet, ist die Technik als Gegenstand von Interesse an sich. Aber im Beruf, ob Tourismus, Dienstleistungsbereich, die kaufmännischen Berufe, da kann man nicht sagen, daß Mädchen und Frauen mehr Vorbehalte haben, weil es ja da um die nützliche Anwendung geht.
Heinz: Es geht also um die Vergesellschaftung des Umgehens mit dem Medium Internet als nützliches Instrument. Aber trifft das auch den Qualifikationsbedarf einer Firma wie Siemens, mehr die Anwenderseite in den Mittelpunkt zu rücken, oder sind Sie doch von Ihrer Tradition als großer Konzern eher auf der Entwicklungsseite?
Haslbeck: Also, auf der Entwicklungsseite mit Sicherheit, aber dazu gehört auch die Anwenderseite, denn wir bieten ja auch unsere Dienstleistungen an. Wir entwickeln, wir projektieren, wir machen das *engineering* für eine Zuckerfabrik oder für eine Sparkasse, machen da die Anwenderseite und schulen auch die Sekretärinnen oder Sparkassenangestellten, wie sie mit diesem Verfahren umgehen können. Unsere Mitarbeiter, die Ingenieure, unsere Techniker vor Ort, die also Lösungen spezifisch für den Kunden entwickelt haben, machen auch letztlich den Service und die Anwenderschulung.
Heinz: Bedeutet das nicht, daß kaufmännische Dienstleistungen und andere personenbezogene Qualifikationen in einem neuen Mischungsverhältnis mit technischen Qualifikationen verbunden sein müssen?
Haslbeck: Also, wir haben zum Beispiel eine Ausbildung, die „Stammhauslehre", mit einem betriebsverbundenen Studium, eine Ausbildung zum Industriekaufmann mit einem betriebswirtschaftlichen Studium. Diese schließt mit dem Betriebswirt ab, ähnlich wie diese *Bachelor-of-Arts*-Ausbildung, also Berufsausbildung und Studium parallel und nach dreieinhalb Jahren fertig. Diese Leute sind nicht die reinen Kaufleute, die nur im Rechnungswesen und in der Abrechnung sitzen, sondern das sind Mitarbeiter, die an der Schnittstelle zwischen Kaufmann und Techniker tätig sind, weil eben kaufmännische oder betriebswirtschaftliche Tätigkeiten technisch orientierte Anwendung finden.
Heinz: Und wie ist da der Frauenanteil bei Ihnen, in diesem Profil?

Haslbeck: Etwa zu dreißig Prozent sind das Frauen auf dieser etwas gehobenen Qualifikationsebene. Bei den Bürokaufleuten, Kaufleuten für Bürokommunikation, da sind es bestimmt siebzig, achtzig Prozent Frauenanteil.

Kubicek: Wir müssen sehen, daß es ja durchaus auch schon einen nennenswerten Anteil von Menschen gibt, die diese Ausbildung hinter sich haben, von denen aber jetzt auch erwartet wird, sich beruflich fort- und weiterzubilden. Hier ist eine Riesenaufgabe zu bewältigen, weil – ich muß das noch mal sagen – es zehn Jahre gedauert hat, bis der PC zum alltäglichen Werkzeug im Bürobereich geworden ist. Jetzt, mit der medialen Nutzung von PC und Internet, stehen wir nochmal vor einer ähnlichen Herausforderung. Aber ich glaube nicht, daß wir nochmal zehn Jahre Zeit haben. Unternehmen in den USA geben ihren Mitarbeitern zu günstigen Bedingungen einen PC mit nach Hause und richten einen Internetanschluß ein, damit sie in der Freizeit üben und sich diese Qualifikationen aneignen. Bei uns tun die Unternehmen sich a) noch schwer und b) sagt das Finanzministerium, das sind geldwerte Vorteile, die sogar zusätzlich noch versteuert werden müssen.

Heinz: Und wie organisieren Sie bei Siemens diesen Transfer neuer Konzepte? Greifen Sie auf das Bildungssystem zurück, oder gibt es eine Verlagerung auf Privatinitiative beziehungsweise -anbieter?

Haslbeck: Es gibt eine Dienstleistungsabteilung, die heißt „Siemens-Qualifizierung und Training", „SQT", und die hat zurzeit etwa 12.000 Weiterbildungsangebote im Programm. Die bieten das natürlich erstmal intern an, aber auch extern; Kursangebote kriegen wir wieder aus dem Internet. Es gibt heute meines Wissens, ich sage es einfach mal so, keinen Arbeitsplatz, keinen Büroarbeitsplatz mehr, der nicht Internet oder Intranetanbindung hat. Früher haben die Vorgesetzten darauf geguckt: Was „fummelt" denn die Sekretärin oder der Sachbearbeiter da im Internet herum? Da war so ein bißchen der Vorbehalt: Wozu dient das eigentlich? Heute freut sich jeder Vorgesetzte, daß ein Mitarbeiter vielleicht in der Mittagspause oder nachmittags um fünf noch dasitzt und im Internet „surft", weil er dadurch eben auch Wissen aus dem Netz rausholt, das auch für das Unternehmen relevant sein kann. Und wir fragen ja bei vielen Einstellungsgesprächen oder auch Praktikanten, Studenten: Was macht ihr in eurer Freizeit? Wie organisiert ihr dieses und jenes, wie nutzt ihr solche Medien, oder wie organisiert ihr euer Studium, nebenbei noch zu arbeiten oder vielleicht noch Leistungssportler zu sein oder in der Feuerwehr mitzuarbeiten?

Kubicek: Aber da ist ein Technologiekonzern wahrscheinlich nicht repräsentativ für die gesamte Wirtschaft.

Haslbeck: Also, das ist schon sehr organisiert. Es hängt wiederum sehr stark vom Willen und von der Fähigkeit des Mitarbeiters ab. Der Mitarbeiter muß selber sagen: Chef, da gibt es was Neues, habe ich im Internet gesehen, und das muß ich haben, und das ist Kurs SAP XY3, da muß ich hin. So ein

Mitarbeiter wird vom Vorgesetzten eher gefördert, der selbstständig und eigeninitiativ ist und solche Dinge versucht, sich anzueignen.

Heinz: Wenn Sie, Herr Haslbeck, Jahrgänge von Absolventen vergleichen: Ist das Vertrauen auf die mitgebrachte Bildung früher stärker gewesen und die Bereitschaft zur Weiterbildung geringer? Wie sehen Sie denn auf der Personalseite diese Entwicklung?

Haslbeck: Grundsätzlich sagen wir, daß die Ausbildung, die Universitäten und Fachhochschulen in Deutschland leisten, für die Industrie, für uns speziell, ausreichend ist. Insofern ist das, was der Absolvent mitbringt, eigentlich für uns ausreichend. Ganz gleich, was jemand studiert: „Das kriegen wir bei Siemens schon wieder hin!" Eine Grundausbildung, eine Ausbildung in der Informationstechnik oder in der Mathematik oder in der Elektrotechnik, wissenschaftlich orientiert oder mehr praxisorientiert, das ist ausreichend. Der Mitarbeiter muß auch im Alter von vierzig oder fünfzig noch zu einer Weiterbildung gehen, um sich bestimmte Kompetenzen anzueignen. Also, was ich in den letzten Jahren eigentlich so sehe, ist, daß die Weiterbildungsbereitschaft bei jungen Leuten eigentlich da ist, ohne Frage. Die jungen Leute sind wissbegierig, die wollen die neue Techniken anwenden, nutzen und sehen Weiterbildungskurse als Mittel, um sich zu qualifizieren, um sich auch zu profilieren.

Kubicek: Ja, aber das kostet doch auch Zeit. Und wenn das jetzt wieder so läuft, daß jeder aus seinem Budget seine Weiterbildungstage herausschneiden muß, reicht das doch nicht. Von größeren Unternehmensberatungs- und Softwarefirmen weiß ich, daß Mitarbeiter bestenfalls drei bis fünf Prozent der Arbeitszeit nutzen können, um selbst Weiterbildungsveranstaltungen zu besuchen. Aber bei der schnellen Dynamik, diesen kurzen Produktlebenszyklen, wären wahrscheinlich zwanzig oder dreißig Prozent erforderlich, um wirklich dauerhaft im Beruf zu bestehen. Auch frühere Absolventen berichten, daß sie grade ein, zwei Jahre von dem profitieren, was sie praktisch gemacht haben, aber dann werden sie in dem einen oder anderen Bereich schon ein bißchen unsicher. Der Arbeitstag bei den Softwareentwicklern ist eher zehn Stunden als sieben Stunden, so daß die Nacht oder das Wochenende für die Weiterbildung bleiben. Aufgrund von kurzfristigen Orientierungen und auch der Personalknappheit sagt man: Ja gut, eigentlich müßte der ja was dazu lernen, aber ich kann den einfach nicht entbehren.

Haslbeck: Das kommt immer mal vor, wenn ein Projekt mit einer Deadline läuft, da kann man jetzt nicht zwei aus der Abteilung auf eine vierwöchige Weiterbildung schicken; das ist klar, daß das immer praxisnah eingerichtet und durchgeführt werden muß.

Kubicek: Darf ich das noch mal konkretisieren? In der Bildungsökonomie spricht man von Investitionen in Humankapital, aber bisher haben wir, soweit ich das sehe, in der Praxis gar keine Berechnungsmethoden, die das nicht nur als Ausfallzeit begreifen, sondern diese Zeit, die ein Mitarbeiter auf einen Kurs geht, in einer Gesamtabrechnung positiv registrieren. Und ich glaube, in einer Zeit, wo so ökonomistisch an Arbeit und Bildung herangegangen wird, müßte man eigentlich dieses *human resource accounting* befürworten, obwohl ich früher eher skeptisch war, denn sonst produzieren wir heute diesen *burn-out*-Effekt in fünf oder zehn Jahren.

Heinz: Aber dann müßten die Arbeits- und Bildungszeiten für die verschiedenen Ebenen eines Betriebes organisiert und auch zugänglich gemacht werden.

Haslbeck: Das ist schon eine zwiespältige Geschichte. Wenn ich das so aus meinen ersten Berufsjahren betrachte, dann gab es bei Siemens teilweise einen Weiterbildungstourismus. Heute ist jeder Vorgesetzter, jeder Gruppenleiter, jeder Abteilungsleiter Unternehmer in seinem Unternehmen. Wenn ich eine Gruppe habe, die fachlich so weit qualifiziert ist, daß ich da die schwierigsten Probleme lösen kann, dann mache ich den meisten Umsatz. Jeder Vorgesetzter ist aber in der Bredouille, einerseits ein, zwei, drei Mitarbeiter für eine Weiterbildung abzustellen, weil es notwendig ist; andererseits laufen Projekte, die irgendwo fertig werden müssen. Das ist immer so ein Geben und Nehmen; es gibt bei uns kein Budget, wo es heißt: es müssen drei Prozent im Jahr oder fünf Prozent für Weiterbildung ausgegeben werden. Das ist schon eine schwierige Sache, daß ein Vorgesetzter entscheiden muß: Kann ich mir das leisten, einen Mitarbeiter nächste Woche zu einem Weiterbildungskurs zu schicken?

Heinz: Wenn wir nun an den Anfang zurückgehen – wo bleiben eigentlich die Ingenieure, was ist mit den Informatikern –, so hat sich über das Gespräch hinweg das Thema verschoben. Wenn man trennt, wie das Herr Kubicek gemacht hat, zwischen den Entwicklern und den Anwendern, dann haben wir mittel- und langfristig eher das Problem, in der Gesellschaft die Anwendungskompetenzen zu stärken. Würden Sie, Herr Haslbeck, das auch so sehen? Würden Sie sagen, wir haben immer wieder Qualifizierungslücken und Abstimmungsprobleme, die sich lösen lassen?

Haslbeck: Einen Teilbedarf kann man durch die *green-card*-Initiative decken. Sinnvoller wäre es – ob es ein Großunternehmen ist oder ein mittelständisches Unternehmen –, immer Absolventen in genügender Anzahl zu haben. Das ist immer ein bißchen Wunschdenken und nicht so ganz realitätsnah. Aber Schule und Lehrer müssen sich des Themas annehmen und sich dem Expertentum stärker widmen.

Heinz: Bin ich zu optimistisch, wenn ich sage, daß der Generationenwandel in den Schulen, das heißt junge Lehrer, eine Änderung herbeiführen? Sind diese durch die Universitätsausbildung offener gegenüber einer anwenderorientierten Informatik?

Kubicek: Bei den Berufsschulen ist das auf einem sehr guten Weg. Da ist die unmittelbare Erwartung der Industrie, daß man diese Techniken jeweils einsetzt, da ist auch die Nähe zur Wirtschaft vorhanden. Bei den Gymnasien läuft es auch relativ gut. Aber eine absolute Katastrophe ist die Ausstattung der Haupt- und Realschulen. Die Amerikaner sprechen jetzt von einem *digital divide*, also von einer sich verstärkenden Spaltung, und sind aufgeschreckt worden durch Studien, die über die letzten fünf Jahre hinweg die Struktur der Internetnutzung im Längsschnitt verfolgen. Zwar wächst der Anteil der Frauen, es wächst der Anteil der Nutzer insgesamt. Aber Sie finden mit sechzig Prozent Wahrscheinlichkeit einen Internetnutzer unter Hochschulabsolventen, aber nur mit weniger als zehn Prozent Wahrscheinlichkeit einen unter den Hauptschülern. Dieser Abstand hat sich über die Jahre hinweg nicht verändert, er wird sogar größer. Dies ist deswegen so relevant, weil sich die Technologiekenntnisse und Medienkompetenz bei denen anhäufen, die den besseren Bildungsabschluß haben. Die jungen Leute, die ohnehin schlechtere Chancen haben, weil sie entweder gar keinen richtigen Schulabschluß oder eben nur den Hauptschulabschluß haben, sind auch weniger an dieser Technik dran und können ihre Chancen nicht verbessern. Wenn man über langfristige Strategien diskutiert, dann darf man eben nicht nur versuchen, die Spitze noch zu verbessern. Das ist das, was wir im Moment tun in dieser Debatte. Aber daß die, die ohnehin schon abgehängt werden, nicht noch weiter abgehängt werden, ist eigentlich genauso wichtig, sonst produzieren wir heute schon das Proletariat der Informationsgesellschaft.

Heinz: Wenn wir so weitermachen, dann wird sich also die Reproduktion der Bildungsungleichheit fortsetzen. Ich kann mir vorstellen, daß Siemens Hauptschüler selbst mit einem guten Schulabschluß kaum mehr einstellt.

Haslbeck: Im Bereich der Elektronikerausbildung, also bei den technischen Berufen, da waren so sechzig Prozent Realschüler, vierzig Prozent Hauptschüler; da werden also auch Hauptschüler eingestellt. Bei den neuen I&K-Berufen mit höheren Anforderungen und kürzerer Ausbildungszeit verschiebt es sich zu ungunsten der Hauptschüler, denn heute gibt es da in einem Jahrgang etwa je vierzig Prozent Abiturienten und Realschüler, aber nur noch zwanzig Prozent Hauptschüler.

Kubicek: Wenn ich das zum Schluß noch sagen darf: Aus den USA gibt es Erfahrungen, daß die Technik auch Lernmotivation erzeugt. Studien aus Slumgebieten zeigen, daß die Anwesenheitsrate steigt, wenn Internet als Lernmittel eingesetzt wird. Bei aller Vorsicht würde ich sagen: Das ist eine wichtige Chance, daß man jetzt gerade auch die Haupt- und Realschulen mit dieser Technik ausstattet und die Haupt- und Realschullehrer und -lehrerinnen qualifiziert. Wenn es gelingt, in interessanten und praxisnahen Projekten diese Technik an die Schülerinnen und Schüler heranzubringen, können diese vielleicht ihren Hauptschulabschluß mit nachgewiesener Internetkompetenz verbinden und so aufwerten.

Heinz: Meine Herren, ich danke Ihnen für das facettenreiche Gespräch.

VOLKER BAETHGE-KINSKY,
PETER KUPKA

Ist die Facharbeiterausbildung noch zu retten? Zur Vereinbarkeit subjektiver Ansprüche und betrieblicher Bedingungen in der Industrie

Auf ihre Facharbeiterausbildung war und ist die Industrie in Deutschland ausserordentlich stolz – wenn man die öffentlichen Verlautbarungen der Vertreter ihrer Spitzenverbände und der Top-Adressen aus Chemischer, Elektro- und Metallindustrie als Maßstab heranzieht. Einen deutlich anderen Eindruck gewinnt man hingegen beim Blick in die Ausbildungs- und Beschäftigtenstatistik: In der Dekade zwischen 1985 und 1995 reduzierte sich die Quote der Ausbildungsbetriebe etwa im Bereich „Metall/Maschinenbau" um knapp 34 Prozent, im Bereich „KFZ/Datenverarbeitung/Elektrik" um fast 28 Prozent.[1] Sicherlich muß man in Rechnung stellen, daß der Ausstieg aus der Facharbeiterausbildung zu hohen Anteilen von Kleinst- und Kleinbetrieben (mit weniger als 50 Beschäftigten) vollzogen wurde, während vor allem Großbetriebe (mit mehr als 500 Beschäftigten) an der Ausbildung festhielten.[2] Doch zeigt der Blick auf die Entwicklung der Ausbildungsquote, das heißt den Anteil der Auszubildenden an den Beschäftigten, bei diesen Betrieben zwischen 1985 und 1995 ebenfalls ein ernüchterndes Bild: Diese ging um mehr als ein Viertel von sechs auf knapp fünf Prozent zurück. Entwarnung kommt auch nicht von der jüngsten Entwicklung: Die Kommentare des zuständigen Bundesministeriums zur Zahl der neu abgeschlossenen Ausbildungsverträge im Jahr 1999 verweisen darauf, daß der moderate Anstieg mit einer Zunahme der öffentlichen Subventionierung dualer Ausbildung erkauft wurde, eine Tendenz, die auch die industrielle Facharbeiterausbildung tangieren dürfte.

---

1 Berechnet nach *BIBB* 2000.
2 1985 bildeten 94%, 1995 nahezu unverändert 93,8% aller Großbetriebe aus (vgl. *BIBB* 2000).

Ist die Facharbeiterausbildung noch zu retten? 167

Was ist geschehen, daß es zu dieser rückläufigen Entwicklung kommen konnte? Erleben wir, wie manche glauben machen wollen, eine – nun schon eine gute Dekade währende – mittelfristige „Durststrecke" der Facharbeiterausbildung? Oder verbirgt sich dahinter mehr, nämlich ein langfristiger Prozeß, an dessen Ende die Facharbeiterausbildung auf der Strecke bleibt? Was sind seine strukturellen Ursachen? Welche Rolle spielen veränderte betriebsstrukturelle Bedingungen, welche Rolle die subjektiven Dispositionen und Ansprüche der heranwachsenden Generation? Und was ergibt sich daraus für die Zukunft der industriellen groß- und mittelbetrieblichen Facharbeiterausbildung? Diesen Fragen sind wir auf der Basis einer am *SOFI* in der zweiten Hälfte der neunziger Jahre durchgeführten empirischen Untersuchung in der Metall- und Elektroindustrie[3] nachgegangen.

Es ist an dieser Stelle daran zu erinnern, daß die industrielle Facharbeiterausbildung als ein *System*, das aus der handwerklichen Produktionsweise stammt, mit bestimmten Voraussetzungen verbunden war. Zu ihren aus der Zeit der Übertragung auf die große Industrie stammenden betrieblichen Eckpfeilern zählen:

– die *Integration von Arbeiten und Lernen* als zentraler Typus von Qualifikation und Qualifikationsvermittlung, der im wesentlichen auf Erfahrung beruht;
– ein *enggeführter Allokationsmechanismus*, der relativ nahtlose Übergänge Jugendlicher in Beschäftigung und betriebliche Arbeitspositionen vorsah; dies ist ein Mechanismus der internen Arbeitsmarktstruktur und stellt auf klar abgesteckte Kompetenzfelder und Aufgabenzuschnitte ab, die bestimmten Qualifikationen zugeordnet werden;
– ein *korporatistischer Konfliktlösungsmodus*, der die betrieblichen Sozialpartner in hohem Maß auf sozial- und bildungspolitische Konsensbildung verpflichtete und hierbei der betrieblichen Durchführung der Ausbildungsprozesse erhebliche Freiräume sicherte.

Das regulative Prinzip der Beruflichkeit oder besser: das Berufsprinzip in Arbeit und Ausbildung bildete gleichsam die Klammer zwischen diesen betriebsstrukturellen Voraussetzungen – und zwar sowohl im Hinblick auf die Qualifikationsversorgung der Betriebe als auch im Hinblick auf die Sicherung dauerhafter Erwerbsperspektiven Jugendlicher und junger Erwachsener. Die Vorzüge einer eigenen Ausbildung ergaben sich für die Betriebe aus der Langlebigkeit und dem hohen Konkretionsgrad von Qualifikationen, der – nach abgeschlossener Ausbildung – den reibungslosen Einsatz als vollwertige Arbeitskraft ermöglichte und ihnen für die weitere Zukunft die Nutzung des im Rahmen des Beschäftigungsverhältnisses angesammelten Erfahrungswissens ermöglichte. Für die angehenden Facharbeiter bot die Ausbildung eben-

---

3 Diese Untersuchung wurde vom Bundesministerium für Bildung und Forschung gefördert und von den Autoren unter der Leitung von *Martin Baethge* durchgeführt.

falls eine vergleichsweise attraktive Perspektive – angefangen bei der Übernahme nach der Ausbildung über vergleichsweise moderate Bedingungen der Leistungsverausgabung bis hin zu den institutionalisierten Karrierewegen in Richtung Meister- oder Technikerpositionen. Sowohl im Hinblick auf Qualifikationsversorgung wie auch die Sicherung dauerhafter Erwerbsperspektiven war damit beiden Seiten, Betrieben wie Jugendlichen, gedient.

Nun schwangen im Berufskonzept immer auch betriebsübergreifende Bezüge von Qualifizierung und sozialer Integration mit, die das einzelbetriebliche Kalkül durchaus hätten konterkarieren können. Diese Bezüge drücken sich in der Normierung und Regulierung der Ausbildung, in der hohen Übereinstimmung fachlich-funktionaler Aufgabenzuschnitte von Facharbeit in Unternehmen aus denselben oder verwandten Branchen oder in tarifvertraglichen Eingruppierungsregeln aus, die grundsätzlich Mobilitätsperspektiven (zum Beispiel Betriebswechsel) hätten begünstigen können. Offensichtlich sind betrieblich unerwünschte Mobilitätsprozesse von Facharbeitern in der Mittel- und Großindustrie selten der Fall gewesen (*v. Henninges* 1991, 1994). Dieses lag vermutlich zum einen daran, daß Ausbildungspraxis und Gratifikationssysteme eher auf die Verhinderung von Mobilität und Offenheit angelegt waren. So dürfte zum Beispiel die Konzentration betrieblicher Ausbildungseinsätze auf die Abteilungen, in denen Absolventen der einzelnen Berufe typischerweise nach der Ausbildung eingesetzt wurden, vor allem die Herausbildung *beruflich* geprägter kognitiver Schemata und Verhaltensweisen befördert haben. Ein anderes Beispiel für Mobilitätshemmnisse bilden etwa die Senioritätskriterien, die für die Besetzung von Aufstiegspositionen herangezogen wurden. Zum anderen mag dies auch an der vielzitierten „Bodenständigkeit" der Heranwachsenden gelegen haben, die sich für eine Facharbeiterausbildung in einem Betrieb ihrer Region entschieden haben.

Erosion der Beruflichkeit?

In unserer Untersuchung mußten wir nun feststellen, daß die Unternehmen aufgrund einer veränderten ökonomischen und gesellschaftlichen „Großwetterlage", die sich mit Stichworten wie „Globalisierung", „Informatisierung" und „Dienstleistungsgesellschaft" umreißen lassen, andere geschäftspolitische Konzepte als in der Vergangenheit verfolgen. In diesem Kontext gestalten sie ihre Betriebs- und Arbeitsorganisation in einer Weise um, welche die berufsbezogene Produktionsverfassung mit ihrer spezifischen Qualifikationsstruktur und ihren besonderen Mustern sozialer Integration erschüttert.

Blicken wir zurück: Die traditionelle Geschäftspolitik deutscher Unternehmen war in erster Linie davon bestimmt, sorgfältig verarbeitete Produkte auf den Binnen- und Weltmärkten anzubieten, die ein hohes technisches Niveau aufwiesen und in den oberen Preisklassen angesiedelt waren. Diese „Qualitätsproduktion" allein sicherte, wie die Industrie in den ausgehenden achtziger Jahren feststellen mußte, keinen Markterfolg, da Wettbewerber aus anderen Industrieländern zunehmend imstande waren, gleiche Qualitäten zu niedrigeren Preisen schneller und zuverlässiger zu liefern. Spätestens Anfang der neunziger Jahre vollzogen diese Unternehmen einen Kurswechsel hin zu einer Geschäftspolitik, die man als „innovations- und dienstleistungszentrierte Produktion" bezeichnen könnte. Sie sind bestrebt, neue Kundenbedürfnisse zu befriedigen, welche sich auf technologische Leistungsmerkmale, auf zusätzliche Dienstleistungen und ein besseres Preis-Leistungs-Verhältnis richten: Schnelle Entwicklung und Produktion neuer Produkte, Steigerung der Liefertreue und Verkürzung der Lieferzeiten, Verbesserung von Verkaufsberatung, technischem Service und die Ausdehnung der Produktpalette auf unterschiedliche Preissegmente stehen im Vordergrund.

Das organisatorische Pendant zu diesem Wechsel der Geschäftspolitik bildet nach unseren Befunden eine prozeßorientierte Gestaltung der Betriebs- und Arbeitsorganisation, die gleichzeitig eine Optimierung von Markt- und Kundenbezug, Produktqualität, Kosten und Innovation erlauben soll. „Prozeßorientierung" bedeutet die Abkehr vom Verrichtungsprinzip, eine konsequente Ökonomisierung der internen Abläufe und die Integration von Wertschöpfungsfunktionen nach dem Objektprinzip; sie bezeichnet – gleichsam negativ gefaßt – den Abschied von der traditionellen beruflich-funktionalen Organisation des industriellen Mittel- und Großunternehmens.

Die Veränderungen zielen darauf ab, den *Innovations- wie den Produktionsprozeß zu beschleunigen und zu verstetigen und zugleich kostenoptimale, profitträchtige Lösungen zu realisieren.*

Wir wollen an dieser Stelle weder ausführlich die Dimensionen benennen noch die Merkmale ausführen, in denen sich die prozeßorientierte von der beruflich-funktionalen Betriebs- und Arbeitsorganisation vergangener Tage unterscheidet (hierzu *Baethge/Baethge-Kinsky* 1998, 462ff) In unserem Zusammenhang geht es vor allem darum, den Blick auf die Implikationen zu richten, die dieses Konzept für den Facharbeitereinsatz hat. Selbst wenn die Betriebe sich in der Reichweite prozeßorientierter Gestaltung unterscheiden, so lassen sich doch überall deren Grundzüge erkennen; mit deutlich erkennbaren Folgen für Qualifikationsprofile wie Muster sozialer Integration:

– Als erstes Merkmal ist ein *dynamisches Out- und Insourcing* zu nennen, das alle bisher von Facharbeitern abgedeckten Leistungen zur Disposition stellt und in der am weitesten entwickelten Variante auch neue Aufgaben durch Aufträge betriebsexterner Kunden mit sich bringt. Es entfallen damit tendenziell Räume geschützter, dauerhafter Beschäftigung von Facharbeitern, zugleich erhöhen sich die Anforderungen an die fachliche Breite des Qualifikationsprofils aufgrund eines flexibleren Personaleinsatzes.

- Als zweites Kennzeichen ist der weitgehend *"prozeßnahe"* Einsatz von indirektem
  - nicht direkt produzierendem – *Facharbeiterpersonal* (in Instandhaltung, Qualitätssicherung, Betriebsmittelbau etc.) zu nennen, der im Zuge von Dezentralisierung erfolgt. In zentralen Werkstätten ohne enge Bindung zum – betriebsinternen – „Kunden" beläßt man nur noch eine Minderheit von ihnen. Damit verlieren Formen von Arbeit mit vergleichsweise geringer Intensität für Facharbeiter an Bedeutung; aufgrund zunehmend zeitkritischer Eingriffe in den Produktionsprozeß stellen sich erhöhte Anforderungen an Analyse- und Konzentrationsfähigkeit.
- Als drittes Kriterium läßt sich eine *prozeß- beziehungsweise kundenbezogene Arbeitsteilung* benennen: Im Rahmen zunehmend integrierter Wertschöpfungsprozesse wird die traditionelle Kernaufgabe des Facharbeiters, das Produzieren oder Reparieren, generell um die Verantwortung für reibungslose Abläufe (Prozeßsicherung) und Innovation (Optimierung) erweitert. In diesem Zusammenhang gewinnen fachübergreifende Qualifikationen (Methodenkompetenz, Abstraktionsfähigkeiten) und nicht-technische Wissensbestandteile (organisatorische, kaufmännische, kulturelle Kenntnisse) anstelle konkret gegenstandsbezogener (Erfahrungs-) und spezialisierter technischer Qualifikationen an Gewicht.
- Als viertes Charakteristikum ist die *Einbindung in permanente Formen* (zum Beispiel „Gruppenarbeit") *der querfunktionalen, berufs- und statusübergreifenden Kooperation* zu nennen, das heißt Zusammenarbeit mit Beschäftigten, die eine andere Ausbildung oder einen anderen betrieblichen Status haben. Hieraus resultieren verstärkte Anforderungen an Fähigkeiten zur Selbstorganisation, Kommunikation und Kooperation.
- Als fünfte Besonderheit ist der deutliche *Abbau von Privilegien* (über niedrige Eingruppierung und intensiveren Leistungszugriff) *und die Reduzierung traditioneller Aufstiegspositionen* für Facharbeiter (im Zuge von Enthierarchisierung und Funktionsintegration) zu nennen. Die Betriebe nivellieren damit in gewissem Umfang die Statusunterschiede, die zwischen den verschiedenen Beschäftigtengruppen bestanden. Hierdurch werden traditionelle, attraktive Muster der Facharbeiterintegration zur Disposition gestellt.
- Als sechstes Merkmal schließlich stellt sich die *Einbindung* der Facharbeiter *in ein flexibles Zeitregime* im Rahmen umfassender betrieblicher Arbeitszeitmodelle dar. Hieraus resultieren zum einen Anforderungen an hohe zeitliche Flexibilität und an das Vermögen, zeitökonomische Optimierungsstrategien zu entwickeln. Zum anderen bedeutet die damit verbundene Auflösung des „Normalarbeitstages" eine deutliche Verschlechterung der Arbeitskonditionen.

Als *erste Konsequenz* dieser Umgestaltung löst sich das traditionelle Qualifikationsprofil des Facharbeiters auf: Vom „berufsfachlichen Spezialisten", seinem *handwerklichen Können* und dem in der Auseinandersetzung mit konkreten, langlebigen Verfahren und Materialien entstandenen *Erfahrungswissen* bleibt nicht sehr viel übrig. Für die Betriebe besteht damit in der Frage des Ausbildungskonzepts ein schwer auflösbares Dilemma: Einerseits schwindet die Sicherheit darüber, welche konkreten, fachlichen Inhalte noch sinnvolle Ausbildungsbestandteile abgeben. Andererseits laufen sie bei einer stärker auf fachübergreifende und nicht-fachliche Ausbildungsinhalte orien-

tierten Ausbildungskonzeption Gefahr, daß die unmittelbare Einsatzfähigkeit im Anschluß an die Ausbildung nicht mehr gewährleistet ist.
Dieses Problem ist in der Tat virulent und führt zu erheblichen Irritationen. So beklagten die Verantwortlichen der unterschiedlichen Einsatzbereiche fachliche Qualifikationsmängel der Ausbildungsabsolventen ebenso wie fehlende *soft skills*. Und die Ausbildungsverantwortlichen wissen angesichts der heterogenen Anforderungen aus eben diesen Bereichen vielfach kaum noch, wie sie diese (dazu noch innerhalb des Rahmens, der von den Ausbildungsordnungen gesetzt wird) in einem einheitlichen Ausbildungskonzept unterbringen sollen. Die von ihnen betriebene Suche nach neuen Ausbildungsstrukturen zielt auf die *Breite und Struktur* der Ausbildungsberufe (welche Berufe bildet man noch sinnvoll aus?), die *fachlichen und fachübergreifenden Inhalte* der Ausbildung (welche Inhalte sollen noch in welcher Tiefe im Rahmen der Erstausbildung vermittelt werden?) wie letztlich auch die *Gewichtung von Ausbildungsstationen und -orten* (Lehrwerkstatt, Betriebseinsatz) nach Dauer, Inhalten und Abfolge. Tatsächlich ist man hier nur in wenigen Betrieben zu einheitlichen und überzeugenden Lösungen gekommen; desto stärker äußert sich dort der Druck, die Ausbildung in Umfang, Intensität und damit Kosten zu legitimieren oder – dies ist der praktische Effekt in fast allen Betrieben – sie zu reduzieren.

Die *zweite Konsequenz besteht darin*, daß der Beruf als soziales Integrationsmuster, wie es für die Vergangenheit unter anderem in Deutschland typisch war, in der betrieblichen Realität an Bedeutung verliert. Die Auflösungstendenzen beginnen bei der Eingruppierung von Ausbildungsabsolventen in niedrigere Lohngruppen. Sie setzen sich in einer deutlich verringerten Arbeitsplatzsicherheit und der Reduzierung von Arbeitsprivilegien fort: in der Mischung aus anspruchsvollen und hoch routinisierten, aus belastungsarmen und belastungsintensiven Arbeitsaufgaben für Facharbeiter. Schließlich gipfeln sie in den drastisch reduzierten Möglichkeiten des „vertikalen Aufstiegs" auf Meister-, Techniker- und Konstrukteurspositionen (vgl. *Drexel* 1993), sei es, weil die Stellen selbst reduziert werden, sei es, weil man dafür Fachhochschulabsolventen rekrutiert. Auch zu diesem Weg scheint es für die Betriebe momentan kaum Alternativen zu geben, will man nicht die Reaktions-, Flexibilitäts- und Innovationspotentiale opfern, die in einer prozeßorientierten Gestaltung der Organisation liegen. Andererseits mangelt es aber in vielen Betrieben an einem Konzept für den Einsatz und die Personalentwicklung für Facharbeiter, das die Angebote sozialer Integration in berechenbarer Form ausweist und damit eine zuverlässige Orientierung für interessierte Jugendliche liefert. Kurz: die alten Einsatz- und Laufbahnmuster, die als Folie für individuelle Ansprüche herhalten konnten, spielen in den meisten Betrieben nur noch eine marginale Rolle, neue sind zumeist noch nicht in Sicht.

Ziehen wir ein Zwischenresümee: Im Hinblick auf Ausbildungs-, Einsatz- und Entwicklungskonzepte für Facharbeiter läßt sich festhalten, daß prozeßorientierter Organisationsumbau derzeit in erster Linie einen Erosionsprozeß des „Alten" und weniger eine in sich stimmige und aufeinander bezogene Formulierung neuer Konzepte für Kompetenzprofile und attraktive Integrationsangebote beschreibt. Hierin dürfte eine erhebliche Menge an sozialem Sprengstoff liegen, mit dem die Betriebe zu rechnen haben oder schon jetzt konfrontiert sind.

Zwischen Traditionalismus und Subjektivierung: Ansprüche an Arbeit und Ausbildung

Der skizzierte Erosionsprozeß beruflich (im umfassenden Sinn von Qualifikation, sozialer Integration, Arbeitsorganisation) geprägter Arbeits- und Ausbildungsverhältnisse und der mit ihnen verbundenen Anforderungen und Integrationsangebote vollzieht sich nicht im gesellschaftsfreien Raum: Die Betriebe sind mit Ansprüchen und Dispositionen bei den Jugendlichen und jungen Erwachsenen konfrontiert, die diese aus der vorberuflichen Sozialisation mitbringen und die sie nicht einfach vor den Toren des Betriebes ablegen. Diese Ansprüche haben eine klare Tendenz: Obwohl sich die Auszubildenden und Facharbeiter unseres Samples[4] für gewerblich-technische Berufe entschieden haben, denen gemeinhin ein deutlich begrenztes Selbstverwirklichungspotential zugeschrieben wird, dominieren in unserer Stichprobe die inhaltlichen und entwicklungsbezogenen Ansprüche. Dennoch handelt es sich keineswegs um eine Gruppe mit homogenen arbeitsbezogenen und (berufs-)biographischen Orientierungen. Vielmehr lassen sich bei ihnen deutliche Unterschiede sowohl bei den Maßstäben erkennen, die bei der Beurteilung von Arbeits- und Ausbildungsprozessen angelegt werden, als auch bei der Formulierung von biographischen Entwürfen.

Der Erosionsprozeß betrifft zunächst jenen Teil der Heranwachsenden, der mit geringer ausgeprägten inhaltlichen und entwicklungsbezogenen, dafür aber mit mehr oder minder dezidierten *materiell-reproduktionsbezogenen Ansprüchen* an die Ausbildung wie an die Arbeit herantritt: Fragen der Arbeitsplatzsicherheit, der Entlohnung, zu erwartender Belastungen sowie der Möglichkeiten ihrer Regulation nehmen eine prominente Stelle bei der Beurteilung

---

4 Wir haben in neun Betrieben der Metall- und Elektroindustrie biographisch orientierte Interviews mit Auszubildenen (n=94) und Facharbeitern geführt. Diese waren vom Charakter her halbstrukturiert, d.h. geschlossene (i.d.R. *rating*-Fragen) und offene Fragen wechselten.

Ist die Facharbeiterausbildung noch zu retten? 173

der Arbeitssituation ein.[5] Dominant im Sinne einer weitgehenden Gleichgültigkeit gegenüber Arbeitsinhalten („,gute Arbeit' kenn' ich nicht") sind diese Aspekte jedoch nur bei einer kleinen Minderheit. Der inhaltliche Bezugspunkt der meisten ist dagegen die Möglichkeit, die in der Ausbildung erworbenen Qualifikationen auch tatsächlich in der alltäglichen Arbeit einsetzen zu können. Das in Ausbildung und Berufspraxis erworbene Fingerspitzengefühl und das Bewußtsein, die jeweilige Produktionstechnik zu beherrschen, bietet für sie den Ansatzpunkt beruflicher Identifikation. Der Zerspanungsmechaniker will die Kontrolle über „seine" Maschine haben, der Industrieelektroniker will „ein Drähtchen in der Hand" haben und nicht überwiegend mit dem Schraubenschlüssel arbeiten.

Es ist jedoch unübersehbar, daß diese Gruppe in besonderer Weise zur Kompromißbildung gerade bei den inhaltlichen Aspekten neigt. Dies heißt, daß junge Facharbeiter sich unter dem Motto „Hauptsache ein sicherer Arbeitsplatz und das Geld stimmt" etwa mit einer Degradierung zum Bandarbeiter oder Maschinenbediener arrangieren können, in der Hoffnung, daß dies nur eine vorübergehende Passage der betrieblichen Biographie darstellt. Die Aussage: Ich „meine, wenn wir hier dreieinhalb Jahre lernen, dann werden wir schon eine Maschine einrichten können" klingt in diesem Zusammenhang eher wie ein defensives Plädoyer in Richtung Betrieb, es mit den Zumutungen nicht zu weit zu treiben, und nicht wie eine selbstbewußte Reklamation interessanter Arbeitsangebote.

Geradezu erstaunlich ist die weitgehende Abwesenheit von Karriereperspektiven. Diejenigen, bei denen wir eine dominante materiell-reproduktionsbezogene Orientierung gefunden haben, gehen damit recht offensiv um und betonen, daß sie weder den Streß noch die Verantwortung von Aufstiegspositionen, etwa des Vorarbeiters oder Meisters, zu tragen bereit sind. Die anderen (in dieser Gruppe die deutliche Mehrheit), die immerhin den dezidierten Anspruch auf qualifizierte Berufsarbeit vor sich hertragen, lehnen qualitative Veränderungen ihrer Arbeit nicht grundsätzlich ab, beschränken ihre An-

---

5 Diese Gruppe könnte man in Anlehnung an *Friedrich Weltz, Gert Schmidt und Jürgen Sass* (1974) als „traditionell-defensiv" bezeichnen. Sie umfaßt in unserer Stichprobe knapp die Hälfte der Facharbeiter und eine Minderheit der Auszubildenden. Die Vorläufigkeit eines solchen Etiketts trägt dem Sachverhalt Rechnung, daß Arbeits- und Entwicklungsansprüche von Auszubildenden und Facharbeitern in der Vergangenheit (d.h. vor den Jugendstudien der achtziger Jahre: *Heinz u.a.* 1985, *Baethge u.a.* 1988 z.B.; vgl. *Lempert* 1998, Kap.3) kaum unter einer subjektorientierten Perspektive untersucht wurden (zur Kritik vgl. *Knapp* 1981; *Voß* 1984). Die Vorstellung von Komplementarität zwischen betrieblichen Einsatzbedingungen und Ansprüchen der Facharbeiter wurde daher mehr unterstellt als wirklich erforscht; vorhandene Ansprüche an Arbeit wurden nicht expliziert. Daher ist zum Beispiel die Behauptung, der Facharbeiter zeige ein „deutlich begrenztes Anspruchsniveau im Hinblick auf Arbeitsbedingungen, Qualifikation und berufliches wie gesellschaftliches Weiterkommen" (*Weltz/ Schmidt/Sass* 1974, 46f) mit Vorsicht zu genießen. Gleichwohl lassen sich die oben vorgestellten Orientierungen in dieser Weise recht gut zusammenfassen.

forderungen aber darauf, irgendwann einmal etwas selbständiger zu arbeiten oder mehr Geld zu verdienen. Einige wenige äußern sogar die – allerdings sehr vage und unbestimmt vorgetragene – Möglichkeit einer späteren Weiterbildung. Für diese Gruppe unseres Samples gilt also, daß sie sich mit der Erosion von „Beruflichkeit" arrangieren kann, soweit es den Abbau traditioneller Laufbahnmuster betrifft. Sie fühlen sich dann betroffen, wenn ihr Arbeitsplatz zu wenig von den Anforderungen erkennen läßt, die sie mit ihrer Ausbildung verbinden, was jedoch nur vereinzelt zur Folge hat, über berufliche Umorientierung oder Weiterqualifikation nachzudenken.

Jene Mehrheit unserer Stichprobe, bei der *inhaltliche und entwicklungsbezogene Aspekte* im Vordergrund stehen, muß sich mit der Auflösung „beruflicher Integrationsmuster" in anderer Weise auseinandersetzen. Unter ihnen finden wir eine große Gruppe, für die berufliche Selbstverwirklichung und Entwicklung soweit an Inhalte gebunden ist, daß das Streben nach Positionen dahinter zurücktritt; wir kommen darauf zurück. Der größere Teil innerhalb der inhaltlich-entwicklungsbezogenen Gruppe verbindet eine ausgeprägte Orientierung auf Arbeitsinhalte mit traditionellen Vorstellungen beruflicher Entwicklung. Die Facharbeiter – und prospektiv auch die Auszubildenden – legen Wert auf eine fachlich und inhaltlich anspruchsvolle Arbeit und reklamieren diese auch selbstbewußt. Dazu gehört, daß man mit der neuesten Technologie konfrontiert ist und diese beherrschen lernt, aber auch Arbeitsbedingungen und Dispositionschancen, die den einen oder anderen schon einmal die Selbsteinschätzung vornehmen läßt, ‚freischaffender Künstler' zu sein. In dieser Gruppe finden wir häufig ausgeprägtes Statusbewußtsein und Laufbahnorientierung. Dies drückt sich darin aus, daß man sich zur einen Seite von Un- und Angelernten abgrenzt und die Übernahme von hoch routinisierten oder gar monotonen Teilaufgaben schlicht als Zumutung empfindet. Zur anderen Seite gehört dazu die Abgrenzung von statushöheren Mitarbeitern und der Unwillen, von diesen Weisungen zu empfangen oder kontrolliert zu werden. Gleichzeitig wäre man aber auch gern einer von ihnen, was in den Überlegungen beziehungsweise konkreten Planungen einer Fortbildung zum Meister oder Techniker sichtbar wird. Die dabei erkennbare Motivstruktur ist jedoch nicht eindeutig: Einerseits läßt sie das Bedürfnis erkennen, eine betriebliche Position zu bekleiden, auf der man „ein bißchen von oben die Fäden zieht" und bestimmte Privilegien genießt. Andererseits enthält sie fast immer auch das Interesse an einer inhaltlich interessanteren Aufgabenstellung, an besseren Dispositions- und häufig auch Kommunikationschancen. Innerhalb der Wahrnehmung der betrieblichen Realität erscheint die Umsetzung dieser Ziele jedoch an das Erreichen der traditionellen Aufstiegspositionen gebunden.

Ob der Laufbahnbezug sich eher auf das Statusmotiv gründet oder der Aufhänger für die inhaltlichen Interessen ist: in jedem Fall sind diese Facharbeiter nicht nur mit inhaltlich unbefriedigenden Arbeitsplätzen konfrontiert, sondern auch – möglicherweise noch stärker – von der Erosion der traditionellen Aufstiegsmuster betroffen.

Entwicklungsorientierung der Jugendlichen – das passende Gegenstück zur Prozeßorientierung?

Was mit Blick auf den von uns vorgefundenen Zustand betrieblicher Facharbeiterkonzepte und eher traditioneller – oder traditionell scheinender – Arbeits- und Laufbahnorientierungen in unserer Stichprobe vor allem als unaufhaltsamer Erosionsprozeß wirkt, erscheint in einem anderen Licht, wenn man sowohl jene Betriebe betrachtet, deren prozeßorientierte Betriebs- und Arbeitsorganisation und entsprechende Aus- und Weiterbildungskonzepte am weitesten vorangeschritten sind, als auch die erkennbar neuen arbeitsbezogenen und erwerbsbiographischen Perspektiven, die wir bei einem Großteil der Stichprobe fanden.

Blicken wir zunächst auf die Untersuchungsbetriebe, die wir dem Typus einer „forcierten Prozeßorientierung" zurechnen: Das neue, im Rahmen der prozeßorientierten Gestaltung der Betriebs- und Arbeitsorganisation reformulierte Einsatzkonzept für Facharbeiter hält neben neuen Qualifikations- und Leistungsanforderungen zugleich auch Angebote sozialer Integration bereit. Die Handlungssituation, in der sich der prototypische Facharbeiter der prozeßorientierten Organisation, der „Problemlöser",[6] bewegt, läßt sich in bezug auf Tätigkeitsstruktur und Qualifikationsanforderungen wie folgt charakterisieren: Der „Problemlöser" – hierin gleicht er dem traditionellen handwerklichen Facharbeiter – stellt mit zuweilen hohen Zeitanteilen Produkte her, repariert sie oder er steuert, überwacht und reguliert Produktionsprozesse und -anlagen. Das eigentlich Neue seiner Tätigkeit liegt jedoch in der Verbindung dieser Aufgaben mit Innovations- und Optimierungsfunktionen, das heißt erweiterten Kompetenzen beim Aufdecken und bei der dauerhaften Beseitigung von Störungsquellen und Problemen in technischen und organisatorischen Abläufen, von Produktmängeln und Rationalisierungsblockaden.

---

6 Insgesamt haben wir in unserer Untersuchung drei Arbeitstypen unterschieden, die sich in ihrer durch das jeweilige betriebliche Organisationskonzept bestimmten Tätigkeitsstruktur, ihrem Qualifikationsprofil und ihrer Leistungssituation deutlich voneinander abheben: Neben dem „Problemlöser" sind dies der „Herstellungsarbeiter", dessen Handlungssituation und Anforderungsprofil weitgehend mit dem des traditionellen „handwerklichen" Facharbeiters übereinstimmt, sowie – als eine Art Zwischenstufe – der „Systemregulierer", der zwar auch die Aufgabe der Prozeßsicherung hat, dem aber die Innovationskompetenz des Problemlösers fehlt.

Das besondere am „Probleme-Lösen" liegt darin, daß bereits die genaue Definition des Problems wie auch die Erarbeitung von Lösungswegen wesentliche Bestandteile der Arbeitsaufgabe darstellen und daß auch das spätere Resultat nicht als konkretes, sondern allenfalls als abstraktes Ziel (zum Beispiel Kostenersparnis, Ablaufverbesserung) vorgegeben ist. Die Übertragung von Innovations- beziehungsweise Optimierungsaufgaben bedeutet freilich keinen „Freibrief" für das Arbeitshandeln auf diesem Gebiet; der Facharbeiter bleibt eingebunden in systemische Optimierungsstrategien des Unternehmens, denen punktuelle, das heißt auf die Optimierung von Subsystemen gerichtete Verbesserungsperspektiven (abteilungsinterne Abläufe, *output* einer speziellen Anlage oder Maschine, konstruktiver Aufbau eines Produktteils) untergeordnet sind. Von daher kann der Problemlöser nicht allein auf ein spezialisiertes „berufliches" Handlungsrepertoire zurückgreifen, sondern muß fachfremde beziehungsweise übergreifende technische Aspekte ebenso einbeziehen wie übergreifende ökonomische und soziale Zusammenhänge und Sachverhalte.

Darüber hinaus muß er im Rahmen einer intensivierten Kooperation mit Beschäftigten, die keine oder eine andere Ausbildung haben und mehr oder weniger direkt mit ähnlichen Aufgabenstellungen befaßt sind (Un- und Angelernte, Facharbeiter anderer Berufe, Techniker, Ingenieure oder Kaufleute) sowie mit Kunden seine Handlungen abstimmen und begründen. Schließlich muß er in der Lage sein, sich neue Methoden und Wissen aus verschiedenen Gebieten anzueignen, wenn seine Qualifikationen nicht mehr hinreichen. Insgesamt verlangt dies nicht einfach nur Methodenkompetenz, Analyse- und Interpretationsvermögen sowie sozial-kommunikative Fähigkeiten, das heißt Überzeugungskraft und Argumentationsfähigkeit. Erforderlich sind dabei ausgeprägte Fähigkeiten zur Reflexion anstehender Probleme oder Aufgabenstellungen, zum Beispiel darüber, ob er mit seinen vorhandenen Qualifikationen noch hinkommt oder sich neue aneignen muß („Metakognitionsfähigkeiten").

Was zur Seite der Qualifikation als gestiegene Anforderung erscheint, birgt zugleich auch ein neues Angebot sozialer Integration für Facharbeiter – und zwar in doppelter Hinsicht: Zum einen bietet ihnen die durchgängige Beteiligung an betrieblichen Innovationsprozessen die Möglichkeit, die eigenen kreativen Potentiale zu entfalten und hieraus Selbstbestätigung wie auch betriebliche Anerkennung zu ziehen. Zum anderen können sie darüber – wie auch im Rahmen eines gesicherten Zugangs zu betrieblicher Weiterbildung *on* und *off the job* - ihre vorhandenen Wissensbestände und Fähigkeiten weiterentwickeln. Die damit verbundenen Möglichkeiten persönlicher und beruflicher Entwicklung erscheinen beträchtlich und gehen deutlich über das hinaus, was dem Facharbeiter generell geboten wurde. Freilich ist nicht zu verkennen, daß das Angebot solcher Arbeitsplätze zwar tendenziell steigt, diese aber in aller Regel mit neuen körperlichen, vor allem jedoch psychischen Belastungen einhergehen, welche die Frage nach einer Veränderung irgendwann automatisch aufwirft – allen inhaltlichen Herausforderungen zum

Trotz. Dies um so mehr, wenn es sich um einen Typus von Facharbeiter handelt, der Herausforderungen sucht: Es gibt wenig gute Gründe, diese Suche nicht mit Qualifizierungs- und Aufstiegsbemühungen zu verbinden. In den Betrieben mit forcierter Prozeßorientierung hat ein Qualifikationskonzept der Facharbeiterausbildung an Kontur gewonnen, daß als konzeptionelle Antwort der Ausbildung auf die Anforderungen dieser Organisationsform gelten kann. Die wesentlichen Veränderungen konzentrieren sich auf zwei Pfade.

Zum einen tragen die Betriebe dem Bedürfnis nach Erhöhung ihres Flexibilitätspotentials beim Personaleinsatz durch eine *Entdifferenzierung des angebotenen Berufsspektrums* und durch eine *stärkere Konzentration der Ausbildungsinhalte* Rechnung, um Raum für Spezialisierungen auf künftigen Einsatzfeldern zu gewinnen. Anstelle großer fachlicher Differenzierung setzen sie auf solche Berufe, deren Ausbildungsordnung ein vergleichsweise breites Spektrum fachlicher Inhalte aufweist (wie etwa beim neu kreierten „Mechatroniker") oder aber vergleichsweise viel Raum für die inhaltliche Ausgestaltung lassen (zum Beispiel Industriemechaniker, Fachrichtung Maschinen- und Systemtechnik, oder Industrieelektroniker, Fachrichtung Produktionstechnik). Innerhalb dieser „Basis-" oder „Kernberufe" reduzieren sie generalisierte Ausbildungsanteile auf die von der Ausbildungsordnung obligatorisch vorgegebenen Inhalte und ergänzen diese soweit wie möglich mit speziellen Inhalten, die auf das anvisierte Einsatzfeld nach der Ausbildung vorbereiten.

Zum anderen stärken sie *auch in der Ausbildung* die *Prozeßorientierung*, indem sie die praxisnahen beziehungsweise arbeitsintegrierten Ausbildungsanteile erhöhen („Ausbildung in der Produktion") und bestrebt sind, die Fachabteilungen ansatzweise in die Ausbildungsplanung einzubeziehen. Diese Maßnahmen lassen sich als berufspädagogische Antwort auf zwei Entwicklungsstränge begreifen, die heute zusammentreffen und sich überlagern: Der erste betrifft die schon lange zu beobachtende Verlagerung von Ausbildungsanteilen aus dem unmittelbaren Arbeitsprozeß in betriebliche Lehrwerkstätten sowie überbetriebliche oder schulische Ausbildungsstätten. Diese nahm mit der Verschiebung von erfahrungs- zu eher wissensbasierter Produktion immer weiter zu, zu Lasten der betrieblichen Sozialisation. Der zweite Strang ist neueren Datums. Er läßt sich als Beschleunigung von Innovation und Marktveränderung fassen, welche die Unternehmen zwingt, ihre Aus- und Weiterbildung an den Anforderungen eines schnellen Transfers von neuem Wissen und neuen Fähigkeiten auszurichten. Auch hierbei ist eine Ausbildung fern der Produktion eher hinderlich.

Prozeßorientierung als „Weg (zurück) in den Betrieb" wie auch die damit verbundenen Konzepte des „Lernens im Prozeß der Arbeit" fußen jedoch nicht auf den Zielen des „Erfahrung-Sammelns", die der Betriebseinsatz der traditionellen Ausbildung hatte, bei dem es um Materialgefühl, Vertrautheit mit Maschinen und berufsspezifischen Handlungssituationen ging. Heute geht es um eine andere Form von Erfahrung: um das Verständnis vom Zusammenwirken der unterschiedlichen Gruppen oder Betriebseinheiten im Prozeß, der Abschätzung des eigenen Beitrags zu seinem Gelingen sowie um kommunikative Erfahrungen mit Kunden und Kooperationspartnern. Das dieser Ausbildung unterlegte Ziel beruflicher Handlungskompetenz wird – wenn wir dies richtig sehen - nicht mehr im Sinne eines engen technischen oder funktionalistischen Spezialistentums konzeptualisiert, sondern als Fähigkeit, in komplexen Prozessen und organisatorischen Strukturen agieren zu können und systemische Zusammenhängen zu durchschauen. Hier liegt die Parallele zur Konstruktion von Berufsbildern, die an Geschäftsprozessen orientiert sind, wie dies erstmalig bei den informationstechnischen Berufen geschehen ist.

Die Aspirationen und Erwartungen einer großen Zahl von Facharbeitern und insbesondere Auszubildenden, die wir als *inhaltlich-entwicklungsbezogen* gekennzeichnet hatten, scheinen mit den Bedingungen einer prozeßorientierten Organisation von Arbeit, Aus- und Weiterbildung weitgehend kompatibel zu sein. Selbst wenn die Ausbildungsmotivation auch dieser Jugendlichen und jungen Erwachsenen zunächst aus einer profunden Abneigung gegen die Schule resultiert, dem Streben nach materieller Selbständigkeit sowie dem Anspruch, etwas Praktisch-Technisches erlernen zu wollen (*Kupka* 1998), ist damit allenfalls der „Basisanspruch" an fachliche Qualifizierung begründet, den sie wie selbstverständlich an ihre Ausbildung richten. Der wesentliche Unterschied zu den übrigen Facharbeitern und Auszubildenden drückt sich jedoch im ausgeprägten Entwicklungsbezug aus, unter dem sie ihre Ausbildungserfahrungen, die aktuelle Arbeitssituation und ihre berufsbiographischen Perspektiven reflektieren: Schon die Ausbildung selbst wurde mit der Erwartung angetreten, dort einen Zuwachs an Selbständigkeit zu erfahren, mehr Verantwortung zugeteilt zu bekommen und im Betrieb anerkannt und ernstgenommen zu werden. Bei den Facharbeitern und Auszubildenden mit stärkerer Reproduktionsorientierung beispielsweise wird die Ausbildung sehr viel häufiger danach beurteilt, ob sie die wichtigsten für die antizipierte Berufsausbildung nötigen Kompetenzen vermittelt und darüber hinaus selbst nicht zu anstrengend ist. Diese Einstellung korrespondiert häufig mit der Erwartung, daß mit der Ausbildung die Qualifizierungsprozesse weitgehend abgeschlossen sind: „Es ist damit erreicht".

Dementsprechend üben diese angehenden und jungen Facharbeiter in Betrieben mit traditionellen Ausbildungskonzepten deutliche Kritik an Umgangs- und Lernformen („die wollten uns hier ein zweites Mal erziehen"), die so gar nicht das implizite Versprechen einlösen, daß man mit der Ausbildung ein gutes Stück an den Erwachsenenstatus heranrückt. Den Kontrast hierzu liefern die positiven Urteile der Jugendlichen aus dieser Gruppe, die in Betrieben mit einer ambitionierten Ausbildung lernen oder gelernt haben. Sie heben dabei fast *unisono* auf die Entwicklungsmöglichkeiten ab, die dort durch Elemente eigenständigen Lernens, durch Gruppen- und Projektarbeit

Ist die Facharbeiterausbildung noch zu retten? 179

eröffnet wurden: den tatsächlich erfahrenen Zuwachs an Selbständigkeit, den Erfolg beim eigenständigen Lösen anspruchsvoller Aufgaben oder die gewährten Möglichkeiten zu kreativem Arbeiten. Besonders hervorgehoben wird dabei die Verbindung zwischen beruflicher Qualifikation und Entwicklung der Persönlichkeit.[7]

In unserer Untersuchung fanden wir Indizien für eine neue Übereinstimmung von Ansprüchen an Arbeit mit Arbeits- und Entwicklungsbedingungen der prozeßorientierten Organisation. Dies betrifft besonders die Bewertung der Arbeitserfahrung durch jene Teilgruppe von Facharbeitern, deren Entwicklungsbezug sich fast ausschließlich auf anspruchsvollere Arbeitsaufgaben und neue Herausforderungen richtet. Diejenigen unter ihnen, die als „Problemlöser" tätig sind, machen deutlich, daß solche Tätigkeits- und Anforderungsprofile einiges an Identifikationsmöglichkeiten bieten können. Insbesondere auf den inhaltlich anspruchsvollsten Arbeitsplätzen erleben sie ihre Arbeit als derart interessant und fordernd, daß sie weder an einen Wechsel auf andere Stellen noch an Möglichkeiten des vertikalen Aufstiegs denken. Dabei klopfen diese Facharbeiter – quasi losgelöst von Statusdenken und Laufbahnorientierung – die Arbeit daraufhin ab, welche persönlichen Entwicklungsmöglichkeiten sie ihnen gibt, insbesondere in bezug auf inhaltliche Herausforderungen und Kommunikation mit anderen.

Sosehr die sozialen und inhaltlichen Arbeitsansprüche gegenüber Statusaspekten bei dieser Gruppe dominieren und deren Orientierungen als passendes Gegenstück prozeßorientierter Organisation auszuweisen scheint, muß man doch Vorsicht walten lassen, was die längerfristige Übereinstimmung von individuellen und organisatorischen Interessen angeht: Gerade die am stärksten „entwicklungsorientierten" Heranwachsenden werden sich ihre Suche nach neuen Herausforderungen nicht einfach abkaufen lassen. Sich nicht mit einmal Erreichtem zufrieden zu geben, sondern sich umgehend neue Ziele zu setzen, bestimmt ihre Vorstellungen zukünftiger Arbeitsverhältnisse. Der Gedanke an Stagnation, an das Fehlen kontinuierlicher beruflicher Weiterentwicklung scheint ihnen generell unerträglich. Insofern äußern bereits Auszubildende sehr selbstverständlich Optionen des Ausstiegs: Sie kündigen einen Betriebs- oder Laufbahnwechsel für den Fall an, daß der Betrieb ihnen nach der Übernahme oder aber im Verlauf ihrer betrieblichen Erwerbskarriere nicht mehr viel Interessantes zu bieten hat. Auch bei denjenigen, die inhaltliche Ansprüche und Laufbahnorientierung miteinander verbinden, sehen wir durchaus Anknüpfungspunkte für die inhaltlichen Anforderungen der prozeßorientierten Organisation. Sie werden jedoch dauerhaft nur zu halten sein,

---

7 Diese Verbindung illustriert folgendes Urteil besonders schön: „sehr gut: die Erziehung zur Selbständigkeit für jeden Bereich des Lebens, der Umgang mit Kollegen und mit anderen Menschen überhaupt, man lernt Kompromisse einzugehen, außerdem gab es eine wahnsinnig gute technische Seite, ohne die kann man kein guter Facharbeiter werden".

wenn es für ihr Interesse an beruflichem Aufstieg eine betriebliche Entsprechung gibt, sei es finanziell, statusbezogen oder mit Blick auf die Arbeitsbedingungen. Für beide Varianten des Entwicklungsbezugs scheint uns die Frage der „Personalentwicklung für Facharbeiter" zentral zu sein.

Fazit: Ende der Facharbeiterausbildung?

Zwei eindeutige *generelle* Tendenzen können heute ausgemacht werden, was die betriebsstrukturellen Bedingungen in der Metall- und Elektroindustrie wie auch die arbeitsbezogenen und erwerbsbiographischen Orientierungen angehender und junger Facharbeiter anbelangt: die prozeßorientierte Reorganisation von Betriebs- und Arbeitsorganisation, Aus- und Weiterbildung auf der einen und der deutliche Inhalts- und Entwicklungsbezug auf der anderen Seite. Die Schwierigkeit einer *konkreten* Prognose zur Zukunft der Facharbeiterausbildung besteht darin, daß beide Tendenzen in unterschiedlichen Ausprägungen vorkommen. Diese aufeinander zu beziehen bedeutet, sich in eine komplexe Gemengelage zu begeben, jedoch sind Antworten auf einem geringeren Komplexitätsniveau noch viel weniger zu haben.

Beginnen wir mit der betrieblichen Seite: Soweit wir es heute sehen können, steht die gewerbliche Ausbildung vor allem in den Betrieben aktuell nicht zur Disposition, in denen der – eher traditionell gefaßte – Facharbeiter nach wie vor unverzichtbar erscheint; vor allem auf Grund der hohen Komplexität und Erfahrungsgebundenheit von Prozessen der maschinellen Stoffbearbeitung (mechanische Fertigung) und Montage. Doch selbst dort deuten sich für die Zukunft Probleme an, da die Prozesse zumindest in Teilen immer mehr der Verwissenschaftlichung in Form von Produkt- und Prozeßstandardisierung unterliegen. Sehr viel prekärer sieht es in den Betrieben aus, in denen die prozeßorientierte Reorganisation zwar weiter vorangeschritten ist, aber dennoch eher als schleichender Prozeß der Erosion der beruflich-funktionalen Organisation abläuft denn als konzeptioneller Vorgang. Hier werden Ausbildungsquantitäten zumindest in ihrem bisherigen Umfang zur Disposition gestellt. Übrig bleibt dort vielleicht eine Geste gesellschaftspolitischer Verantwortung, wenn die eigene Ausbildung nicht gar komplett vor dem Aus steht.

Hoffnung auf eine Facharbeiterausbildung, die mehr darstellt als eine solche Geste, machen vor allem diejenigen Unternehmen, die wesentliche Abschnitte auf dem Weg zur prozeßorientierten Organisation schon zurückgelegt haben und in diesem Zusammenhang sowohl die Einsatz- als auch die Ausbildungskonzepte für Facharbeiter neu formulierten: Dort scheint ein tragfähiges, vom betrieblichen Management wie von den Jugendlichen akzeptiertes pädagogisches *setting* der Ausbildung gefunden und ein inhaltlich interessantes Arbeitsangebot zu entstehen. Blicken wir auf die befragten Auszubildenden und jungen Facharbeiter: Eine Minderheit von ihnen kann sich mit dem Verlust jener relativen Privilegien arrangieren, welche die Leistungs- und Entlohnungssituation wie auch die Perspektiven des traditionellen Facharbeiters auszeichneten. Zugleich lassen sie aber auch Widerstände gegen ständiges Dazulernen erkennen: Sie zeigen sich nicht übermäßig initiativ. Ob die Betriebe zukünftig, das heißt bei Anforderungen, die immer weniger durch das Primat handwerklichen Könnens bestimmt sind, mit diesen Facharbeitern noch sehr viel anfangen können, sei dahingestellt.

Anders erscheint dies bei der Mehrheit unserer Interviewpartner, für die Facharbeiterausbildung, aktueller Arbeitseinsatz und zukünftige Beschäftigungsperspektiven Bestandteile eines *biographischen Projekts* darstellen, in dessen Zentrum die Frage nach persönlichen Entwicklungsmöglichkeiten steht – und zwar im Sinne einer auf die gesamte Erwerbsbiographie bezogenen „normativen Subjektivierung" (*Baethge* 1990). Diese beschränkt sich nicht allein auf konkrete Arbeit, sondern erstreckt sich auf alle Stationen und Aspekte betrieblicher Beschäftigungsverhältnisse. Die Referenzfolie für „Entwicklung" kann dabei sowohl das klassische Aufstiegsmuster für Facharbeiter sein als auch die Suche nach immer neuen inhaltlichen Herausforderungen.

Auf den ersten Blick wirkt vor allem jener Teil der entwicklungsorientierten Jugendlichen für die Betriebe attraktiv, der weitgehend unabhängig von Aufstiegspositionen nach inhaltlich befriedigenden, herausfordernden Tätigkeitsfeldern strebt (wobei dies natürlich *auch* Meister, Techniker oder ähnliche Positionen sein können). Doch gewinnen wir aus der Analyse dieser Gruppe den Eindruck, daß deren betriebliche Bindung relativ locker ist und die Erfüllung eigener Ansprüche zur Voraussetzung hat. Diese Labilität wird durch eine Ausbildung, in der die Vermittlung von Kompetenzen wie Kommunikations- und Kooperationsfähigkeit, Flexibilität oder gar „Weltoffenheit" eine große Rolle spielt, noch verstärkt, zielt diese doch zu erheblichen Anteilen auf Orientierungen, die eher Mobilität signalisieren als Konstanz und Bodenständigkeit. Damit ist jedoch eine wesentliche Grundlage für das Kalkül der langfristigen Amortisation betrieblicher Ausbildungsinvestitionen bedroht.

Noch am ehesten scheint die Komplementarität von betrieblichen Bedingungen und individuellen Interessen bezogen auf die – größere – Teilgruppe herstellbar, die ein deutliches Interesse an einem inhaltlich herausfordernden Zuschnitt ihrer Arbeitsaufgaben bekundet, zugleich aber betriebliche Entwicklungsmöglichkeiten einklagt. Gerade die im Abbau befindlichen „beruflichen" Entwicklungsmöglichkeiten und die damit verbundenen berufsbiographischen Enttäuschungen – Personalentwicklungskonzepte für Facharbeiter sind bislang auch in den prozeßorientiert organisierten Betrieben wenig ausgeprägt – könnte jedoch auch bei dieser Gruppe dazu führen, daß sich Bindungen an den Betrieb zunehmend lockern. Wenn die Betriebe diesen Facharbeiternachwuchs nicht verlieren wollen, werden sie nicht umhin können, auch im Rahmen von Prozeßorientierung solche Arbeitskonditionen und Entwicklungsperspektiven zu offerieren, die ein besonderes Maß betrieblicher Anerkennung und Wertschätzung signalisieren. Ansonsten dürfte eine Abwärtsspirale in Gang gesetzt werden aus fehlender Bereitschaft der Jugendlichen, sich auf verschlechterte Konditionen und unsichere Perspektiven einzulassen, und fehlender Risikobereitschaft der einzelnen Betriebe, weiterhin in die Ausbildung zu investieren. Dies könnte dann tatsächlich das schleichende Ende der Facharbeiterausbildung bedeuten. Zum jetzigen Zeitpunkt müssen wir jedenfalls feststellen, daß die „generalisierte Reziprozität", die nicht weiter begründungspflichtige Erwartung, daß Betriebe wie Jugendliche von dem institutionellen Arrangement der Facharbeiterausbildung profitieren, zunehmend ins Wanken gerät.

FELIX RAUNER

Offene dynamische Beruflichkeit – Zur Überwindung einer fragmentierten industriellen Berufstradition

1. Fragestellung und zentrale These

In der aktuellen Diskussion über die Krisensymptome des dualen Berufsbildungssystems wird von den unterschiedlichsten Seiten auf die Erosion der Berufsform der Arbeit verwiesen. So stellt etwa *Martin Heidenreich* (1998) die „berufsfachlichen Arbeits- und Ausbildungskonzepte" als eine Innovationsbarriere heraus. Empirisch sei die Frage nach dem relativen Gewicht von kooperationshemmenden Berufsbildern und organisatorischen Wahrungsmomenten nur entscheidbar, wenn organisatorische Abgrenzungen nicht gleichzeitig auch berufliche Demarkationslinien sind (S. 329). Er gelangt in einer empirischen Untersuchung in der Maschinenbauindustrie zu einem ganz ähnlichen Ergebnis wie vor ihm *Ulrich Jürgens* und *Inge Lippert* (1997). Danach resultieren die Schwierigkeiten bei der Einführung moderner prozeßorientierter Organisationsformen in der deutschen Automobil-, PC- und Werkzeugmaschinenindustrie sowie (bei *Heidenreich*) in der Maschinenbauindustrie weniger aus der berufsförmigen Organisation von Arbeit als vielmehr aus dem Beharrungsvermögen, das aus den herkömmlichen funktionsorientierten, bürokratisch-hierarchischen Organisationsstrukturen herrührt. *Horst Kern* und *Charles Sabel* hatten in diesem Zusammenhang auf Japan und die USA und die neue Flexibilität schlanker Unternehmen verwiesen. Das deutsche Berufsmodell haben sie als die zentrale Ursache für die mangelnde Flexibilität sowie für betriebliche Demarkationen in deutschen Unternehmen herausgestellt, die damit allenfalls zur Selbstreproduktion, jedoch nicht zur Innovation fähig seien – ganz im Gegensatz zum japanischen System, das auf Organisation und nicht auf Qualifikation beruht und auf die Berufsform der Arbeit verzichtet (*Kern/Sabel* 1994, 617). *Heidenreich* formuliert als seine Schlußfolgerung – differenzierter –, daß es auf die *Ausgestaltung* beruflicher Ausbildungs- und Arbeitskonzepte ankomme. Von dieser Einschätzung läßt sich die Entwicklung des Konzeptes der offenen dynamischen Beruflichkeit leiten. Die Biographieforschung hat die „Kollage-Biographie" entdeckt, in der Phasen beruflicher Arbeit allenfalls den einen oder anderen Lebensabschnitt prägen. „Normalarbeitsverhältnisse" würden dabei eher zur Ausnahme (*Beck*

1993). In eine ähnliche Richtung weisen Prognosen der Arbeitsmarktforschung mit ihrem Befund einer fortschreitenden Erosion von Normalarbeitsverhältnissen und der Herausbildung von Randbelegschaften (*Dostal* 1998).

Die berufspädagogische Diskussion nimmt das eine oder andere dieser Argumente auf und verharrt jedoch eher im Austausch der Argumente des Für und Wider die Beruflichkeit als Bezugspunkt für die berufliche Bildung. Seit den zwanziger Jahren dieses Jahrhunderts wird diese Diskussion zur Selbstverständigung unter Berufspädagogen und damit auch der Legitimierung ihrer Disziplin immer wieder geführt (*Lipsmeier* 1997). Dabei sind bemerkenswerte und – bezogen auf das Berufskonzept – bemerkenswert kritische Arbeiten entstanden, die *Günter Kutscha* (1992) in seinem Beitrag über „Entberuflichung und neue Beruflichkeit" noch einmal in einen Gesamtzusammenhang einordnet. Mit seinem Vorschlag einer „neuen Beruflichkeit" versucht er, die Diskussion zur Bedeutung des Berufes als dem zentralen Bezugspunkt für die berufliche Bildung quasi in einem arithmetischen Mittel zusammenzufassen. Sein kritisch-konstruktiver Vorschlag stellt den Versuch dar, in einer dialektischen Figur den alten Gegensatz in der berufspädagogischen Debatte zwischen Entberuflichung und Beruflichkeit miteinander zu verknüpfen und zu versöhnen. In dem seit Mitte der neunziger Jahre intensiv geführten Reformdialog zur beruflichen Bildung (*Heidegger/Rauner* 1997; *Haase/Dybowski/Fischer* 1998; *Berliner Memorandum* 1999) kristallisiert sich, soweit sich die an der Berufsbildung beteiligten Akteure zu Wort melden, zunehmend deutlicher ein Festhalten am Konzept der Beruflichkeit heraus. Beiden Positionen, der grundlegender Kritik am Konzept der berufsförmig organisierten Arbeit (*Baethge/Baethge-Kinsky* 1998) sowie der des Festhaltens am Konzept traditioneller Beruflichkeit ist gemeinsam, daß die *Begründungen von Entwicklungsperspektiven* für die berufsförmig organisierte Arbeit und die darauf bezogene berufliche Bildung eher vage ausfallen oder gar ganz unterbleiben.

In unserem Gutachten zum „Reformbedarf in der beruflichen Bildung" haben wir das Konzept der *offenen dynamischen Beruflichkeit* vorgeschlagen und begründet. Die zentrale These lautet:

Das Konzept der offenen, dynamischen Beruflichkeit „erlaubt es, die Vorzüge des traditionellen Berufskonzeptes zu erhalten und es zugleich so zu transformieren, daß es sowohl den Strukturwandel im Handwerk unterstützt als auch den Bedingungen hoher Flexibilität im Produktions- und Dienstleistungssektor genügt. Dies erfordert, die Zahl der Ausbildungsberufe weiter zu reduzieren und ihre ‚Weite' zu vergrößern. Mit diesem Begriff der ‚Weite' wird vom Subjekt aus argumentiert, gegenüber dem Begriff ‚Breite', der von den objektiven Qualitätsanforderungen her bestimmt ist" (*Heidegger/Rauner* 1997, 29).

Offene dynamische Beruflichkeit 185

Bevor dieses Konzept detaillierter dargestellt und begründet wird, soll zunächst die auf einen Beruf zielende Bildung als Aspekt des Übergangs von der Schule in die Arbeitswelt als miteinander konkurrierende Berufs- und Berufsbildungstraditionen skizziert werden. Mit vier Modellen des *school-to-work-transition,* bei denen der Übergang von der allgemeinbildenden Schule in die Berufsbildung (1. Schwelle) sowie der Übergang von der Berufsbildung in die Arbeitswelt (2. Schwelle) zeitlich, institutionell und inhaltlich höchst unterschiedlich ausgeprägt ist, lassen sich die Eckpunkte für das Experimentierfeld beschreiben, in dem sich die berufliche Bildung auf der Suche nach *best practices* befindet.

2. Die Bedeutung der Berufe und der Berufsbildung beim Übergang von der Schule in die Arbeitswelt

Die Untersuchung der *school-to-work-transition*-Probleme im internationalen Vergleich hat an Aktualität zugenommen, seit sich mit der Globalisierung der Märkte und der Herausbildung supranationaler Strukturen wie zum Beispiel der Europäischen Union übernationale Arbeitsmärkte herausbilden. So hat etwa die Europäische Union die Instrumente für eine präventive Arbeitsmarktpolitik über zahlreiche Programme und Fonds in den letzten Jahren deutlich verstärkt (*BMBW* 1993, Kap. 6.15f). Dabei zeigt sich, daß die Situation der Jugendlichen im Übergang von der Schule in die Arbeitswelt nach wie vor durch die nationalen Traditionen und die verschiedenen Industriekulturen geprägt wird (*Dybowski/Pütz/Rauner* 1995).

Im *ersten Modell* fallen die erste und zweite Schwelle des Übergangs von der Schule in die Arbeitswelt zu *einer* Schwelle zusammen, da auf der einen Seite innerbetriebliche Arbeitsmärkte dominieren, in denen die Berufsform der Arbeit keine oder eine untergeordnete Rolle spielen und daher auf der anderen Seite eine darauf bezogene berufliche Qualifizierung als eigenständiger Karriereabschnitt zwischen Schule und Beschäftigungssystemen entfallen kann. *Qualifizierung* erfolgt in diesem Modell *als eine Dimension betrieblicher Organisationsentwicklung*. In der Kombination von hoher Allgemeinbildung, abstrakten Arbeitsqualifikationen sowie einer durch eine feste Betriebsbindung verursachten hohen Arbeitsmoral markiert dieses Modell einen Eckpunkt des Experimentierfeldes, in dem die *school-to-work-transition*-Traditionen miteinander konkurrieren. Am ehesten läßt sich die japanische Situation diesem Modell zuordnen (*Demes/Georg* 1994).

Abbildung 1: Modell 2: Deregulierter Übergang

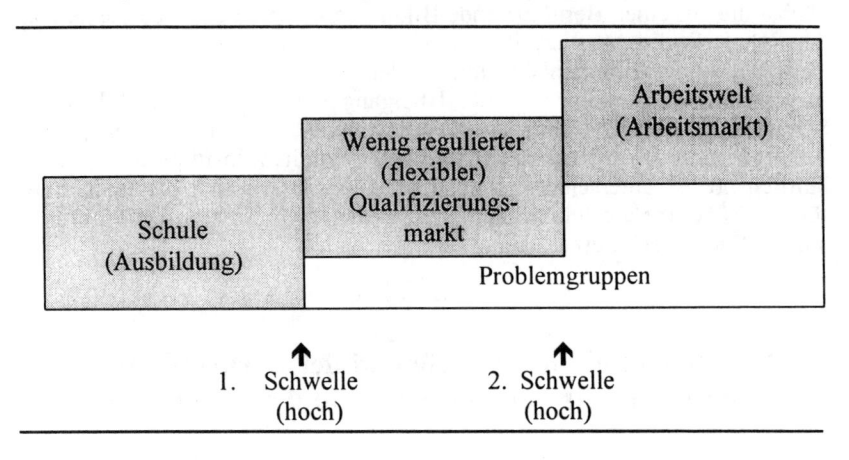

	Wenig regulierter (flexibler) Qualifizierungsmarkt	Arbeitswelt (Arbeitsmarkt)
Schule (Ausbildung)		Problemgruppen

1. Schwelle (hoch) 2. Schwelle (hoch)

Das *zweite Modell* ist gekennzeichnet durch eine – im Durchschnitt – relativ lange und wenig regulierte Übergangsphase mit langwierigen Such- und Orientierungsprozessen für die Jugendlichen, eine damit einhergehende hohe Jugendarbeitslosigkeit und andere soziale Risikolagen sowie einem extrem nachfrageorientierten flexiblen Weiterbildungsmarkt mit wenig qualifizierten betrieblichen Ausbildungsplätzen (Abb. 1). Dieses Modell zeichnet sich *sowohl* durch *eine hohe erste als auch eine hohe zweite Übergangsschwelle* aus. Die Beteiligung an Qualifizierungsprogrammen ist einerseits eng mit dem Einstieg in das Beschäftigungssystem sowie der Aufnahme einer Erwerbstätigkeit verbunden und kann andererseits eine „Parksituation" auf der Suche nach einem Arbeitsplatz im Beschäftigungssystem sein. Um Qualifizierungsdefizite zu vermeiden, setzt dieses Modell auf Arbeitsplätze mit möglichst niedrigen Qualifikationsanforderungen auf der Ebene der ausführenden Tätigkeiten sowie auf das *on-the-job-training*. Großbritannien und die USA haben eine deutliche Affinität zu diesem Modell (*Münch* 1989; *Rauner* 1995).

In einem *dritten Modell* wird der Übergang vom Schul- in das Beschäftigungssystem durch ein *reguliertes System dualer Berufsausbildung* ausgestaltet (Abb. 2). In diesem Modell ist der Jugendliche als Auszubildender zugleich Schüler (in einer berufsbegleitenden Schule) als auch Arbeitnehmer in einem Ausbildungsbetrieb. Sowohl die erste als auch die zweite Schwelle ist relativ niedrig. Der Übergang in das Ausbildungssystem ist sehr weich, da beim Jugendlichen die Rolle des Schülers nach und nach durch die Rolle des qualifizierten Facharbeiters abgelöst wird. Als Auszubildender wird er Betriebsangehöriger und erhält damit eine sehr hohe

Chance für ein über die Ausbildungszeit hinausreichendes Beschäftigungsverhältnis. Bildungssystem und Arbeitswelt sind in diesem Modell über die Institution des Berufes zugleich nachfrage- und angebotsorientiert miteinander verknüpft. Die *Berufsform der Arbeit* ist

– konstitutives Moment für einen überbetrieblichen offenen Arbeitsmarkt,
– eine entscheidende Größe für die Organisation betrieblicher Arbeitsprozesse,
– der Bezugspunkt für eine duale Berufsausbildung.

Die Berufsbildung wird so zur Brücke zwischen Arbeitswelt und Bildungssystem. Die Jugendarbeitslosigkeit ist entsprechend niedrig. In mitteleuropäischen Ländern wie Belgien, Deutschland, Holland und Dänemark dominiert dieses Modell (*Mertens* 1976).

Abbildung 2: **Modell 3: Regulierter, überlappender Übergang**

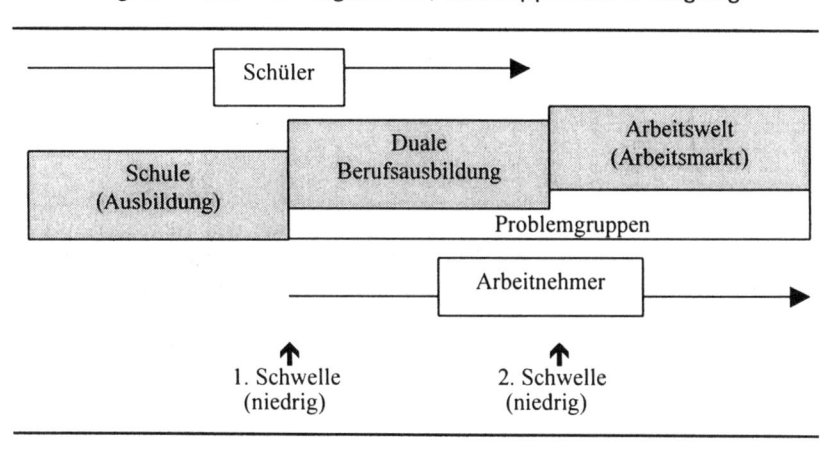

Im *vierten Modell* ist der Übergang von der Schule zur Arbeitswelt als System schulischer Berufsausbildung ausgestaltet. An eine allgemeinbildende Phase schließt sich eine berufsbezogene oder berufsorientierte Schulform an. Mit dem (Berufs-)Schulabschluß wird in der Regel ein staatliches Zertifikat über den erreichten „Schul-Beruf" erworben. Während in diesem Modell die erste Schwelle für die Jugendlichen unproblematisch ist, wird hier die zweite Schwelle zum entscheidenden Übergang in das Beschäftigungssystem. Der Übergang von der Schule in den Arbeitsprozeß wird um die Zeit der schulischen Berufsbildung hinausgeschoben. Schule und Arbeit bleiben institutionell getrennt. Berufliche Bildung ist deutlich angebotsorientiert. Die große Zahl der Länder mit einem ausgeprägten schulischen (staatlichen) Berufsbildungssystem lassen sich diesem Modell zuordnen.

Abbildung 3: Modell 4: Verschobener Übergang

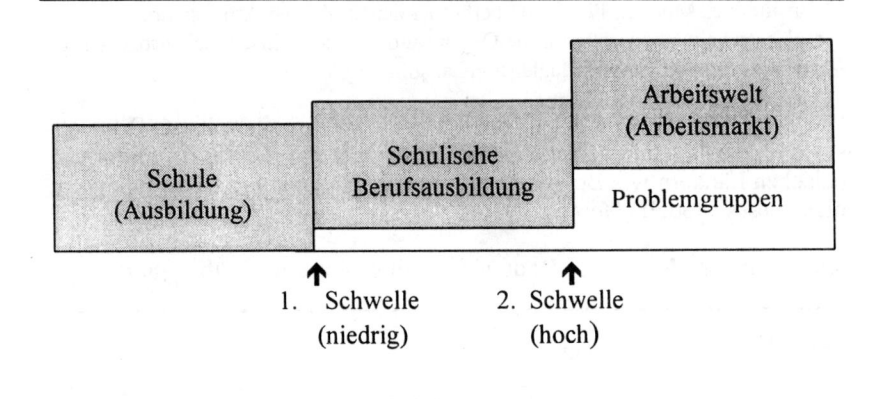

		Arbeitswelt (Arbeitsmarkt)
Schule (Ausbildung)	Schulische Berufsausbildung	Problemgruppen

        ↑   ↑
   1. Schwelle   2. Schwelle
     (niedrig)   (hoch)

Die vier Modelle des Übergangs von der Schule ins Arbcitsleben unterscheiden sich wesentlich durch die Bedeutung, die den Berufen als dem organisierenden Prinzip für Arbeitsmärkte, die betriebliche Arbeitsorganisation und die berufliche Bildung zukommen. Im ersten Modell (etwa in Japan) hat die Berufsform der Arbeit und damit auch die darauf bezogene Berufsbildung kaum eine Bedeutung, während Berufe das zentrale Moment im dritten und vierten Modell darstellen. Es soll daher die Frage diskutiert werden, welche Bedeutung dieser Polarität für den sich herausbildenden europäischen Arbeitsmarkt sowie die darin integrierten Facharbeiter-Arbeitsmärkte zukommt.

Erste Ansätze für einen europäischen Arbeitsmarkt bildeten sich in den fünfziger und sechziger Jahren durch beachtliche Migrationsströme von den südeuropäischen Ländern nach Mitteleuropa heraus. Dabei handelte es sich zunächst um Massenarbeit, für die keine besonderen fachlichen Qualifikationen erforderlich waren. Parallel dazu setzte sich innerhalb dieser Länder der seit Ende des vorigen Jahrhunderts begonnene Prozeß der Urbanisierung und der damit einhergehende Trend zur Abwanderung der Arbeitskräfte aus der Landwirtschaft in die Industrie fort. Aus der Sicht der industriellen Massenproduktion und des *scientific management* (Taylorismus) schien es zunächst möglich, beliebige Arbeitskräfte rasch und flexibel an die sich ändernden Bedürfnisse eines europäischen Arbeitsmarktes – für die je konkrete Arbeit – anzupassen. Diese arbeitsmarktorientierte

Offene dynamische Beruflichkeit

Sichtweise blendete das Moment der Leistungsbereitschaft der Beschäftigten als einer wesentlichen Voraussetzung für die Realisierung wettbewerbsfähiger Industrieunternehmen und -strukturen aus. Arbeitsmärkte sind jedoch wie andere Märkte, so *Anthony Giddens* (1988), „soziale Realitäten" und eben deshalb in ihrer zeitlichen Entwicklung nicht ohne explizite Berücksichtigung der Dynamik normativer Felder erklärbar (*Jäger* 1989, 565). Ein europäischer Arbeitsmarkt, der sich im wesentlichen auf Jedermanns-Arbeitsplätze und damit auf eine abstrakte europäische Arbeitskraft stützt, erfordert von den Arbeitskräften vor allem Leistungsbereitschaft in der Form von Arbeitsmoral. Nach *Carlo Jäger* liegen vielfältige Belege dafür vor, daß im gesamten OECD-Raum in den sechziger Jahren die Lohnkostenexplosion nicht einherging mit einer entsprechenden Steigerung der Arbeitsproduktivität. Als Alternative zu Appellen an die Arbeitsmoral bietet sich an, Kompetenz und Leistungsbereitschaft über die seit einigen Jahrhunderten in Europa tradierte Berufsförmigkeit der Arbeit und die damit einhergehende Berufsethik zu realisieren.

„Es ist ein großer Unterschied, ob die Identität einer Person an die Verrichtung von Arbeit gebunden ist oder an die Ausübung eines Berufes. Ersteres entspräche der Arbeitsmoral, letzteres der Berufsethik. (...) Berufe haben eine biographische Qualität, welche der bloßen Arbeit abgeht. Denn Berufe stellen eine Form komplementärer (d.h. im Sinne *Durkheims*: organischer) Differenzierung her, bei der nicht einfach Arbeiten, sondern Lebensgeschichte aufeinander abgestimmt werden. Dies schlägt sich in den Institutionen beruflicher Bildung nieder" (S. 568).

3. Berufsbildungsplanung: Es fehlt ein modernes Berufskonzept

Die Berufsbildungsplanung verfügt bisher nicht über ein programmatisches Konzept moderner Beruflichkeit, von dem Kriterien für die Zuschneidung von Berufen abgeleitet werden könnten (*Rauner* 1998). Die Berufs- und Berufsbildungsforschung hat sich mit dieser Frage ebenso wenig befaßt. Die oben zitierten Forschungsergebnisse verdeutlichen, daß selbst in großen Neuordnungsprojekten, die in einen breiten Berufsbildungsdialog eingebettet sind, höchst problematische Berufe und Berufskonzepte entstehen können. Die verbreitete Kritik an der Langsamkeit der Ordnungsverfahren sowie die These, daß neue Berufsbilder das Ausbildungsplatzdefizit mindern, haben in den letzten Jahren zu einer deutlichen Beschleunigung der Ordnungsverfahren geführt. Es herrscht beinahe ein sportlicher Ordnungswettbewerb: die Anzahl der jährlich neugeordneten und entwickelten Berufe scheint zum entscheidenden Qualitätskriterium für das Reformprojekt Berufsbildung zu werden. Zunächst sei hier daran erinnert, daß eines der großen und erfolgreichen Reformvorhaben in der Berufsbildung nach dem zweiten Weltkrieg darin bestand, die Zahl der Aus- und Anlernberufe von etwa achthundert auf unter vierhundert zu reduzieren. Die Einrichtung von Berufsfeldern und die Reduzierung der Berufe können als beachtlicher Modernisierungserfolg gewertet werden. Zugleich ist nicht zu übersehen, daß im Verhältnis von Arbeitsmarkt und Berufsausbildung jedoch bis heute ein gravierendes Mißverhältnis im Grad der Ausdifferenzierung zwischen den Berufen des Dienstleistungssektors und denen des Sektors Güterproduktion und Wartung besteht. Die Zahl der Ausbildungsberufe im Bereich Güterproduktion und Wartung verhält sich zu denjenigen im Bereich Dienstleistung wie 75 zu 25, während sich die Beschäftigten auf die beiden Sektoren genau entgegengesetzt verteilen, nämlich wie 27 zu 73 (vgl. *Stooß* 1996).

Eine Reihe von Neuordnungsprojekten im gewerblich-technischen Bereich der jüngsten Zeit markiert die Fortschreibung dieses Mißverhältnisses in Verbindung mit dem neuen Trend der schnellen und zunehmend branchenspezifischen Ordnungsverfahren. Dabei werden offenbar eine Reihe traditioneller Ordnungsprinzipien aufgegeben. Ein Beispiel stellen die Berufe der Informations- und Telekommunikationstechnik (IuT-Berufe) dar. Sie wurden von der Computerindustrie- und Telekommunikationsbranche initiiert, in weniger als zwei Jahren entwickelt und 1997 verordnet. Die IuT-Berufe sind *branchenspezifische* Berufe, die keinem der traditionellen Berufsfelder zugeordnet sind und auch nicht zugeordnet werden können. Sie beinhalten gleichermaßen technische und kaufmännische Ausbildungsinhalte mit unterschiedlicher Gewichtung. Auf die Definition eines neuen Berufsfeldes wurde verzichtet. In Kauf genommen wurde dabei, daß es zum Beispiel beim IT-Systemelektroniker zu erheblichen inhaltlichen Überschneidungen sowohl mit dem im Berufsfeld Elektrotechnik verordneten industriellen Beruf des Kommunikationselektronikers und seinen drei Fachrichtungen Informationstechnik, Telekommunikation und Funktechnik mit den zwei Handwerksberufen des Berufsfeldes Elektrotechnik (Büroinformationselektroniker und Fernmeldeanlagenelektroniker) kommt. Während eine Untersuchung des *Instituts Technik und Bildung* an der Universität Bremen (*Drescher u.a.* 1995) die Reduzierung der Elektroberufe auf die zwei Kernberufe Anlagen- und Kommunikationselektriker/-elektroniker und Informations- und Kommunikationselektriker/-elektroniker nahelegt, wurden zur selben Zeit in einem parallel verlaufenden Ordnungsverfahren faktisch zusätzlich zur großen Zahl bestehender Elektroberufe zwei weitere als Branchenberufe neu entwickelt.

In der Summe sind diese Neuordnungsverfahren und die daraus resultierenden neuen Berufe unterschiedlichsten partiellen Reformkonzepten oder auch nur Brancheninteressen verpflichtet. Ein übergeordnetes Reformkonzept ist für die Neuordnung und Weiterentwicklung der Berufe nicht auszumachen.

Mit der zunehmenden europäischen Integration stellt sich daher deutlicher als bisher die Frage nach dem zentralen konstitutiven Moment für einen europäischen Arbeitsmarkt. Zwei alternative Lösungswege markieren ein Spannungsfeld, in dem die künftige europäische Berufsbildungspolitik ihren Weg finden muß. Weltweit konkurrieren miteinander das auf Berufen, Beruflichkeit und Berufsethik basierende offene Arbeitsmarktmodell (z.B. in Deutschland) mit dem auf hoher Allgemeinbildung, *on-the-job-training (in-company-training)*, Arbeitsmoral, *corporate identity* und fester Betriebsbindung basierende Modell geteilter Arbeitsmärkte mit einem ausgeprägten innerbetrieblichen Arbeitsmarkt für die Kernbelegschaften (z.B. Japan). Geht man davon aus, daß die Wettbewerbsfähigkeit der Unternehmen auf Beschäftigte angewiesen ist, die sowohl über entsprechende Qualifikationen als auch über eine hohe Leistungsbereitschaft verfügen, dann zeigen die beiden Modelle, daß Kompetenz und Motivation auf sehr unterschiedliche Weise realisiert werden können. Die Diskussion über moderne Produktionskonzepte in der Automobilindustrie hat dies eindrucksvoll verdeutlicht (vgl. *Womack/Jones/Roos* 1991).

Berufe sind in Deutschland tief verwurzelt in der protestantischen Ethik, sie repräsentieren staatlich geordnete Aufgabenfelder im Beschäftigungssystem und bilden die Basis des Facharbeiterarbeitsmarktes. Innerbetrieblich ist die berufsförmig organisierte Facharbeit ein zentrales Moment für die Arbeits- und Betriebsorganisation. Für die Entwicklung der Persönlichkeit gilt der Beruf weithin als eine identitätstiftende Institution, die den Beschäftigten für die betrieblichen Aufgaben qualifiziert und ihn zugleich vom Einzelbetrieb unabhängig macht. Facharbeiter definieren sich zunächst über ihren Beruf und nicht über das Unternehmen. Die nach Berufsbildungsgesetz (BBiG) geordneten Berufe sind weniger der Ausdruck eines nach diesen Berufen dimensionierten Qualifikationsbedarfes als vielmehr Ausdruck einer spezifischen mitteleuropäischen Industriekultur. Die Pragmatik der historisch geprägten deutschen Berufsstruktur ist mit einiger Sicherheit keine hinreichende Basis für eine zukunftsweisende Berufsbildung. Das Beispiel der Berufsfelder „Elektrotechnik" und „Metalltechnik", in denen sich Berufe spezifischen Technologien zuordnen lassen, zeigt, daß Berufe, die an eine Technologie oder ein technologisch definiertes Produkt gebunden sind, höchst instabile Berufe sind, die es ebenso wenig erlauben, langfristig berufliche Identität zu stiften, wie solide Facharbeiter-Arbeitsmärkte zu konstituieren (*Drescher u.a.* 1995). So wie der Beruf des Arztes – unabhängig vom technologischen Wandel der Medizintechnik – über ein die Jahrhunderte überdauerndes Berufsbild verfügt, das nicht an die Oberfläche des medizin*technischen* Wissens, sondern an die ärztliche Kunst gebunden ist, so kommt es darauf an, die nach BBiG geordneten Berufe derartig weiterzuentwickeln, daß sie sich (wieder) stärker an Arbeitszusammenhängen sowie am Arbeitsprozeßwissen (*Kruse* 1986) orientieren.

Die nach dem Berufsbildungsgesetz geordneten Berufe weisen bezüglich ihrer qualifikatorischen, bildenden, identität- und karrierestiftenden Funktion als Ausgangsbasis für die berufliche Weiterbildung und bezüglich ihrer Verankerung im gesellschaftlichen Bewußtsein eine höchst unterschiedliche Qualität auf.[1] Während Industrieberufe oft an Fachgebieten einer Technikwissenschaft oder nach engen Arbeitsverrichtungen ausgerichtet und damit weitgehend von realen Arbeitszusammenhängen abgekoppelt sind, ist das konstituierende Merkmal von Berufen, die in der Tradition des Handwerks geordnet sind, wie Goldschmied, Dachdecker und Elektroinstallateur, vergleichbar mit Berufen des Gesundheits- und Erziehungssektors, wie Krankenschwester und -pfleger oder Erzieher/in, ein im gesellschaftlichen Bewußtsein und im Beschäftigungssystem verankerter *Arbeitszusammenhang*.

In unseren Untersuchungen zu gewerblich-technischen Berufen und Berufsfeldern (*Rauner/Zeymer* 1991; *Petersen/Rauner* 1996; *Drescher u.a.* 995) haben sich insbesondere für Industrieberufe konzeptionelle Schwächen der etablierten Berufsbildungsplanung, wie sie sich in diesem Jahrhundert herausgebildet hat, ergeben:

Bindung von Berufsbildern an die Oberfläche des technischen Wandels: Unter dem Primat des sich beschleunigenden technischen Wandels werden Berufe konstruiert, denen zentrale Qualitätsmerkmale fehlen. Anstelle von *beruflichem Zusammenhangswissen* (*Laur/Ernst/Gutschmidt/Lietzau* 1990) und grundlegendem *Arbeitsprozeßwissen* (*Kruse* 1986; *Rauner* 1996; *Fischer* 1995) wurden seit den zwanziger Jahren dieses Jahrhunderts mit dem Beginn der Berufsbildungsplanung für die industriellen Berufe berufliches Wissen und Können über abstrakte Grundfertigkeiten und enge berufliche Verrichtungen (Verrichtungsprinzip) definiert. Dies entspricht weitgehend den von *Frederick W. Taylor* formulierten Grundsätzen für das *scientific management*. Damit rückten Tätigkeiten und Qualifikationsanforderungen in den Vordergrund, die sich primär an den vorübergehend aktuellen Ausformungen und an der Oberfläche einer speziellen Technologie sowie an abstrakten Grundfertigkeiten orientierten. Schnell wechselnde Berufe und Berufsbezeichnungen waren die Folge (*Howe* 1998) und zugleich die Ursache dafür, daß sich die Berufe weder im gesellschaftlichen Bewußtsein einprägen konnten (*Drescher u.a.* 1995, Kap. 8), noch eine nennenswerte Qualität für die Herausbildung von Fach-Arbeitsmärkten aufwiesen. Die Kurzlebigkeit und Flüchtigkeit dieser Berufe entwertet sie für die in diesen Berufen Beschäftigten (vgl. *Hoff/Lempert/Lappe* 1991).

---

1 Diese für die Berufsentwicklung und die Berufsbildungsplanung zentrale Frage wurde bisher von der berufssoziologischen und berufswissenschaftlichen Forschung kaum untersucht.

Zimmerer (= »Zimmermann«; Gesellen- bzw. Meister-Bezeichnung im Handwerk: Zimmergeselle, Zimmermeister; Vorarbeiter- bzw. Werkmeister-Bezeichnung in Handwerk und Industrie: Zimmer-Polier), ältester baugewerblicher »Hauptberuf«, anerkannter handwerklicher und industrieller Lehrberuf (Lehrzeit: 3 Jahre mit im wesentlichen folgendem Aufgaben- und Arbeitsgebiet (als Erwachsenentätigkeit): Entwirft, konstruiert, fertigt, richtet, errichtet und installiert selbständig ausführend oder mithelfend unter Verwendung von Hand- oder Maschinen-Werkzeugen in Einzel- oder Gruppenarbeit hölzerne, Druck und Zug ausgesetzte Bauausrüstungs-Gegenstände, tragende und andere Bauwerkteile sowie ganze Holzbauwerke verschiedener Form und Zweckbestimmung im Hoch- oder Tiefbau durch Auswählen, Bearbeiten und Zusammenfügen (Verbinden) geeignet befundener, in der Regel »roher« (= nicht tischlerisch bearbeiteter) Bauhölzer oder holzhaltiger Werkstoffe auf dem Werk(Zimmer-)platz oder auf der Baustelle. Führt damit zusammenhängende Änderungs- oder Reparaturarbeiten aus. Leistet für Beton- und Stahlbeton-Bauwerke des Hoch- oder Tiefbaues und entsprechende Bauwerkteile fachgerechte Rüstungs- und Einschalungsarbeiten (insbesondere an schwierigen Passungs-Stellen) am Bauplatz zur Herstellung von Eingießformen und -vorrichtungen für das Einschütten von Betongußmassen. (Wird dann auch als »Lehrgerüstbauer« oder »Einschaler« bezeichnet; die Bezeichnung »Einschaler« wird aber auch für nicht-gelernte, kurzfristig am Arbeitsplatz eingearbeitete »angelernte« Arbeitskräfte verwendet.) Kann auch mit dem Abstützen von Mauern bei Gebäude-Abbrüchen, mit Gründungs- und Rammarbeiten sowie mit Arbeiten für den Holzschutz gegen Witterung oder Entflammung sowie zur Bekämpfung pflanzlicher und tierischer Holzzerstörer befaßt sein.

Aufgaben, Arbeitsweisen und Anforderungen im Zimmerer-Beruf haben sich im letzten Jahrzehnt mit den umwälzenden Veränderungen der Bautechnik erheblich gewandelt. Aufgaben-Verluste traten für den Zimmerer durch die fast völlige Verdrängung des Holzfachwerkhauses (...) sowie das noch vordringende (...) montierte Fertighaus ein. (...) Aufgaben-Gewinne ergaben sich vor allem durch die bisher starke Beteiligung des Zimmerers an den Einschalungs- und Lehrgerüstbau-Arbeiten im Beton- und Stahlbeton-Hoch- und -Tiefbau. (...) Als Aufgabe hinzugetreten und in Zukunft vielleicht noch verstärkt möglich ist die fachgerechte Mitwirkung des Zimmerers bei der Fabrikation und besonders der Montage von ganz oder teilweise aus hölzernen Bauelementen bestehenden Fertighäusern.

Die Arbeitsweisen des Zimmerers sind heute vor allem insofern verändert, als an die Stelle der früher besonders schwierigen Holz-Verbundarbeiten durch Verzapfen und Verankern mehr und mehr das Vernageln, Verschrauben und Verleimen - auch tragender Holzkonstruktionen - getreten sind. Die Verwendung sägewerksfertiger Bauhölzer, vorfabrizierter Holzbauteile und damit der weitgehende Wegfall der Behau-Arbeit haben zusammen mit der Anwendung der modernen Holzbearbeitungsmaschinen (auch in handlicher, am Bau verwendbarer Kleinform wie Hand-Säge-, -Stemm-, -Fräs-, -Bohrmaschinen) die Holz-Zurichtungsarbeiten körperlich erleichtert, beschleunigt und mehr als früher in die gegen Witterungsunbilden geschützte Werkstatt verlagert. Maschinelle Hebe- und Förderanlagen haben ebenfalls die Arbeitsschwere herabgemindert, nicht dagegen das nach wie vor dem Zimmerer abverlangte fachgerecht-exakte und verantwortungsbewußte Arbeiten. (...)

Berufssystematisch-statistische Kennziffer: Bundesrepublik Deutschland: 2431; ISCO (International Standard Classification of Occupations): 7-71.10/15/20.

(Juli 1964)

Aus: Molle 1965, 90f.

Ordnen von Berufen mittels Analyse-Synthese-Verfahren: Industrieberufe, die in der Tradition der Ausbildungsordnungsforschung (vom *Deutschen Ausschuß für Technisches Schulwesen* (*DATSCH*) über die *Arbeitsstelle für Betriebliche Berufserziehung* bis zum *Bundesinstitut für Berufsbildung*) entwickelt wurden, sind das Ergebnis von Analyse-Synthese-Prozeduren: Aus Tätigkeitsanalysen werden gebündelte Arbeitstätigkeiten und -aufgaben synthetisiert. Ausgangspunkt ist dabei weniger ein umfassender und übergreifender Arbeitszusammenhang, sondern eine Bündelung von Tätigkeiten nach dem Verrichtungsprinzip (z.B. Drehen, Fügen) oder nach Technologien (Kommunikationselektroniker).[2] Diese Berufe sind Ausdruck einer funktionsorientierten Arbeits- und Betriebsorganisation, wie sie vor allem von *Taylor*, aber auch von Industriegründern des 19. Jahrhunderts begründet wurde (vgl. *Kocka* 1975).

Berufsbildung und betriebliche Organisationsentwicklung: Durch eine enge Tätigkeitsorientierung der Ausbildungsordnungen geraten die nach BBiG in den achtziger Jahren neugeordneten Industrieberufe zunehmend in Widerspruch zu den durch den internationalen Qualitätswettbewerb induzierten flachen betrieblichen Organisationsstrukturen und zu einer partizipativen betrieblichen Organisationsentwicklung, wie sie – wenn auch mit unterschiedlichen Interessen – sowohl vom Management als auch von seiten der Gewerkschaften gefordert werden. Geschäftsprozeßorientierte Organisationskonzepte mit ihren höheren Anforderungen an die Verantwortung und Motivation der Mitarbeiter eröffnen die Chance für die Implementierung moderner – offener, dynamischer – Berufsbilder. Sie bergen zugleich aber auch das Risiko der Erosion des Berufskonzeptes sowie der darauf bezogenen Berufsbildung.

4. Rücknahme horizontaler Arbeitsteilung: Das Beispiel industrieller Kernberufe im Berufsfeld Elektrotechnik

In einer Evaluationsstudie zu den industriellen Elektroberufen wurde unter anderem der Frage nachgegangen,

„ob die durch die neuen Vorschriften (bei der Neuordnung der Elektroberufe 1987) vorgegebene Berufsschneidung (Breite und Tiefe der Ausbildungsinhalte in den Berufen und Fachrichtungen) sowie die Strukturierung der Ausbildung nach Grundbildung, gemeinsame Fachbildung und spezifische Fachbildung von der Ausbildungspraxis akzeptiert wird."

Im Rahmen von Fallstudien in zwölf ausgewählten Betrieben unterschiedlicher Branchen sowie unter Einbeziehung ebenso vieler Berufsschulen

---

2 Vgl. dazu aus *Heidegger u.a.* 1991, Kap. III, 93-211, sowie *DATSCH* 1912, 3, 5ff; *Molle* 1965.

Offene dynamische Beruflichkeit 195

wurden insgesamt circa zweihundert Expertengespräche mit Ausbildern, Ausbildungsleitern, Leitern der Personal- und Personalentwicklungsabteilungen, Betriebsräten sowie Berufsschullehrern und Auszubildenden geführt (*Drescher u.a.* 1995).[3]

Bei der Formulierung der Eckpunkte für das Neuordnungsprojekt der industriellen Elektroberufe einigten sich die Sozialpartner (*Industriegewerkschaft Metall [IGM]* und *Gesamtmetall*) Mitte der achtziger Jahre ohne Schwierigkeiten auf die „Entstufung" der 1972 verabschiedeten Stufenausbildungsordnung. Mit der 1972 erlassenen Ausbildungsordnung für die industriellen Elektroberufe wurden in Form einer Stufenausbildung zweijährige und dreieinhalbjährige Ausbildungsberufe eingeführt. Zwar fand jeder zweijährige Beruf seine Fortsetzung in einer nach Fachrichtungen ausdifferenzierten eineinhalbjährigen zweiten Stufe. Es blieb jedoch dem Betrieb vorbehalten, sich für eine zweijährige oder eine dreieinhalbjährige Berufsausbildung zu entscheiden. Über eine Aufhebung dieser Stufung wurde Einigkeit erzielt, da der Bedarf an zweijährig ausgebildeten Facharbeitern im Berufsfeld Elektrotechnik anders als von den Promotern der Stufenausbildung erwartet sehr gering war und die Selektionskriterien und -verfahren bei der Auswahl von Auszubildenden für die zweite Ausbildungsstufe auf eine massive Kritik von seiten der IG Metall und der Arbeitnehmervertretungen in den Unternehmen stieß (*IGM* 1981). Ebenso unstrittig war das neue Leitbild der vollständigen Arbeitshandlung[4]. Diese umfaßt das *selbständige Planen, Durchführen und Kontrollieren* der Arbeitshandlungen. Kontrovers wurde dagegen die Zahl der Berufe und damit der Grad der horizontalen Arbeitsteilung diskutiert. Die IG Metall forderte eine deutliche Reduzierung der bis dahin gültigen zwölf industriellen Elektroberufe. Sie konnte sich dabei auf Argumente aus der Berufsbildungsforschung stützen (*Rauner* 1982). Dem stand die Auffassung der Arbeitgeberseite gegenüber, die an der 1972 geschaffenen Ausbildungsstruktur festhalten wollte. Dieser Forderung lag die Vorstellung zugrunde, daß ein ausdifferenziertes Berufsfeld mit einer größeren Zahl von Berufen am ehesten den Interessen der Branchen und der Betriebe mit begrenzten Geschäftsfeldern entgegenkäme.

---

3 Die Evaluation der industriellen Elektroberufe wurde im Auftrag des *Bundesinstituts für Berufsbildung* durchgeführt. Zu den Fragestellungen und Methoden der Untersuchung siehe *Drescher* u.a. 1995, Kap. 2.

4 Die Bedeutung dieses Leitbildes, das seither die berufs- und arbeitspädagogische Diskussion und Praxis ganz wesentlich prägt, läßt sich erst ermessen, wenn es mit den Qualifizierungskonzepten der Berufe der ersten Stufe der 1972 geordneten industriellen Elektroberufe verglichen wird: Danach sollen die Auszubildenden der ersten Stufe vor allem dazu befähigt werden, *nach Mustern* und *detaillierten Anweisungen* sowie *genauen Prüf- und Meßanleitungen einfache Aufgaben* durchzuführen (*ZVEI* 1973).

In die Evaluationsstudie waren daher sowohl Betriebe unterschiedlicher Branchen als auch unterschiedlicher Größe – mit breiten wie auch mit begrenzten Geschäftsfeldern – einbezogen. Das Untersuchungsergebnis zur Berufsstruktur fiel trotzdem eindeutig aus (ausführlicher *Drescher u.a.* 1995):

- Die Ausdifferenzierung der industriellen Elektroberufe nach Fachrichtungen hat zu einer unproblematischen Einführung der neuen Berufsbilder beigetragen, da die 1972 realisierte Berufsstruktur weitgehend beibehalten wurde. Diesem Vorteil steht der Nachteil einer funktionsorientierten Tätigkeitsdifferenzierung gegenüber, die eine geschäftsprozeßorientierte betriebliche Organisationsstruktur und Organisationsentwicklung eher erschwert.
- Die Ausdifferenzierung der industriellen Elektroberufe nach Fachrichtungen ist weder fachinhaltlich noch durch spezifische Bedarfe des Arbeitsmarktes zu rechtfertigen. Die Analyse der Ordnungsmittel zeigt, daß die Fachrichtungen nur eine „konstruierte Trennschärfe" aufweisen, sie sind – fachlich betrachtet – weitestgehend gegeneinander austauschbar. In der Ausbildungspraxis wird die Festlegung auf eine bestimmte Fachrichtung in der Regel nicht durch die Ausbildungsinhalte begründet. Schon eher spielen Betriebstraditionen, das Interesse an der Bildung von Fachklassen in der Berufsschule, die Reduzierung des Prüfungsaufwandes sowie implizite arbeitsorganisatorische Konzepte die entscheidende Rolle. Die Differenzierung nach Fachrichtungen erschwert das Bilden von Fachklassen in Bündelberufsschulen und zunehmend auch in Fachberufsschulen.
- Die fachliche Verwandtschaft der Berufe Industrieelektroniker, Energieelektroniker und Prozeßleitelektroniker ist relativ groß. Auch hier liegt eine konstruierte Trennschärfe vor, die weder durch die betriebliche Praxis noch durch das fachinhaltliche Arbeitsprozeßwissen zu rechtfertigen ist.
- Die Vergleichsanalyse zwischen ausgewählten Handwerks- und Industrieberufen des Berufsfeldes Elektrotechnik hat eine weitgehende fachbezogene Übereinstimmung der Berufsbilder und Ausbildungsrahmenpläne ergeben.
- Die Ausdifferenzierung der industriellen Elektroberufe nach Fachrichtungen führt zu einer gewissen Unübersichtlichkeit der Facharbeiter-Arbeitsmärkte und erschwert erheblich die Berufsorientierung von Schülern und deren Eltern bei der Wahl eines industriellen Elektroberufes. Die konstruierte Trennschärfe zwischen den Fachrichtungen trägt bedingt zur Unschärfe der Berufsbilder bei: Diese haben sich über den Kreis der unmittelbar Beteiligten hinaus weder in den Betrieben noch in der Öffentlichkeit eingeprägt.

Aus diesem Befund werden zwei Schlußfolgerungen in bezug auf die Berufsstruktur des Berufsfeldes Elektrotechnik gezogen (vgl. Abb. 4):

1. Ordnet man die Berufe Elektromaschinenbauer und Elektromaschinenmonteur fachlich dem Maschinenbau (dem Berufsfeld Metalltechnik) zu, dann bietet es sich an, zwei Elektroberufe in Industrie und Handwerk beizubehalten. Fachliche Differenzierungen und arbeitsorganisatorisch bedingte Differenzierungen nach Tätigkeitsfeldern – Instandhaltung, Entwickeln/Montieren,

Offene dynamische Beruflichkeit 197

Abbildung 4: Konzentration der Elektroberufe auf zwei Kernberufe

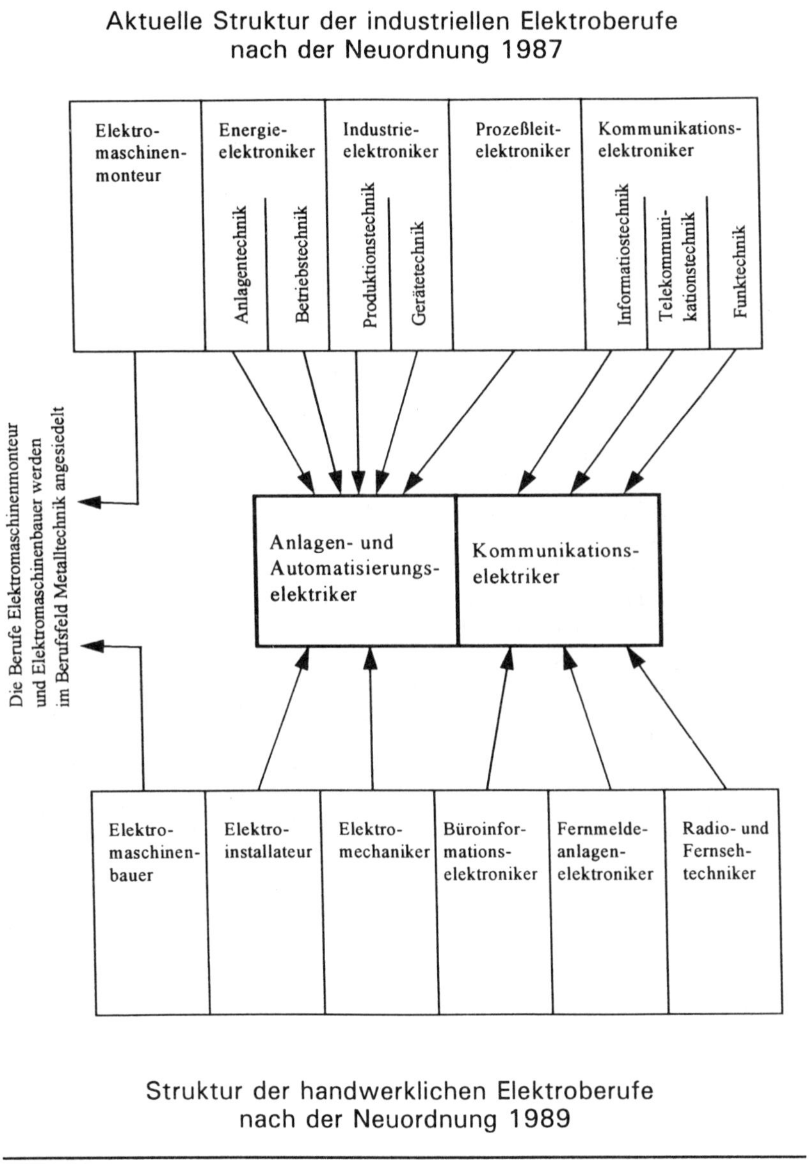

Aktuelle Struktur der industriellen Elektroberufe
nach der Neuordnung 1987

Elektro- maschinen- monteur	Energie- elektroniker	Industrie- elektroniker	Prozeßleit- elektroniker	Kommunikations- elektroniker
	Anlagentechnik / Betriebstechnik	Produktionstechnik / Gerätetechnik		Informatiostechnik / Telekommuni-kationstechnik / Funktechnik

Die Berufe Elektromaschinenmonteur und Elektromaschinenbauer werden im Berufsfeld Metalltechnik angesiedelt

→ Anlagen- und Automatisierungselektriker

→ Kommunikationselektriker

Elektro- maschinen- bauer	Elektro- installateur	Elektro- mechaniker	Büroinfor- mations- elektroniker	Fernmelde- anlagen- elektroniker	Radio- und Fernseh- techniker

Struktur der handwerklichen Elektroberufe
nach der Neuordnung 1989

Installieren und Inbetriebnahme – bieten sich als Zusatz- und Vertiefungsqualifikationen an, die über Weiterbildungsmodule und -berufe geortet werden können:
Anlagen- und Automatisierungselektriker: Die Aufgabenfelder beziehen sich auf die Automatisierungsprozesse in der verfahrenstechnischen, fertigungstechnischen und energietechnischen Facharbeit in Industrie und Handwerk.

Kommunikationselektriker: Die Aufgabenfelder beziehen sich auf Installations-, Inbetriebnahme- und Instandhaltungsfacharbeit von informations- und kommunikationstechnischen Systemen und Anlagen in Industrie und Handwerk.

2. Trotz der Herausbildung zunehmend hybrider, systemischer und vernetzter Technologien empfiehlt es sich, an einem Berufsfeld Elektrotechnik festzuhalten. Die unabdingbare Berücksichtigung des ausgeprägten Moments integrierter Technologien und Arbeitsaufgaben sowie die große und größer werdende Innovationsgeschwindigkeit in der Elektrotechnik/Elektronik legen es nahe, das Ordnungsverfahren und den Formalisierungsgrad der Ausbildungsordnung selbst zu deregulieren.

Das Ergebnis dieser Untersuchung wurde für die Begründung eines Neuordnungkonzeptes für das Berufsfeld Metalltechnik herangezogen und der Durchführung berufswissenschaftlicher Untersuchungen zur Identifizierung der charakteristischen *beruflichen Arbeitsaufgaben* für industrielle Kernberufe in den Berufsfeldern Elektrotechnik und Metalltechnik zugrunde gelegt. Mit *Facharbeiter-Experten-Workshops* wurde das Konzept der Konzentration industrieller Elektroberufe und industrieller Metallberufe evaluiert und auf den Bereich industrieller Dienstleistungsberufe ausgeweitet, indem die Berufsprofile für Kernberufe charakteristischer beruflicher Arbeitsaufgaben ermittelt wurden. Eine Diskussion der Ergebnisse aus den Facharbeiter-Experten-Workshops auf der Ebene von *Experten-Workshops mit Führungskräften* bestätigte das Konzept der Kernberufe. Auf der Grundlage dieser Untersuchungen reduziert der *VW*-Konzern die große Zahl der Ausbildungsberufe auf nur noch fünf Kernberufe. Als Kernberufe werden dabei solche Berufe ausgewählt und ausgestaltet, die sich bereits in der betrieblichen Praxis als „Allroundberufe" erwiesen haben. Der 1999 eingeleiteten Neuordnung der industriellen Elektro- und Metallberufe bleibt es vorbehalten, diese Voruntersuchungen zu nutzen und Berufsbilder zu definieren, die weniger rasch entwertet werden als die industriellen Elektroberufe der letzten drei Jahrzehnte.

5. Kriterien moderner Beruflichkeit

Gestaltungskompetenz als Leitidee für die berufliche Bildung

Berufliche Gestaltungskompetenz als Leitziel für die berufliche Bildung ist mittlerweile vielfältig als Bildungsauftrag in Bildungsgesetzen und Verordnungen verankert. Die Kultusministerkonferenz hat ihn für die Berufsschule so formuliert: „Die Auszubildenden sollen befähigt werden, Arbeitswelt und Gesellschaft in sozialer und ökologischer Verantwortung mitzugestalten." Mit dieser Formulierung hat sie das in den achtziger Jahren entwickelte Konzept einer gestaltungsorientierten Berufsbildung aufgenommen (*Rauner* 1988). In einer Reihe von Modellversuchen wurde diese Leitidee in ihrer Tragfähigkeit für das didaktische Handeln von Lehrern und Ausbildern sowie in ihrem Stellenwert für die Qualität der Berufsbildung vielfältig untersucht.[5]

Prospektive Berufsbildungsplanung

Eine gestaltungsorientierte Berufsbildung legt eine Berufsbildungsplanung nahe, die selbst prospektiv angelegt ist. Sie beansprucht, über die betriebliche Alltagspraxis – und darin eingeschlossen die Berufsbildungspraxis – hinauszuweisen. Die betriebliche Praxis wird nicht nur als gegeben, sondern auch als kritik- und gestaltungsbedürftig begriffen. Berufs- und Berufsbildungsplanung werden danach nicht darauf reduziert, die existierende Praxis durch Aufgabenanalysen und Tätigkeitsstudien zu erfassen und zu analysieren sowie Berufsbilder und Ausbildungspläne daraus abzuleiten und zu synthetisieren.

Ebenso problematisch erscheint es aus dieser Sicht, die zukünftige betriebliche Praxis zu prognostizieren, um darauf hin eine antizipative Berufsbildung zu begründen. Dies wäre nichts anderes als eine in die Zukunft weisende Form der Anpassungsqualifizierung in der Tradition eines deterministischen Verständnisses des Zusammenhangs zwischen technischen

---

5 Hier sei v.a. auf vier vom *ITB* wissenschaftlich begleitete Modellversuche hingewiesen, in denen das Konzept einer gestaltungsorientierten Berufsbildung erprobt und weiterentwickelt wurde: im BLK-Modellversuch „handlungsorientierte Fachunterrichte in Kfz-Mechanikerklassen" (Hessen 1982-1986: *Weisenbach* 1988); im BLK-Modellversuch „Integration neuer Technologien in dem Unterricht berufsbildender Schulen und Kollegschulen unter besonderer Berücksichtigung der Leitidee: sozial- und umweltverträgliche Gestaltung von Arbeit und Technik" (1993-1995: *Heidegger/Adolph/Laske* 1997) und in den BLK- und Wirtschaftsmodellversuchen zur gestaltungsorientierten Berufsbildung im Lernortverbund von Klein- und Mittelbetrieben und der Berufsschule (1994-1998: *Bauermeister/Rauner* 1996).

Innovationen, Arbeitsgestaltung und beruflicher Bildung. Prospektive Berufsbildungsplanung nimmt vielmehr Bezug auf die konkrete und vielfältige sowie vielfältig widersprüchliche betriebliche und berufliche Praxis. Eine prospektive Berufsbildungsplanung betrachtet die aktuelle berufliche und betriebliche Praxis immer auch als eine *exemplarische,* die im Prozeß der Berufs(aus)bildung angeeignet und zugleich in gestaltungsorientierter Perspektive transzendiert wird. Prospektivität zielt also nicht auf verbesserte Prognoseinstrumente zur Vorhersage zukünftiger Arbeitsstrukturen, sondern auf die Beschreibung der alternativen Entwicklungspfade zukünftiger Praxis mit dem Ziel, Kompetenz für die Gestaltung des Wandels zu erwerben.

Für das Konzept einer modernen Beruflichkeit und ein daran orientiertes Ordnungsverfahren für die Berufsbildungsplanung schlage ich darüber hinaus vier Kriterien vor:

1. Arbeitszusammenhang und Arbeitsprozeßwissen als zentrale berufskonstituierende Merkmale: Die Definition von Berufen über *Arbeitszusammenhänge* löst die Berufsstrukturen von der Oberfläche des technischen Wandels und abstrakten Tätigkeiten, erhöht zugleich die Qualität für die Berufsorientierung dieser Berufe und ihre Verankerung im gesellschaftlichen Bewußtsein. Als Arbeitszusammenhang soll dabei in Anlehnung an ein handwerkliches Berufsverständnis ein auch für Außenstehende klar abgrenzbares und erkennbares Arbeitsfeld verstanden werden, das sich aus umfassenden und zusammenhängenden Arbeitsaufgaben zusammensetzt und einen im Kontext gesellschaftlicher Arbeitsteilung klar identifizierbaren und sinnstiftenden Arbeitsgegenstand aufweist. Der Rückzug auf abstraktes, fachsystematisches Grundlagenwissen wirkt sich eher als Barriere bei der Vermittlung beruflicher Handlungs- und Gestaltungskompetenz aus. Ebensowenig können Kernberufe durch ein Konzept kontextfreier Schlüsselqualifikationen beschrieben werden.

2. Rücknahme horizontaler Spezialisierung durch die Einführung von Kernberufen: Die in einer funktionsorientierten Arbeitsorganisation zum Ausdruck kommende Arbeitsteilung bis hin zur Arbeitszergliederung findet sich auch in bestehenden Berufsstrukturen wieder. Die Rücknahme von Arbeitsteilung in geschäftsprozeßorientierten Organisationsstrukturen erfordert entsprechend eine deutliche Reduzierung der Anzahl der Berufe und ihre Aufhebung in Kernberufen. Die Anzahl der Berufe im Bereich Produktion und Instandhaltung könnte zum Beispiel durch die Einführung von Kernberufen um mehr als die Hälfte reduziert werden.

Kernberufe können kaum als „Kurzausbildungsberufe" unterhalb des Facharbeiterniveaus realisiert werden, da sie in ihrem Ausbildungsumfang meist mehr als einen traditionellen Beruf abdecken. Die Verbreiterung der beruflichen Grundlage stellt hohe Anforderungen an die Qualifizierung für anspruchsvolle berufliche Facharbeit. Die Kernberufe stellen dabei eine breitere Ausgangsposition für die beruflichen Karrierewege dar. Sie bilden ein neues Fundament für eine enge Verzahnung mit einer modularisierten Fort- und Weiterbildung, die in zertifizierte Fortbildungsberufe einmündet. Kernberufe sind keine „Grundbildungsberufe" im Sinne traditioneller beruflicher Grundbildung.

3. *Zeitlich stabile Berufe:* Die Verankerung von Berufsbildern im gesellschaftlichen Bewußtsein, ihre Tauglichkeit für die Orientierung bei der Berufswahl sowie das identitätstiftende Potential eines Berufes für Auszubildende und Beschäftigte hängen entscheidend von der Stabilität der Berufe ab. Berufsbilder mit einer Lebensdauer von nicht mehr als 15 Jahren, wie die industriellen Elektroberufe von 1972 und 1987, genügen diesem Kriterium nicht. Da der technische und ökonomische Wandel sowohl Chancen für die Entwicklung neuer als auch das „Absterben" alter Berufe birgt, stellt die Entwicklung langlebiger Berufe hohe Anforderungen an die Berufsbildungsplanung. Die Begründung von Berufsbildern über Arbeitszusammenhänge entscheidet wesentlich über die Lebensdauer von Berufen. Danach lassen sich entlang abnehmender Orientierung an einem Arbeitszusammenhang als Strukturmerkmal unterscheiden:

– „zeitlose" und langlebige Berufe (z.B. Arzt, Pilot, Erzieher/in) sowie eine größere Zahl von Handwerksberufen;
– technologisch induzierte Berufe (z.B. Elektro- und Chemieberufe);
– technologiebasierte Berufe (z.B. „Prozeßleitelektroniker");
– eng verrichtungsorientierte Berufe (z.B. „Fernmeldekabelleger", „Dreher").

Technologiebasierten und verrichtungsorientierten Berufen fehlen nahezu alle Merkmale einer modernen Beruflichkeit. Der Beruf des „Setzers" ist ein Beispiel für einen verrichtungsorientierten und zugleich an die Oberfläche einer speziellen Technologie gebundenen Beruf. Wäre die berufliche Tätigkeit des Setzers von Anfang an als Textgestaltung definiert und weniger eng auf die Handhabung des Bleisatzes eingeschränkt worden, dann hätte die Berufsentwicklung sicher einen ganz anderen Verlauf genommen, der unter den aktuellen Bedingungen der Textverarbeitung wohl eher zu einer Aufwertung und nicht zum Absterben geführt hätte.

4. *Offene dynamische Berufsbilder:*[6] Die offene, dynamische Beruflichkeit geht nach wie vor von einem bestimmten Arbeitszusammenhang aus, muß aber

– diesen in adäquaten Bildungsprozessen als *exemplarisch* für berufliche Tätigkeit von Fachkräften erfahrbar werden lassen,
– sich ausweiten können im Zuge eigenständiger Mitgestaltung von Arbeit, Arbeitsorganisation und Technik und damit der Aufgabenzuschnitte,
– zu neuen, auch berufsübergreifenden Aufgaben wandeln können.

Das Bewußtsein, einen Beruf zu haben, sollten sich die Absolventen unter diesen Bedingungen unbedingt erhalten können, auch wenn sie in einem mehr oder weniger ausbildungsfremden Feld arbeiten. Wichtige Aspekte der Beruflichkeit sollten sie beim „Wandern" gleichsam mitnehmen können. Dazu zählen insbesondere zum einen Schlüsselkompetenzen mit ihrem Kern der Gestaltungskompetenz, zum anderen das Wissen, es in einem bestimmten Tätigkeitsfeld schon einmal zur Meisterung eines komplexen Aufgabengebietes gebracht zu haben. Die Realisierung des Konzeptes offener, dynamischer Berufsbilder soll es erlauben,

---

6 Zum Konzept der offenen dynamischen Berufsbilder s. *Heidegger/Rauner* 1997 sowie *Heidegger u.a.* 1991.

- zeitlich und inhaltlich stabile Berufsbilder zu etablieren,
- diese wieder stärker im öffentlichen Bewußtsein zu verankern,
- auf berufs- und berufsfeldspezifischen Arbeitsmärkten eine zugleich hohe Flexibilität, Stabilität und Transparenz zu erreichen,
- die Zahl der Ausbildungsberufe im Sektor Produktion und Wartung deutlich zu reduzieren.

Die zeitliche und inhaltliche Stabilität ist die Voraussetzung dafür, daß die Berufsbilder in der öffentlichen Diskussion bei der Berufswahl und für die Entwicklung beruflicher Identität der Berufsinhaber (vor allem der Auszubildenden) wieder an strukturierender Kraft gewinnen, die ihnen im Zuge der unablässigen Umbenennungen durch die am Verrichtungsprinzip orientierte Organisation von Unternehmen verlorengegangen ist.

Realisieren läßt sich das Konzept der offenen, dynamischen Beruflichkeit am ehesten durch die Einführung von „Kernberufen". Kernberufe umfassen neben einem bundeseinheitlich geregelten Kernbereich (ca. 50% der Ausbildungsinhalte) je einen betriebs- und regionalspezifischen Anwendungsbereich sowie einen Integrationsbereich, der auf das arbeits- und betriebsbezogene Zusammenhangwissen zielt (Abb. 6).

Abbildung 6: **Struktur offener dynamischer Berufsfelder**

	Ausbildungsinhalte	Regelungskompetenz
a)	Kernbereich: 50-60% (Berufsfeld- und berufsbezogene Inhalte)	Bundeseinheitliche Regelungen; obligatorischer Bereich
b)	Betriebs- und regionalspezifischer Anwendungsbereich: 20-30% (Wahlbereich): betriebs- und anwendungsorientierte Inhalte - fachlicher Vertiefungsbereich	Inhaltliche Ausgestaltung liegt in der Zuständigkeit der Betriebe und Berufsschulen (lokaler Berufsbildungsdialog)
c)	Integrationsbereich: 20-30% (Wahlbereich): Er zielt auf das arbeits- und betriebsbezogene Zusammenhangwissen sowie eine geschäftsprozeßorientierte betriebliche Organisationsentwicklung	Inhaltliche Ausgestaltung liegt in der Zuständigkeit der Betriebe und Berufsschulen (lokaler Berufsbildungsdialog)

6. Schluß

Der amerikanische Soziologe *Richard Sennett* untersucht in seinem Buch „Der flexible Mensch" die Herausbildung flexibler Arbeitsstrukturen unter den Bedingungen der Spezialisierung, des permanenten *re-engineering*, eingebettet in eine neue neoliberale globale Ökonomie. Wenn Flexibilität zur Auflösung beruflicher Facharbeit führe, dann gehe dies einher mit der Erosion des Berufsethos, mit Zukunftsängsten, mit der Entwertung von Erfahrung und damit auch des Verlustes an persönlicher Identität: „Unsere Erfahrung ist nicht mehr in Würde zitierbar. Solche Überzeugungen gefährden das Selbstbild, sie sind ein größeres Risiko als das des Glücksspielers" (S. 129). Er kritisiert das postmoderne Leitbild der Kollage-Biographie und knüpft in seiner Kritik an *Max Webers* Konzept des Berufes und der Arbeitsethik an:

„Ein nachgiebiges Ich, eine Kollage aus Fragmenten, die sich ständig wandeln, sich immer neuen Erfahrungen öffnet, – das sind die psychologischen Bedingungen, die der kurzfristigen ungesicherten Arbeitserfahrung, flexiblen Institutionen, ständigen Risiken entsprechen." Wenn berufliche Karrieren der neuen Flexibilität geopfert werden, dann „gibt es keine Pfade mehr, denen Menschen in ihrem Berufsleben folgen können. Sie müssen sich wie auf fremden Territorium bewegen" (*Sennett* 1998, 203).

Sennetts Analyse läßt sich als eine Begründung für eine moderne Beruflichkeit interpretieren. Die Rücknahme funktionsorientierter betrieblicher Organisationskonzepte und ihre Überlagerung durch geschäftsprozeßorientierte betriebliche Strukturen in modernen Unternehmen ist ein ganz entscheidender Beitrag zur Erhöhung betrieblicher Flexibilität. Das Entwicklungsprojekt mit dem *VW*-Konzern zeigt, daß diese Entwicklung nicht im Widerspruch zu einer modernen Beruflichkeit steht, sondern ihr entgegenkommt. Ein Widerspruch besteht dagegen zwischen Formen prozeßorientierter Arbeitsorganisation einerseits und den industriellen Facharbeiterstrukturen, die sich unter den Bedingungen industrieller Massenproduktion und des *scientific management* in Deutschland herausgebildet haben, andererseits.

Nicht die Berufsform der Arbeit ist daher in Widerspruch zur historischen Entwicklung geraten, sondern eine problematische Berufs- und Facharbeiterideologie und -tradition, deren Stabilität aus den verkrusteten Strukturen überholter Ordnungsverfahren resultiert. Das Konzept der modernen Beruflichkeit knüpft nicht an diese Tradition an, sondern am Leitbild der reflektierten Meisterschaft und eine auf die Mitgestaltung der Arbeitswelt ausgerichteten Facharbeit. Flexibilität und Beruflichkeit lassen sich so als zwei Seiten zukünftiger Facharbeit ausgestalten.

KLAUS BERGER,
GÜNTER WALDEN

Entwicklungslinien öffentlicher Förderung der beruflichen Ausbildung

In den letzten Jahren gelingt es den Betrieben in Wirtschaft und Verwaltung nicht mehr, den Jugendlichen ein ausreichendes Ausbildungsstellenangebot bereitzustellen. So registrierte die Berufsberatungsstatistik Ende September 1999 trotz erheblicher staatlicher Förderung im Bundesdurchschnitt auf 100 Ausbildungsstellennachfrager nur 99 Angebote (*BMBF* 2000). Die Entwicklung am Ausbildungsstellenmarkt ist dabei für West- und Ostdeutschland getrennt zu betrachten. In Westdeutschland konnte noch zu Beginn der neunziger Jahre eine vergleichsweise vorteilhafte Situation für Ausbildungsstellenbewerber verzeichnet werden. Mit einer Angebots-Nachfrage-Relation von gut 121 Prozent war für die Jugendlichen in den Jahren 1991/92 die Auswahlsituation am westdeutschen Ausbildungsstellenmarkt am günstigsten ausgeprägt (*Bundesanstalt für Arbeit/BIBB* 1999). In den Folgejahren reduzierte sich das Gesamtangebot von 668.000 Ausbildungsstellen im Jahr 1991 auf etwas mehr als 483.000 Stellen im Jahr 1996. Nachdem auch die Nachfrage nach Ausbildungsstellen Anfang der neunziger Jahre kontinuierlich zurückgegangen war, führte die demographische Entwicklung dazu, daß sie ab dem Jahr 1995 stetig wieder anstieg. Im Jahr 1997 konnte denn auch der rein rechnerische Ausgleich zwischen Angebot und Nachfrage nicht mehr hergestellt werden. Erst in den letzten beiden Jahren war schließlich wieder ein stärkerer Anstieg des Gesamtangebots für Ausbildungsstellen zu beobachten. Mit knapp 36.000[1] öffentlich geförderten Maßnahmen konnte

---

1 Hierbei handelt es sich um außerbetriebliche Ausbildungsplätze, die bis zum 30.09.99 in Westdeutschland einschließlich Berlin (West) über die Sonderprogramme für die neuen Länder und Berlin sowie über Maßnahmen der Arbeitsverwaltung geschaffen wurden. Vgl. Übersicht 1.1.1/1 (Stand 09.03.2000) für den Berufsbildungsbericht 2000 des *BMBF*.

1999 ein Gesamtangebot von rund 520.000 Ausbildungsstellen erreicht werden. Trotz erheblicher regionaler Defizite galt die Ausbildungsbilanz in Westdeutschland erstmals seit 1996 wieder als ausgeglichen. In Ostdeutschland steigt das Gesamtangebot an Ausbildungsstellen zwar nach den durch den Systemwechsel bedingten Einbrüchen wieder kontinuierlich an; die demographisch begründete Zunahme der Ausbildungsplatznachfrage konnte dennoch nicht gedeckt werden. Alarmierend ist dabei, daß die Zahl der betrieblichen Ausbildungsplätze seit 1996 offensichtlich trotz zunehmender Inanspruchnahme staatlicher Fördermittel durch die Betriebe stetig zurückgeht (vgl. *Ulrich* 1999 und *BMBF* 2000).

Die Problemlagen am Ausbildungsmarkt lassen sich auf voneinander unabhängige nachfrage- und angebotsorientierte Gründe zurückführen (vgl. *Brandes/Walden* 1995). So ist der Anstieg der Gesamtnachfrage nach Ausbildungsplätzen weitgehend demographisch bedingt. Bei den angebotsorientierten Gründen muß zwischen West- und Ostdeutschland unterschieden werden. So fielen zu Beginn der neunziger Jahre mit der Entflechtung und Auflösung der Kombinate die bis dahin wichtigsten Träger der Ausbildung in der DDR weg. Bei den neu- und ausgegründeten Betrieben Ostdeutschlands konnte sich das duale Berufsbildungssystem bis heute nicht so etablieren, daß die Nachfrage nach Ausbildungsplätzen auch nur annähernd gedeckt werden könnte. Angesichts der erheblichen Einbrüche beim Fachkräftebedarf und eines hohen Kostendrucks fallen Kosten-Nutzen-Erwägungen häufig zuungunsten einer Ausweitung des betrieblichen Ausbildungsangebotes aus. Sofern Fachkräftebedarf besteht, kann dieser häufig günstiger am Arbeitsmarkt gedeckt werden.

Auch in Westdeutschland ging die Ausbildungsbereitschaft in der ersten Hälfte der neunziger Jahre zurück. Dieser Rückzug aus der Ausbildung konnte nicht nur bei Großbetrieben, sondern insbesondere auch bei den westdeutschen Kleinbetrieben beobachtet werden (*v. Bardeleben/Troltsch* 1997). Während die Großbetriebe die rückläufige Ausbildungsentwicklung vorrangig auf mangelnden Fachkräftebedarf zurückführen, verweisen Kleinbetriebe eher auf die hohen Kosten der Ausbildung und auf Probleme, geeignete Bewerber für ihr Ausbildungsstellenangebot zu finden (*Brandes/Walden* 1995). Nachfrage- und angebotsorientierte Faktoren wirken damit weitgehend unabhängig auf die Entwicklung am Ausbildungsmarkt ein und stellen somit nicht automatisch den gewünschten Ausgleich zwischen Ausbildungsangebot und -nachfrage her. Da auch Appelle aus Politik und Wirtschaft hierzu nur bedingt beitragen, trägt der Staat im Interesse der Zukunft der nachwachsenden Generation die gesellschaftliche Verantwortung dafür, daß den Jugendlichen ein auswahlfähiges Ausbildungsangebot gewährleistet wird.

Berufsbildungspolitische Rahmenbedingungen: Zum Modernisierungsbedarf des Berufsbildungssystems

Die schwierige quantitative Situation auf dem Ausbildungsstellenmarkt wird begleitet von einer Debatte um einen generellen Reformbedarf des Berufsbildungssystems. In den letzten Jahren wird sehr intensiv darüber diskutiert, ob das duale System der Berufsbildung den veränderten Bedingungen in Wirtschaft und Gesellschaft auch künftig noch gerecht zu werden vermag. Dabei sind die Meinungen durchaus gespalten. Einige Autoren befürchten einen gravierenden Niedergang des Systems (*Geißler* 1995), von anderen wird vehement widersprochen (*Lempert* 1995). Im folgenden sollen einige besonders wichtige Aspekte kurz dargestellt werden.

Auf der *Angebotsseite* des dualen Systems ist eine Differenzierung des betrieblichen Qualifikationsbedarfs zu beobachten. Das Spektrum des einzelbetrieblichen Bedarfs wird insgesamt breiter, und es ist für die Konstruktion von Ausbildungsberufen schwieriger geworden, einen gemeinsamen Nenner der einzelbetrieblichen Bedarfe zu ermitteln. Aus betrieblicher Sicht ergibt sich aus diesen Entwicklungen ein Bedarf nach mehr Gestaltungsoffenheit und Flexibilität. Berufliche Ausbildung soll flexibler als bisher auf neue Entwicklungen reagieren können und soll insgesamt mehr Spielraum für die Berücksichtigung spezifischer Qualifikationsbedarfs einzelner Betriebe und regionalspezifischen Bedarfs bieten. Zusätzlich wird in der Debatte um die Reform des Berufsbildungssystems zum Teil auch das bestehende System der anerkannten Ausbildungsberufe in Frage gestellt (zu dieser Debatte vgl. *Euler* 1997, 51). Als eine Alternative zum dualen System werden insbesondere in sich abgeschlossene und beliebig miteinander kombinierbare Module als Ausbildungsprinzip gefordert (zu dieser Diskussion vgl. z.B. *Kloas* 1997).

Auf der *Nachfrageseite* hat sich durch den Trend zu weiterführenden Schulabschlüssen eine Differenzierung der Teilnehmerstruktur ergeben. Hier ist nicht nur auf den zunehmenden Anteil von Abiturienten unter den Auszubildenden hinzuweisen, sondern auch darauf, daß weitaus mehr Auszubildende als früher über einen mittleren Bildungsabschluß verfügen. Gleichzeitig soll das duale System aber grundsätzlich offen bleiben auch für Schulabgänger, die nur über einen Hauptschulabschluß verfügen. Diesem Erfordernis versucht man in der beruflichen Bildung Rechnung zu tragen, indem für besonders leistungsfähige Auszubildende zusätzliche Bildungsmöglichkeiten eröffnet werden sollen. Hier ist auf Sonderausbildungsgänge für Abiturienten, das Angebot an Berufsakademien sowie auf die Vermittlung von Zusatzqualifikationen während der Ausbildung oder unmittelbar im Anschluß daran hinzuweisen.

Die Problemkonstellation hat unter anderem die berufsbildungspolitischen Instanzen (Bildungsministerium, Kultusministerkonferenz) sowie Verbände und Gewerkschaften dazu veranlaßt, Positionspapiere zur Reform der beruflichen Bildung zu erstellen (zu diesen Vorschlägen *ibv* 2000). Von einer Expertengruppe beim Berliner Senat ist ein Memorandum zur Modernisierung der beruflichen Bildung verfaßt worden (*Senatsverwaltung* 1999). Trotz unterschiedlicher Vorstellungen im Detail ist als gemeinsame Zielsetzung dieser Papiere eine Tendenz zur Stärkung der Flexibilität des Berufsbildungssystems und zur Differenzierung innerhalb der beruflichen Bildung festzustellen.

Es ist bereits seit längerem unverkennbar, daß sich das duale System auf dem Weg zu einer Pluralisierung befindet (*Kutscha* 1998, 259). Hierbei geht es sowohl um eine Pluralisierung der Lernorte innerhalb des klassischen dualen Systems (z.B. durch die Einbeziehung von überbetrieblichen Berufsbildungsstätten und Weiterbildungseinrichtungen bei der Vermittlung von Zusatzqualifikationen) als auch um eine quantitative Stärkung beruflicher Bildung außerhalb des dualen Systems und damit um eine Pluralisierung des Berufsbildungssystems in seiner Gesamtheit (z.B. durch die steigende Bedeutung beruflicher Bildungsgänge an Berufsfachschulen). Statt von Dualität wäre es deshalb eher angebracht, von einer Pluralität der Lernorte zu sprechen (S. 259). Die im Rahmen der Modernisierungsdebatte thematisierten Problemfelder des Berufsbildungssystems signalisieren dabei insgesamt noch eine Verstärkung der Pluralisierungstendenzen in der Zukunft.

Die vielfach geforderte Erhöhung der Flexibilität beruflicher Bildung als Reflex auf einen entsprechenden betrieblichen Bedarf bedeutet gleichzeitig eine stärkere Berücksichtigung von Entwicklungen an den Märkten. Die bisher praktizierte Regulierung durch staatliche Instanzen (unter wesentlicher Beteiligung von Verbänden und Gewerkschaften) wird tendenziell über eine Stärkung der Koordination durch den Markt zurückgefahren. Allerdings stellt sich hier die Frage, wie weit der Prozeß der Deregulierung geht. Eine ausschließliche Orientierung am Marktprinzip würde zu einer vollkommenen Auflösung des deutschen Berufsbildungssystems und seiner Konstruktionsprinzipien führen. Um die offensichtlichen Entwicklungen zu mehr Flexibilität in der beruflichen Bildung nicht sich selbst zu überlassen, schlägt *Günter Kutscha* vor, die Möglichkeiten einer regulierten Pluralität zu erweitern. Im Rahmen einer solchen regulierten Pluralität sollten flexibel gestaltete Qualifikationsformen weiterhin einer öffentlicher Verantwortung unterliegen.

Das Gewicht der öffentlichen Förderung

Bei der Darstellung des Umfangs der öffentlichen Förderung soll nicht nur auf die unmittelbare Förderung der betrieblichen Ausbildung, sondern auf die Finanzierung beruflicher Ausbildung durch die öffentliche Hand insgesamt eingegangen werden. Der folgende Überblick stützt sich auf Systematik und Datenquellen einer Arbeit von *Elisabeth Krekel* und *Folkmar Kath* (1999). Die dort ausgewiesenen Daten wurden – soweit möglich – aktualisiert. Zu beachten ist, daß die Gliederung der finanziellen Positionen – aufgrund der Systematik der öffentlichen Haushalte – nicht vollkommen deckungsgleich ist mit den von uns oben unterschiedenen Förderzwecken.[2]

Die *Ausgaben für die beruflichen Schulen* (Länder und Gemeinden) machen den größten Block bei den öffentlichen Ausgaben für die berufliche Bildung aus. Daten des Statistischen Bundesamtes liegen bisher nur für das Jahr 1996 vor. Die Ausgaben betrugen hier rund elf Milliarden Mark. Bedenkt man, daß 1988 die Ausgaben für berufliche Schulen nur im alten Bundesgebiet bereits bei über acht Milliarden lagen, so kann die reale Steigerung der Ausgaben in diesem bedeutendsten öffentlichen Ausgabenbereich beruflicher Bildung nicht als übermäßig hoch angesehen werden. Betrachtet man das Verhältnis der Schülerzahlen der Berufsschule und der anderen Schularten und hier die Zeit zwischen 1991 und 1997, so ist eine Schwerpunktverlagerung zu den anderen Schularten zu beobachten. Dieser Anstieg signalisiert ein wachsendes finanzielles Engagement der öffentlichen Hand im Bereich von beruflichen Bildungsgängen außerhalb des dualen Systems.

Aus Mitteln der Bundesanstalt für Arbeit werden Jugendlichen *Hilfen für eine berufliche Ausbildung* in Betrieben oder überbetrieblichen Einrichtungen sowie für berufsvorbereitende Bildungsmaßnahmen gewährt, soweit ihnen die erforderlichen Mittel nicht anderweitig zur Verfügung gestellt werden. Diese Mittel betrugen 1998 rund eine Milliarde Mark wobei sie in der jüngsten Zeit stark angestiegen sind: Dies dürfte vor allem auf berufsvorbereitende Maßnahmen zurückzuführen sein.

---

2 Eine Statistik, aus der problemlos der Gesamtumfang der öffentlichen Förderung und differenziert nach unterschiedlichen Aufgabenbereichen abzulesen wäre, existiert nicht. Es gibt zwar aus unterschiedlichen Quellen Hinweise auf den Umfang öffentlicher Förderung, allerdings erschließt sich hier kein vollständiges und exaktes Bild. So wird teilweise bei den Angaben nicht zwischen Ausbildung und Fortbildung differenziert, oder Fördermittel werden anderen Zwecken (z.B. Gewerbeförderung) und nicht ausschließlich der Qualifizierung zugeordnet. Relativ gut dokumentiert sind die Mittel der Bundesanstalt für Arbeit. Für die Gebietskörperschaften von Bund, Ländern und Gemeinden wird vom Statistischen Bundesamt eine Bildungsfinanzstatistik erstellt, auf deren Grundlage von der Bund-Länder-Kommission für Bildungsplanung und Forschungsförderung der jährliche Bildungsfinanzbericht erstellt wird. Relevant sind hier die Angaben zu den beruflichen Schulen und die Kategorie „Förderung der betrieblichen und überbetrieblichen Aus- und Fortbildung". Im beruflichen Schulwesen wird nicht zwischen der Berufsschule und anderen beruflichen Bildungsgängen differenziert; bei der Förderung der beruflichen Bildung wird nicht zwischen Aus- und Fortbildung unterschieden. Es gibt insofern also keine weitergehende Aufschlüsselung nach Förderarten. Im übrigen kann man sich nicht sicher sein, daß hier tatsächlich alle qualifizierungsrelevanten Posten erfaßt sind. Im jährlich erscheinenden Berufsbildungsbericht des BMBF sind Übersichtstabellen zu den Ausbildungsprogrammen von Bund und Ländern enthalten. Allerdings weisen nicht alle Länder Angaben über das Mittelvolumen aus; außerdem beziehen sich die Angaben teilweise auf unterschiedliche Zeiträume.

Die *Förderung* der Berufsausbildung *benachteiligter Jugendlicher* aus Mitteln der Bundesanstalt für Arbeit lag 1998 bei fast anderthalb Milliarden Mark. Im Vergleich zu den Achtzigern hat die Förderung benachteiligter Jugendlicher in den neunziger Jahren einen wesentlich höheren Stellenwert erfahren.

Zur *Förderung überbetrieblicher Berufsbildungsstätten* liegen Angaben über die Ausgaben den Bundes vor. Für 1999 werden diese Mittel mit 308 Millionen angegeben. Im Vergleich zu den achtziger Jahren ist das Volumen der Förderung überbetrieblicher Berufsbildungsstätten in den Neunzigern deutlich angewachsen. Die jüngste Steigerung der Ausgaben ist wesentlich auf den Nachholbedarf in den neuen Bundesländern zurückzuführen.

Mittel für *Ausbildungsförderung nach dem Bundesausbildungsförderungsgesetz* können beispielsweise Schülerinnen und Schüler für den Besuch einer Berufsfachschule oder einer Fachschule erhalten. 1998 beliefen sie sich auf 666 Millionen Mark.

Die schwierige Situation der beruflichen Bildung in den neuen Bundesländern hat den Bund in den neunziger Jahren dauerhaft zu Fördermaßnahmen veranlaßt. Es wurden jährlich *Lehrstellenprogramme für Ostdeutschland* aufgelegt. Zu nennen sind die Aufwendungen für Gemeinschaftsinitiativen (unter Beteiligung der Länder) und für das Aktionsprogramm Lehrstellen Ost. 1998 betrugen diese Mittel rund 200 Millionen Mark.

Zur Reduzierung von Problemen auf dem Ausbildungsstellenmarkt haben die Länder entsprechende Förderprogramme aufgelegt. Schwerpunktmäßig, aber nicht ausschließlich findet diese Förderung – ergänzend zur Förderung des Bundes – in den neuen Ländern statt. Diese Mittel können für die Jahre 1997 bis 1999 jährlich auf etwa eine halbe Milliarde Mark beziffert werden. Zu beachten ist, daß *Programme von Bund und Ländern zur Verbesserung der Ausbildungsplatzsituation* – und damit eine unmittelbare Förderung der betrieblichen Ausbildung – kein Novum in der Geschichte der Bundesrepublik darstellen. So werden entsprechende Mittel im Bereich der Programmförderung der (alten) Länder 1986 bereits mit 853 Millionen Mark angegeben (*BMBW* 1993, 232).

Eine neue Größenordnung in der Förderung der beruflichen Bildung ist durch das *Sofortprogramm der Bundesregierung zur Bekämpfung der Jugendarbeitslosigkeit* erreicht worden (vgl. *Friedrich/Troltsch/Westhoff* 1999). 1998 wurden hierfür zwei Milliarden zur Verfügung gestellt. Zu berücksichtigen ist allerdings, daß mit Mitteln dieses Programms nicht nur Qualifizierungsmaßnahmen, sondern auch Hilfen für eine Beschäftigungsaufnahme finanziert werden.

Addiert man die einzelnen Haushaltsposten für die Förderung beruflicher Bildung, so ergibt sich für 1998 ein Betrag von über 15 Milliarden Mark.

Bei unserem Überblick ist deutlich geworden, daß sich das finanzielle Engagement der öffentlichen Hand im Bereich der beruflichen Bildung in den neunziger Jahren deutlich erhöht hat. Der bei weitem größte Ausgabeposten (72% aller Ausgaben) – die beruflichen Schulen – ist dabei allerdings nur schwach gestiegen. Gewachsen sind vor allem die Ausgabenbereiche, mit denen eine unmittelbare Verbesserung auf dem Ausbildungsstellenmarkt herbeigeführt und eine Versorgung von ausbildungsplatzsuchenden Jugendlichen sichergestellt werden sollen. Es handelt sich um diejenigen Bereiche, die man im eigentlichen Sinne als eine Förderung der betrieblichen Berufsausbildung betrachten kann, weil hier entweder außerbetriebliche Ausbildungskapazitäten als Alternativen zu einer betrieblich durchgeführten Ausbildung geschaffen werden oder *incentives* für Betriebe gegeben werden. Mit ausgewählten Elementen dieser Art öffentlicher Förderung wollen wir uns im folgenden näher beschäftigen. Ganz eindeutig zeigt der Überblick zur öffentlichen Förderung der beruflichen Ausbildung, daß die Pluralisierungstendenzen in der beruflichen Bildung verstärkt werden. So geht ein großer Teil der zusätzlich bereitgestellten öffentlichen Mittel nicht unmittelbar an den Lernort Betrieb, sondern trägt zur Herausbildung einer eigenständigen Infrastruktur von außer- und überbetrieblichen Bildungseinrichtungen mit einer vielschichtigen Trägerschaft bei. Ebenfalls ist auf die steigende Bedeutung von Bildungsgängen an Berufsfachschulen aufmerksam zu machen.

Zum Stellenwert einzelner Förderansätze

Vom „Sonderprogramm der Bundesregierung zur Bekämpfung der Jugendarbeitslosigkeit" vom 28. Januar 1976 (*BMBW* 1978, 11ff) bis zu den Eckpunkten des heutigen Bundeskabinetts für ein „Sofortprogramm zum Abbau der Jugendarbeitslosigkeit – Ausbildung, Qualifizierung und Beschäftigung Jugendlicher" vom 25. November 1998 gab es zahlreiche bildungspolitische Maßnahmen, die, begleitet von entsprechenden Länderinitiativen und gesetzlichen Regelungen zur Ausbildungsförderung, die jeweiligen Versorgungsengpässe am Ausbildungsstellenmarkt beheben und die Ausbildung benachteiligter Jugendlicher fördern sollten. Im Zuge dieser öffentlichen Förderung bildete sich ein breites, häufig kaum noch überschaubares Spektrum unterschiedlicher Fördermaßnahmen heraus. Die Förderschwerpunkte sind geprägt von den aktuellen Problemen des Ausbildungsstellenmarktes und ihrer bildungspolitischen Wahrnehmung. Dabei unterscheidet sich die Ausbildungssituation in Ostdeutschland in den neunziger Jahren noch einmal deutlich von den bisherigen Problemlagen des Ausbildungsmarktes im alten Bundesgebiet (vgl. *Dahms/Schiemann* 1998, 12ff, sowie *Lutz/Grünert* 1999, 17ff). Obwohl noch bis zum Jahr 2006 mit einem unzureichenden Ausbildungsangebot gerechnet wird, bleibt die Kurzfristigkeit ein bestimmendes Merkmal der Ausbildungsförderprogramme in Bund und Ländern. Ferner unterliegen die Förderkonditionen einer ständigen Veränderung. Erfahrungen der Förderpraxis und Ergebnisse aus Programmevaluationen fließen dabei jeweils in die Gestaltung der häufig Jahr für Jahr neu aufgelegten Fördermaßnahmen ein (s. z.B. *Lutz/Grünert* 1999, 31ff).

Um im Bereich der Ausbildungsförderung mehr Transparenz zu schaffen, ist eine Systematisierung der Förderinstrumentarien erforderlich. *Vera Dahms* und *Frank Schiemann* schlagen hierzu einen Systematisierungsansatz vor, der sich von der Frage leiten läßt, „an welchen betrieblichen ‚Engpässen' die Länder in ihrer Förderpraxis ansetzen" (1998, 25). Für das Ausbildungsjahr 1997/98 ermitteln sie in Ostdeutschland insgesamt 18 Förderschwerpunkte, die sie auf drei Förderansätze zurückführen. Maßnahmen, die dem ersten Förderansatz zugerechnet werden, richten sich an Betriebe, die bislang über keine ausreichenden Ressourcen für die Aufnahme einer Ausbildung verfügen. Die Förderung soll hierfür die personellen, investiven oder organisatorischen Voraussetzungen schaffen. Der zweite Förderansatz verfolgt das Ziel, die Motivation zur Schaffung zusätzlicher betrieblicher Ausbildung zu steigern. Der dritte Förderansatz faßt letztlich als Sammelkategorie Maßnahmen mit sozial- und berufsbildungspolitischen Zielsetzungen zusammen. Hierzu gehören die besondere Förderung bestimmter Zielgruppen sowie die Förderung der Ausbildung in Zukunftsberufen und eine spezielle Branchen- oder Regionalförderung.

Ein grundlegendes Kriterium zur Systematisierung von Fördermaßnahmen stellt darüber hinaus die Unterscheidung zwischen der Finanzierung außerbetrieblicher Ausbildungsplätze und der Förderung von zusätzlichen betrieblichen Ausbildungsplätzen dar. *Burkart Lutz* und *Holle Grünert* (1999, 61ff) betrachten sie als zwei Hauptformen der Ausbildungsförderung in den ostdeutschen Bundesländern. Auf diese beiden Formen der Ausbildungsförderung wird im folgenden eingegangen.

Förderung außerbetrieblicher Ausbildung

Außerbetriebliche Ausbildung nach § 40c Arbeitsförderungsgesetz und seit 1998 nach § 241 (2) Sozialgesetzbuch III zielt seit Anfang der achtziger Jahre auf die besondere Förderung ausländischer, lernbeeinträchtigter oder sozial benachteiligter Jugendlicher durch die Bereitstellung voll staatlich finanzierter Ausbildungsplätze in außerbetrieblichen Einrichtungen. Nach Einführung des westdeutschen Wirtschafts- und Ausbildungssystems auf dem Gebiet der ehemaligen DDR wurde das Benachteiligtenprogramm auch hier in erheblichem Maße zur Kompensation fehlender betrieblicher Ausbildungsplätze genutzt (*Ulrich* 1999, 125ff). Um eine Versorgung der vom Ausbildungsmarkt Benachteiligten in Ostdeutschland zu ermöglichen, wurden außerbetriebliche Ausbildungsangebote außerdem nach § 40 (4) des AFG/DDR und schließlich über die jährlich vereinbarten Bund-Länder-Gemeinschaftsinitiativen finanziert. Außerdem wird außerbetriebliche Ausbildung seit 1999 bundesweit über das Sofortprogramm gefördert. Zur Kompensation der fehlenden Betriebspraxis und zur Verbesserung der anschließenden Beschäftigungschancen der Auszubildenden erfolgt die Ausbildung seit einigen Jahren auch in betrieblichen Praktikumsphasen, die einen erheblichen Anteil in der Gesamtausbildungszeit einnehmen (vgl. *Friedrich* u.a. 1999, 8). *Lutz* und *Grünert* (1999, 58) beobachteten in diesem Zusammenhang, daß der kostengünstige Einsatz von außerbetrieblichen Auszubildenden auf betrieblichen Praktikumsplätzen zur Substitution betrieblicher Ausbildungsstellen führt (vgl. a. *Hild/Mohri/Schnabel* 1998, 19).

Formen betriebsnaher außerbetrieblicher Ausbildung werden auch im Rahmen sogenannter kooperativer Modelle durchgeführt, bei denen die Berufsfachschule in Zusammenarbeit mit der Wirtschaft Berufsausbildungsgänge anbietet, die die Zulassung zu einer Abschlußprüfung in einem anerkannten Ausbildungsberuf ermöglichen. Diese Modelle sind in der Regel dadurch gekennzeichnet, daß die Berufsfachschulausbildung in ihrem betriebspraktischen Teil an einer außerbetrieblichen Berufsbildungsstätte erfolgt. Die „Betriebsnähe" soll je nach Bundesland unterschiedlich durch verbindliche oder fakultative Betriebspraktika hergestellt werden (*Feller* 1998, *Hahn* 1998). Weitergehende Überlegungen wie die kooperative Berufsfachschulausbildung, bei der die Jugendlichen einen Schülerstatus einnehmen, um sie ab dem dritten Ausbildungsjahr in ein betriebliches Ausbildungsverhältnis überzuleiten, werden derzeit in Sachsen-Anhalt angestellt (*Kultusministerium Sachsen-Anhalt* 2000).

Ein grundlegendes Problem von Absolventen außerbetrieblicher Ausbildung besteht in ihren verminderten Aussichten, nach der Ausbildung in ein Erwerbsverhältnis einzumünden. Die Gründe hierfür liegen teilweise darin, daß die Tatsache, keinen betrieblichen Ausbildungsplatz erhalten zu haben, bereits zu einem Vorbehalt der Betriebsinhaber gegenüber den Absolventen außerbetrieblicher Ausbildungsprogramme führt (*Ulrich* 1999). Hinzu kommt, daß sich diese Programme überwiegend auf Ausbildungsberufe mit hohem Ausbildungsüberschuß und niedrigen Ausbildungskosten konzentrieren. Gleichzeitig wird ihre Verwendungsbreite als eher niedrig eingestuft (*Lutz/Grünert* 1999, 98). Dieses Problem wird dadurch verschärft, daß die Jugendlichen bei der Aufnahme einer außerbetrieblichen Ausbildung ohnehin bereits berufsbezogene Kompromisse eingehen und während der Ausbildung in Kauf nehmen müssen, unterhalb tariflich vereinbarter Ausbildungsvergütungen bezahlt zu werden, oder, im Fall der kooperativen Berufsfachschulmodelle, auf die Finanzierungsregelungen nach Berufsausbildungsförderungsgesetz und gegebenenfalls auf die von einigen Ländern gewährten Mobilitätshilfen verwiesen sind. Da mehrheitlich Mädchen in eine außerbetriebliche Ausbildung einmünden, kumulieren sich die Probleme zu einer erheblichen geschlechtsspezifischen Benachteiligung (vgl. *Ulrich* 1995).

Förderung zusätzlicher betrieblicher Ausbildungsplätze

Prämien- und *Anreizsysteme* zur Ausweitung des privatbetrieblichen Ausbildungsangebots gehören zu den Klassikern der Ausbildungsförderung. Sie beruhen letztlich auf der Annahme, daß zu hohe Ausbildungskosten ein entscheidender Hinderungsfaktor bei der Bereitstellung eines auswahlfähigen betrieblichen Ausbildungsangebotes sind. Zur Kostensenkung und -entlastung für Ausbildungsbetriebe bieten sich unterschiedliche Möglichkeiten (*Timmermann* o.J., 27ff). Abgesehen von kostenwirksamen Veränderungen des Ausbildungsgeschehens innerhalb des Betriebes ist auch eine veränderte Lernortorganisation mit einer Schwerpunktverlagerung zugunsten öffentlich finanzierter Lernorte vorstellbar. Dabei wäre jedoch gegenzurechnen, inwieweit die Kostenersparnis der Betriebe durch entgangene Ausbildungserträge kompensiert würde. Ferner sind Kostenverlagerungen zu nicht ausbildenden Betrieben und auf die öffentliche Hand denkbar. Eine Teilung der Ausbildungskosten mit nicht ausbildenden Betrieben zum Beispiel über eine Form der Umlagefinanzierung scheint derzeit politisch nicht durchsetzbar. Als Financier verbleibt die öffentliche Hand.

Die gegenwärtig praktizierten staatlichen Anreizsysteme nutzen vorrangig finanzielle Prämien, die im Rahmen der Länderprogramme zur Schaffung zusätzlicher betrieblicher Ausbildungsplätze gewährt werden. Adressaten dieser Prämien sind damit in der Regel Ausbildungsbetriebe, beispielsweise Existenzgründer. Sie dienen der erstmaligen Ausbildungsaufnahme und in Ostdeutschland unter dem Einsatz von Fördermitteln aus dem Europäischen Sozialfonds auch der Förderung der Ausbildung über ein bestehendes Niveau hinaus. Die Höhe der Zuschüsse ist von Bundesland zu Bundesland unterschiedlich. Im Rahmen der Mädchenförderung wird die Einstellung von weiblichen Auszubildenden häufig besonders bezuschußt. Finanzielle Anreizsysteme finden sich darüber hinaus zum Beispiel auch bei der Übernahme von Konkurslehrlingen oder für eine Ausbildung in neuen Berufen beziehungsweise in Berufen mit Zukunftstechnologien.

Der Nachteil von Anreizprogrammen besteht darin, daß sie sich in Form von Mitnahme- und Gewöhnungseffekten auf das Bildungsverhalten von Ausbildungsbetrieben auswirken können. Diese Effekte sollen zwar durch entsprechende Förderkonditionen möglichst gering gehalten werden. Sind die Förderauflagen allerdings zu hoch, schreckt das Programm eher ab und erreicht seine Adressaten nur ungenügend. Sind sie zu niedrig, stellen sie eine Einladung dar, ohnehin geplante Ausbildungsplätze zusätzlich fördern zu lassen (*Hild u.a.* 1998, 126ff). *Lutz* und *Grünert* (1999, 3) stellen in ihrer Studie fest, daß der Einsatz zusätzlicher Fördermittel ab einem bestimmten Zeitpunkt zu keiner weiteren Steigerung des betrieblichen Ausbildungsangebotes führt. Gleichzeitig gilt die Förderung bereits als fester Bestandteil der

Verhaltenslogik am Ausbildungsmarkt, so daß mit ihrer Verminderung ein starker Rückgang der betrieblichen Ausbildungsbereitschaft erwartet wird. Während der mit Prämien- und Anreizsystemen arbeitende Förderansatz vorrangig der Motivation ausbildungsfähiger Betriebe dient, zielt der folgende Ansatz zur Förderung zusätzlicher Ausbildungsplätze darauf ab, die erforderlichen *Ausbildungsvoraussetzungen* erst herzustellen.

Bei der *Investitionsförderung* soll dadurch ein größeres betriebliches Ausbildungsangebot erzielt werden, daß die Betriebe bei der technisch-materiellen Ausstattung der Ausbildungsplätze unterstützt werden. Adressaten dieser Förderung sind insbesondere auch Existenzgründer.

Durch eine *Verbundausbildung* werden gemäß § 22 (2) Berufsbildungsgesetz die organisatorischen Voraussetzungen zur Ausbildungseignung auch für solche Betriebe geschaffen, die nicht in vollem Umfang über eine Ausbildungseignung verfügen. Insbesondere bei erstmaliger Aufnahme der Ausbildung tragen Landes-, Bundes- und EU-Mittel zur Finanzierung von Ausbildungsverbünden bei. Die Schaffung und Ausweitung von Ausbildungsverbünden wird darüber hinaus auch im Rahmen des Sofortprogramms unterstützt. Über diese finanzielle Förderung hinaus wird ein Ausbau von Beratungskapazitäten zur Unterstützung der Betriebe beim Planungs- und Koordinierungsaufwand von Verbundlösungen für wichtig erachtet (*Bundesmann-Jansen u.a.* 1996, 92). Dabei steht nicht allein die Schaffung zusätzlicher Ausbildungsplätze, sondern auch eine verbesserte Ausbildungsqualität im Vordergrund. Im Unterschied zu anderen Förderansätzen wird mit der Ausbildungsförderung durch Verbundausbildungen die Erwartung verbunden, daß sie schließlich in selbstorganisierte und -finanzierte Ausbildungsmodelle einmünden.

Öffentliche Förderung und Systementwicklung – perspektivische Überlegungen

Ein Dilemma des dualen Berufsausbildungssystems besteht darin, daß die Bereitstellung des Ausbildungsangebotes zwar in der Verantwortung der Betriebe in Wirtschaft und Verwaltung liegt, die Betriebe sich dabei jedoch in erster Linie an ihrem aktuellen Fachkräftebedarf orientieren. Demographisch bedingte Steigerungen bei der Ausbildungsnachfrage führen daher nicht zwangsläufig zur Aufstockung des Ausbildungsangebotes. Dabei erscheinen die Kosten zur Behebung des betrieblichen Ausbildungsplatzdefizits gemessen an den Übernahmebeträgen, die gegenwärtig auch in der Bundesrepublik von Unternehmen der Privatwirtschaft zur Sicherung globaler Wettbewerbsvorteile aufgebracht werden, vergleichsweise gering. Für den

Staat sind die Aufwendungen zum Ausgleich des defizitären Ausbildungsangebots angesichts angespannter Haushaltslagen hingegen erheblich und bieten zunehmend Anlaß, Aufwand und Nutzen der Ausbildungsförderung in Frage zu stellen. Programmevaluationen und Begleitstudien zeigen denn auch, daß die öffentliche Ausbildungsförderung ihrem Ziel, ein ausreichendes Ausbildungsangebot zu schaffen, kurzfristig zwar näherkommt. Bei eingehender Betrachtung wird allerdings deutlich, daß die staatliche Intervention im Berufsbildungssystem je nach Ansatzpunkt der Förderung eine Reihe von unerwünschten Nebeneffekten hinterläßt. So konzentrieren sich die staatlichen Aktivitäten im wesentlichen darauf, Motivation und Voraussetzungen zu schaffen, damit Betriebe ein zusätzliches Ausbildungsangebot bereitstellen, sowie auf die staatliche Finanzierung außerbetrieblicher Ausbildungsplätze. Die Maßnahmen sind bei beiden Förderformen zwar jeweils auf zeitlich befristete Problemlagen am Ausbildungsmarkt hin konzipiert, beheben diese jedoch letztlich nicht und werden daher Jahr für Jahr neu aufgelegt.

Vollfinanzierte Ausbildungsstellen, sei es in Form von außerbetrieblichen, betriebs- und wirtschaftsnahen oder kooperativen Ausbildungsmodellen unterliegen häufig schon deshalb nachteiligen Rahmenbedingungen, weil sie als nachrangig gegenüber der betrieblichen Ausbildung verstanden werden. Die damit verbundene einseitige Teilnehmerauswahl kann dazu führen, daß Maßnahmeabsolventen später am Arbeitsmarkt stigmatisiert werden. Die Maßnahmen selbst gelten teilweise als „systemfremd", da mit ihnen häufig das duale Prinzip der Verbindung von Lernen und Arbeiten durchbrochen wird. Ferner führt die meist kurzfristige Ausrichtung der Fördermaßnahmen auf die Unterbringung „unversorgter" Jugendlicher dazu, daß eher kostengünstige Ausbildungsberufe mit geringer Verwendungsbreite gefördert werden. Trotz dieser nachteiligen Rahmenbedingungen haben die demographische Entwicklung und das unzureichende Ausbildungsangebot dazu beigetragen, daß diese Ausbildungsmaßnahmen insbesondere in Ostdeutschland sich zu einem festen Bestandteil des Berufsbildungssystems entwickelt haben, ohne die seine Leistungsfähigkeit erhebliche Einbußen erleiden würde.

Neben dem unmittelbaren Effekt einer Entlastung des betrieblichen Ausbildungsstellenmarktes und einer Versorgung von Jugendlichen mit Ausbildungsplätzen sind aber auch mögliche Effekte auf die Entwicklung des Berufsbildungssystems in seiner Gesamtheit zu betrachten. Hier ist zunächst zu fragen, ob die öffentlichen Maßnahmen auf ihren positiven Beitrag der Schaffung zusätzlicher Ausbildungsplätze reduziert werden können oder ob eventuell die betriebliche Ausbildungsbereitschaft auch negativ beeinflußt wird. Beobachtungen lassen vermuten, daß die Fördermaßnahmen mit jeder Neuauflage nicht nur an Wirkung verlieren, sondern auf Dauer selbst zur Ausbildungskrise beitragen. So tragen finanzielle Anreiz- und Hilfsmaßnahmen kurzfristig zwar zur Vermehrung des betrieblichen Ausbildungsangebotes bei. Die Orientierung der betrieblichen Ausbildungsbereitschaft am Fachkräftebedarf und an Kosten-Nutzen-Erwägungen wird hierdurch jedoch nicht außer Kraft gesetzt. In Verbindung mit dieser betrieblichen Verhaltenslogik führen finanzielle Ausbildungsanreize dazu, daß der Konsens über die betriebliche Verantwortung bei der Ausbildungsfinanzierung unterminiert wird. Hier wäre zu prüfen, welche Rahmenbedingungen und Instrumentarien erforderlich sind, damit finanzielle Anreiz- und Hilfsmaßnahmen den Charakter einer Anschubfinanzierung behalten und eine Überführung in selbstfinanzierte Ausbildung begünstigen. Mit Blick auf die unzureichende Etablierung des dualen Systems in Ostdeutschland schlagen *Lutz* und *Grünert* (1999, 101ff) vor, die Ausbildungsfinanzierung als Breitenförderung schrittweise und mit rechtzeitiger Ankündigung einzuschränken. Gleichzeitig sollen langfristig angelegte Fördermaßnahmen mit transparenten Förderkonditionen die Verantwortung und Eigensteuerung der Wirtschaft bei der Bereitstellung eines ausreichenden Ausbildungsangebotes stärken.

Wir haben schon darauf hingewiesen, daß die in der beruflichen Bildung zu beobachtenden Pluralisierungstendenzen durch den erheblichen Einsatz öffentlicher Fördermittel noch verstärkt werden. Hier ist zum einen auf die steigende Bedeutung außerbetrieblicher Lernorte und Bildungsgänge aufmerksam zu machen. Zum anderen werden unter dem Druck der sich stellenden Probleme mit den öffentlichen Mitteln auch ganz neue Qualifizierungsformen entwickelt. Insbesondere die kooperativen Berufsfachschulmodelle sind hierfür ein Beispiel. Soweit die betreffenden Qualifizierungsformen zu einem nach Berufsbildungsgesetz anerkannten Abschluß führen, handelt es sich allerdings nur um eine Pluralisierung der Organisationsformen beruflicher Ausbildung, die letztendlich das grundlegende Ordnungsprinzip bundesweit anerkannter Ausbildungsberufe nicht in Frage stellt. Die Zunahme schulischer Bildungsangebote, die nur zu einem Abschluß nach Landesrecht führen, beinhaltet allerdings eine Tendenz zur Intransparenz von Bildungsangeboten und -abschlüssen. Desorientierung der Jugendlichen und Desinformiertheit der Betriebe im Hinblick auf die Kompetenz der ausgebildeten Nachwuchskräfte sind sehr wahrscheinlich (vgl. *Euler/Löb* 2000).

Inwieweit wirkt sich der zunehmende Einsatz öffentlicher Mittel nun auf die ebenfalls in diesem Aufsatz angesprochenen Tendenzen einer Deregulierung (als Reduzierung staatlicher Vorgaben und Stärkung des Marktes) des Berufsbildungssystems aus? Zunächst stellt öffentliche Förderung, die der Realisierung berufsbildungspolitischer Zielsetzungen staatlicher Instanzen dient, das Gegenteil von Deregulierung dar. Die Regulierung betrifft allerdings nur ein Zusatzsegment der beruflichen Bildung, welches ohne öffentliche Förderung gar nicht lebensfähig wäre. Insofern wird eine unmittelbare Auswirkung auf die generellen Deregulierungstendenzen, das heißt also im Sinne einer Abschwächung, von uns nicht gesehen. Im Berufsbildungssystem ist vielmehr der Trend zu einer Rücknahme der Regelungstiefe nicht zu übersehen. Dies zeigen beispielsweise die Konstruktionsprinzipien neuer Ausbildungsberufe ganz eindeutig.

Die steigende Bedeutung öffentlicher Fördermittel fördert allerdings eine andere Tendenz, welche mittelfristig die Deregulierungstendenzen nicht abschwächt, sondern eher verstärken dürfte. Die staatliche Förderpolitik erfolgt unter erheblicher Beteiligung der Bundesländer und führt unseres Erachtens zu einer Dezentralisierung der Berufsbildungspolitik. Ein wachsender Bereich der beruflichen Bildung wird nicht mehr zentral durch die Bundesseite festgelegt, sondern durch das jeweilige Land (und gilt auch nur für dieses Land). Dies betrifft insbesondere die rein schulischen Angebote, die nicht zu einem BBiG-Abschluß führen, allerdings – hierauf wurde oben bereits hingewiesen – werden auch die Organisationsformen herkömmlicher dualer Ausbildung beeinflußt. In dem Maße, in dem das Spektrum vorhandener Qualifizierungsformen und damit das Spektrum grundsätzlich möglicher Lösungen zunimmt, sinkt auch die Wahrscheinlichkeit, daß sich nur ein Curriculum bundesweit legitimieren und durchsetzen läßt. Insofern wird die traditionelle und institutionell verfestigte ordnungspolitische Basis der bundesweit geregelten beruflichen Bildung durch die praktizierte finanzielle Förderung tendenziell geschwächt. Bemühungen zur Schaffung neuer bundesweiter Ausbildungsordnungen, wie zum Beispiel im sozialpflegerischen Bereich, könnten hierdurch konterkariert werden.

Wie sollte öffentliche Förderung in Zukunft nun vor dem Hintergrund der durchaus nicht unproblematischen Auswirkungen auf die Systementwicklung ausgestaltet werden? Sollte der Einsatz öffentlicher Mittel eventuell sogar deutlich zurückgefahren werden, um negative Konsequenzen für das duale System der beruflichen Bildung insgesamt zu vermeiden? Wir vertreten die Auffassung, daß sich der Staat seiner grundsätzlichen Verantwortung für die Qualifizierung der heranwachsenden Generation nicht entziehen darf. Es muß also sichergestellt werden, daß die Jugendlichen in ausreichendem Maße zukunftsträchtige Qualifizierungsformen vorfinden. Eine Reduzierung öffentlicher Fördermittel verbietet sich also so lange, wie die Situation auf dem betrieblichen Ausbildungsstellenmarkt angespannt bleibt. Der Staat hat aber Wahlmöglichkeiten, welche Maßnahmen konkret gefördert werden beziehungsweise wofür seine finanziellen Mittel im einzelnen eingesetzt werden. Unter Ordnungsgesichtspunkten ergeben sich hier zwei grundlegende Alternativen. Zum einen kann versucht werden, die Ausbildung auf der Basis des dualen Systems in bundesweit anerkannten Ausbildungsberufen positiv zu stimulieren; zum anderen können über den Ausbau der Berufsfachschulen zusätzliche Qualifizierungsmöglichkeiten in ausschließlich staatlicher Verantwortung mit allerdings landesrechtlichen Grundlagen geschaffen werden.

In der Praxis ist allerdings die Festlegung auf nur eine dieser Alternativen kein gangbarer Weg. Die beschriebenen Pluralisierungs- und Deregulierungstendenzen in der beruflichen Bildung ergeben sich ja nicht zufällig, sondern stellen Reaktionen auf Entwicklungen insbesondere des Beschäftigungssystems dar. Es schiene uns verfehlt, einen Kampf für ein für alle verbindliches Idealmodell zu führen. Vielmehr könnten die Herausbildung eines breiteren Spektrums von Qualifizierungsformen und ihre Konkurrenz untereinander auch als grundsätzliche Chance für eine Weiterentwicklung der beruflichen Bildung verstanden werden. Allerdings sollte der Staat im Rahmen seiner Förderpolitik dafür Sorge tragen, daß bestimmte Prinzipien, die bisher konstitutiv für das duale System waren, auch bei der Schaffung neuer Qualifizierungsformen handlungsleitend sind.

Im Hinblick auf die öffentliche Förderung beruflicher Bildung auf der Grundlage des BBiG sollte geprüft werden, inwieweit die sich hier herausbildenden Ausbildungsformen eventuell auch positive Impulse für die Gestaltung nicht geförderter dualer Ausbildung geben können. Statt diese Maßnahmen weiterhin als „systemfremde" Bestandteile eines an sich funktionierenden dualen Systems zu betrachten, wären die hierin liegenden Potentiale neuer Lernortkombinationen für eine Weiterentwicklung des dualen Ausbildungssystems auszuloten. Es wäre zu prüfen, wie die stigmatisierungsfördernden Rahmenbedingungen der betriebs- und wirtschaftsnahen, außerbetrieblichen und kooperativ-schulischen Ausbildungsmodelle aufgehoben werden könnten. Insbesondere für die Ausbildung in „hochwertigen" Ausbildungsberufen mit zukunftsoffener Verwendungsbreite wären die lernortspezifischen methodisch-didaktischen Möglichkeiten von betrieblichen, außerbetrieblichen und berufsschulischen Lernorten zu untersuchen und die Perspektiven für eine effizientere Aufgabenteilung und Zusammenarbeit dieser Lernorte auszuloten (vgl. *Lutz/Grünert* 1999, 116ff). Ähnlich wie bei den bisherigen Verbundausbildungen hätte die Ausbildung in neuen Lernortkombinationen nicht allein die Erweiterung des Ausbildungsangebotes, sondern auch eine Verbesserung der Ausbildungsqualität zum Ziel. Eine Voraussetzung für die Aufhebung der problematischen Segmentierung betrieblich und staatlich finanzierter und organisierter Ausbildungsmodelle und ihrer Mischformen ist allerdings, daß die Auszubildenden materiell und rechtlich den betrieblichen Auszubildenden gleichgestellt werden.

Im Hinblick auf schulische Ausbildungsgänge in landesrechtlicher Zuständigkeit sollte versucht werden, das im Rahmen der dualen Ausbildung bewährte Prinzip der Verbindung von Theorie und Praxis, von systematischem und erfahrungsorientiertem Lernen, auch für die Berufsfachschule nutzbar zu machen (vgl. *Euler/Löb* 2000). Die in den neuen Bundesländern geschaffenen kooperativen Modelle bieten sich hier durchaus zur Nachahmung auch für die alten Bundesländer an.

Die bereits jetzt vorhandene Vielzahl von Qualifizierungsmodellen und die Vielfalt der Organisationsformen kann schon jetzt zur Desorientierung von Jugendlichen und Fachkräfte suchenden Betrieben führen. Dies stellt erhöhte

Anforderungen an eine Berufs- und Lernberatung (vgl. *Klein/Kühnlein* 2000, 15f). Hierzu wäre eine verbesserte öffentliche Förderung erforderlich.

Für die weitere Entwicklung eines pluralen Systems der beruflichen Bildung ist unseres Erachtens wesentlich, daß die öffentliche Verantwortung für ihre Ausgestaltung nicht zurückgeführt wird. Völlig verfehlt wäre es deshalb, den Markt mit seinen kurzlebigen und sprunghaften Entwicklungen als ausschließlichen Bezugspunkt beruflicher Bildung zu verankern. Es kommt vielmehr darauf an, die öffentliche Aufgabe der Gewährleistung einer breiten und fundierten beruflichen Bildung für alle – unter den sich verändernden Rahmenbedingungen – besser zu erfüllen. Allerdings ergeben sich für die staatlichen Instanzen aufgrund der beschriebenen Dezentralisierungstendenzen auch neue Anforderungen für Regelungen und Koordinierungen. Die Frage, ob es im Rahmen einer „regulierten Pluralität" im Sinne *Kutschas* (1998) gelingt, Transparenz und anerkannte Qualitätsstandards im Berufsbildungssystem weitaus überwiegend zu erhalten, ist dabei keinesfalls sicher zu beantworten. Allerdings sehen wir hierzu keine gangbare Alternative.

WILFRIED KRUSE

Bewertung und Anerkennung von Qualifikationen. Schlußfolgerungen aus einem europäischen Sozialpartner-Projekt

1. Einleitung

Die im Schulsystem, in der beruflichen Ausbildung und Weiterbildung und in der Arbeit erworbenen Qualifikationen sind auf komplexe Weise mit der Anerkennung in der Arbeitswelt, der Organisation der Arbeit in den Betrieben und der Entlohnung verbunden. Diese Fragen stehen im Hintergrund der in ganz Europa geführten Diskussion über die Validierung und Anerkennung von Qualifikationen.[1] Zu den traditionellen Problemen kommen in neuerer Zeit Entwicklungen auf betrieblicher Ebene hinzu: die in vielen Wirtschaftssektoren wichtiger werdenden beruflichen Kompetenzen im Zusammenhang mit neuen Formen der Arbeitsorganisation, mit Qualitätsmanagement und Organisationsentwicklung. Diese werden in unternehmensspezifischen, arbeitsplatznahen und zumeist informellen Formen vermittelt. Diese aufkommende und sich rasch ausbreitende Form des Qualifikationserwerbs nennen wir im Anschluß an die Ergebnisse aus verschiedenen Sektorstudien im Rahmen des europäischen *FORCE*-Programms „Neuer Typ von Weiterbildung".[2] Es stellt sich also das Problem der Bewertung und Anerkennung von Qualifikationen, die in solcher Weiterbildung neuen Typs erworben wurden, wie auch insgesamt jener Qualifikationen, die im Arbeitsprozeß und auf der Basis von Arbeitserfahrungen angeeignet werden und die gemeinhin bisher nicht in Zertifikaten dokumentiert sind.

Diesem Problemkomplex „Bewertung und Anerkennung von Qualifikationen" widmete sich ein transnationales Projekt im Rahmen des europäischen Förderprogramms *Leonardo da Vinci*, das kurz *VALID* getauft wurde. Um

---

1 Das „Europäische Diskussionspapier", auf das sich dieser Aufsatz bezieht, wurde von *Winfried Heidemann, Hans-Böckler-Stiftung*, mitverfaßt.
2 „FORCE – Formation Continué en Europe" war das 1. Programm der EU-Kommission (1992 bis 1995), das transnationale Kooperation zur Innovation beruflicher Weiterbildung förderte. In seinem Rahmen wurden u.a. mehrere EU-weite Studien zur Entwicklung der Weiterbildung in verschiedenen Wirtschaftssektoren durchgeführt. Bereits in der 1. Sektorstudie zum Einzelhandel wurde das europaweite Heraufkommen eines „Neuen Typs von Weiterbildung" entdeckt: *Kruse/Bertrand/Homs* 1993.

Bewertung und Anerkennung von Qualifikationen 221

praxisnah und dialogisch arbeiten zu können, wurden Partner für ein Sozialpartner-Projekt gewonnen – es handelte sich also um ein Projekt, an dem sowohl Arbeitgeber und ihre Organisationen oder Betriebe als auch Gewerkschaften, Gewerkschaftseinrichtungen und betriebliche Arbeitnehmervertretungen aus Frankreich, Griechenland, Deutschland und dem Vereinigten Königreich beteiligt waren.[3] Die Ergebnisse des Projekts wurden in einem „Europäischen Diskussionspapier" zusammengefaßt; sie werden im folgenden referiert. Zum Abschluß wird dann der Blick kurz auf die transnationale Kooperation selbst und ihre Voraussetzungen gerichtet.

2. Anerkennung und Bewertung von Qualifikationen in einer „turbulenten" Umwelt

Vom Zeitpunkt der ersten Überlegungen zur Entwicklung des *VALID*-Projekts bis zu seinem Abschluß ist das wirtschaftliche, soziale und politische Umfeld „turbulenter" geworden: Es gibt eine neue Dynamik der externen und internen Wettbewerbsbedingungen für die europäischen Unternehmen und auch die Arbeitnehmerinnen und Arbeitnehmer. Dies macht es noch dringlicher, Antworten auf die vom *VALID*-Projekt aufgeworfenen Fragestellungen zu finden, aber auch zugleich komplizierter, als es noch vor wenigen Jahren schien.

Bedeutungsgewinn von beruflichen Kompetenzen im neuen europäischen betrieblichen Wettbewerbsmodell

Ein neues Wettbewerbsmodell bildet sich gegenwärtig heraus. Dreh- und Angelpunkt dieses neuen Modells ist der qualifizierte Beschäftigte in verantwortungsbewußter Kooperation mit anderen qualifizierten Beschäftigten. Die unternehmensstrategische Aufwertung des Faktors „qualifizierte Arbeit" bei gleichzeitig fortschreitender Rationalisierung und folglich knappstem Personaleinsatz bedeutet eine tiefgreifende Veränderung der betrieblichen Sozial-

---

[3] Das Projekt lief von 1995 bis 1998. Beteiligt waren Arbeitgeberverbände und Gewerkschaften der Metallindustrie in Frankreich (*UIMM* und *CFDT*), Griechenland (*FIG* und *INEGSEE*), ein deutsches Metallunternehmen und eine Verwaltungsstelle der IG Metall. Im Vereinigten Königreich: eine Forschungsgruppe der Universität Bradford mit Partner in der Chemischen Industrie; außerdem in Deutschland die paritätische *Weiterbildungsstiftung der Chemischen Industrie*, die *Sozialforschungsstelle Dortmund* und als Koordinator die *Hans-Böckler-Stiftung*.

verhältnisse; sie signalisiert eine Revision der tayloristischen Arbeitszerlegung und -teilung. Entscheidend ist dabei, daß sich das Anforderungsprofil dieser qualifizierten Arbeit nicht mehr „nur" auf fachliche Kenntnisse und Fertigkeiten in einem erheblich erweiterten Spektrum bezieht, sondern daß – etwas euphorisch ausgedrückt – der ganze Mensch[4] ins Zentrum des betrieblichen Interesses rückt, also seine Kreativität, Eigeninitiative, Motivation, Kooperationsfähigkeit, Verantwortungsbereitschaft, Identifikation mit der Arbeit.

Die Zwiespältigkeit dieser Entwicklung für die Beschäftigten ist offenkundig. Der veränderte Zugriff auf die Beschäftigten erfolgt mit dem Ziel der Erhöhung ihres Nutzungsgrades, und zwar sowohl in traditionellen als auch in solchen Leistungsbereichen, für die es bisher keine ausgehandelten, stabilisierten und wechselseitig akzeptierten Gratifikationen gibt. Ein neuer „Leistungs-Gegenleistungs-Kompromiß" wird erforderlich.

Berufsbildungssysteme im Wandel: Verwertungskrise bisheriger Qualifizierung

Bildungs- und Berufsbildungssysteme in den Mitgliedsländern der Europäischen Union befinden sich in einem mehr oder weniger tiefgreifenden Wandel, um den Erfordernissen der Zukunft zu genügen. Dabei handelt es sich um inhaltliche und curriculare Modernisierungen oder auch um die Schaffung neuer oder ergänzender Strukturen. Auch in Berufsbildungssystemen, die von ihrer Tradition primär schulisch organisiert sind, gewinnt der Betrieb als Lernort zunehmend an Bedeutung. Die Schwierigkeiten der Absolventen der Bildungssysteme, auf dem Arbeitsmarkt erfolgreich zu sein und einen adäquaten Arbeitsplatz zu erhalten, verweisen darauf, daß die Passung zwischen Bildungssystem und Beschäftigungssystem angesichts der raschen Veränderungen im Beschäftigungssystem immer weniger gelingt – und daß eine verbesserte Passung an die *aktuelle* Nachfrage möglicherweise auch keine zukunftsträchtige Lösung darstellt.

In allen Ländern der Union hat sich die Bildungsbeteiligung der Bevölkerung stark ausgeweitet, und der Anteil höherer Bildungsabschlüsse hat stark zugenommen. Ob diese Bildungsexpansion soziale Ungleichheit, die immer eng mit „Bildung" verbunden war, verringert hat, ist strittig. Unstrittig ist, daß die Bildungsexpansion zu einer „Vermassung" von Bildung und damit auch zu einer Vermassung von Zertifikaten geführt hat; die jüngsten Absol-

---

4 Der Hintergrund für diese Aussage kann hier nicht weiter beleuchtet werden; hierzu gibt es eine vielfältige Literatur: Exponierte Positionen finden sich in *Schultz-Wild/Lutz* 1997 und *Hartz* 1994. Die Entwicklung läuft schon seit Anfang der achtziger Jahre (vgl. *Bolder* 1986, 303).

ventengenerationen dieser Phase der Bildungsexpansion treffen auf einen Arbeitsmarkt, auf dem die Nachfrage nach Arbeitskräften hinter dem Angebot weit zurückbleibt. Dies führt zu Verwertungsschwierigkeiten der angeeigneten Qualifikationen auf dem Arbeitsmarkt, zu einer gewissen Entwertung vieler der erworbenen Zertifikate.

Jugendliche – tendenziell aber alle Arbeitnehmer – befinden sich in einem brisanten, auch für die subjektiven Orientierungen und Identifikationen relevanten Widerspruch: Sich zu qualifizieren ist unabdingbar, um überhaupt eine qualifizierte Beschäftigungschance zu haben, aber Bildung verspricht nicht mehr wie früher Sicherheit, Aufstieg und einen guten Arbeitsplatz. Die erforderlichen Bildungsanstrengungen sind also wesentlich defensiver ausgeprägt, als dies in der Vergangenheit der Fall war.

Strategischer Bedeutungsgewinn innerbetrieblicher Weiterbildung: ein neuer Typ

Im Zusammenhang mit der Aufwertung der qualifizierten Arbeitskraft für das betriebliche Geschehen gibt es einen erheblichen Bedeutungsgewinn betrieblicher Weiterbildung. Neu ist an dieser Art von Weiterbildung, daß sie weder im traditionellen Sinne Aufstiegsweiterbildung ist, noch jene punktuelle Anpassungsweiterbildung beispielsweise anläßlich des Einsatzes eines neuen Maschinentyps. Dieser „neue Typ von Weiterbildung"[5] ist in dem Sinne kontinuierlich, daß er zum normalen Bestandteil des Arbeitsalltags wird und regelmäßig in kurzen Intervallen stattfindet. Diese Weiterbildung ist oft mit der Veränderung der Arbeitsorganisation, der Einführung eines Qualitätsmanagements oder der strategischen Neu-Ausrichtung des Unternehmens verbunden. Sie richtet sich nicht mehr nur an die ohnehin schon bildungsmäßig privilegierten Gruppen der Belegschaft, sondern potentiell an alle Belegschaftsmitglieder, da alle in die miteinander verwobenen Prozesse von Innovation, Qualität und Rationalisierung einbezogen werden sollen und müssen. Folglich ist sie tätigkeits- und prozeßorientiert, sie ist in hohem Maße unternehmensspezifisch, die Teilnahme an ihr ist obligatorisch. Wie insgesamt für das „neue Wettbewerbsmodell" gilt auch hier, daß vor allem in dynamischen Unternehmen bereits ausgebaute Systeme dieses neuen Typs

---

5 „Neu" war dieser Typ von Weiterbildung um die Mitte der 90er Jahre; heute – im Jahr 2000 – beobachten wir seine Verbreitung und betriebliche Normalisierung. Von Anbeginn an sollte das Etikett „neu" auf Gestaltungsbedarf verweisen, ebenso wie die Kennzeichnung „Bildung", die gegen die Invasion von „Training" und „Qualifizierung" gesetzt wurde. Mittlerweile findet sich eine Vielzahl von Gestaltungsansätzen auf einzelbetrieblicher Ebene, in Deutschland vor allem in Form von Betriebsvereinbarungen. Sie bleiben aber bislang weitgehend isoliert und in ihren Inhalten sehr limitiert.

von Weiterbildung anzutreffen sind, während woanders vieles inkonsequent und „traditionell" bleibt. Gerade ihre hohe Betriebsspezifik aber bewegt sich im mehr oder weniger starken Widerspruch zu Interessen von Arbeitnehmern[6] am kontinuierlichen und auch zertifizierbaren Aufbau einer arbeitsmarktbezogenen Bildungsbiographie. Dieser Trend zu verstärkter nicht regulierter innerbetrieblicher Weiterbildung berührt den Komplex „Anerkennung und Bewertung von Qualifikationen" natürlich in nicht unerheblicher Weise.

Die Bedeutung des Sozialen Dialogs

Ein wichtiger Startpunkt des *VALID*-Projekts war die Überzeugung, daß der „Soziale Dialog"[7], also die gemeinsame Suche nach Problemlösungen durch die Sozialpartner auf allen Ebenen, für die Qualität der Entwicklung des Europäischen Arbeits- und Sozialraums von großer Bedeutung ist. Als ein europäisches Spezifikum kann der Soziale Dialog dazu beitragen, zu besseren Problemlösungen zu gelangen, weil Erfahrungen und Sachverstand der beiden Seiten mit eingehen und Kompromißbereiche ausgelotet werden können.

3. Das „magische Dreieck": Zertifikat – Tätigkeit – Anerkennung gestalten

Nimmt man die skizzierten Wandel des Wettbewerbsmodells und der Bildung und Weiterbildung als Hintergrund, dann wird deutlich, daß das Problem der Bewertung und Anerkennung von Qualifikationen von beiden Seiten – der individuellen wie der betrieblichen – zu bearbeiten ist, und daß beide Seiten in rascher Veränderung begriffen sind. Außerdem ist auch der Zusammenhang selbst – in seinen institutionellen Verfassungen wie als Verhandlungssystem – zu gestalten. Dies zusammen betrachtet, erkennt man ein „System", das im *VALID*-Projekt „magisches Dreieck" genannt wurde.

Das *VALID*-Projekt knüpfte an eine Traditionslinie der europäischen Berufsbildungs- und Arbeitsmarktdiskussion an: Die Frage nach der Anerken-

---

6 Wie insgesamt die Interessenlage der Individuen bei Weiterbildung im Zusammnehang mit ihren biographischen Erfahrungen zu wenig betrachtet wurde. Deswegen ist es so wichtig, auf die begründete „Widerständigkeit" der Adressaten von Weiterbildung einzugehen: *Bolder/Hendrich* 1997.
7 Zum Sozialen Dialog im Feld der Weiterbildung in Europa s. *Blainpain u.a.* 1996, für Deutschland *Heidemann/Paul-Kohlhoff* 1998.

nung und Bewertung der von Individuen erworbenen Qualifikationen wurde dort vor allem auf die Mobilitätsfähigkeit auf dem europäischen Arbeitsmarkt vor dem Hintergrund unterschiedlicher nationaler Bildungs- und Berufsbildungssysteme bezogen. Es sollten möglichst einfache Kriterien dafür entwickelt werden, in welcher Weise die im Bildungssystem des Landes X erworbenen Qualifikationen jenen der im Land Y erworbenen entsprechen könnten. Gedacht wurde also aus der *Perspektive der einzelnen Arbeitnehmer,* die ihre Bildungsinvestitionen auch außerhalb ihrer direkten Entstehungszusammenhänge adäquat verwenden möchten, insbesondere durch das Erreichen eines qualifikationsadäquaten Arbeitsplatzes.

Die Verwertungschancen waren – was die berufliche Grund- oder Erstausbildung anbelangte – besser, solange man sich nur im jeweiligen Mitgliedsland bewegte, in dem die eigenen beruflichen Qualifikationen zertifiziert wurden. Im Rahmen der einzelnen Systeme sind die Zertifikate allgemein bekannt und es ist allen Beteiligten geläufig, welches die Qualifikationen sind, die sich hinter den Zertifikaten verbergen.

Für die frühere Diskussion war der Übertritt in ein anderes nationales System die zentrale Problematik von Anerkennung von Qualifikationen für den Bereich der beruflichen Erstausbildung. Dabei stellt aber die Frage der Zertifizierung nur *einen* Teilbereich des Problemkomplexes von Anerkennung und Bewertung dar. Sie verweist auf das System des Erwerbs von Qualifikationen zurück, also auf die jeweiligen Bildungs- und Berufsbildungssysteme. Im besten Fall, also bei entsprechender Ausgestaltung des Zertifizierungssystems, kann das Zertifikat adäquat dokumentieren, was eine Person im Zuge ihres Bildungsprozesses an Qualifikationen, beruflichen Fähigkeiten, Kompetenzen – in welcher Tiefe und Breite – erworben hat. Aber natürlich kann nicht zertifiziert werden, was in den jeweiligen Bildungs- und Berufsbildungssystemen nicht erworben werden konnte, weil es inhaltlich nicht vorkam oder didaktisch nicht adäquat aufbereitet war. Der Komplex von Anerkennung und Bewertung verweist also auch auf mögliche *Defizite der inhaltlichen und curricularen Gestaltung beruflicher Bildungssysteme.*

Vor dem skizzierten Problemhintergrund konnte das *VALID*-Projekt aber in keinem Fall bei der Analyse der Angebotsseite – bei der individuellen und der gesellschaftlichen Perspektive der Bildung und Zertifizierung erworbener Qualifikationen stehen bleiben. Die *Verwendungsseite,* also *die Betriebe,* mußten in die Analyse und Überprüfung möglicher gemeinsamer Handlungsfelder einbezogen werden.

Die Wechselbeziehungen und die Gestaltung der Anerkennung und Bewertung von Qualifikationen bewegen sich also in folgendem *magischen Dreieck:*

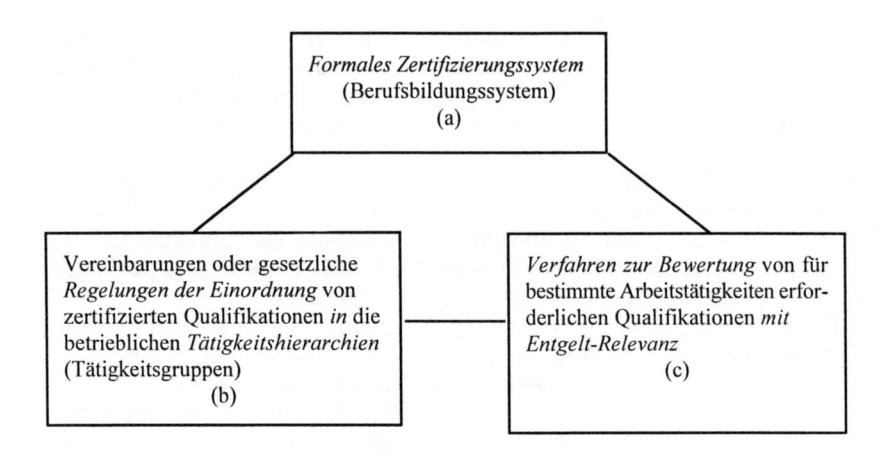

```
                    ┌─────────────────────────────┐
                    │ Formales Zertifizierungssystem │
                    │   (Berufsbildungssystem)    │
                    │            (a)              │
                    └─────────────────────────────┘
                           /            \
```

Vereinbarungen oder gesetzliche *Regelungen der Einordnung* von zertifizierten Qualifikationen *in* die betrieblichen *Tätigkeitshierarchien* (Tätigkeitsgruppen) (b)	*Verfahren zur Bewertung* von für bestimmte Arbeitstätigkeiten erforderlichen Qualifikationen *mit Entgelt-Relevanz* (c)

Das *formale Zertifizierungssystem* (a) ist das System der Ausgabe von Zertifikaten, dessen Regeln breit bekannt und akzeptiert sind und dem allgemein hinsichtlich der Korrespondenz zwischen Zertifikat und den zertifizierten Qualifikationen, die eine Person aufweist, vertraut wird. Zertifikate bezogen sich bisher in der Regel auf Qualifikationen, die im (Berufs-)Bildungssystem erworben wurden. Diese werden auch dann ein wichtiges Bezugssystem für Zertifizierungen sein, wenn daneben oder ergänzend auch informelle, mit Arbeitserfahrungen zusammenhängende oder in nicht regulierten Bildungsgängen erworbene Qualifikationen zertifiziert werden.

Die reale Anerkennung erworbener und zertifizierter Qualifikationen hängt nun davon ab, inwieweit diese – nach erfolgreicher Bewerbung eines Beschäftigten – die *Positionierung in der betrieblichen Tätigkeitshierarchie* (b) beeinflußt. Regelungen über den Zusammenhang von zertifizierten Qualifikationen und innerbetrieblicher Positionierung (d.h. die Zugehörigkeit zu bestimmten, nach Qualifikationen untereinander hierarchisierten Beschäftigtengruppen: ungelernte Arbeiter, Facharbeiter, Spezialarbeiter, etc.) kann es auf betrieblicher, aber auch auf überbetrieblicher Ebene geben und erfolgen meist branchenbezogen.

Dies ist Praxis in Deutschland durch das Instrument der Lohn- und Gehalts-Rahmentarifverträge, die zwischen den Gewerkschaften und Arbeitgeberverbänden einer Branche ausgehandelt werden und die die Voraussetzungen zur Zugehörigkeit zu einer bestimmten Lohn-, Gehalts- oder Entgeltgruppe beschreiben. In den anderen beteiligten Ländern war dieses Instrument weitgehend inexistent. Möglicherweise ist die spezifische deutsche Form der Lohn- und Gehalts-Rahmentarifverträge auf andere Länder nur schwer übertragbar. Damit ist aber der Gestaltungsbereich, auf den die deutschen Lohn- und Gehalts-Tarifverträge in spezifischer und möglicherweise auch reformbedürftiger Weise antworten, keineswegs obsolet: nämlich das eines ausgehandelten und verläßlichen Verhältnisses zwischen den erworbenen und zertifizierten Qualifikationen und einer adäquaten Positionierung in der betrieblichen Tätigkeitshierarchie.

Den dritten Pol des „magischen Dreiecks" nehmen *Bewertungsverfahren mit Entgelt-Relevanz* (c) ein. Gemeint ist damit die entgeltrelevante Bewertung dessen, was einem Individuum an einem konkreten Arbeitsplatz oder in einem konkreten Arbeitssystem abverlangt wird. Entscheidend ist nun, welche Bedeutung den Qualifikationen oder Kompetenzen, die eine Person aufweist, bei der Bewertung des Arbeitsplatzes oder Arbeitssystems beigemessen wird, das heißt wie hoch der qualifikationsbezogene Anteil am Entgelt im Verhältnis zu anderen Anforderungen oder Belastungen und deren Vergütung ist. Ferner kommt es darauf an, ob lediglich jene Qualifikationen in die Bewertung eingehen, die hier und heute und bei der gegebenen Arbeitsteilung normalerweise abgefordert werden, oder ob das darüber hinausgehende Qualifikationspotential der Person ebenfalls ein Bewertungskriterium darstellt. Wichtig ist auch, ob die konkrete Bewertung fortlaufende Weiterbildung unterstellt und ob diese hinsichtlich der Position des Individuums in der Arbeitsorganisation oder des zu erwartenden Entgelts in irgendeiner Weise relevant sind.

Die Verfahren der Bewertung sind schließlich auch deshalb ein wichtiger Gestaltungsbereich, weil die konkrete Verwendung der Qualifikationen, die ein Individuum beherrscht, von großer Bedeutung für seine Möglichkeiten ist, seine berufliche Arbeitsfähigkeit auszubauen und weiterzuentwickeln oder nicht (lernförderliche, lernneutrale oder -hinderliche Arbeitsorganisation) und die Bewertung der Qualifikationen einen Anreiz für weiteres Lernen darstellen oder auch ein Signal für dessen Nutzlosigkeit sein können.

Zusammenhänge bearbeiten

Über den Zusammenhang von (a) und (b) im „magischen Dreieck" ist bereits gesprochen worden. Positionierung (b) und Bewertung (c) hängen so zusammen, daß die hierarchische Gliederung nach Tätigkeitsgruppen und ihre Bedeutung für die Arbeitsorganisation mit den angewendeten Bewertungsverfahren korrespondieren. Im deutschen System führt die Einordnung zertifizierter Qualifikationen in die Tätigkeitshierarchie (a) bei den Individuen zum Beispiel zu einer gesicherten Grundlohnerwartung. Der Zusammenhang von Bewertung (c) und Zertifizierung (a) erschließt sich dann, wenn unterstellt wird, daß die vorhandene Arbeitsorganisation und die angewandten Bewertungsverfahren Weiterlernen stimulieren oder daß innerbetriebliche berufliche Weiterbildung zum Bestandteil des normalen Arbeitslebens wird. In diesen Fällen stellt sich die Frage, ob Weiterlernen und Weiterbildung zu ergänzenden Zertifizierungen führen können und wie die Zugangswege und -mechanismen geregelt sind.

Vor diesem Hintergrund wird deutlich, daß man die Gestaltungserfordernisse nicht nur auf je eine der Ecken des „magischen Dreiecks" begrenzen kann, sondern den dynamischen Zusammenhang zwischen diesen Bereichen immer gleichzeitig bearbeiten muß. Dies wurde im Projekt im Prinzip auch anerkannt; allerdings wurden große Schwierigkeiten bei der Machbarkeit vor dem Hintergrund der unterschiedlichen nationalen Verhältnisse, der unterschiedlichen Tradition und Politik der Sozialpartner in den beteiligten Ländern und der Umbrüche in den industriellen Beziehungen angemeldet.

Die Entwicklung eines integrierten Gestaltungskonzepts für das gesamte Dreieck müßte auch bedeuten, daß die bislang auch innerhalb der Organisationen der Sozialpartner vorhandene starke Arbeitsteilung und Abschottung von Zuständigkeiten zugunsten einer Zusammenarbeit ihrer Experten für Bildung, Tarifpolitik und Betriebspolitik zurückgenommen werden müßten.

4. Neue Konzepte on the way: Beispiele

Eine integrierte und ausgearbeitete Konzeption zur Bearbeitung von Anerkennung und Bewertung von Qualifikationen im Sozialen Dialog existiert also bislang nicht. In allen beteiligten Ländern ist in diesem Feld vieles in Bewegung; die Einstiege sind allerdings sehr verschieden und die Beteiligung der überbetrieblichen Sozialpartner ist sehr unterschiedlich ausgeprägt und eher gering als stark. Dennoch lohnt es sich, die verschiedenen Beispiele „guter Praxis" im Sinne von Einstiegen in das gesamte Gestaltungsfeld „Anerkennung und Bewertung" zu untersuchen und sich zu fragen, ob diese – einem Puzzle ähnlich – perspektivisch in Verbindung gebracht werden können. Die Beispiele aus den beteiligten Ländern, die im Rahmen des *VALID*-Projekts herangezogen werden konnten, präsentieren immer nur Teilschritte oder Bausätze; es wurden keine Praxis-Beispiele gefunden, in denen das magische Dreieck als Ganzes gestaltet wurde. Aber sie verdeutlichen Dimensionen eines (künftigen) Gestaltungsansatzes; es kann also produktiv an sie angeknüpft werden.

Zertifizierung von Arbeitserfahrungen

Die französischen Partner messen dem Modell *CNAM* eine wichtige Bedeutung bei. Es handelt sich um ein System der Anerkennung von professionellen Erfahrungen durch Zertifizierung. Es ist beim *Conservatoire National des Arts et Metiers (CNAM)* angesiedelt und basiert auf einem Gesetz vom 20. Juli 1992. Dieses Gesetz geht von zwei Voraussetzungen aus:

1) Jede Arbeitssituation ist zugleich eine Trainingssituation aufgrund der Bewältigung der Arbeitsaufgaben und der Evaluierung der Arbeitsorganisation.
2) Jeder Beschäftigte ist in der Lage, seine beruflichen Erfahrungen zu analysieren und sie mit dem Ziel darstellen zu können, ein Zertifikat zu erhalten, daß zu den nationalen Niveaus technischer und beruflicher Bildung führt.

Prämierung von qualifikationsfördernden Betrieben

In den Zusammenhang von Anerkennung und Bewertung von Qualifikationen gehören auch Maßnahmen, die die gesellschaftliche Wertschätzung von Qualifikationen oder beruflichen Kompetenzen verbessern und damit indirekt Grundlagen auch für die Anerkennung und adäquate Bewertung individueller Bildungsanstrengungen legen. Unter diesem Aspekt ist der *Investor-in-People*-Ansatz aus dem Vereinigten Königreich interessant. Träger der Aktivität sind die *Vereinigung der Britischen Industrie*, die *National Training Task Force* und das Arbeitsministerium. Nach einem Standard, der 24 Einzelindikatoren umfaßt, wird Organisationen der *Investor-in-People*-Titel verliehen, und dies wird öffentlich bekanntgemacht. Kandidaten für diesen Titel sind Organisationen, vor allem Betriebe, die sich verpflichten, die berufliche Entwicklung aller ihrer Beschäftigten zu fördern.

Zertifizierung von Weiterbildungsanbietern

In Griechenland ist das 1995 gegründete *Nationale Zentrum für die Zertifizierung von Weiterbildungseinrichtungen* für die Qualitätskontrolle zuständig. Die Prüfung und die darauf aufbauende Zertifizierung beziehen sich auf folgende Aspekte: die Bildungsmaterialien, die Effektivität des *equipment*, die Verfügung über und die Qualität von relevanten Trainingseinheiten und das Niveau und die Qualität der Trainer. Lediglich die Einrichtungen mit einer positiven Beurteilung erhalten die Möglichkeit, Weiterbildungsmaßnahmen durchzuführen, die mit nationalen oder europäischen Mitteln subventioniert werden.

Das soziale Gewicht oder Prestige der zertifizierenden Einrichtung ist für den Wert, der dem Zertifikat von möglichen Beschäftigten beigemessen wird, von großer Bedeutung. Diese Frage stellt sich dann besonders scharf, wenn – wie in allen beteiligten Ländern geschehen – der Markt der privaten Bildungsanbieter expandiert, die um Teilnehmer konkurrieren und deren Angebot hinsichtlich seiner Qualität sehr intransparent ist. Eine starke und schnelle Expansion des Marktes der privaten Bildungsanbieter ist vor allem in Ländern mit defizitären (Berufs-)Bildungssystemen und einem hohen Nachholbedarf an beruflichen Qualifikationen anzutreffen.

Die betriebliche Regelungsebene

Zwei Fallbeispiele aus der chemischen Industrie des Vereinigten Königreichs – *Organic Chemicals* und *Fine Chemicals* – zeigen, daß innerbetriebliche Weiterbildung gezielt für die Ebene der Prozeßoperatoren eingesetzt wird und ihr erfolgreiches Absolvieren auf der Grundlage eines innerbetrieblichen Abkommens zu erhöhter Bezahlung führt. Beide Modelle resultieren aus veränderten Anforderungen an die Qualitätskontrolle und veränderten Formen der Arbeitsorganisation. Die Lösungen sind zwar innerbetrieblich beschränkt, und sie verstärken den Trend zur Verbetrieblichung, erkennen aber die Produktionsnotwendigkeit von Weiterbildung und ihre adäquate Anerkennung und Bewertung an.

In eine vergleichbare Richtung der auch materiellen Anerkennung weist die griechische Fallstudie über den Kosmetikkonzern *Sarantis SA*. Vor dem Hintergrund eines Konzepts von *total quality management* werden – problem- und arbeitsplatzorientiert – „Diskussionstrainings-Seminare" durchgeführt, die auf die Verbesserung der Arbeitsausführung orientiert sind. Die Basisvergütung richtet sich nach dem sektoralen Tarifvertrag; die erfolgreiche Absolvierung dieses neuen Typs von Weiterbildung schlägt sich in einem Bonus-System nieder, das verbesserte Arbeitsausführung honoriert.

Ein Beispiel für die Umstrukturierung eines Unternehmens in eine „lernende Organisation" ist der ebenfalls aus Griechenland berichtete Fall der *Bank von Piräus*. Die dortigen Aktivitäten bewegen sich im Rahmen einer generellen *Vereinbarung* zwischen der zuständigen Gewerkschaft und der Arbeitgeberorganisation über *human resources development*. In zwei Filialen wurde ein Pilot-Programm zu „Selbstlernen" mit dem Ziel eingeführt, vor allem die Mobilität zwischen den verschiedenen Abteilungen zu verbessern und Problemlösungsfähigkeit auf der Ebene der Sachbearbeitung zu entwickeln. Die Abteilungsleiter werden zu Moderatoren der Lernprozesse.

Die deutsche *Veba Oel AG* teilt mit den Beispielen aus dem Vereinigten Königreich den Ansatz bei den Prozeßoperatoren und auch die materielle Gratifikation erfolgreicher Weiterbildung. Das deutsche weist über die britischen Beispiele hinaus, weil es durch innerbetriebliche Weiterbildung modularer Art an die für den Sektor anerkannten Ausbildungsabschlüsse heranführt. Insofern könnte das *Veba*-Beispiel Anregungen bieten für eine produktive Verbindung des neuen Typs der Weiterbildung zu anerkannten Aus- und Fortbildungsberufen. Entsprechend dem deutschen System der industriellen Beziehungen ist der Betriebsrat sowohl an der Entwicklung des Qualifizierungssystems als auch an seiner Durchführung und Kontrolle beteiligt.

Bewertung und Anerkennung von Qualifikationen 231

In den Zusammenhang konzertierter betrieblicher Lösungen ist auch das deutsche Unternehmen *Kaco* aus der baden-württembergischen Metallindustrie zu stellen. Dort nimmt der Betriebsrat eine aktive Co-Management-Rolle im gesamten Feld der innerbetrieblichen Bildungsentwicklung ein. Dies stützt sich zwar auf die weitgehenden Mitgestaltungsrechte nach dem deutschen Betriebsverfassungsgesetz, wird aber getragen von der gemeinsamen Auffassung von Management und Betriebsrat, daß die Mobilisierung der Bildungsreserven der Belegschaft nur in gemeinsamer Anstrengung und unter Berücksichtigung eines vernünftigen Interessenausgleichs erfolgreich sein kann.

Verbindung zwischen Betrieb und überbetrieblichem Sozialdialog

Im Sinne der Erfordernisse, die verschiedenen Handlungsebenen miteinander in Beziehung zu setzen, soll hier auf zwei deutsche Beispiele hingewiesen werden.[8] Der Arbeitgeberverband und die Gewerkschaft der chemischen Industrie, der vormaligen *Industriegewerkschaft Chemie, Papier, Keramik*, unterhalten die *Weiterbildungsstiftung der Chemischen Industrie*. Sie wirkt indirekt, durch die Organisierung und Unterstützung von gemeinsamen Seminaren zwischen Management und Betriebsräten zu aktuellen Themen der Veränderung von Bildung, Arbeitsorganisation konsensbildend, und zwar von der Branche ausgehend und als Branchenpolitik in Richtung der Betriebe. Ihre Politik der Dokumentation und des Transparentmachens ihrer Aktivitäten wirkt gleichzeitig in gewissem Umfang verallgemeinernd in die Betriebe: Die Aktivitäten müssen als ein Versuch, ein Konzept von *shared responsibility* als Branchenkonzept in den diversen Mitgliedsbetrieben zu verankern, gewertet werden. Die deutsche *Weiterbildungsstiftung der Chemischen Industrie* steht als Modell weniger für Inhalte, sondern für einen Weg, den sozialen Dialog als ein Vermittlungsscharnier zwischen Betrieb, Branche und gesamtgesellschaftlichen Entwicklungen wirksam werden zu lassen. Angesichts der Tatsache, daß Weiterbildung heute sehr unternehmensspezifisch ist und auch dort „geregelt" wird, besteht ein möglicher Ansatz der Verbindung der außerbetrieblichen Organisationen der Sozialpartner mit dem innerbetrieblichen Geschehen darin, daß die außerbetrieblichen Organisationen

---

8 Auf der europäischen Ebene wurde im Rahmen eines *FORCE/Leonardo*-Projekts eine Handlungshilfe für gewerkschaftliche Verhandler im Feld von Weiterbildung entwickelt, die zentrale Ergebnisse transnationaler Kooperationen in Hinblick auf Handlungschancen und -barrieren zusammenfaßt: *TIE*-Transfer von Informationen und Erfahrungen. Weiterbildung im Sozialen Dialog in Europa. Diese Handlungshilfe liegt als CD-Rom in englischer, deutscher und französischer Sprache vor (vgl. *Paul-Kohlhoff u.a.* 1999).

die innerbetrieblichen „Verhandler" oder „Gestalter" von Weiterbildung qualifizieren.

Im Rahmen des Förderprogramms „Kompetenzentwicklung für den wirtschaftlichen Wandel" der Bundesregierung wurden Gewerkschaften mit personellen und sachlichen Ressourcen ausgestattet, um Betriebs- und Personalräte auf ihre mitgestalterische Rolle im Feld von Kompetenzentwicklung vorzubereiten. In dem weiter unten von *Gertrud Kühnlein* und *Angela Paul-Kohlhoff* vorgestellten Projekt „KomMit: Kompetenzentwicklung für den wirtschaftlichen Wandel – Mitgestaltung durch kompetente Betriebs- und Personalräte" geht es vor allem darum zu klären, welchen Qualifizierungs- und Reorganisationsbedarf Betriebsräte haben, um sich als Interessenvertreter der Belegschaften kritisch-konstruktiv an Modernisierungsprozessen zu beteiligen und die hierfür erforderliche Kompetenzentwicklung der Belegschaften mitfördern zu können.

5. Europäische Diskussion zu Bewertung und Anerkennung

Eine Gestaltungspolitik der europäischen Sozialpartner im Feld der Anerkennung und Bewertung von Qualifikationen ist mit zwei bedeutsamen gesellschaftlichen Tendenzen konfrontiert, die in unterschiedlicher Stärke für alle Länder der Europäischen Union und für die am Projekt beteiligten Mitgliedsländer gelten: einen Trend zur *Verbetrieblichung von* Bildung und insbesondere *Weiterbildung* und einen Trend zur *Individualisierung und Deregulierung der Arbeitsbeziehungen.*

Diese beiden Trends machen den Gewerkschaften in nahezu allen Ländern zu schaffen, weil sie es immer stärker unmöglich machen, ihre überkommene, traditionelle Politik fortzusetzen. Sie betreffen aber auch die überbetrieblichen Organisationen der Arbeitgeber und die Kammern, die es mit dem Problem zu tun haben, daß ihre Mitglieder immer stärker zu unternehmensspezifischen Lösungen neigen und im Zweifel verbandsbezogenen Positionen weniger Bedeutung schenken. Immer häufiger kommt es in allen beteiligten Ländern – gerade angesichts des skizzierten neuen Wettbewerbsmodells und seiner internen Bedingungen – zu eigenständigen innerbetrieblichen Pakten zwischen Management und betrieblicher Arbeitnehmervertretung, welche den Einfluß der überbetrieblichen Organisationen tendenziell schwächen, wenn es nicht zu neuen Formen der Ausbalancierung und Arbeitsteilung kommt. Dies trifft im besonderen Maße die europäische Ebene des Sozialdialogs, da sie noch weiter vom konkreten betrieblichen Geschehen entfernt ist als die nationalen oder gar die branchenspezifischen Organisationen.

Andererseits gewinnt die europäische Regulierungsebene im Bereich von Arbeit und Arbeitsbeziehungen – im Verhältnis zur jeweils nationalen Ebene – offenbar an Gewicht; und es gibt durchaus Prozesse der Konvergenz zwischen den verschiedenen Ländern hinsichtlich der Entwicklung von Weiterbildung, neuer Formen von Arbeitsorganisationen, der Bedeutung von Qualifikation im Zusammenhang mit Gratifikationen verschiedenster Art. Jenseits aller Deklarationen über die Bedeutung des Sozialdialogs droht den Sozialpartnern angesichts dieser beiden Tendenzen ein Verlust an Einfluß; es sei denn, sie erwiesen sich als Mitgestalter von neuen Rahmenbedingungen und für die Entwicklung von Bildung und Arbeit in Europa als kreativ und handlungsmächtig. Die Europäische Kommission bleibt in ihrer Position zu diesen beiden bedeutenden gesellschaftlichen Trends eher zwiespältig. In der Qualifikationsfrage lassen einige zentrale Dokumente eher erwarten, daß man einer strikten *Individualisierung der Verantwortung für Bildung und lebenslanges Lernen* das Wort redet, zum Beispiel im Weißbuch „Lehren und Lernen" *(Europäische Kommission* 1995). Der Einzelne wird in eine umfassende Wissenskonkurrenz zu allen anderen gestellt; das Problem der sozialen Ausgrenzung via Lernen, Lernfähigkeit und Lernerfolg wird zwar gesehen, aber nicht nach der Anwendungsseite des Gelernten hin problematisiert. Systematische gemeinschaftliche Stützungsstrukturen für lebenslanges Lernen sind nicht Bestandteil des Grundkonzepts des Weißbuchs. Hier scheinen sich Öffnungen abzuzeichnen, wenn in Arbeitsdokumenten der Kommission – im Kontext des Problems der Anerkennung von Qualifikationen als Teil grenzüberschreitender Mobilitätsförderung – unter dem neuen Stichwort der „Transportierbarkeit" auch verschiedene Ansätze zu Unterstützungsstrukturen und Netzwerken vorgestellt werden.

Das Grünbuch: „Eine neue Arbeitsorganisation im Geiste der Partnerschaft" *(Europäische Kommission* 1997) öffnet hingegen die Diskussion zur Seite der Verwendung von Qualifikationen und Kompetenzen, also zur betrieblichen Sphäre hin. Neuer Arbeitsorganisation und damit auch einer Veränderung der Bewertung von Qualifikationen und Kompetenzen im betrieblichen Arbeitskontext wird eine große Bedeutung für die europäische Wettbewerbsfähigkeit zugemessen. Die Resultate des durch das Grünbuch initiierten Diskussionsprozesses bleiben abzuwarten.

Nimmt man das *VALID-Projekt* mit seinen Ergebnissen, Erfahrungen und Überlegungen, dann würde die Perspektive darin bestehen, daß die Sozialpartner im Sozialen Dialog den Versuch unternehmen, diese beiden Seiten, die durch das Weiß- und das Grünbuch bezeichnet sind, produktiv aufeinander zu beziehen und an der Ausarbeitung eines integrierten Gestaltungskonzepts mitzuwirken.

6. Am Ende eines schwierigen Projekts

Im Projektverlauf wurde eine Erfahrung gemacht, die viele transnationale europäische Projekte teilen: Sie starten mit einem Konzept, das alle Beteiligten gutheißen und interessant finden und von dem alle überzeugt sind, daß man über dasselbe spricht. Bald zeigt sich jedoch, daß die Herkunft aus unterschiedlichen Ländern, aus unterschiedlichen Bildungstraditionen und Kulturen industrieller Beziehungen in hohem Maße die Wahrnehmungen, das Denken und die Formulierungen prägen. Erst durch das Verständnis der Unterschiedlichkeiten hindurch gelingt dann die für alle nachvollziehbare Definition eines gemeinsamen Vorhabens. Dies war auch im Projekt *VALID* so. Mehrere Umstände machten aber darüber hinaus die besonderen Schwierigkeiten dieses Projektes aus.

Es sollte vor dem Hintergrund von Ergebnissen und Einsichten, wie sie bereits das Programm *FORCE* vermittelt hatte, in eines der zukünftigen *Kernprobleme der Gestaltung von Weiterbildung* vordringen, nämlich in den Bereich ihrer *Anerkennung und Bewertung*. Mit dem Thema „Anerkennung und Bewertung" befindet man sich aber in einem besonders strittigen Bereich industrieller Beziehungen zwischen den Organisationen von Arbeitgebern und Arbeitnehmern. Bei den damit gegebenen unterschiedlichen Interessen an Weiterbildung bleibt die Frage, in welchem Umfang es unter Bezug auf zukünftige Qualifikationserfordernisse Überschneidungsbereiche von Interessen und damit Chancen für gemeinsame Gestaltung und Übereinkommen durch die Sozialpartner gibt.

Die Frage nach der Anerkennung und Bewertung von Qualifikationen wird traditionell aus einer individuellen Bildungsperspektive formuliert. Auch die Bewertung von Qualifikationen wird zunächst aus individueller Sicht thematisiert: Welchen Wert haben diese Qualifikationen im Sinne von Entlohnung? Im bisher vorherrschenden Verständnis bedeutete ein Mehr an Qualifikationen zugleich eine erhöhte Produktivität der Arbeit und damit auch eine Erwartung höherer Entlohnung. Das Entlohnungsmotiv spielte und spielt beim Erwerb von beruflichen Qualifikationen nach wie vor eine erhebliche Rolle. Allerdings gilt auch hier, daß diese Bewertung vom Arbeitgeber vorgenommen wird, und zwar nach Kriterien, die mit dem Wert der angebotenen Qualifikationen für die jeweilige Tätigkeit im Rahmen des gesamten betrieblichen Prozesses zu tun haben, und auch nach dem Gesichtspunkt, wie knapp oder wie reichlich diese Qualifikationen auf dem Arbeitsmarkt vorhanden sind. Der Beschäftiger ist bei der Bewertung von Qualifikationen bestimmten verallgemeinerten Regeln unterworfen, die betriebsspezifisch oder in überbetrieblichen Vereinbarungen der Sozialpartner getroffen werden oder die aus gesetzlichen Vorschriften stammen, wobei erhebliche einzelbetriebliche Flexibilitätsmargen gegeben sind.

Die beiden *zentralen Elemente der individuellen Bildungsperspektive*, nämlich *Anerkennung* und *Bewertung*, sind also hinsichtlich ihrer Realisierung marktvermittelt und hängen im großen Umfange von der qualitativen und quantitativen Nachfrage der Betriebe ab. Nimmt man die Nachfrageseite in den Blick, dann wird der Betrieb für die Frage der Bewertung und Anerkennung von Qualifikationen eine zentrale Gestaltungsebene. Rasch zeigte sich nun, daß die am *VALID*-Projekt beteiligten Sozialpartner aus den verschiedenen Ländern - ihren Traditionen folgend oder auch als Ergebnis von durchgreifenden Veränderungen in den industriellen Beziehungen im Verlaufe des letzten Jahrzehnts - in ihren Strategien die Ebene des Betriebes in sehr unterschiedlicher Weise fokussieren: bis zu einem gewissen Extrem, in dem der Betrieb als Sozialsystem als eine Art *black box* erscheint und deshalb einer Rahmengestaltung durch die Sozialpartner nur schwer zugänglich ist.

Das damit angesprochene Problem der Distanz der überbetrieblich organisierten Sozialpartner zum innerbetrieblichen Geschehen wird für das Thema der Bewertung und Anerkennung noch gravierender, weil die *Betriebe* nicht nur als Verwender bedeutsam sind, sondern immer stärker auch *als Produzenten von Qualifikationen*, und zwar nicht nur bei der Lehrlingsausbildung, sondern vor allem im Bereich der Weiterbildung beziehungsweise Kompetenzentwicklung. Dies bedeutet, daß sich ein Teil der individuellen Bildungsperspektive in den Betrieb eingelagert hat und eben auch die Angebotsseite der auf dem Arbeitsmarkt verfügbaren Qualifikationen durch die Betriebe maßgeblich beeinflußt wird. Der Prozeß der weiteren *Verbetrieblichung von Berufsbildung* im weitesten Sinne wirft die Gestaltungsfrage im magischen Dreieck und des magischen Dreiecks als System also noch einmal verschärft auf.

Das Projekt zeigt: Es gibt eine europäische Konvergenz von Problemstellungen und ähnlich starker Dringlichkeiten, die Frage nach der Bewertung und Anerkennung von Qualifikationen in neuer Weise auf die Tagesordnung zu setzen. Nimmt man alles in allem, war *VALID* ein gutes Beispiel für die spezifische Leistungsfähigkei eines transnationalen, auf der Beteiligung von Sozialpartnern aus verschiedenen Ländern aufbauenden Projekts: Die Schwierigkeiten des gegenseitigen Verstehens bei prinzipieller Anerkennung der neuen Gestaltungserfordernisse[9] reflektieren die Probleme, die sich den Sozialpartnern beim Eintritt in die neue Epoche qualitätsorientierter und arbeitskraftzentrierter Produktivitätspolitik stellen.

---

10 Zu den Schwierigkeiten der Kumulation von Erkenntnissen aus europäischer Kooperation und der Umsetzung in Gestaltung s. *Selling/Grollmann* 1999.

JOCHEN REULING

Flexibilisierung des Angebots und des Erwerbs beruflicher Qualifikationen – Ein Blick nach England und den Niederlanden

In der deutschen Diskussion zur Modernisierung der Berufsbildung wird in den letzten Jahren zunehmend mehr Flexibilität in der Bereitstellung und Inanspruchnahme von Qualifizierungsmöglichkeiten gefordert. Manche Autoren beziehen sich dabei vor allem auf Fragen der Lernortflexibilität und fordern eine Pluralisierung von Ausbildungsarrangements durch „institutionelle und prozessuale Neudefinition von Dualität" (*Baethge/Haase* 1999, S. 183). Andere Autoren fordern darüber hinaus auch eine „Flexibilisierung, Dynamisierung und Öffnung der dualen Ausbildung durch Modularisierung" (*Kutscha* 1999), durch die unter anderem die Aus- und Weiterbildung besser verzahnt und die Nachqualifizierung erleichtert würden. Weiter wird die Notwendigkeit betont, neben formalen Lernmöglichkeiten auch informelles Lernen und dessen Anerkennung stärker in den Vordergrund zu stellen. Gemeinsam ist diesen Forderungen, die ordnungspolitischen und institutionellen Rahmenbedingungen für das Angebot von Qualifizierungsmöglichkeiten beziehungsweise den Erwerb beruflicher Qualifikationen zu überdenken und weiterzuentwickeln.

In dieser Situation kann es wertvoll sein, einen Blick über die Grenzen zu werfen. Mit England und den Niederlanden stehen hier zwei Länder im Mittelpunkt, deren Berufsbildungssysteme im letzten Jahrzehnt ausdrücklich mit dem Ziel reformiert wurden, mehr Flexibilität bei der Bereitstellung und Inanspruchnahme formaler beruflicher Qualifizierungsmöglichkeiten zu erreichen. Im folgenden wird zunächst kurz das Konzept des *flexible delivery of training* dargestellt, wie es insbesondere im angelsächsischen Raum propagiert wird. Danach werden die wesentlichen Elemente des englischen und des niederländischen Ansatzes verglichen und die Handlungsspielräume für die Anbieter beziehungsweise Nachfrager nach Berufsbildung aufgezeigt. Dabei werden einige Erfahrungen mit diesen Ansätzen diskutiert, wobei einschränkend gesagt werden muß, daß für die Niederlande der Erfahrungszeitraum noch zu kurz ist, um gesicherte Schlußfolgerungen zu ziehen. Zum Abschluß werden auf der Basis der bisherigen Erfahrungen in diesen Ländern einige Folgerungen für die deutsche Berufsbildung gezogen.

Das Konzept des „flexible delivery of training"

Mit der flexiblen Bereitstellung und Inanspruchnahme von Qualifizierungsmöglichkeiten ist gemeint, daß die *gleichen* formalen Qualifikationsabschlüsse in unterschiedlichen institutionellen Kontexten, innerhalb unterschiedlicher Zeitperioden und mit unterschiedlichen Methoden erworben werden können (*Raffe* 1994). Als Ziel der Flexibilisierung von Qualifizierungsmöglichkeiten wird erstens angesehen, einen nach Bildungshintergrund und Lebenssituation unterschiedlichen Kreis von Lernenden für neue Möglichkeiten der beruflichen Aus- und Weiterbildung zu interessieren. In erster Linie handelt sich bei diesem Kreis um berufstätige Erwachsene, um Benachteiligte oder um (potentielle) Ausbildungsabbrecher, für die konventionelle, auf Kursbesuchen basierende berufliche Qualifizierungsmaßnahmen weniger geeignet sind. Ein zweites wesentliches Ziel der Flexibilisierung von Qualifizierungsmöglichkeiten ist die Kostenreduktion beziehungsweise die Effizienzsteigerung von Berufsbildung. Die Flexibilisierung soll dadurch realisiert werden, daß nur die zu erreichenden Ergebnisse von beruflichen Qualifizierungsprozessen festgelegt werden, nicht aber wo, wann und auf welche Weise sich der Einzelne die entsprechenden Qualifikationen erwirbt. Hinter diesem Ansatz steht die Annahme, daß der Berufsbildungsmarkt dazu genutzt werden kann, die jeweiligen Ergebnisse auf die effizienteste Weise zu erreichen (*Raffe* 1994, 16f). Dies setzt in überwiegend staatlich geregelten, schulisch organisierten Ausbildungssystemen eine Dezentralisierung und Deregulierung von Verantwortung bis hin zu den einzelnen Bildungsträgern voraus. Ebenso erfordert es andere Mechanismen der Finanzierung des Berufsbildungsangebots. Flexibilisierung von Qualifizierungsmöglichkeiten darf allerdings nicht so weit gehen, daß die Koordination und die Kohärenz des Systems tangiert werden. So muß durch ein Qualitätssicherungssystem erreicht werden, daß der Wert der Zertifikate der gleiche ist und daß diese Zertifikate im Bildungssystem und auf dem Arbeitsmarkt in gleicher Weise anerkannt werden. Insgesamt muß also eine neue Balance zwischen der Flexibilisierung von Qualifizierungsmöglichkeiten einerseits und den Anforderungen an die Kohärenz des Systems andererseits gefunden werden.

Festlegung von „outcomes" für die Zertifizierung oder von „inputs" für Lernprozesse?

Zentrales Merkmal sowohl des englischen als auch des niederländischen Ansatzes ist ein Qualifikationsrahmen *(framework)* beziehungsweise eine nationale Qualifikationsstruktur *(kwalificatiestructuur)*. Damit sollen Anbieter und Nachfrager von Berufsbildung auf gemeinsame Ziele in der Deckung des gesellschaftlichen Bedarfs an beruflichen Qualifikationen verpflichtet werden. Der englische Ansatz wurde in den achtziger Jahren entwickelt und dann ab 1986 sukzessive in die Berufsbildungspraxis zu implementieren gesucht. Leitendes Motiv war, die hohe Zahl von Qualifikationen, die auf dem Berufsbildungsmarkt angeboten wurden, durch Einführung einheitlicher, staatlich anerkannter Qualifikationen zu reduzieren. Der niederländische Ansatz wurde 1996 mit dem neuen Berufsbildungsgesetz (*Wet Educatie en Beroepsonderwijs*) eingeführt. Zentrales Motiv war hier die Entwicklung einer kohärenten Struktur beruflicher Qualifikationen, in die auch die bestehenden vollzeitschulischen und dualen Berufsbildungsgänge integriert werden konnten.

Der englische Qualifikationsrahmen ist horizontal nach 15 Berufsfeldern und vertikal nach fünf Schwierigkeitsniveaus (einschließlich des hochschulischen Niveaus) unterteilt. In diesem Rahmen sollen alle beruflichen Qualifikationen Raum finden, die der Vielzahl von Funktionen im Beschäftigungssystem entsprechen. Die beruflichen Qualifikationen *(National Vocational Qualifications: NVQ)* haben folgende Merkmale (*Oates* 1999a, 18): Sie müssen erstens auf Kompetenzen basieren, das heißt sie werden aus der Analyse und Beschreibung von Arbeitsprozessen abgeleitet, aus denen dann berufliche Standards entwickelt werden. Zweitens sollen diese Standards jedoch nicht zu eng und zu betriebsspezifisch sein, sondern die Anforderungen betriebsübergreifender Arbeitsfunktionen innerhalb von Berufsfeldern bündeln. Drittes Merkmal ist die schon erwähnte Orientierung auf *outcomes*, daß also vor allem das, was erreicht werden soll, beschrieben wird, unabhängig von Ort, Dauer und Art des Qualifikationserwerbs. Viertens haben die beruflichen Qualifikationen aus einzelnen Einheiten *(units)* zu bestehen, wobei deren Zahl und Größe variabel bleiben. Jede Einheit besteht aus einzelnen Kompetenzelementen, Leistungskriterien, Bezeichnung der Reichweite und des Umfangs der Kompetenzen sowie Anforderungen an die Art der Leistungsnachweise. Fünftes und letztes Merkmal ist die (bildungsträger-)interne Beurteilung *(assessment)* der erworbenen Qualifikationen anhand der Leistungskriterien. Diese Beurteilung soll prinzipiell durch Beobachtung der Ergebnisse und der Leistung von Kandidaten erfolgen, wobei aber auch Tests und Simulationen in bestimmten Situationen zugelassen werden können. Ein Kandidat muß alle Leistungskriterien der betreffenden Einheit erfüllen, um ein Teilzertifikat zu erhalten. Sobald er alle Teilzertifikate erworben hat, wird ihm die betreffende nationale berufliche Qualifikation verliehen.

Im Gegensatz zum englischen Ansatz stellt der niederländische Ansatz auf Lernprozesse ab. Grundlage ist auch hier eine nationale Qualifikationsstruktur, die horizontal nach 22 Sektoren und vertikal nach vier Schwierigkeitsniveaus unterteilt ist und in die alle formalen beruflichen Qualifikationsab-

Flexibilisierung beruflicher Qualifikationen

schlüsse unterhalb der Hochschulebene integriert werden. Für den Erwerb staatlich anerkannter Qualifikationen ist der Besuch formeller Kurse auf festgelegten Lehrwegen (vollzeitschulisch oder dual) und mit festgelegter Gesamtdauer vorgeschrieben. Diese Kurse werden von den Bildungsträgern (regionalen Berufsbildungszentren, Betrieben) angeboten. Es werden relativ detaillierte Lernziele vorgeschrieben, die teils in Form von zu erwerbendem Wissen, teils in Form von Kompetenzen ausgedrückt sind. Auf dieser Grundlage können dann die einzelnen Bildungsträger Curricula entwickeln. Die Betonung von *inputs* (Lehrweg, Dauer) erfolgt in der Annahme, daß mit Hilfe organisierter Lehr-/Lernprozesse die Lernenden sich die Grundlagen für die Entwicklung und Ausformung beruflicher Kompetenzen aneignen.

Beide Ansätze zeichnen sich dadurch aus, daß mit den Qualifikationsrahmen eine Struktur geschaffen ist, die durch ihre vertikale Differenzierung eine Verortung beruflicher Qualifikationen von der Berufsvorbereitung über die Berufsausbildung bis hin zur beruflichen Weiterbildung ermöglicht. Es gibt auf formaler Ebene also keine Segmentierungen einzelner Bereiche und keine Sackgassen, sondern ein flexibles Angebot an beruflichen Qualifikationen für einen differenzierten Personenkreis. Was jedoch die Gestaltung beruflicher Qualifikationen angeht, ist der englische Ansatz umfassender. Die Trennung von Zertifizierung und Qualifikationserwerb ermöglicht auch berufstätigen Erwachsenen und denjenigen, die keine längeren Kursangebote wahrnehmen können oder wollen, den Zugang zu formalen beruflichen Qualifikationen. Auf diese Weise wird die traditionelle Trennung des Berufsbildungssystems für Jugendliche und für Erwachsene im Sinne der Förderung lebenslangen Lernens überwunden. Im niederländischen Ansatz erfolgt die Zertifizierung auf Grundlage des erfolgreichen Besuchs formaler Kurse an festgelegten Lernorten und richtet sich insofern eher an jugendliche Berufsanfänger. Informelle Lernmethoden beziehungsweise die Anerkennung von Berufserfahrung sind also nicht vorgesehen.[1] Lernortflexibilität wird in gewissem Rahmen dadurch ermöglicht, daß sowohl bei den vollzeitschulischen als auch bei den dualen Kursangeboten die schulischen beziehungsweise betrieblichen Phasen innerhalb von Bandbreiten variiert werden können. So muß der vollzeitschulische Weg mindestens zwanzig Prozent betriebliche Praxisphasen enthalten, die aber vom Bildungsträger auch auf sechzig Prozent ausgedehnt werden können. Umgekehrt muß der duale Weg mindestens zwanzig Prozent schulische Ausbildungsphasen enthalten, die aber auch auf vierzig Prozent ausdehnbar sind. Zeitliche Flexibilität wird in beiden Ansätzen dadurch erreicht, daß die Qualifikationseinheiten einzeln geprüft und zertifiziert werden und dann zu national anerkannten Gesamtqualifikationen

---

1 Zwar gibt es seit neuestem auch ein System der Anerkennung von Berufserfahrung, jedoch ist dieses nicht auf die hier dargestellten nationalen Qualifikationen im Rahmen der nationalen Qualifikationsstruktur bezogen.

akkumuliert werden können. Auf diese Weise können Erwerb und Zertifizierung von Kompetenzen über einen längeren Zeitraum verteilt werden, der letztlich von der Geltungsdauer der jeweiligen beruflichen Qualifikationen begrenzt wird.

Es liegt in der Konsequenz des englischen Ansatzes, daß Kompetenzen, die aus dem Arbeitsprozeß abgeleitet sind, Bezugspunkt für berufliche Qualifizierungs- beziehungsweise Zertifizierungsprozesse sind. Anders wäre die Zertifizierung von im Rahmen beruflicher Tätigkeiten erworbener Kenntnisse und Erfahrungen als nationale berufliche Qualifikationen nur schwer möglich. Allerdings gibt es erhebliche Probleme in der Analyse, Beschreibung und Beurteilung von Kompetenz (*Oates* 1999b, *Wolf* 1995). Berufliche Kompetenz ist nicht einfach vorhanden und beobachtbar, sondern sie ist ein Konstrukt. Sie kann unterschiedliche Leistungen in unterschiedlichen Kontexten umfassen, die nur schwer unter einer übergreifenden Bezeichnung subsumiert werden können. Berufliche Kompetenz beruht darüber hinaus auch auf Werten, Motivationen und Wissen, die nur teilweise bei der Beschreibung von Kompetenz berücksichtigt werden.[2] Insgesamt hat sich gezeigt, daß die Operationalisierungen der aus dem Arbeitsprozeß abgeleiteten Kompetenzen und Beurteilungskriterien außerordentlich problematisch und aufwendig ist, ohne letztlich zu überzeugen. Sie führen einerseits zu einer immer detaillierteren Auflistung von Leistungskriterien zur Beurteilung beruflicher Kompetenzen, die aber trotz aller Detailliertheit in der Regel erhebliche Interpretationsspielräume offen lassen. Diese Interpretationsspielräume müssen dann von bildungsträgerinternen Prüfern *(Assessors)* ausgefüllt werden. Dies führt jedoch zu erheblichem Zweifel an den Beurteilungen und ist darüber hinaus auch relativ kostenintensiv. Hinzu kommt, daß aufgrund des Verzichts auf jegliche Spezifikation *curricularer* Aspekte die Bildungsträger beziehungsweise Ausbilder keine Anhaltspunkte für die effektive Strukturierung von Lehr-/Lernprogrammen haben. Zusammenfassend kann festgehalten werden, daß der englische Ansatz aufgrund seiner rigorosen Betonung von aus Arbeitsprozessen abgeleiteten *outcomes* und deren Zertifizierung einerseits sehr offen und flexibel erscheint, weil er vor allem auch die Qualifizierung im Rahmen von Erwerbsarbeit ermöglicht. Andrerseits trifft aber die Konzeptualisierung, Operationalisierung und Beurteilung dieser *outcomes* auf erhebliche Probleme, die nicht nur die Akzeptanz des Systems bei den Anbietern, sondern auch das gegenseitige Vertrauen in den Wert der Zertifikate und damit die Kohärenz des Systems betreffen.[3]

---

2 Damit insbesondere auch Jugendlichen Hintergrundwissen vermittelt wird, wurden die Leistungskriterien später mit Listen der erforderlichen Wissenskomponenten ergänzt.
3 Während früher Qualifikationen, die nicht dem Format der nationalen beruflichen Qualifikationen entsprachen, aus dem Qualifikationsrahmen ausgeschlossen wurden, werden heute diese traditionellen Qualifikationen wieder aufgenommen und akkreditiert (*Oates* 1999a).

Flexibilisierung beruflicher Qualifikationen 241

Selbständige öffentliche Bildungsträger auf regionalen Berufsbildungsmärkten

Flexibilität in der Bereitstellung von Qualifizierungsmöglichkeiten setzt voraus, daß die Anbieter von Berufsbildung (relativ) selbständig entscheiden können, welche Qualifizierungsangebote sie für welchen Kreis von Nachfragern machen, wie sie diese zeitlich organisieren und welche Methoden sie dabei einsetzen. In beiden Ländern wurden in der Vergangenheit große Anstrengungen gemacht, die öffentlichen Bildungsträger (*Colleges*, Berufsschulen) zu selbständig handelnden Akteuren zu machen, die auf den regionalen Berufsbildungsmärkten mit den anderen Akteuren (Betrieben, privaten Bildungsträgern) in Beziehung treten. In beiden Ländern ist man dabei zu relativ ähnlichen Lösungen gekommen.

Bei den englischen *Further Education Colleges* handelt es sich um multifunktionelle regionale Bildungsanbieter, in denen neben Berufsbildung auch in großem Umfang Allgemeinbildung angeboten wird. In den *Colleges* sind die verschiedenen Qualifizierungsfunktionen wie Berufsvorbereitung, berufliche Aus- und Weiterbildung sowie allgemeine Weiterbildung als Vorbereitung für den Zugang zum Hochschulsystem institutionell zusammengefaßt. Entsprechend haben die *Colleges* auch einen sehr heterogenen Kreis von Lernenden. Die *Colleges* werden von autonomen Direktorien geleitet, die jedoch selbst von den Kommunalverwaltungen ausgewählt werden. Jedes *College* besitzt eigene Gebäude, beschäftigt sein eigenes Personal und entscheidet weitgehend selbständig über sein Kursangebot, seine Geschäftsstrategien und sein Budget. Manche *Colleges* sind vollständig abhängig von öffentlichen Mitteln, andere finanzieren sich bis zur Hälfte aus anderen Quellen. Da sie sich auch regelmäßig einer staatlichen Inspektion zur Qualitätssicherung unterziehen müssen, verfügen sie insgesamt über eine relative Autonomie. In ihrer Region konkurrieren sie mit anderen *Colleges* sowie mit privaten Bildungsträgern und (teilweise) mit Betrieben um öffentliche Mittel zur Finanzierung von Ausbildung.[4]

In den Niederlanden haben die regionalen Berufsbildungszentren *(Regionaal Onderwijs Centra: ROC)* einen ähnlichen Status wie die englischen *Colleges*. Bei den *ROC* handelt es sich ebenfalls um multisektorale Organisationen, die im Jahresdurchschnitt zwischen 15.000 und 25.000 Schüler ausbilden.[5] Sie sind mit Abstand die wichtigsten Anbieter von formaler Be-

---

4 Allerdings finanzieren Betriebe Ausbildungsmaßnahmen in erheblichem Ausmaß auch mit eigenen Mitteln.
5 Nicht in der *ROC*-Struktur enthalten sind die Ausbildungseinrichtungen für die Landwirtschaft, den Schiffsbau, die Möbelindustrie und den grafischen Sektor.

rufsbildung. Weitere Anbieter sind private Bildungsträger und insbesondere Betriebe. In den *ROC* werden auch der vollzeitschulische Berufsunterricht und der Teilzeit-Unterricht des Lehrlingswesens institutionell zusammengefaßt. Die *ROC* werden zum größten Teil aus öffentlichen Mitteln finanziert, wobei sie Budgetautonomie haben. Darüber hinaus können sie auch auf dem Weiterbildungsmarkt tätig werden, um zusätzliche finanzielle Mittel einzuwerben. Solche Aktivitäten können die Anpassungsweiterbildung, die Nachqualifizierung und die Erwachsenenbildung betreffen; es kann sich aber auch um betriebsbezogene Qualifizierungsmaßnahmen und um die Entwicklung und Implementierung von Konzepten zur betrieblichen Organisationsentwicklung handeln.

Soweit es die Berufsausbildung betrifft, sind die *ROC* nur relativ autonom gegenüber dem Staat, da sie erstens die auf nationaler Ebene festgelegten Qualifikationen vermitteln müssen und nur bei der Ausgestaltung der Lehrpläne einen gewissen Spielraum haben. Zweitens sind sie von der Globalfinanzierung durch den Staat abhängig, wobei auch ziel- und ergebnisbezogene Finanzierungsmechanismen zur Anwendung kommen. Drittens haben sie sich einer amtlichen Qualitätskontrolle zu unterziehen und müssen ein eigenes Qualitätssicherungssystem unterhalten. Viertens schließlich haben sie beim Angebot von Ausbildungen das Prinzip der Makro-Zweckmäßigkeit[6] zu befolgen (*Hövels/Kutscha* 1999). Innerhalb dieses Rahmens sollen die *ROC* die Berufsausbildung jedoch selbst ausgestalten und umsetzen. Dazu gehört insbesondere auch die Zusammenarbeit mit anderen Akteuren in der gleichen Region: anderen *ROC*, privaten Bildungsträgern und Betrieben.

Die niederländischen *ROC* haben im Vergleich zu den englischen *Colleges* klare Vorgaben hinsichtlich ihres beruflichen Qualifizierungsangebots. Während in England das Angebot der *NVQ* auf Freiwilligkeit beruht und die *Colleges* auch andere berufliche Qualifikationen anbieten können, müssen die niederländischen *ROC* in ihren Regionen in jedem Fall für ein vollständiges Angebot aller national anerkannten beruflichen Qualifikationen sorgen. Zudem sind die *ROC* im Vergleich zu den *Colleges* stärker auf die einzelnen Regionen verteilt, während sich die englischen *Colleges* in manchen Regionen stark überlappen und darüber hinaus auch mit den allgemeinbildenden Schulen, die in den letzten Jahren auch Berufsbildung anbieten, konkurrieren.[7]

---

6 Dieses Prinzip soll gewährleisten, daß die *ROC* ein aus gesellschaftlicher Sicht quantitativ und qualitativ zweckmäßiges Ausbildungsangebot in ihrer Region bereitstellen. Der Staat kann das Angebot an bestimmten Ausbildungen durch bestimmte *ROC* begrenzen.
7 In den Niederlanden gibt es derzeit 46 dieser Regionalen Berufsbildungszentren, die aus ursprünglich ca. 350 Berufsschulen zusammengefügt wurden. Im Gegensatz dazu gibt es im Vereinigten Königreich mehr als 500 *Colleges*.

Öffentliches Finanzierungssystem und Mechanismen der Mittelverteilung

Für das Angebot von Qualifizierungsmöglichkeiten und damit für die Funktionsweise der Berufsbildungsmärkte sind das öffentliche Finanzierungssystem sowie die Mechanismen der Mittelverteilung von großer Bedeutung. Sowohl in England als auch in den Niederlanden wird die berufliche Erstausbildung zu einem beachtlichen Teil aus öffentlichen Mitteln finanziert. Die Mechanismen der Mittelverteilung sollten so gestaltet sein, daß sie die freie Variierung von Qualifizierungsmöglichkeiten nicht behindern und den Wettbewerb auf den Bildungsmärkten stärken. Bei allen Unterschieden im Detail und der Veränderungsdynamik der Finanzierungssysteme gibt es in beiden Ländern jedoch ähnliche Finanzierungsphilosophien (vgl. zum folgenden *Atkinson* 1999, *Romijn* 1999).[8]

Ein erster Grundsatz betrifft die institutionelle Trennung von finanzierender Institution (Staat, intermediäre Organisation) und Anbietern von Berufsbildung. Damit wird eine Kunden-Lieferanten-Beziehung mit klarer Rollen- und Verantwortungsverteilung etabliert. Die finanzierende Institution bestimmt die Menge und Qualität der *outcomes*, der Bildungsträger bestimmt die Mittel, um diese *outcomes* zu erreichen. Auf diese Weise können erstens auch private Bildungsträger mit öffentlichen Bildungsträgern um die gleichen Finanzierungsmittel konkurrieren. Zweitens wird den einzelnen Bildungsträgern Raum für die verschiedensten Qualifizierungsarrangements gegeben wie zum Beispiel Kooperation mit anderen Bildungsträgern, Verbundausbildung oder Auftragsausbildung für Betriebe. Allerdings haben sowohl in England die *Colleges* als auch in den Niederlanden die *ROC* bislang noch eine relativ privilegierte Stellung beim Zugang zu öffentlichen Finanzmitteln. So wurden bislang in England die *Colleges* aus einem separaten Geldstrom finanziert. Lediglich um die Mittel, die vom Staat zur Förderung der betriebsnahen Ausbildung zu den regionalen *Training and Enterprise Councils (TEC)* geleitet wurden, konkurrierten öffentliche und private Bildungsträger in der beschriebenen Weise. Insgesamt jedoch scheint die Trennung von Kunden und Lieferanten in England zu einer stärkeren Nachfrageorientierung und zu mehr Wahlmöglichkeiten für Jugendliche und Erwachsene geführt zu haben. Auch wurden verstärkt neue organisatorische und didaktische Ansätze in die Berufsbildung eingeführt (*Atkinson* 1999, 65).

Durch die Trennung der Rollen von Kunden und Lieferanten wird eine marktmäßige Verteilung der öffentlichen Finanzmittel möglich. Sowohl in

---

8 Zu beachten ist, daß das Finanzierungssystem in England gegenwärtig geändert wird und daß in den Niederlanden in diesem Jahr neue Finanzierungsmechanismen eingeführt werden.

England als auch in den Niederlanden ist die Mittelzuweisung zu den *Colleges* bzw. *ROC* zum größten Teil von der Zahl der eingeschriebenen Teilnehmer, dem Fach, in dem sie ausgebildet werden und vom regelmäßigen Besuch von Lehrveranstaltungen abhängig.[9] Dies hat in der Vergangenheit dazu geführt, daß diese Institutionen versuchten, möglichst viele Teilnehmer zu gewinnen und diese auch möglichst lange in ihren Institutionen zu halten, ein Effekt also, der die Flexibilisierung von Qualifizierungsmöglichkeiten eher behindert. Um solche und andere negative Effekte, wie etwa Angebot von Kursen, die vielleicht für den einzelnen Bildungsträger finanziell attraktiv sind, für die jedoch auf dem Arbeitsmarkt wenig Nachfrage besteht, auszuschließen, tendieren die Finanzierungsmechanismen im Zeitverlauf dazu, immer komplexer zu werden. Jedoch hat, auf die letzten Jahre bezogen, die marktmäßige Verteilung der öffentlichen Finanzmittel in England zu einer Kostensenkung bei den *Colleges* geführt, allerdings auch mit der Auswirkung, daß damit ein nicht unerheblicher Teil von ihnen in finanzielle Probleme geraten ist. Ein weiterer Effekt des Wettbewerbs war, daß der Berufsbildungsmarkt zunehmend intransparenter geworden ist.

Ein dritter Aspekt der Finanzierungsphilosophie in beiden Ländern betrifft das sogenannte *output-related funding*. Damit ist gemeint, daß die finanzierende Institution genau spezifiziert, was sie vom Bildungsträger kaufen will und dafür bezahlt. Es werden also nicht mehr ausschließlich der *input* (z.B. durchschnittlicher Aufwand pro Teilnehmer) finanziert, sondern ob die vorgegebenen Ergebnisse (z.B. Erreichung eines formalen Qualifikationsabschlusses, Vermittlung eines Arbeitsplatzes) erreicht wurden. Erfolgsabhängige Finanzierungssysteme können sich allerdings recht negativ auf die flexible Bereitstellung und Inanspruchnahme von Qualifizierungsmöglichkeiten auswirken. So können Bildungsträger versuchen, vor allem leistungsfähige Teilnehmer zu rekrutieren. Um dieses *creaming* zu verhindern, wird im englischen wie im niederländischen System der erfolgsabhängige Anteil an der Finanzierung begrenzt.[10] Jedoch bleibt *creaming* ein strukturelles Problem jedes erfolgsabhängigen Finanzierungssystems (*Felstead* 1998). In den Niederlanden wird daher angestrebt, den *added value*, der von der ausbildenden Institution bei dem individuellen Lernenden „erzeugt" wird, zu erfassen und

---

9 Zu einem kleinen Teil finanzieren sich die Colleges bzw. *ROC* auch aus Studiengebühren der Teilnehmer. In England erhalten die Teilnehmer vom Staat Kredite, Gutscheine oder Zuweisungen, um die Teilnahmegebühren und zumindest teilweise ihren Lebensunterhalt davon zu decken. Soweit sie in Betrieben ausgebildet werden, erhalten sie auch eine Ausbildungsvergütung. In den Niederlanden erhält jeder Jugendliche eine Ausbildungs- oder Studienfinanzierung, die er nach Abschluß seiner Ausbildung zurückzahlen muß.

10 Bei der Finanzierung der englischen *Colleges* sind zehn Prozent der Finanzierungssumme für einen Teilnehmer vom Erfolg abhängig, bei der Finanzierung des *work-based training* durch die *TEC* meist dreißig Prozent. In den Niederlanden wird ein erfolgsabhängiger Anteil von zwanzig Prozent angestrebt.

diejenigen *ROC* zu belohnen, die in dieser Hinsicht am erfolgreichsten sind. Die Erfassung dieses Mehrwertes kann zum Beispiel dadurch erfolgen, daß das Leistungsniveau eines Teilnehmers am Beginn und am Ende eines Kurses miteinander verglichen wird.[11] Des weiteren können erfolgsabhängige Finanzierungssysteme auch die Flexibilisierungspotentiale modular aufgebauter Berufsbildungssysteme tangieren. Denn die räumliche und vor allem zeitliche Flexibilität, die durch die Aufteilung einer Gesamtqualifikation in einzelne Einheiten ermöglicht wird, wird durch eine vom Erreichen der Gesamtqualifikation abhängige Finanzierung konterkariert – wobei allerdings durch ein derartiges Finanzierungssystem auch die oft beschworene Gefahr modularer Qualifizierung, nämlich die Fragmentierung beruflicher Lehr-/Lernprozesse, eingedämmt werden kann. Ein ganz gravierendes Problem der erfolgsabhängigen Finanzierung entsteht schließlich dann, wenn, wie im englischen und im niederländischen Qualifikationssystem, der Erfolg beruflicher Qualifizierungsprozesse durch ein bildungsträgerinternes *assessment* ermittelt wird, gleichzeitig aber die Finanzierung des Bildungsträgers vom Erfolg abhängt. Hier entstehen Interessenkonflikte, die zu Mißbrauch im Form faktischer Anspruchsabsenkung führen können und geeignet sind, den Wert der verliehenen Zertifikate ernsthaft in Zweifel zu ziehen.

Insgesamt können vom öffentlichen Finanzierungssystem und den Mechanismen der Mittelverteilung Effekte ausgehen, die die Bereitstellung flexibler Qualifizierungsmöglichkeiten sowohl fördern als auch behindern. Von daher ist nicht verwunderlich, daß die Finanzierungssysteme in beiden Ländern häufiger verändert oder angepaßt wurden, um ein optimales Verhältnis zwischen strategischem Verhalten der einzelnen Bildungsträger und gesamtgesellschaftlichen Anforderungen zu erreichen. So haben sich in den letzten Jahren in England die Zweifel verstärkt, ob man weiter vor allem auf die Marktmechanismen und den Wettbewerb unter den Ausbildungsanbietern oder stärker auf Planung und Zusammenarbeit in den einzelnen Regionen setzen soll (*Atkinson* 1999, 64f). Dieser Übergang von *competiveness fund* zu *collaboration fund* zeigt sich bei einigen neuen Programmen wie *Modern Apprenticeship* und *New Deal*, bei denen neue Qualifizierungsarrangements zwischen Bildungsträgern institutionalisiert wurden. In den Niederlanden sind, was die Berufsausbildung betrifft, die ROC der zentrale *player*, die Beziehungen zwischen den verschiedenen regionalen Akteuren im Spannungsfeld von Konkurrenz und Kooperation effizient zu organisieren (*Hövels/Kutscha* 1999, *Reuling* 2000).

---

11 Es ist noch zu früh, um zu beurteilen, ob der dafür erforderliche Aufwand im angemessenen Verhältnis zum erwarteten Ertrag eines *output-related funding* steht.

Systeme interner und externer Qualitätssicherung

Voraussetzung für die flexible Bereitstellung und Inanspruchnahme von Qualifizierungsmöglichkeiten ist, daß die erworbenen Qualifikationen als gleich angesehen werden ohne Rücksicht darauf, wo, innerhalb welcher Zeit und mit welchen Methoden sie erworben wurden. Zu diesem Zweck sind sowohl in England als auch in den Niederlanden Systeme interner Qualitätssicherung eingerichtet, die von externen Organisationen „legitimiert" werden. Die Qualitätssicherung richtet sich einerseits auf die Prozeduren der internen Leistungsbeurteilung beziehungsweise Prüfung von Kandidaten[12], andererseits auch auf die Ausbildungsqualität.

In England können die nationalen beruflichen Qualifikationen nur in *NVQ*-Zentren (in Betrieben, *Colleges*, bei privaten Bildungsträgern) erworben werden, die von kommerziellen Zertifizierungsgesellschaften *(awarding bodies)* anerkannt werden müssen. In diesen Zentren werden die Leistungsbeurteilungen von Kandidaten durch Assessoren durchgeführt, die ihre diesbezüglichen Fähigkeiten durch ein Prüferzertifikat nachgewiesen haben müssen. Ob sie die teils vorgeschriebenen, teils selbst entwickelten Prozeduren einhalten, wird von internen *verifiers* als Angehörigen eines *NVQ*-Zentrums bestätigt. Die korrekte Arbeit eines *NVQ*-Zentrums wird wiederum von externen *verifiers* (Angehörigen einer Zertifizierungsgesellschaft) bestätigt. Die Zertifizierungsgesellschaften selbst werden in England von einer im staatlichen Auftrag handelnden Organisation *(QCA= Qualification and Curriculum Authority)* nach festgelegten Kriterien akkreditiert. Kennzeichen des Qualitätssicherungssystems ist, daß nicht die Beurteilungen selbst, sondern die angewandten Prozeduren begutachtet werden und deren Einhaltung bestätigt wird.

In den Niederlanden ist versucht worden, den Aufwand für die Qualitätssicherung zu begrenzen, ohne Abstriche an der Qualität zu machen. Zwar wird auch hier jede einzelne Qualifikationseinheit beurteilt beziehungsweise geprüft, wobei diese Prüfungen intern, extern oder intern mit externer Legitimierung durchgeführt werden können. Allerdings müssen von den verliehenen Teilzertifikaten nur 51 Prozent extern legitimiert werden, und zwar diejenigen, die den Kern des betreffenden Berufs ausmachen. Bei der externen Legitimierung durch eine staatlich anerkannte Prüfungseinrichtung werden ebenso wie im englischen System die Eignung und Einhaltung der Prozeduren bestätigt. Im Unterschied zu England behält jedoch die Leitung eines *ROC* die Verantwortung für Leistungsbeurteilungen und Qualitätssicherung

---

12 Da in modularisierten Systemen die Flexibilität nur dann voll zum Tragen kommt, wenn jede einzelne Qualifikationseinheit zertifiziert wird, kommen schon aus Kostengründen in beiden Ländern nur trägerinterne Beurteilungssysteme zur Anwendung.

Flexibilisierung beruflicher Qualifikationen 247

sowohl in der eigenen Einrichtung als auch für die Teile der Ausbildung, die bei anderen Bildungsträgern durchgeführt werden.
Qualitätssicherung erstreckt sich in beiden Ländern jedoch nicht allein auf die Formen und die Durchführung von Leistungskontrollen, sondern, soweit es die öffentlichen Anbieter von Berufsbildung *(Colleges, ROC)* betrifft, auch auf Bereiche des Bildungsangebots wie das Angebot und die Durchführung von Kursen, die Qualifikation des Lehrpersonals, die Ausstattung sowie auf Aspekte der *output*-Qualität. In den Niederlanden müssen die *ROC* alle zwei Jahre einen Qualitätsbericht erstellen, der dann von einer Expertenkommission geprüft wird. Wichtiges Beurteilungskriterium dabei sind die geplanten Maßnahmen zur kontinuierlichen Qualitätsverbesserung und deren Umsetzung. Die Ergebnisse der Expertenkommission werden veröffentlicht.
Ob die Ziele der Qualitätssicherung erreicht werden, nämlich den Wert der Zertifikate und ihre Anerkennung im Bildungssystem und auf dem Arbeitsmarkt zu garantieren, ist schwer einzuschätzen. Insbesondere in England gibt es erhebliche Zweifel an der Glaubwürdigkeit der erworbenen nationalen Qualifikationen (*Beaumont* 1996). Deutlich ist jedoch, daß in Berufsbildungssystemen, die modular aufgebaut sind und die Zertifizierung von Teilqualifikationen auf Grundlage bildungsträgerinterner Leistungskontrollen vorsehen, besondere Anforderungen an die interne und externe Qualitätssicherung gestellt werden. Dies gilt noch um so mehr, wenn die öffentlichen Bildungsträger relativ autonom mit privaten Bildungsträgern auf Berufsbildungsmärkten konkurrieren und erheblichem Kostendruck ausgesetzt sind. Allerdings kann der dafür erforderliche Aufwand so hoch werden, daß insbesondere kleinere Bildungsträger vom Zugang zum Markt abgehalten werden können.

Folgerungen für die deutsche Berufsbildung

Der englische und der niederländische Ansatz zeigen eine Reihe von strukturellen Gemeinsamkeiten, die gleichsam als Grundvoraussetzungen für eine Flexibilisierung des Angebots und der Nachfrage nach beruflichen Qualifikationen angesehen werden können. Dies gilt einmal für die umfassende und nach Niveaustufen differenzierte Qualifikationsstruktur in beiden Ländern, die Berufsvorbereitung, berufliche Ausbildung und Weiterbildung integriert und damit ein für jedermann geeignetes, flexibles Aus- und Weiterbildungsangebot schafft. In Deutschland sind diese Funktionen derzeit noch stark segmentiert und die verschiedenen Akteure voneinander separiert. Hier besteht vordringlicher Änderungsbedarf, wobei die niederländischen Erfahrungen sicherlich wichtige Anregungen geben können. Das gleiche gilt auch für die andere Grundvoraussetzung, nämlich die Stärkung der Selbständigkeit der öffentlichen Bildungsträger. In den Niederlanden ist, ausgehend von ähnlichen Bedingungen wie heute noch in Deutschland, dieser Prozeß Ende der achtziger Jahre eingeleitet worden und gilt als einer der größten Veränderungsprozesse im niederländischen Bildungswesen. Für Deutschland dürfte diese Herausforderung sicherlich nicht geringer sein. Daher sollte mit entsprechenden Veränderungen endlich begonnen werden. Am niederländischen Modell kann studiert werden, welche Anforderungen, Chancen und Schwierigkeiten sich beim Wandel der traditionellen Berufsschulen zu professionellen Schulorganisationen ergeben.

Weniger eindeutig scheinen die Lektionen aus beiden Ansätzen zu sein, wie ein effizientes Finanzierungssystem und System der Qualitätssicherung beschaffen sein muß. Die Erfahrungen aus beiden Ländern zeigen, daß die verschiedenen Instrumente, die zur Steigerung der Flexibilität in der Bereitstellung und Inanspruchnahme von Qualifizierungsmöglichkeiten eingesetzt werden, komplexe Auswirkungen auf die Regulierung des Gesamtsystems haben können. Teilweise, wie am Beispiel der Finanzierungsmechanismen in beiden Ländern diskutiert, können sie die angestrebte Flexibilität auch konterkarieren. Letztlich geht es um die Frage, wie im Spannungsfeld von Konkurrenz und Kooperation die Beziehungen zwischen den Akteuren auf den regionalen Berufsbildungsmärkten sich so gestalten, daß für die Nachfrager nach Berufsbildung ein flexibles und zukunftsorientiertes Ausbildungsangebot zustande kommt.

Diese Prozesse, so zeigen die Erfahrungen in England, können nicht allein den Marktmechanismen überlassen bleiben, sondern es müssen Elemente regionaler Planung und Steuerung Anwendung finden. Für die deutsche Berufsbildung kommt es darauf an, eigene Modelle zu erproben, wobei die englischen und niederländischen Erfahrungen und Ideen sicher lehrreich sein können.

Rolf Dobischat,
Rudolf Husemann

Aufbruch zu neuen Allianzen –
Klein- und Mittelbetriebe und Bildungsträger als Kooperationspartner?
Zur Problematik einer fragilen Beziehung

Angesichts des Innovationsdrucks in Unternehmen zeigen sich Forschung und Praxis der betrieblichen Weiterbildung innovativ. Nach der Entwicklung von handlungsorientierten Methoden und nach der Hinwendung zu medial gestütztem Lernen erreichte die Innovationsdynamik die Organisationsformen der betrieblichen Weiterbildung. Standen hier noch bis in die neunziger Jahre im engeren Sinne curricularisierte Formen wie Seminare, Qualitätszirkel und ähnliches im Vordergrund, so finden wir nunmehr Schwerpunkte bei den „informellen" und arbeitsnahen Formen (*Kuwan u.a.* 2000). Weitere Merkmale des Wandels zeigen sich im Begriffswandel der Zielsysteme von Qualifikationen hin zu Kompetenzen sowie in der Verknüpfung von Forderungen nach selbstorganisiertem Lernen und Wissensmanagement als Komponenten der „lernenden Organisation". Die Pluralisierung der betrieblichen Weiterbildung betrifft nicht zuletzt auch die Ebene der Wahrnehmung: Arbeitsvollzüge und Arbeitstätigkeiten werden in ihrer Lernhaltigkeit erkannt und als solche klassifiziert. Darin zeigt sich ein Trend der Individualisierung sowohl auf der subjektiven Ebene als auch auf der Ebene der Organisation, der wiederum im Begriffswandel von der betrieblichen Weiterbildung hin zu „lernenden Systemen" seinen Ausdruck findet. In diesem Sinne sehen wir einen Aspekt des angedeuteten Wandels auch darin, daß sich die Diskussion um Organisation und Gestaltung in erster Linie auf Selbstkonzepte und Selbstverantwortung bezieht. Aus dieser Perspektive diskutieren wir im folgenden Möglichkeiten der Institutionalisierung betrieblicher Weiterbildung auf der Ebene regionaler Kooperation.

Die Personalentwicklung im Betrieb im Sinne einer lernenden Organisation erfordert neben entsprechenden Strategien interne Ressourcen in der betrieblichen Weiterbildung, die allerdings nicht durchgängig vorausgesetzt werden können. Insbesondere Klein- und Mittelbetriebe mit entsprechenden Zielsetzungen sind daher auf externe Unterstützung verwiesen. Eine solche Unterstützung erfolgt gegenwärtig vor allem fall- und situationsbezogen. In der strukturpolitischen Debatte hat auch im Hinblick auf die Verknüpfung der Segmente Bildung und Beschäftigung die Region als Bezugspunkt an Gewicht gewonnen (*Alt* 1995, *Gnahs* 1997). Die regionale Berufsbildungsforschung (vgl. *Dobischat/Husemann* 1997) kommt zu dem Befund, daß solche Formen der Zusammenarbeit meist nicht die Potentiale ausschöpfen, die für die Betriebe, für Belegschaften und für die Beschäftigungs- und Wirtschaftsentwicklung einer Region aufgebracht werden könnten. Dazu seien vielmehr Kooperationen unter Beteiligung von unterschiedlichen Akteuren, mit mittelfristigen Zielsetzungen und mit einem institutionellen Nukleus erforderlich. Zu den Innovationen der regionalen Berufsbildungsforschung zählt daher die Entwicklung, Förderung und wissenschaftliche Begleitung von regionalen Weiterbildungskooperationen und Qualifizierungsnetzwerken (*Bosch/Dobischat/Husemann* 1998). Einschlägige Publikationen *(Wegge* 1996, *Benzenberg* 1999, *Dobischat/Kutscha* 2000) verweisen darauf, daß die regionale Kooperation zwischen Betrieben und Bildungsträgern eher noch Neuland ist. Somit stellt sich die Frage, unter welchen Bedingungen und mit welchen Instrumenten solche Kooperationsverbünde weiterentwickelt werden können. Wir wollen dieser Frage einerseits empirisch nachgehen und dazu aus drei Projekten berichten, mit welchen Zielperspektiven, unter welchen Rahmenbedingungen und mit welchem Erfahrungsgewinn solche Kooperationsvorhaben verlaufen. Andererseits ist es auch von Interesse, die Frage der Kooperation theoretisch zu betrachten. Dies wollen wir den Erfahrungen aus der Projektempirie voranstellen. Abschließend formulieren wir einige Überlegungen über die Organisation der Kooperation von Betrieben und Bildungsträgern in Form von Projekten.

Theoretische Überlegungen zur Kooperation zwischen Betrieben und Bildungsträgern

Einen theoretischen Zugang sehen wir darin, die Interpretationsmuster und Handlungsentwürfe der Akteure in Kooperationsprozessen auf dem Hintergrund ihrer je spezifischen Handlungskontexte zu thematisieren. Als Akteure bezeichnen wir die am Kooperationsprozeß beteiligten Personen in Betrieben und Bildungseinrichtungen. Wenn wir dabei auf wissenschaftliche Einzeldisziplinen rekurrieren, dann nicht etwa mit der Vorstellung, daß es eindeutige Affinitäten zwischen subjektiven Interpretationsmustern und wissenschaftlichen Theorien gäbe; wir gehen jedoch davon aus, daß Situationsdeutungen und Handlungsentwürfe auf der Basis von so gegründeten individuellen Erfahrungen und organisationsbezogenen Zielen erfolgen. Wir wollen damit versuchen, zwischen Situationsdeutungen und Handlungsentwürfen einerseits und Theoriekonzepten andererseits konstruktive Bezüge herzustellen, die Praxisdeutungen theoretisch fundieren können. Wir gehen davon aus, daß bei Kooperationsabsichten von Betrieben und Bildungsträgern überwiegend einzelorganisatorische Ziele verfolgt werden, für die Kooperation in einer Zweck-Mittel-Relation steht. Nachrangig werden organisationsübergreifende Ziele verfolgt. Daher wählen wir als Bezugspunkt der theoretischen Diskussion das Schnittfeld von Organisationsentwicklung, Lernprozessen und Kooperation.

Systemtheorie und besonders die Organisationssoziologie bieten einigen theoretischen Hintergrund für diese Trias. Organisationen, betrachtet als soziale Systeme, unterliegen danach Differenzierungs- und Veränderungsprozessen, die ihre Leistungsfähigkeit in bezug auf Umwelten erhalten oder steigern. Wenn solche Differenzierungsprozesse nach systembezogenen Regeln erfolgen, bilden sich diese Veränderungen als Veränderungen der Strukturen (Aufbauorganisation) und Prozesse (Ablauforganisation) ab. Organisationsentwicklung wird als ein Prozeß begriffen, der als Strukturwandel zwischen systeminternen Funktionslogiken und sich verändernden Umweltbedingungen vermittelt. Er läßt sich nicht nur strukturell abbilden, sondern auch prozedural durch Kommunikation, Kooperation, Sozialformen und Weiterbildung. Damit ist Organisationsentwicklung nicht vorstellbar ohne individuelle und kollektive Lernprozesse. Diese Lernprozesse umfassen neben der betrieblichen Weiterbildung und Personalentwicklung „im engeren Sinne" insbesondere auch die informellen Lernprozesse im Arbeitsprozeß sowie soziales Lernen und die Entwicklung von systeminternen Regeln und Verfahren - wir sprechen von Merkmalen der lernenden Organisation (z.B. *Novak* 1997). Eine solche systemtheoretische Variante sieht die lernende Organisation als geschlossenes System. Lernprozesse sind vorstellbar als Anpassungen an (zukünftige) Bedingungen oder als *trial-and-error*-Prozesse im Zuge interner Reorganisation, die durch Planung und Evaluation gesteuert werden, gegebenenfalls angereichert um externe *consulting*-Funktionen.

Pädagogische Theorien stellen didaktische Aspekte wie Lernziele, Lernsituationen, Methoden und Legitimation pädagogischen Handelns in den Vordergrund. Lernen und Bildung werden als individuelle Kategorien mit gesellschaftlichen Bezugspunkten verstanden. Wissenserwerb und „innere Formierung", Persönlichkeitsbildung und Handlungskompetenz sind als „Individualkategorien" konzipiert. Gemäß pädagogischer Grundlegungen konstituieren sich Bildungsprozesse aber nicht nur durch Didaktik und Methoden, sondern auch durch einen „pädagogischen Bezug" mit einer beiderseits angenommenen Wissens- und Erfahrungsdifferenz und einer didaktisch-methodischen Kompetenz. Sowohl die Figur von den Individualkategorien als auch das Bild vom pädagogischen Bezug bilden im Hinblick auf Organisationsentwicklung eher eine hierarchisch-patriarchalische Handlungsstruktur ab. Unschwer läßt sich erkennen, daß ein erheblicher Teil der betrieblichen Weiterbildung darauf verwendet wird, ein solches Interpretationsmuster zu durchbrechen.

Interpretationsmuster über den Zusammenhang von Organisationsentwicklung, Lernen und Kooperation, die sich pädagogisch verorten, sind von einem Optimismus über Lernprozesse geprägt. Struktur- und Prozeßdefizite werden als Qualifikationsdefizite gedeutet, Organisationsentwicklungsprozesse werden als Lernprozesse verstanden. Ein solches Muster paart sich leicht mit einer verhaltenstheoretisch begründeten Auffassung darüber, daß mit Weiterbildung auch Handlungssicherheit verbunden sei. Der Umstand, daß über Weiterbildung auch Handlungsalternativen und Kriterien für deren Selektion angeeignet werden, daß damit also auch Unsicherheiten erzeugt werden, kann meist nur dadurch ausgehalten werden, daß die betriebliche Wirklichkeit als objektive Realität mit eindeutigen (meist bipolaren) Wert- und Bewertungsmustern und damit objektiv bewertbaren Selektionsergebnissen wahrgenommen wird. Ein organisationsübergreifender Lernprozeß mit kooperativem Charakter bleibt gewöhnlich außerhalb des Betrachtungsrahmens. Damit korrespondiert, daß die Berufsbildungstheorie und das didaktische Konzept der „Lernortkooperation" eher auf dem Prinzip der Komplementarität als auf dem Gedanken eines „lernenden" Kooperationsverbundes fußen.

Aus diesem Exkurs glauben wir einige Schlußfolgerungen dafür ableiten zu können, warum die Kooperation von Unternehmen und Bildungsträgern nur wenig populär ist. Von Seiten der betriebswirtschaftlich geprägten Interpretationsmuster bleibt die systeminterne Entwicklung das dominierende Leitbild. Es wird gestützt durch das Argument des zwischenbetrieblichen Wettbewerbs, welches isolierte Vorgehensweisen nahelegt. Eine Berührung mit anderen Organisationen könnte eher mit differentiellen als mit kooperativen Intentionen verbunden sein, um systemspezifische Ziele nicht zu gefährden. Zur Leistungssteigerung können auch externe Leistungen bemüht werden, auch als kontinuierliche Zuarbeit.

Für die Perspektive der Bildungsträger erkennen wir daraus, daß deren Zuarbeit für Betriebe von größeren Unsicherheiten geprägt ist, insbesondere dann, wenn sie als Marktbeziehung interpretiert wird. Angesichts eines scharfen Wettbewerbs und des nur eingeschränkt bestimmbaren und auf Mitwirkung angewiesenen Dienstleistungsgutes „Weiterbildung" können Differenzen zwischen der Einschätzung der Bildungsträger und der Betriebe bezüglich des Investitionsvolumens und des Kosten-Nutzen-Verhältnisses zu beiderseitiger Skepsis und zu Kurzfristigkeit führen. Offensichtlich ebnet sich hier der Weg zu Kooperationsprozessen in erster Linie über gemeinsame Erfahrungen.

Als Zwischenresümee wollen wir festhalten, daß die Beteiligung an Kooperationsvorhaben sich gegen stabile Einstellungen, Wahrnehmungen und Handlungsstrategien durchsetzen muß und daß sie gegenüber Dritten gegebenenfalls nur schwer begründbar ist. Die Grenzlinien zwischen „Zuarbeit" und „Kooperation" sehen wir eher diffus auf der Zeit-Kontinuität-Dimension, deutlicher auf der Ebene wechselseitig anerkannter Beiträge zu gemeinsam definierten Zielen.

Erfahrungen aus der wissenschaftlichen Begleitung von Kooperationsprojekten

Im Verlauf der letzten Jahre haben wir einige Projekte zur Kooperation von Betrieben und Bildungsträgern wissenschaftlich begleitet. Je nach Projektdesign und Projektfortschritt verlief die Arbeit vor allem in Beratungs-, Gestaltungs- und Evaluationsfunktionen. Dabei war der Kontakt zu den Kooperationspartnern jeweils (zeit-)intensiv und von großer Kontinuität, so daß man methodisch gesehen von „Prozeßbeobachtung" sprechen kann. Im folgenden skizzieren wir drei Projekte.

1. Innovations- und Qualifizierungsnetzwerk Gronau

Das Gronauer Netzwerk[1] wurde als Gestaltungsprojekt mit Bezug auf die branchenstrukturellen Umbrüche in einer ländlichen Region mit hoher Arbeitslosigkeit durchgeführt. Die am Netzwerk beteiligten Betriebe und Bildungsträger sollten kooperativ neue Formen der betriebsnahen Qualifizierung nutzen, um die Beschäftigung zu sichern und die Mobilität der Arbeitnehmer zu verbessern. Zum Zielspektrum des Netzwerks zählte auch die Beratung von Betrieben und Arbeitnehmern in Qualifizierungsfragen. Diesen Zielsetzungen folgend führte das Projekt Qualifizierungsmaßnahmen und Beratungen bei Betrieben und für Arbeitnehmer durch. Mit der Akquisition von Betrieben bildete sich ein Netzwerk-Kern, der im Laufe der Projektarbeit ausgedehnt wurde. Bildungsträger sowie Einrichtungen der Regional- und Wirt-

---

1 *Innovations- und Qualifizierungsnetzwerk Gronau (IQNG)*, Laufzeit 1996-1998; finanziert vom Ministerium für Wirtschaft, Mittelstand, Technologie und Verkehr NW, durchgeführt von der Technischen Akademie Ahaus/Berufsbildungsstätte Westmünsterland, Ahaus.

schaftsförderung und der Arbeitsmarktpolitik partizipierten über Informations- und Kommunikationsprozesse am Netzwerk.

In der Begleitforschung konnten wir belegen, daß die beteiligten Betriebe den Nutzen für sich und für die Region überwiegend positiv sahen. Dies gilt vor allem für die Unterstützung bei der Ermittlung von qualifikatorischen Bedarfslagen und deren Umsetzung in Maßnahmen. Reservierter wurde der Nutzen der betrieblichen Beratung eingeschätzt. Die Teilnehmer an Qualifizierungsmaßnahmen bewerteten die kooperative Qualifizierung positiv. Dies galt besonders für das Zusammenkommen aus verschiedenen Betrieben oder Betriebsteilen, das Kennenlernen von „fremden" Anwendungsfeldern, die gesteigerte Bandbreite an Methoden und die Überwindung der Grenzen der seminarförmigen Weiterbildung, was zu hoher Motivation und damit zu überraschenden Lernerfolgen geführt hat. Damit verbunden sind eine hohe Teilnahmebereitschaft und ein Werbeeffekt „von unten", der die Netzwerkaktivitäten stützt.

Die positive Wahrnehmung des Projekts in der Region zeigt, daß die Partner ihre Teilnahme nicht allein aus der einzelorganisatorischen Sicht begründeten. Daneben galten auch regionalpolitische Gründe, Solidarität zur Kooperationsstelle und Prestigegründe. Kooperationsbereitschaft löste sich damit aus dem sachbezogenen einzelbetrieblichen Gestaltungszusammenhang und erweiterte sich auf die Ebene der regionalen Wirtschafts- und Sozialpolitik, einem Feld, welches für kleine und mittlere Einzelbetriebe sonst durchweg nur schwierig zugänglich ist, und wenn, dann meist mit Negativmeldungen (Entlassungen, Konkurs, Umweltbelastungen etc.).

2. *Projektorientierte Fortbildung im Trägerverbund*

Dieses Projekt[2] hatte zum Ziel, die arbeitsmarktpolitische Situation in einem begrenzten Ruhr-Randgebiet durch eine antizipative Anpassung der Qualifizierung von Belegschaften an den regionalen Strukturwandel zu verbessern. Das Projekt akquirierte Betriebe, die in Kooperation mit einem Verbund von regionalen Bildungsträgern Qualifizierungsmaßnahmen durchführten. Zu den zentralen Aufgaben der Zusammenarbeit zählte das Aufdecken von Feldern der Weiterbildung und Personalentwicklung bei betrieblichem Strukturwandel. In diesem Projekt stand eine „bilaterale Kooperation" von Betrieben und Bildungsträgern im Vordergrund. Die beteiligten Betriebe wiesen ein breites Spektrum auf, so waren kleinbetriebliche Dienstleister ebenso vertreten wie mittlere Gewerbebetriebe und ein Krankenhaus. Gemeinsam war bei allen

---

2 *Projektorientierte Fortbildung im Trägerverbund* (*ProFIT*), Laufzeit 1997-1999; finanziert im Rahmen des Programms „Qualifizierung, Arbeit, Technik, Reorganisation" (QUATRO) des Landes Nordrhein-Westfalen, durchgeführt von der *Werkstatt Unna*.

Aufbruch zu neuen Allianzen

Betriebskooperationen die Erwartung, bei Veränderungen der Betriebsorganisation Unterstützung durch Weiterbildungsexperten zu erhalten. Jeweils stand zunächst eine fachinhaltliche berufliche Weiterbildung im Mittelpunkt, die im Kooperationsverlauf durch fachübergreifende Qualifizierung ergänzt wurde. Aus Sicht der Betriebe entwickelten sich weitergehende intensive Bindungen an das Projekt. So wurden die Weiterbildungsaktivitäten mit externen Partnern auch als wirkungsvolles Medium zum Aufbrechen von Organisationsverfestigungen, zum Abbau von „Bewegungsarmut" in den Belegschaften, als *clearing*-Stelle für innerbetriebliche Konfliktpotentiale und als „Supervisorfunktion" bei personellen und betrieblichen Problemlagen wahrgenommen. Aus dem Spektrum zeigt sich deutlich, daß eine Kooperation unter dem Etikett der Qualifizierung sehr viel weniger eindeutig als andere unternehmensbezogene Dienstleistungen (Finanzen, Recht) fachspezifisch fokussiert und damit breiter wirksam ist. Dies zeigte sich besonders auch in den Gesprächen im Rahmen der wissenschaftlichen Begleitforschung, in denen die Wirkungsweise des Projekts im Betrieb von den Beteiligten deutlicher artikuliert und erkannt wurde.

3. *Qualifikationsentwicklung im Kooperationsfeld von innovativen Betrieben und Bildungsträgern*

Während die beiden vorgehend vorgestellten Projekte ihre Arbeit mit Bezug auf die regionale Wirtschaftsentwicklung orientierten und in der Startphase Kooperationsbetriebe akquirierten, wurde dieses Projekt[3] von zwei Bildungsträgern und drei Betrieben als Verbundprojekt gemeinsam beantragt. Das bedeutete, daß alle Projektpartner in die Verpflichtungen über die Kooperation einbezogen wurden. Die Kooperation erfolgte zum einen auf einer bilateralen Ebene zwischen Einzelbetrieb und Bildungsträger, auf der jeweils einzelbetriebliche Qualifizierungsmaßnahmen entwickelt und umgesetzt wurden, und zum anderen auf der überbetrieblichen Ebene, auf der ein lernorientierter Erfahrungsaustausch über die einzelbetrieblichen Vorhaben zwischen allen Projektpartnern organisiert wurde.

Die Geschäftsgrundlage für die bilaterale Kooperation zwischen den Betrieben und Bildungsträgern bildete die Orientierung an betrieblichen Innovationsvorhaben, für die beteiligungsorientierte zielgruppenspezifische Maßnahmen entwickelt und angeboten wurden. Die Bildungsträger konzipierten

---

3 *Qualifikationsentwicklung im Kooperationsfeld von innovativen Betrieben und Bildungsträgern (KOBRA)*, Laufzeit 1998-2000; finanziert im Rahmenkonzept „Produktion 2000" vom Projektträger Fertigungstechnik und Qualitätssicherung (PFT), Forschungszentrum Karlsruhe, aus Mitteln des Bundesministeriums für Bildung und Forschung. – Vgl. dazu auch *Dobischat/ Husemann* 1998.

ihre Arbeit diesbezüglich mit einer hohen Offenheit und Reagibilität in bezug auf betriebliche Anforderungen. Dies gilt gleichsam als Bestandteil der Professionalität der Arbeit.

Ziel der multilateralen Kooperation war ein lernbezogener Erfahrungsaustausch über die einzelbetrieblichen Maßnahmen und deren Einbindung in die betriebliche Reorganisation. Diese kooperativen Lernprozesse zwischen Organisationen bringen eine neue Qualität in die berufliche und betriebliche Weiterbildung, insbesondere da, wo sie den Anspruch erhebt, einen Beitrag zur Entwicklung von „lernenden Organisationen" zu leisten. In solchen Konstellationen wird die Ebene des organisationsinternen Lernprozesses erweitert auf die Ebene des organisationsübergreifenden Lernens, auf der die Kooperationspartner von- und miteinander lernen.

Aus den skizzierten Projekten lassen sich einige Befunde über Bedingungen der Kooperation von Betrieben und Bildungsträgern festhalten. Die Ausgangserwartungen der Partner folgten in erster Linie dem Bild vom „Problemlösen mit pädagogischen Mitteln". Sie beinhalteten allerdings nicht lediglich die positive Facette, die den pädagogischen Optimismus von solchen Mustern betrifft, sondern waren auch durch negative Erfahrungen und Enttäuschungen geprägt. Die Entscheidung, an dem Kooperationsprojekt teilzunehmen, dürfte wohl in erster Linie damit zusammenhängen, daß die Kooperation nicht in einer Konstellation von Untersuchten und Untersuchenden beziehungsweise Lernenden und Lehrenden verstanden wurde, sondern als partnerschaftliche Gestaltung und Beteiligung.

Solche Kooperationen folgen zeitlichen Strukturen, die jeweils ihre Spezifika in bezug auf die Wahrnehmungen und Interpretationsmuster der Akteure haben. Der Erstkontakt erfolgt meist direkt durch Projektaktivitäten, gelegentlich durch Vermittlung Dritter. Die Wahrnehmungen über die Kooperation verorten wir in den Dimensionen Sympathie, Kompetenz und Handlungsdruck. Die folgende Phase der Problemwahrnehmung und Problemdefinition ist geprägt durch eine interne und externe Analyse von Qualifikations- und Organisationsfragen und eine problemklärende Diskussion. Ihr Ergebnis ist im positiven Fall die Herstellung eines Konsenses über einen möglichen Arbeitsauftrag. Die Wahrnehmungen in dieser Phase beschreiben wir mit den Etiketten der „gemeinsamen Philosophie" und wechselseitig erkannten Konsensfähigkeit. Als dritter Schritt erfolgt eine kooperative Programmplanung, in der eine Diffundierung in die Organisationen zu beobachten ist. Hier stehen konkrete Nutzenerwartungen, Ziel-Mittel-Relationen, ökonomische, politische, zeitliche und insbesondere auch soziale Aspekte (Partizipation) im Mittelpunkt. Wir sehen diese Prozesse geprägt von Realismus und Pragmatismus in bezug auf die Umsetzung der Aktivitäten.

Aus dieser typischen Zeitstruktur von Kooperationsprozessen wird deutlich, daß zwischen einer mehrdimensionalen Problemwahrnehmung und Problemdefinition (Projekt / Bildungsträger / betriebliche Akteure auf verschiedenen Ebenen) und deren Synthese in einem begrenzten Qualifzierungsprogramm ein mehr oder weniger offener Prozeß abläuft, der den Handlungsrahmen der Kooperation abdeckt und der selbst schon als Organisationsentwicklungsprozeß klassifiziert werden kann. Auf Seiten der Betriebe werden neben den materialen Aspekten, also den Inhaltsdimensionen der Lernprozesse, insbesondere formale Aspekte wie Steigerung der Prozeßdynamik, Bewußtsein über Innovationsfähigkeit, *corporate identity* sowie Reflexion und Entwicklung von interner und externer Kommunikationskompetenz wahrgenommen. In der Umsetzung ist davon auszugehen, daß die Kooperation auf den verschiedenen Arbeitsebenen und auch phasenweise unterschiedlich eingeschätzt werden kann: Mit Skepsis ist zu rechnen durch Mehrbelastungen im Zeitmanagement, Störungen in der Personaleinsatzplanung, vermutete Defizite in den Qualifikationen, Aufbau eines Experimentierfeldes mit Beispielfunktion für andere Abteilungen (Rampenlichteffekt) und durch mehr Transparenz von Arbeitsabläufen. Eine solche Skepsis kann durchaus als zusätzliche Belastung im Arbeitshandeln betrachtet werden, die längerfristig unerwünscht ist. Das Erkennbarmachen des Endes einer Maßnahme trägt offenbar wesentlich zu deren Akzeptanz bei.

Die Weiterbildungsträger erfahren die Kooperation mit Betrieben als Arbeit mit hohem Erfolgsdruck. Sowohl in der Phase der Abstimmung von Maßnahmen als auch der Durchführung ist der Aktionsspielraum der Bildungsträger durch den betrieblicherseits gewährten Handlungsspielraum begrenzt. Dieser Handlungsspielraum kann allerdings nicht als konstant angenommen werden, sondern er konstituiert sich mit der betrieblichen Diffusion und mit dem Projektfortschritt ständig neu. Curriculare Planung und Umsetzung unterliegen also veränderlichen Rahmenbedingungen, was eine Evaluation und Ergebnisdarstellung gemessen an festgelegten Zielen problematisch werden läßt. Realistische Erwartungshorizonte in der Diskussion zwischen den Kooperationspartnern sind hier ebenso geboten wie eine prozeßbegleitende Evaluation, in die alle beteiligten Arbeitsebenen einzubeziehen sind.

Die wissenschaftliche Begleitung kann im Rahmen dieser Kooperationsprozesse für eine gewisse Distanz der Kooperationspartner und damit für Reflexionsmöglichkeiten sorgen. Durch ihre Moderations- und Evaluationsfunktion könnte sich die Wahrnehmung einer hohen Verantwortlichkeit für den Gesamtprozeß einstellen. Im Rahmen dieser Wahrnehmung legitimieren und verbinden sich organisationsinterne Interessen, wissenschaftliches Erkenntnisinteresse am Forschungsgegenstand und Pflichterfüllung gegenüber den Auftraggebern des Projekts. Damit beteiligt sich die wissenschaftliche Begleitung aktiv an allen Phasen der Kooperation und der Entwicklung von Arbeitsschwerpunkten des Projekts und setzt dabei Schwerpunkte auf Moderation, Reflexion, Beteiligung, Dokumentation und Transfer.

Kooperation von Bildungsträgern und Betrieben als Projektarbeit?

Wenn auch die eingangs angestellten Überlegungen über Kooperation eher skeptisch stimmen, so zeigt sich dennoch, daß die Projektarbeit einige der vorab formulierten Erwartungen an die Gestaltung von regionaler Weiterbildungspolitik erfüllen kann. Projekte haben spezifische Eigenschaften darin, daß sie in einem vorab definierten, meist eng festgelegten Handlungsrahmen agieren, der für alle Kooperationspartner hohe Transparenz und hohen Verpflichtungscharakter hat. Wir wollen im folgenden diese Einschätzung weiter erläutern und dazu einige Verbindungslinien zwischen den Inhalten und der Form der Kooperation ziehen.

In allen Kooperationsprojekten fanden wir eine beachtliche Kontinuität in der Beteiligung durch die Betriebe. Während die Kontinuität der Mitarbeit der koordinierenden Einrichtungen und Bildungsträger, die jeweils auch Antragsteller waren, nicht zur Debatte stand, war davon bei den Betrieben nicht umstandslos auszugehen. Diesbezügliche Skepsis war besonders durch die ungleichen Zeitstrukturen von Projektarbeit und betrieblicher Arbeitsorganisation angebracht. Weiterhin war nicht ausgemacht, daß in den jeweils vergleichsweise kurzen Phasen der Anbahnung von Kooperation die Projektziele hinreichend deutlich zu machen sind, um auf seiten der Betriebe einen angemessenen Informationsstand für die Entscheidung zur Beteiligung zu gewährleisten. Auch die Option zur Beendigung einer Kooperation im laufenden Projekt muß realistisch in Rechnung gestellt werden und ist auch erfolgt. Die weit überwiegende Kontinuität sehen wir als Hinweis auf die Bereitschaft der Leitungsebenen in den Betrieben, trotz der für Projektarbeit typischen Offenheit in den Ergebnissen an den Lernprozessen zu partizipieren. Bei allen Betrieben stand bei einer erheblichen zeitlichen Investition das Interesse im Vordergrund, die interne organisationelle Leistungsfähigkeit und die Qualifizierung der Zielgruppen zu optimieren und dafür gemeinsame und wechselseitige Lernprozesse mit anderen Organisationen zu nutzen.

Eine wesentliche Erfahrung aus den Kooperationsprojekten zur betrieblichen Weiterbildung liegt darin, daß die Bedarfslagen der Kooperationspartner sich nur unscharf mit einem Verständnis von Qualifizierung erfassen und abbilden lassen, welches vordergründig den Wissenserwerb und die Umsetzung am Arbeitsplatz beinhaltet. In der Projektarbeit war es erforderlich, ein gemeinsames Verständnis über Qualifizierungsprozesse zu gewinnen. Durchweg wird in der Kommunikation und Kooperation mit den betrieblichen Partnern eine Reflexionsebene erzeugt, auf der komplexere persönliche und betriebliche Aspekte der Ausübung der betrieblichen Funktion zur Sprache gebracht werden. In ihr wird an die Berufsrolle und an das Berufsethos ebenso angeknüpft wie an Fragen der Verantwortung, der Zumutbarkeiten und der Personalführung. Diese Aspekte können in einem erweiterten Verständnis von Qualifizierung eingeschlossen sein.

Offenbar gibt die Wahrnehmung der Kooperation unter einer pädagogischen Perspektive ein gemeinsames Fundament ab, das von dem Konsens über Bildung als Kulturwert und als anthropologische Kategorie geprägt und prinzipiell nicht negierbar ist. Auf diesem Fundament wird wissenschaftliche Professionalität als Erklärungs- und Gestaltungsmedium für betriebliche Veränderungsprozesse anerkannt. Dies kommt explizit darin zum Ausdruck, daß die betrieblichen Akteure die positiven Aspekte der Reflexion ihres eigenen Handelns in der Diskussion von theoretischen Hintergründen betrieblicher Lern-, Bildungs- und Reorganisationsprozessen betonen. Die Gelegenheiten zur Reflexion beruflichen Handelns auf einem wissenschaftlich-theoretischen Hintergrund scheinen eher knapp. Sie ermöglichen eine zeitweise Distanz und einen Perspektivwechsel auf die betriebliche Handlungsrationalität und werden womöglich auch daher als wertvoll eingeschätzt, womöglich höher als die unmittelbare arbeitsprozeßliche Wirkung von wissens- und könnensbezogenen Qualifizierungsmaßnahmen.

Im Gegensatz zu dieser Einschätzung steht der Umstand, daß Kosten für betriebliche Weiterbildung als ein Problem von nachrangiger Bedeutung angesehen werden. Auch wo die Beteiligung an den Kooperationsprojekten über finanzielle Beiträge erfolgte, schien dies auf hohe Akzeptanz zu stoßen. Insofern wird betriebliche Weiterbildung als Dienstleistung voll anerkannt, eine Praxis, die auch aus der Organisation von Weiterbildungsabteilungen als *profit centers* bekannt ist. Kosten für Weiterbildung können in solchen Konstellationen budgetiert oder aber einigermaßen präzise abgeschätzt werden. Das betriebliche Interesse an einem kennzifferngestützten und effizienzbezogenen Bildungs-*Controlling* scheint uns wenig ausgeprägt. Hier wird die Auffassung geteilt, daß solche Verfahren methodisch und inhaltlich nicht die Qualität haben, um gesicherte empirische Rückschlüsse auf den Zusammenhang von Weiterbildungsaktivitäten und Unternehmenserfolg zu erarbeiten. Angesichts der Befunde über die Vielschichtigkeit des Nutzens von Weiterbildungskooperationen erscheint dies nicht weiter erklärungsbedürftig. Auch zeigt sich darin, daß eine ökonomisch fundierte Legitimation solcher Aktivitäten offenbar nicht für erforderlich gehalten wird. In den Kostenstrukturen optiert eine projektförmige Kooperation weder auf Selbstfinanzierung noch auf Marktmechanismen, sondern auf begründete Subventionierung. Insbesondere in Klein- und Mittelbetrieben wird darin die Möglichkeit gesehen, überhaupt Weiterbildungsmaßnahmen durchzuführen, und in der öffentlichen Förderung einer Projektinfrastruktur werden durchaus Vorteile für den eigenen Betrieb, aber auch für einen positiven Strukturförderungsaspekt für die Region vermutet. Eine ähnliche Einschätzung vertreten die Bildungsträger, die mit der Projektförderung ihre Marktzugänge und ihre innerbetriebliche Leistungsfähigkeit verbessern können.

In der Vielschichtigkeit der inhaltlichen Wahrnehmungen von Weiterbildung, die von der kurzfristigen Anpassungsqualifizierung oder auch nur Produktschulung bis hin zu der Philosophie der lernenden Organisation und des ständigen Lernens in der Arbeit reicht, drückt sich auch ein differenziertes Zeitverständnis für Qualifizierungsprozesse aus. In dem Spektrum von „kurzfristig" bis „dauernd" sind überschaubare Sequenzen zu gestalten, die eine Abstimmung von Inhalten und Organisation erlauben. Da bei der Planung von kooperativer betrieblicher Weiterbildung Lernprozesse von unterschiedlicher Qualität gleichzeitig organisiert werden, ist die Transparenz und Akzeptanz solcher überschaubarer Sequenzen von hoher Bedeutung. Im Kooperationsprojekt besteht gleichermaßen die Möglichkeit, solche sich überlagernden Lernprozesse zu realisieren und auch die dafür erforderlichen Sequenzen zu gestalten. Dies gilt besonders auch für die Reflexionsebene, die andere organisierte Lernprozesse sozusagen überlagert und meist Sequenzen von längerer Dauer erfordern. Im Vergleich zu marktförmig organisierter Kooperation kann die projektbasierte Kooperation Zeit nicht nur in Relation zu Geld interpretieren, sondern als investives Gut (*Rinderspacher* 1999), welches für die Gewinnung von Informationen und für die Lösung von Gestaltungsaufgaben zur Verfügung steht.

In den Projekten versammelte sich jeweils interdisziplinärer Sachverstand durch die unterschiedlichen Herkunftsdisziplinen und Handlungsfelder der Kooperationspartner. Dies gilt auch für die Zusammenarbeit auf unterschiedlichen Qualifikationsniveaus und zwischen unterschiedlichen Funktionsbereichen, ausdrücklich eingeschlossen die betrieblichen Interessenvertreter, die in der Gestaltung der betrieblichen Weiterbildung durchweg über hohen Sachverstand verfügen. Ein anderer Aspekt im Zusammenkommen interdisziplinären Sachverstandes liegt in der unterschiedlichen Branchenzugehörigkeiten der Kooperationsbetriebe. Wenn sich aus den verschiedenen Reorganisationsvorhaben, die in den Kooperationsprojekten begleitet wurden, Verselbständigungsprozesse als gegenwärtig aktueller Trend erkennen lassen, dann haben diese Prozesse jedenfalls in den verschiedenen Branchen ihre je eigenen Bedingungen, die in solchen Arbeitsformen erkannt und zum Gegenstand von kooperativen Lernprozessen gemacht werden können.

Eine Einbettung der Weiterbildung in den Rahmen eines Kooperationsprojekts relativiert den Erfolgsdruck. Sie wirkt zugleich als Appell an die Belegschaft, sich auf einen Weg der Veränderung zu begeben (*Harney* 1998). Die inhaltliche und organisatorische Offenheit, die sich mit einer projektgebundenen Weiterbildungsorganisation verbindet, kann dafür als Promotionsfaktor in Rechnung gestellt werden. So können zum Beispiel über eine sportbezogene Metaphorik eine hohe Verbindlichkeit, Gemeinsamkeit, Scheiternsrisiken, individuelle und kollektive Erfolgsbezogenheit sowie interner und externer Wettbewerb ebenso wirkungsvoll aus einem positiven wie negativen Erfahrungshorizont heraus verfolgt werden. Die mit der Weiterbildung ver-

Aufbruch zu neuen Allianzen 261

bundene Vorstellung von einer aktiven Begegnung mit Herausforderungen kann schon ein ausreichendes Motiv dafür sein, sich dafür zu entscheiden. Kooperative Projektarbeit kann explizit oder implizit auf Transfer gerichtet sein. Dies gilt sowohl innerhalb und zwischen den beteiligten Organisationen, aber auch darüber hinaus. In der Akquisitionsphase sehen sich Kooperationsprojekte veranlaßt, eine regionale Öffentlichkeit herzustellen. Wenn es sich um Projekte mit wissenschaftlicher Beteiligung handelt, ist von einer fachwissenschaftlichen Öffentlichkeit auszugehen. Man würde die Erwartungen an Kooperationsprojekte überziehen, wenn man ihnen eine strukturbildende Funktion in der Regionalentwicklung zusprechen würde, sie durchdringen jedoch institutionell geprägte Kommunikationsbarrieren. Potentiell sehen wir Möglichkeiten einer institutionenübergreifenden regionalen Kooperation mit einer Tendenz zur Verstetigung, wobei die Thematisierung von gemeinsamen Zielperspektiven den Rahmen abgibt.

Die Regulative, die eine Projektorganisation prägen, zeigen spezifische Qualitäten für die Kooperation von Betrieben und Bildungsträgern. Projekte bündeln in der Entstehungsphase und in der Durchführungsphase interdisziplinären Sachverstand, beschäftigen sich mit solchen Gestaltungsaufgaben, für die nicht bereits „serienreife" Lösungen vorliegen, suchen in ihren Lösungen nicht allein eine Kostenoptimierung, können im Wirtschaftsgeschehen kompensatorisch und damit innovativ wirken, sorgen für die Berücksichtigung von „nicht marktpotenten Interessenpositionen", haben punktuelle und strategische Fördereffekte, setzen öffentliche Mittel zielgerichtet und transparent ein, mobilisieren ein hohes Zusammengehörigkeitsgefühl (auf Zeit), stehen unter einem deutlichen Erfolgsdruck (was man von anderen Formen der Förderung von Wirtschaftsaktivitäten nicht unbedingt sagen kann) und ermöglichen einen Transfer von Ergebnissen. Positiv könnte auch sein, daß Projekte meist professionell organisiert werden und daß damit auch eine interne und externe Legitimation für eine solche Arbeitsform gegeben ist.

Mit dem Begriff der Allianz bezeichnet man starke Bündnisse, klassisch zwischen Staaten. Davon kann man bei der Kooperation von Betrieben und Bildungsträgern vielleicht noch nicht sprechen. Der Begriff steht hier auch eher dafür, daß die verschiedenen Organisationen gemeinsame Zielsetzungen und Interessen entwickeln und darüber sowohl einzelbetriebliche als auch überbetriebliche Entwicklungsperspektiven verfolgen. Vorherrschende Wahrnehmungsmuster, so wie man sie mit Hilfe von Theorien erkennbar machen kann, scheinen eher sperrig für die Bildung von Kooperation oder gar Allianzen. Projekte mit entsprechenden Zielsetzungen bilden aber Allianzen „auf Zeit" und eröffnen den Kooperationspartnern damit die Chance, neuartige Erfahrungen darüber zu erwerben, wie man einzelorganisatorische Entwicklungen in den Rahmen von kooperativen Lernprozessen einbetten kann. Daß solche Allianzen nicht frei von Konflikten und Problemen sind, wissen wir aus dem politischen Bereich, aber auch, daß sie positive Wirkungen „nach innen" ebenso wie „nach außen" entfalten können. In bezug auf die Organisation von beruflicher und betrieblicher Weiterbildung sehen wir nach wie vor die Sperrigkeiten, die durch die Verkopplung von ökonomischen, sozialen und institutionellen Dimensionen gegeben sind und die selbstverständlich auch die Koordinaten einer regionalen Entwicklungsperspektive darstellen. Kooperationen im Sinne der hier skizzierten Praxis können eine Basis schaffen, auf der Pluralisierung und Regulierung vermittelbar sind.

GERTRUD KÜHNLEIN,
ANGELA PAUL-KOHLHOFF

Integration von Bildung und Arbeit: Ein neuer Typ betrieblicher Weiterbildung

1. Der Trend zur Verbetrieblichung der Weiterbildung und bildungspolitische Konsequenzen

In der deutschen Bildungsdebatte hat in jüngster Zeit ein Paradigmenwechsel stattgefunden. Galten die weitgehende Ungeordnetheit und die unübersichtliche Vielzahl von Weiterbildungsmaßnahmen und -trägern bis vor wenigen Jahren noch als Zeichen für einen nicht hinnehmbaren „Wildwuchs", so haben sich jetzt die Vorzeichen gewandelt. Die Klage über das vorherrschende „Chaos" und der Ruf nach einem integrierten Bildungssystem, das alle vier Bildungsbereiche (schulische Bildung, Berufliche Schulen, Hochschulen und Weiterbildung) gleichermaßen umfaßt, sind fast *unisono* der Forderung gewichen, der öffentlichen Verantwortung vor allem durch die Schaffung von mehr Transparenz auf dem Weiterbildungsmarkt[1] sowie durch die Bereitstellung von Navigations- und Orientierungshilfen für potentielle Nachfrager gerecht zu werden. Die existierenden pluralen Trägerstrukturen im Weiterbildungsbereich werden jetzt also überwiegend als Beleg dafür angeführt, daß eine stärkere Steuerung des quartiären Bildungssektors durch staatliche Regelungen weder sinnvoll noch möglich sei. Begriffe wie Flexibilisierung, Durchlässigkeit und Anpassungsfähigkeit stehen im Vordergrund der

---

[1] Dies wird nun auch von seiten der Wirtschaft gefordert: Bei der letzten Befragung zur betrieblichen Weiterbildung des *Instituts der deutschen Wirtschaft* stimmen fast 60% der Betriebe der Aussage zu: „Die Transparenz über das Weiterbildungsangebot sollte verbessert werden". Und zwar unter der Rubrik: „Wünsche an die Politik" (*Weiß* 1999b).

Modernisierungsdebatten². An die Stelle eines zu vereinheitlichenden Bildungssystems ist eher die Betonung der *Besonderheit des (beruflichen) Weiterbildungssegments* getreten, die es zu bewahren gelte.
Ein ganz ähnlicher Meinungsumschwung ist auch im politischen Bereich erkennbar. Noch bis vor wenigen Jahren wurden nicht nur von seiten der Gewerkschaften, sondern auch von den *Grünen* und der *SPD*-Fraktion in verschiedenen Anträgen von der damaligen Bundesregierung stärker regulierende Eingriffe in das Weiterbildungsgeschehen gefordert. So beantragte die *SPD*-Fraktion 1994 die „Vorlage des Entwurfs eines Weiterbildungs-(rahmen-)gesetzes gemäß Artikel 74 Nr. 11 des Grundgesetzes und Novellierung insbesondere des Berufsbildungsgesetzes"³; die *Grünen* forderten zuletzt in einem Antrag vom 31.10.1997 noch einmal dazu auf, eine „Bundesrahmenordnung zur gesetzlichen Regelung der beruflichen Weiterbildung vorzulegen" und „unverzüglich mit den Bundesländern Verhandlungen mit dem Ziel aufzunehmen, gemeinsame Vereinbarungen zur Integration der allgemeinen, der politischen und der beruflichen Weiterbildung zu schließen."⁴

In der Koalitionsvereinbarung einigte man sich nach dem Regierungswechsel dagegen letztlich darauf, die bildungspolitischen Schwerpunkte doch anders zu setzen: Die dort angekündigte „neue Bildungsreform" beinhaltet vor allen Dingen ein Bekenntnis zu einer privat verantworteten Weiterbildungslandschaft mit „weniger Bürokratie, dafür mehr Leistung, mehr Effizienz und mehr Wettbewerb. ... *Wir setzen auf demokratische Selbstbestimmung und Autonomie statt auf staatliche Bevormundung".*⁵ (Hervorh.: d. Verf.)

Doch handelt es sich hier nicht nur um parteienübergreifende, sondern um ländergrenzen-übergreifende Entwicklungen, die sich auch in den meisten anderen europäischen Staaten recht ähnlich darstellen. Was sich darin zeigt, ist also ein allgemeiner Trend zur Privatisierung und zur *Verbetrieblichung des Weiterbildungsgeschehens* – denn der weitaus größte Teil der beruflichen Weiterbildung findet in der Verantwortung von Unternehmen statt (*Kühnlein*

---

2 Dies wird zum Beispiel im „Berliner Memorandum zur Modernisierung der Beruflichen Bildung" vom September 1999 (*Senatsverwaltung* 1999) in mehreren Leitsätzen hervorgehoben.
3 Antrag „Grundsätze für bundesgesetzliche Regelungen und eine Gemeinschaftsinitiative von Bund, Ländern und Gemeinden für den Ausbau der Weiterbildung zum vierten Bildungsbereich" (DS 12/7738 vom 26.05.1994).
4 Antrag „Lebenslanges Lernen (I): Berufliche Weiterbildung in Deutschland ausbauen" (DS 13/8899 vom 31.10.1997).
5 Weiter heißt es dort: „Für die Weiterbildung werden wir die Voraussetzungen dafür schaffen, daß die Vielfalt der Träger, die Qualität und Vergleichbarkeit der Abschlüsse sowie die Transparenz der Angebote gesichert wird." (Koalitionsvereinbarung zwischen *SPD* und *Bündnis 90/Die Grünen* vom 20.10.1998)

Integration von Bildung und Arbeit 265

1997). Dies hat weitreichende Konsequenzen für die Zukunft des Bildungssektors, die in ihren Chancen und Risiken neu abzuschätzen sind.[6]

Im folgenden stellen wir dazu thesenartig kurz einige Gesichtspunkte dar. Dabei kommt es uns vor allem darauf an, daß in den aktuellen Diskussionen nun auch immer weniger von den bildungs- und sozialpolitischen Implikationen die Rede ist, die in einer Verbetrieblichung der Weiterbildung enthalten sind und die noch bis weit in die neunziger Jahre hinein die Auseinandersetzungen weitgehend bestimmten.[7]

1. Die gesellschaftliche Bildungsverantwortung wird stärker auf die Privatwirtschaft übertragen

Der Trend zur Verbetrieblichung des Weiterbildungsgeschehens bedeutet nicht nur, daß rein quantitativ die meisten Weiterbildungsveranstaltungen in Betrieben beziehungsweise im Auftrag der Betriebe stattfinden, sondern beinhaltet darüber hinaus qualitative Veränderungen im Selbstverständnis, in der Verantwortung und in der Gestaltung der beruflichen Weiterbildung. Diese ergeben sich im wesentlichen daraus, daß schrittweise die „private – nämlich einzelbetriebliche – Definitionsmacht die staatliche, das heißt öffentliche Legitimationsmacht ersetzt" (*Wittwer* 1995, 41).

Das heißt: soziale und Karrierechancen, die sich aus einer Weiterbildungsteilnahme ergeben, werden zunehmend durch die (Personalabteilungen der) Betriebe verteilt, denen auf diese Weise – vermittelt über die betriebliche Weiterbildung – eine zentrale Rolle bei der Entscheidung über Zugänge zur Weiterbildung, Teilnahmebedingungen, aber auch in bezug auf die inner- und außerbetriebliche Verwertbarkeit individueller Bildungsanstrengungen zukommt.

Auch die Frage, ob eine Zertifizierung der Weiterbildungsteilnahme vorgesehen ist und wie diese aussehen soll, wird damit weitgehend den Betrieben überlassen. Insbesondere vor dem Hintergrund des allgemeinen Trends zu informeller Weiterbildung (die nicht in Seminar- oder Lehrgangsform stattfindet) wird es für die Arbeitnehmer immer schwieriger, eine erfolgreiche Weiterbildungsteilnahme überhaupt zu belegen, geschweige denn, allgemein anerkannte und übertragbare Qualifikationsnachweise erreichen zu können.

---

6 Zur Abschätzung der Reformoptionen angesichts der Privatisierungs- und Verbetrieblichungstendenzen ist allerdings zu trennen zwischen dem Betrieb als Lernort für die Weiterbildung und dem Betrieb als Anbieter und seiner Verfügung über dieses Angebot. In diesem Zusammenhang verweisen wir auch auf die ähnliche Auseinandersetzung bezogen auf die duale Ausbildung (vgl. *Kruse u.a* 1996).
7 Vgl. dazu z.B. den Sammelband von *Dobischat/Husemann*, 1995.

2. Das lebenslange Lernen findet überwiegend im (betrieblichen) Arbeitsleben statt

Das führt in erster Linie zu sozialen Ausgrenzungsmechanismen für die Nicht-Beschäftigten, weil deren Chancen zur beruflichen Entwicklung über den Ausschluß aus innerbetrieblichen Qualifizierungsmaßnahmen noch einmal stark eingeschränkt werden.

Daraus ergeben sich aber auch Konsequenzen für die Beschäftigten, die sich im Betrieb weiterqualifizieren. Sie müssen sich fragen, ob das Gelernte den unmittelbaren Arbeitsplatz- und Betriebsbezug überschreitet. Nur dann nämlich können sich für sie berufliche Aufstiegs- und Entwicklungsmöglichkeiten ergeben, die auch über die Unternehmensgrenzen hinausreichen.

3. Weiterbildung wird als eine „Hol- und Bringschuld" der Arbeitnehmer angesehen

Viele Unternehmen sehen die Weiterbildung als eine freiwillige Leistung an, die immer wieder neu als „lohnende Investition in das Humankapital" legitimiert werden muß. Vor diesem Hintergrund wird gerne an den Bildungskosten gespart. Die Folge: Weiterbildung wird zunehmend in die Freizeit verlagert. Auch eine finanzielle Beteiligung der Arbeitnehmer an der Weiterbildung wird immer öfter als selbstverständlich angesehen.

Der meist zunehmende Qualifizierungsdruck (Bereitschaft zum „lebenslangen Lernen" als Leistung der Beschäftigten) führt dazu, daß Mitarbeiter/innen, die sich diese Investitionen aus Zeit- oder Geldmangel oder aus anderen Gründen nicht leisten können, mit für sie negativen Konsequenzen rechnen müssen.

4. In den Betrieben wird über die Definition von „Weiterbildung" praktisch entschieden

Die „private Definitionsmacht" der Betriebe bezieht sich nicht nur auf die Festlegung der Konditionen von Zugangs- und Beteiligungschancen der Beschäftigten, sondern auch darauf zu definieren, was unter „Weiterbildung" überhaupt verstanden wird. Mit der raschen Zunahme von arbeitsplatznahen Lehr- und Lernformen wird die Grenzlinie zwischen Arbeiten und Lernen immer undeutlicher; es entsteht ein neuer Typ betrieblicher Weiterbildung (vgl. *Kühnlein* 1999).

In der theoretischen Diskussion wird auch versucht, diese hier beschriebenen Tendenzen mit einem neuen Begriff zu fassen. So soll der Weiterbildungsbegriff weitgehend durch den Begriff der Kompetenzentwicklung er-

Integration von Bildung und Arbeit

setzt werden, weil damit einerseits der Prozeßcharakter des Lernens deutlich werde und zum anderen die bisherige institutionelle Verfaßtheit von Weiterbildung durchbrochen werden könne. Wir wollen uns deshalb im folgenden mit diesem Ansatz auseinandersetzen.

2. Paradigmenwechsel oder nur ein neuer Begriff – von der Weiterbildung zur Kompetenzentwicklung?

Seit geraumer Zeit wird immer wieder vorgeschlagen, den traditionellen Weiterbildungsbegriff durch den Kompetenzentwicklungsbegriff zu ersetzen oder ihn zumindest durch diesen zu ergänzen, um die veränderten Anforderungen an die berufliche Handlungskompetenz der Arbeitnehmer/innen auch begrifflich besser zum Ausdruck bringen zu können[8] (*Kuratorium* 1996). Allerdings hat sich bis heute trotz einer Fülle von wissenschaftlichen Auseinandersetzungen noch keine einheitliche Begriffsdefinition durchgesetzt, so daß immer wieder eine Verständigung über den Begriff notwendig ist. Trotz dieser Vielfalt der Definitionen lassen sich aber einige Gemeinsamkeiten in den theoretischen Konzepten herausarbeiten, die erkennen lassen, in welch starkem Veränderungsprozeß die betriebliche Weiterbildung sich seit einigen Jahren befindet.

Mit dem Konzept der „Kompetenzentwicklung" sollen bisher weitgehend getrennt diskutierte und bearbeitete betriebliche Managementstrategien integriert werden, wie zum Beispiel die Verbindung von Qualifizierung und Personalentwicklung, der Zusammenhang von Lernen des Individuums und Organisationsentwicklung, die Betonung von informellen Lernprozessen und die stärkere Verzahnung von Arbeiten und Lernen. Die Gestaltung des gesamten Arbeitsprozesses mit seinen personalen, organisatorischen und technologischen Bedingungen wird ins Verhältnis zur qualifikatorischen Entwicklung der Mitarbeiter/innen gestellt. Die traditionelle institutionalisierte Weiterbildung reicht daher nicht mehr aus, um flexibel und effizient auf die sich wandelnden Anforderungen des verschärften Wettbewerbs reagieren zu können. Deshalb wird immer häufiger auf die *Enge des Begriffs „Weiterbildung"* hingewiesen. „Die geisteswissenschaftliche Tradition und Interpretation sowie das nach wie vor verbreitete Verständnis von ‚Weiterbildung' im Sinne organisierten Lernens nach Abschluß einer ersten Bildungsphase

---

8 Dies zeigt sich beispielsweise in dem breit angelegten Forschungsprogramm des Bundesministeriums für Bildung, Wissenschaft, Forschung und Technologie: „Kompetenzentwicklung für den wirtschaftlichen Wandel", das seit nunmehr vier Jahren läuft, und in dem in Grundlagenprojekten, Betriebsprojekten und in einem Qualifizierungsprojekt gearbeitet wird.

(Deutscher Bildungsrat, 1970) machen es schwer, damit die Realität betrieblicher Lernprozesse angemessen zu erfassen" (*Weiß* 1999a). *Rolf Arnold* (1997) spricht in diesem Zusammenhang von einer *Relativierung pädagogischer Prinzipien* sowohl hinsichtlich der normativen als auch hinsichtlich der organisationalen Ebene von Weiterbildung.

Die Forderung nach „Entgrenzung" traditioneller betrieblicher Weiterbildung hängt vor allem auch damit zusammen, daß der Transfer von kurs- oder seminarförmig vermittelten neuen Kenntnissen und Fertigkeiten auf die konkrete Arbeitssituation nicht ausreichend gesichert werden kann. Deshalb sollen Arbeiten und Lernen enger miteinander verzahnt werden. *Arbeitsintegriertes oder arbeitplatznahes Lernen* ist deshalb das neue Thema vieler Managementstrategien.[9] In der betrieblichen Realität machen sich allerdings bei der Umsetzung arbeitsplatznaher Formen des Lernens auch ökonomische Interessen geltend. Viele Unternehmen versprechen sich durch die Ersetzung traditioneller, seminarförmiger Weiterbildungsangebote vor allem auch eine *Reduzierung der Kosten*.

Insgesamt geht das Kompetenzentwicklungskonzept mit einer *veränderten Sicht des Managements auf die Mitarbeiter/innen* einher. Wenn die vorhandenen und entwickelbaren Potentiale der Arbeitnehmer/innen stärker als bisher zur Steigerung der Effizienz von Produktion und Dienstleistung genutzt werden sollen, brauchen die Mitarbeiter/innen größere Möglichkeiten der Entscheidung und der Problemlösungsmöglichkeiten am Arbeitsplatz selbst.[10] Eine Auflösung starrer hierarchischer Entscheidungsstrukturen und die Verlagerung von Entscheidungskompetenzen an die Mitarbeiter/innen ist deshalb eine wichtige Voraussetzung für Kompetenzentwicklung. Größere Partizipation am Arbeitsplatz und die Implementation von kontinuierlichen Prozessen der Verbesserung sind deshalb notwendig, wenn Betriebe das Konzept der Kompetenzentwicklung ernst nehmen. Veränderte Formen der Arbeitsgestaltung, in denen die Verantwortungs- und Aufgabenbereiche der Mitarbeiter/innen erweitert werden und starre Hierarchien abgebaut werden, sind eine wesentliche Voraussetzung, damit Kompetenzentwicklung wirklich stattfinden kann. Eine solche veränderte Arbeitsgestaltung setzt dabei auch einen veränderten Umgang mit Informationen sowohl von seiten der Arbeitgeber wie auch der Arbeitnehmer/innen voraus. Denn implizites wie explizites Wissen, das nicht an Mitarbeiter/innen oder Kolleg/inn/en weitergegeben

---

9 Auch in dem bereits angeführten Programm zur Kompetenzentwicklung wird in mehreren Forschungsvorhaben untersucht, wie Arbeitsbedingungen beschaffen sein müssen, um arbeitsintegriertes Lernen zu ermöglichen (vgl. *Bergmann* 1996).

10 Diese Zielrichtung wird, wenngleich in unterschiedlicher Perspektive, sehr deutlich, wenn *Sattelberger* (1999) von „Ich-Unternehmern" spricht, oder *Voß* und *Pongratz* (1998) vom neuen Typus des „Arbeitskraftunternehmers" ausgehen, wenn sie die veränderten Bedingungen im Verhältnis von Arbeitskraft und Unternehmen beschreiben.

Integration von Bildung und Arbeit 269

und damit für die Optimierung des Arbeitsprozesses genutzt wird, dient auch zur Erhaltung der Machtstrukturen, die für eine breite Kompetenzentwicklung zwar kontraproduktiv sind, aus der individuellen Sicht aber durchaus sinnvoll sein können, um die eigene Position innerhalb der betrieblichen Hierarchie auszubauen.

Kompetenzentwicklung bedeutet somit im betrieblichen Kontext die Entwicklung von zeitlich und sachlich adäquater Handlungs- und Problemlösefähigkeit im direkten Arbeitszusammenhang, wobei der Arbeitsprozeß als sozialer Prozeß im Mittelpunkt steht. Dabei sollen die fachliche, die methodische und die soziale Kompetenz eine Einheit bilden, die als Handlungskompetenz (*Münch* 1995, 11) für den Arbeitsprozeß zur Verfügung steht und ständig weiterentwickelt werden kann. Kompetenzentwicklung ist somit *kein einmaliger Prozeß*, der nach einer bestimmten Lernphase abgeschlossen ist, sondern muß kontinuierlich auf sich wandelnde Anforderungen oder auf Optimierung bezogen werden.

Der Kompetenzbegriff steht auch für ein *Mehr an individueller Selbststeuerung im Lernprozeß*. Stärker als in traditionellen Weiterbildungskonzepten wird die Lernförderung gegenüber der Lehr- oder Vermittlungsorientierung traditioneller lehrgangsförmiger Weiterbildung in den Vordergrund gestellt (*Bergmann* 1996). Insbesondere durch die immer stärkeren Möglichkeiten der Nutzung von Informations- und Kommunikationstechnologien wird selbstgesteuertes Lernen prinzipiell unabhängig von – durch Vorgesetzte vorgegebene – Zeiten und Räume möglich, das heißt zum Beispiel die Nutzung solcher Lernprozesse wird damit auch unabhängiger von der Zustimmung des Vorgesetzten. Dadurch erhöhen sich potentiell die Autonomiespielräume der Individuen hinsichtlich ihrer eigenen Bildungsmöglichkeiten, was zugleich aber einen erhöhten individuellen Druck, diese auch zu nutzen, bedeuten kann. Hiermit wird deshalb auch die individuelle Verantwortung für die eigene Weiterbildung erhöht (*Schäffner* 1991).

Das Konzept der Kompetenzentwicklung umfaßt also vormals getrennt betrachtete betriebliche Strategien der Personal-, Bildungs- und Organisationsarbeit. Durch diese Breite im Begriffsverständnis wird der *Begriff* aber zugleich *außerordentlich unscharf*, was in der Vielfalt der begrifflichen Abgrenzungen in der Literatur auch sehr deutlich wird (*Faulstich* 1998). Letztlich werden mit dem Konzept der Kompetenzentwicklung alle Fragen der betrieblichen Personal- und Organisationsentwicklung angesprochen.

3. Neue, flexiblere Lehr- und Lernformen im betrieblichen Einsatz: Praxisbeispiele

Im folgenden sollen zwei Beispiele dargestellt werden, die die Konsequenzen solcher neuen Weiterbildungs- oder Kompetenzentwicklungsperspektiven beleuchten. Wir haben dabei betriebliche Beispiele ausgewählt, die die Ambivalenz, die mit diesen Konzepten verbunden ist, deutlich machen können. Bei der Umsetzung von Kompetenzentwicklung als Integration von Arbeiten und Lernen und der Verzahnung von Personal- und Organisationsentwicklung eröffnen sich eben nicht nur neue Chancen für die Humanisierung der Arbeitswelt, sondern auch neue Mechanismen der Ausgrenzung von einzelnen, insbesondere lernungewohnten Arbeitnehmergruppen.

3.1 Integration von Arbeiten und Lernen als Instrument der Kostensenkung

Bei dem hier beschriebenen Fallbeispiel handelt es sich um die veränderten Weiterbildungsbedingungen für die Arbeitnehmer/innen im Zusammenhang eines unternehmensweiten Dezentralisierungsprozesses bei gleichzeitiger Einführung eines neuen Qualitätsmanagementsystems. Der gesamte Konzern wurde in mehr als zwanzig Gesellschaften (GmbHs) aufgegliedert, um kleinere flexible Einheiten zu bilden, die auf Marktveränderungen und veränderte Kundenanforderungen flexibler reagieren können. Die verschiedenen GmbHs agieren dabei weitgehend selbständig; die Beziehungen zum Konzern sind über einen Gewinnrückführungsvertrag geregelt. Damit können Gewinne und Verluste der einzelnen GmbHs im gesamten Konzernverbund ausgeglichen werden. Mit dieser Reorganisation der Unternehmensstruktur wurde zugleich die ehemalige Abteilung für Aus- und Weiterbildung als selbständige Einheit „outgesourct". Sie bot von diesem Zeitpunkt an ihre Dienstleistungen sowohl im Bereich der Erstausbildung wie auch der Weiterbildung gegen Kostenrechnung den einzelnen GmbHs an.

Zum gleichen Zeitpunkt wurde als zentraler Konzernbereich eine Kampagne zur Qualitätsverbesserung der Produktion und Dienstleistung durchgeführt. Diese zielte im wesentlichen auf die Verlagerung der Qualitätskontrolle in die Produktion, um den Ausschuß bei der abschließenden Qualitätskontrolle zu minimieren. Damit sollte ein Konzept der Verbindung von Organisationsentwicklung und der Personalentwicklung auf der Produktionsebene verknüpft werden. Die Aus- und Weiterbildungs-GmbH sollte – so die Konzernphilosophie – in allen selbständigen Geschäftsbereichen eine kontinuierliche Prozeßbegleitung zur Einführung des neuen Qualitätsmanagementsystems durchführen, allerdings zu Lasten der Kostenstellen der einzelnen

Integration von Bildung und Arbeit 271

Einheiten. Diese Vorgaben des Konzerns führten dazu, daß nicht alle GmbHs das Angebot der Aus- und Weiterbildungseinheit annahmen, sondern nach eigenen Qualifizierungskonzepten suchten, die für die einzelne GmbH kostengünstiger umzusetzen war.

In diesem Zusammenhang gewann das Konzept des arbeitsintegrierten Lernens bei einzelnen Konzerneinheiten an Gewicht, wobei zentral war, daß sich die Umsetzung des neuen Qualitätsmanagements nicht nur auf einzelne Beschäftigtengruppen bezog, sondern tendenziell alle Hierarchieebenen einbezogen waren. Als Konzept wurde in einzelnen Unternehmensbereichen eine *shopfloor*-Qualifizierung entwickelt. Das hieß vor allem, daß die über Intranet verbundenen PC-Stationen in der Produktion nun mit den neuen Qualitätsparametern gefüttert und mit Selbstlernprogrammen insbesondere für die Werker begleitet wurden. Dazu war es aber notwendig, daß bis zur Werkerebene die mathematische Statistik zur Qualitätsproduktion bis auf die Anwender-*tools* heruntergebrochen wurde. Dieses „Handwerkszeug" – wie die Arbeit mit Häufigkeits- und Korrelationsdiagrammen, das Erstellen von Qualitätschecklisten und der Umgang mit Teilmengen- oder *Pareto*-Analysen – sollte nun durch Selbstlernmedien an den jeweiligen PC-Stationen, die die Produktionsmitarbeiter zur Eingabe der Produktionsparameter ohnehin benutzten, vermittelt werden. Man erwartete, daß die Mitarbeiter/innen, wenn sie ihre Eingaben zu Produktionskennziffern im Arbeitsplatz-Computer machten, gleichzeitig einige wichtige neue Dokumentationsformen, die in den Computer eingegeben waren, quasi nebenbei lernten. Über einen Zeitraum von zwei bis drei Monaten wollte man so das neue Qualitätsmanagementsystem flächendeckend einführen.

Die Mitarbeiter/innen nahmen zunächst dieses Angebot des Betriebes gut an, weil sie nun im innerbetrieblichen Intranet auch ein Mehr an unternehmensbezogenen Daten abrufen konnten. Allerdings fiel es vielen von ihnen sehr schwer, sich mit den neuen Analyse- und Dokumentationsverfahren soweit vertraut zu machen, daß sie diese auch in ihrer täglichen Arbeit anwenden konnten. Dies führte nach Aussagen der Meister und der Betriebsräte dazu, daß viele Mitarbeiter/innen sich unter dem Druck sahen, die Selbstlernmaterialien mit nach Hause zu nehmen, sich dort den Stoff anzueignen und mit den neuen „Handwerkszeugen" zu üben.

Dieses Beispiel zeigt, wie der „neue Typ" der Weiterbildung, der Arbeiten und Lernen zu verbinden sucht, zu erheblichen Mehrbelastungen insbesondere von lernungewohnten Arbeitnehmergruppen führen kann und damit neue Ausgrenzungsmechanismen erzeugt. Insbesondere der Faktor „Zeit" für Lernprozesse, aber auch die Frage nach den Belastungsfaktoren von Lernen gewinnen damit erheblich an Relevanz. Weiterbildung wird in solchen Konzepten, die vor allem von dem Versuch der Kosteneinsparung geprägt sind, zur alleinigen Bringschuld der Arbeitnehmer/innen, die allerdings nicht alle die notwendigen Voraussetzungen dafür mitbringen können.

3.2 Selbstlernkonzepte im „Baukasten"-Verfahren

Für die Anlagenfahrer in der mineralölverarbeitenden und petrochemischen Industrie hat sich im Laufe des letzten Jahrzehnts das Aufgaben- und Anforderungsprofil deutlich geändert. Deren Arbeit besteht im wesentlichen aus der Bildschirmüberwachung sehr komplexer chemischer Prozesse in digital arbeitenden Prozeßleitsystemen (Meßwarten). Die Arbeitsanforderungen sind gekennzeichnet durch eine Abkehr von körperlicher Tätigkeit, aber zunehmend auch von sehr spezialisierten Tätigkeiten, die auf fundierten Kenntnissen der jeweiligen stofflichen Prozeßabläufe beruhen.

Diese Entwicklungen ermöglichen beziehungsweise erfordern – aus Sicht der Unternehmen – eine breitere, flexiblere Einsetzbarkeit der Anlagenfahrer. Der bisherige Bezug auf den herkömmlichen Arbeitsplatz erweist sich als zu eng, vielmehr rückt die gesamte Anlage als möglicher Tätigkeitsbereich der Arbeitskräfte ins Blickfeld. Jede einzelne Produktionsfachkraft soll, so das Ideal, jederzeit und überall verfügbar sein können. Als Schranken für diese innerbetriebliche Mobilitätserweiterung erwiesen sich insbesondere die gegebenen tariflichen Strukturen sowie die qualifikatorischen Voraussetzungen. Daß der Betriebsrat bei allen Veränderungen des konkreten Einsatzbereichs von Beschäftigten von seinem Zustimmungsrecht Gebrauch machte, wurde ebenso als behindernd gesehen wie die (zu) stark arbeitsplatzgebundenen Kompetenzen der Fachkräfte. Diese kennen sich zwar in „ihrer" Anlage aus, doch ist eine Übertragung dieses Wissens, vor allem des im Arbeitsalltag erworbenen *Erfahrungswissens*, auf andere Anlagen(teile) nicht ohne weiteres möglich.

Um diese Probleme möglichst einvernehmlich zu lösen, wurde daher eine Betriebsvereinbarung über ein neues „Qualifizierungs- und Vergütungssystem" abgeschlossen, die im wesentlichen drei neue Elemente enthielt:

- Sie ersetzt den Begriff „Arbeitsplatz" durch den Begriff „Qualifizierungsbereich", womit so etwas wie ein auf größere Einheiten erweiterter Arbeitsplatz beschrieben ist;
- sie legt ein integriertes Qualifizierungsprogramm fest, das schrittweise alle (das sind pro Anlage insgesamt sechs) Qualifizierungsbereiche umfaßt

und

- sie sorgt für finanzielle Anreizstrukturen zur Beteiligung an diesem Programm, indem die – freiwillige – Beteiligung der Facharbeiter an diesem Qualifizierungsprogramm mit finanziellen Anreizen („Qualifizierungszulagen") versehen wurde. Unmittelbar damit verknüpft wurde deren ausdrückliche Bereitschaft, sich auch entsprechend, das heißt über den Bereich des bisherigen Arbeitsplatzes hinaus, einsetzen zu lassen („Mehrbereichseinsatz").

Interessant im Zusammenhang der neuen Weiterbildungsstrategien und der neuen betrieblichen Lehr- und Lernformen ist nun die Frage, *welche* Qualifizierungsmaßnahmen in diesem Betrieb *wie* konzipiert und umgesetzt wurden. Dabei liegt die Besonderheit vor allem darin, daß die Qualifizierung im wesentlichen von den Mitarbeitern selbst durchgeführt wird, die sich hier wechselseitig jeweils in ihrem bisherigen Arbeitsbereich schulen. Jeder Anlagenfahrer wird dabei einem Anlagenfahrer aus einem anderen Qualifizierungsbereich zugeordnet mit dem Ziel, daß beide Anlagenfahrer über die Gegebenheiten und Anforderungen des anderen Arbeitsplatzes so gut Bescheid wissen, daß sie später problemlos selbst dort eingesetzt werden können. Beide absolvieren nach neun bis zwölf Monaten eine Prüfung und können daraufhin in einem erweiterten Arbeitsbereich tätig werden. Es handelt sich bei diesem *Tandem–Modell* also um einen wechselseitigen Erfahrungsaustausch, der unmittelbar vor Ort und integriert in die tägliche Arbeitssituation stattfindet.

Die (neue) Aufgabe der Meister besteht dabei darin, die Beteiligten bei diesem Vorgehen fachlich zu beraten, sie zu unterstützen und zu motivieren und insgesamt den Personalplanungs- und Personalentwicklungsprozeß gezielt voranzubringen. Damit verändern sich auch deren Arbeits- und Zuständigkeitsbereiche. Zudem verändern sich in diesem Prozeß die Rollen der Lehrenden und Lernenden, wenn die Mitarbeiter/innen selbst als „Experten in eigener Sache" eingesetzt werden, wobei die Positionen des Unterweisens und des Lernens sich immer wieder ändern.

4. Betriebliche Mitbestimmung – relevant für den „neuen Typ" von Weiterbildung?

Im Zusammenhang mit den beschriebenen Veränderungen des Weiterbildungsverständnisses und des Einsatzes neuer Lehr- und Lernformen verändern sich auch die betrieblichen Mitgestaltungsmöglichkeiten beziehungsweise die Anforderungen an die betriebliche Mitbestimmung. Die bisher übliche Praxis, sich von seiten des Betriebs- oder Personalrats eher formal auf die betriebliche Weiterbildung zu beziehen, indem insbesondere die Teilnahmeberechtigung einzelner Mitarbeiter(gruppen) eingeklagt wurde, wird den neuen Entwicklungen nicht mehr gerecht (vgl. dazu auch *Paul-Kohlhoff/Heidemann* 1998).

Wenngleich die betriebliche Mitbestimmung durch Betriebs- und Personalräte, wie sie im Betriebsverfassungsgesetz und im Personalvertretungsgesetz geregelt ist, in Deutschland nicht in Frage gestellt wird (*Mitbestimmungskommission* 1996), zeichnet sich in den neuen oben beschriebenen Konzepten der Kompetenzentwicklung zudem eher eine Strategie auf den einzelnen Arbeitnehmer ab, die kollektive Vertretungsmuster nachrangig erscheinen läßt. Es wird implizit unterstellt, daß der „Ich-Unternehmer" sich selbst vertrete und kein repräsentatives Interessenvertretungsorgan brauche. So ist es beispielsweise bezeichnend, daß *Thomas Sattelberger* in seiner These von der „Balance zwischen Mitarbeiterinteressen und Shareholder Value" (1999, 325) bei den unterschiedlichen Modellen der Mitarbeiterbeteiligung die Funktion des Betriebsrats gar nicht erwähnt.

In der Tat wandelt sich die Arbeit der Betriebs- und Personalräte im Rahmen veränderter Unternehmensstrategien, die den Faktor *human resource* bei der Reorganisation in den Mittelpunkt stellen. Dabei ist die Unschärfe des Begriffs der Kompetenzentwicklung eine der zentralen Schwierigkeiten für die Tätigkeit von Betriebs- und Personalräten als Interessenvertretungsorgane, wenn sie in der Interessenperspektive der Belegschaft handeln wollen und müssen. Auch wenn Betriebs- und Personalräte die Veränderungen der betrieblichen Situation angesichts des erhöhten Wettbewerbsdrucks deutlich sehen, haben sie Schwierigkeiten, sich auf den unscharfen Begriff der Kompetenzentwicklung wirklich einzulassen und ihn als ein neues Konzept in ihre Handlungsperspektiven zu integrieren.[11] Dies hängt mit mindestens drei Gründen zusammen:

1. Nach dem Betriebsverfassungsgesetz sowie dem Bundes- und den Landes-Personalvertretungsgesetzen haben die Interessenvertretungen ein Mitbestimmungsrecht bei der Durchführung von Berufsbildung, wobei unter Berufsbildung sowohl die Erstausbildung als auch die berufliche Weiterbildung verstanden wird. Wenn nun aber die institutionalisierte Form der Weiterbildung immer stärker zugunsten ganzheitlicher, das heißt tendenziell die ganze Person betreffende Kompetenzentwicklungsprozesse aufgelöst wird, gilt es unter dem Gesichtspunkt der Mitbestimmung jeweils neu zu definieren, ob Bildung oder Lernen überhaupt stattfindet. Die Aufmerksamkeit der Betriebs- oder Personalräte muß sich dann stärker auf Fragen der Arbeitsorganisation richten als auf die traditionellen Formen und Angebote der Weiterbildung. Das Thema lernförderliche Arbeitsgestaltung ist damit auf die Tagesordnung der Betriebsratsarbeit gerufen. Kriterien der Lernförderlichkeit müssen aber für die je unterschiedliche betriebliche Organisation erst einmal entwickelt und kontinuierlich überprüft werden. Damit erweitert sich die Perspektive der Betriebs- und Personalratsarbeit deutlich, weil betriebliche Bildungsprozesse jeweils im Zusammenhang mit der Arbeitsorganisation und der Personalentwicklung betrachtet werden müssen. Berufliche Bildung, die – wie andere Handlungsfelder der Betriebs- und Personalratsarbeit – traditionell arbeitsteilig behandelt wurde, muß nun in einem integrativen Konzept bearbeitet werden, was angesichts der Strukturen der Betriebs- und Personalratsarbeit kein einfaches Unterfangen darstellt.

---

11 Vgl. dazu die Ergebnisse der Betriebsrätebefragung im Rahmen des Projektes „*Kompetenzentwicklung für den wirtschaftlichen Wandel – Mitgestaltung durch kompetente Betriebsräte*" *(KomMit 1997).*

Integration von Bildung und Arbeit 275

2. Betriebs- und Personalräte als gewählte Interessenvertretung der Beschäftigten müssen die Interessen der Gesamtbelegschaft vertreten. Da betriebliche Konzepte der Kompetenzentwicklung aber eingebettet sind in Konzepte der Steigerung der Produktivität bei gleichzeitiger Kosteneinsparung, kann dies zu einer immensen Leistungsverdichtung für die Arbeitnehmer/innen führen. Damit sind neue Ausgrenzungsmechanismen von solchen Arbeitnehmergruppen möglich, die – aus welchen Gründen auch immer – nicht mehr so lernfähig und veränderungsbereit sind. Aber gerade auch diesen Arbeitnehmergruppen gegenüber haben Betriebs- und Personalräte eine Schutzfunktion wahrzunehmen. Hinsichtlich der veränderten Managementstrategien haben sie deshalb den schwierigen Spagat zu leisten, die betriebliche Modernisierung im Interesse der Arbeitnehmer/innen zu unterstützen, allerdings bei gleichzeitiger Aufrechterhaltung ihrer Schutzfunktion, um neue Auschließungsprozesse für Teile der Belegschaft zu verhindern. Entscheidend ist es deshalb für Betriebs- und Personalräte, bei der Mitgestaltung von Kompetenzentwicklungsprozessen die für die Beschäftigten nicht gewünschten Folgen der eigenen Potentialentwicklung oder Qualifikationsprofilierung mit zu reflektieren, zu bedenken und zu begrenzen.

3. Konzepte der Kompetenzentwicklung durch Integration von Arbeiten und Lernen stellen Bildung immer deutlicher in den Funktionszusammenhang der Anpassung an die sich wandelnden Bedingungen einzelbetrieblicher Arbeitsgestaltung. Insofern korrespondieren die Konzepte von Kompetenzentwicklung mit der Verbetrieblichung des Lernens und der Weiterbildung. Gegenüber den berechtigten Interessen der Arbeitnehmer/innen am innerbetrieblichen Aufstieg dominiert immer stärker die Notwendigkeit der Anpassungsweiterbildung, oder, wie es neuerdings genannt wird, der horizontalen Personalentwicklung. Damit sind die Entwicklungsperspektiven des Einzelnen aber stärker denn je an die jeweils aktuellen Arbeitsplatzanforderungen gebunden. Darüber hinaus stellt die Zertifizierung der Anpassungsweiterbildung, zumal wenn sie arbeitsplatzintegriert oder -nah durchgeführt wird, ein noch ungelöstes Problem dar. In der Interessenperspektive der Arbeitnehmer/innen müssen betriebliche Bildungsprozesse aber auch unter dem Gesichtspunkt betrachtet werden, daß sie die Beweglichkeit des Individuums auf dem Arbeitsmarkt erhöhen. Insofern stehen die betrieblichen Interessen an einer engen Bindung der Bildung an den konkreten Arbeitsplatz im Widerspruch zu den Arbeitnehmerinteressen nach breit verwertbarer Bildung, die auch durch Zertifikate nachgewiesen werden kann.

5. Ausblick: Chancen und Risiken der Integration von Arbeit und Lernen

Aus den hier aufgeführten Gründen stellen die neuen Konzepte der Kompetenzentwicklung Betriebs- und Personalräte vor erhebliche neue Herausforderungen, die nicht immer mit einfachen und verallgemeinerungsfähigen

Handlungsstrategien zu bewältigen sind. Die neuen Konzepte bieten einerseits mehr Spielraum, die Arbeit im Interesse der Arbeitnehmer/innen humaner zu gestalten, Lernen und Arbeiten zu verbinden und damit ganzheitlichere Aufgabenzuschnitte zu entwickeln. Andererseits aber fordern sie eine stärkere Selbstverantwortung der einzelnen Arbeitnehmer/innen für die Gestaltung des eigenen Lernprozesses. Dies macht sich auch in einer stärkeren Kofinanzierung der Weiterbildung durch die Arbeitnehmer/innen bemerkbar. Weiterbildung wird zur Hol- *und* Bringschuld der Arbeitnehmer/innen. Kompetenzentwicklung verknüpft sich in der Interessenperspektive der Betriebe eben auch mit Bestrebungen der Rationalisierung und möglichem Personalabbau. Während die Unternehmen ein Interesse an fluiden Personalstrukturen haben, müssen die Betriebs- und Personalräte bei der Mitgestaltung der Kompetenzentwicklung immer auch zugleich den Arbeitsplatzerhalt im Blick haben. Dabei wird ihre Aufgabe in Betrieben, die neue Strategie der Einbeziehung der vorhandenen und zu entwickelnden Potentiale der Arbeitnehmer/innen umsetzen, eher schwieriger denn leichter, wenngleich sich auch die Schnittmengen zwischen Arbeitgeber- und Arbeitnehmerinteressen vergrößern können, und es in dieser Perspektive zu einer Demokratisierung der Arbeitsbeziehungen kommen *kann*. In diesem Kontext könnten dann auch neue strategische Allianzen zur Durchsetzung von Arbeitnehmerinteressen Bedeutung gewinnen.

Wenn Arbeitsstrukturen tatsächlich so verändert werden, daß Arbeiten und Lernen miteinander verbunden werden können und die Partizipationschancen der einzelnen Arbeitnehmer/innen sich erhöhen, dann werden diese zunehmend selbstbewußt ihre eigenen Interessen gegenüber den Vorgesetzten vertreten und nicht mehr den Weg über das repräsentative Organ Betriebs- oder Personalrat wählen, um ihre Interessen durchzusetzen. Zugleich bedeutet eine solche Perspektive aber auch, daß der „Arbeitskraftunternehmer" sein Leben vollständig seiner Arbeit unterwerfen muß:

„Eine unserer zugespitzten Thesen ist, dass Arbeitskraftunternehmer angesichts der Anforderungen, die auf sie zukommen, hochgradig ihren gesamten Alltag, ihren Lebenszusammenhang organisieren müssen. Das führt dazu, dass eigentlich die gesamte Lebensführung verbetrieblicht wird" (*Voß/Pongratz* 1999).

In einer solchen Perspektive wird bereits deutlich, daß vielleicht ein Teil der Arbeitskräfte diesen Anforderungen gerecht werden kann, daß aber diese Anforderung auch neue Mechanismen der Ausgrenzung hervorbringen wird. Denn auch bei neuen Formen der Organisation der Arbeit bleiben Wirtschaftsbetriebe Organisationen der Macht und Herrschaft. Eine zentrale Veränderung liegt dabei allerdings in der Verlagerung der direkten zur indirekten Kontrolle des Arbeitshandelns und führt damit zu einer stärkeren (unselbständigen) Selbstverantwortung (vgl. *Glißmann* 1999).

Integration von Bildung und Arbeit

Die Verbetrieblichung der Weiterbildung, wie sie auch im Kompetenzentwicklungskonzept zum Ausdruck kommt, steht hinsichtlich der ökonomischen Zielsetzung dieser Strategien daher vor einem Widerspruch. Einerseits sollen die Beschäftigten genau das lernen, was im unmittelbaren Arbeitszusammenhang notwendig ist, andererseits wird die Loyalität zum Betrieb brüchig, weil die dauerhafte Beschäftigung in fluiden oder Netzwerkorganisationen nicht mehr gesichert werden kann. Unternehmen stehen also vor dem Problem, daß sie zwar die Loyalität ihrer Beschäftigten brauchen, aber keinen „lebenslangen" Vertrag über die Nutzung der Arbeitskraft mehr abschließen können (wollen). Ob in diesem Dilemma der von *Sattelberger* (1999) vorgeschlagene „neue moralische Kontrakt" von Loyalität der Beschäftigten für die Bereitstellung von Qualifizierung für die Beschäftigungsfähigkeit durch die Unternehmen aufgehen kann, bleibt angesichts des Trends der Veränderung der traditionellen Weiterbildung zum hier beschriebenen „neuen Typ von Weiterbildung" allerdings fraglich. Denn die Interessen der Arbeitnehmer an arbeitsmarktverwertbarer Qualifikation richten sich gerade auf die Transferierbarkeit des Gelernten über die einzelbetriebliche Gegebenheit hinaus.

Wenngleich sich mit den neuen Konzepten der Integration von Arbeiten und Lernen auch neue Chancen insbesondere für qualifizierte Arbeitskräfte abzeichnen, bleiben zudem die Risiken der Ausgrenzung anderer Arbeitnehmergruppen deutlich. Dies bedeutet im gesellschaftlichen Zusammenhang, daß neue Probleme der sozialen Kohäsion durch Prozesse der Verbetrieblichung von Bildung entstehen können.

PETER FAULSTICH

Deprofessionalisierung des Personals der Erwachsenenbildung und Neoregulierung

Vom Ehrenamt nicht zum Lehrbeamten sondern zum scheinselbständigen Trainer?

Durch die Diskussion um „Scheinselbständigkeit" ist ein Problem virulent geworden, das im Weiterbildungsbereich schon lange schwelte. Insgesamt schreitet eine Deregulierung der Arbeitsverhältnisse in „Freiberuflichkeit" und „Selbständigkeit" voran, und neue Suchwörter werden vorgeschlagen, um die Ausprägungen dieser Erwerbsmuster zu kennzeichnen: Selbstangestellte, Arbeitskraftunternehmer, *freelancer* und andere. In der Grauzone zwischen selbständiger und abhängiger Erwerbsarbeit scheint mit der Erosion des „Normalarbeitsverhältnisses" eine generelle Tendenz ausgebrochen, welche für die Erwachsenenbildung allerdings schon seit ihrer Herausbildung als eigenständiger Bildungsbereich kennzeichnend war.

Erwachsenenbildung als „Spätkommer" im Bildungsbereich hat nie den Institutionalisierungsgrad erreicht wie Schule und Hochschule. Dies gilt auch für den Professionalisierungsgrad des Personals, wenn man dabei an Beruflichkeit und Stellen in abhängiger Beschäftigung denkt. Insofern könnte es sein, daß hier Entwicklungen schon länger vorliegen und noch zunehmen, die sich auch in anderen Arbeitsbereichen verbreiten. Um dies zu untersuchen, müssen erstens das Tätigkeitsfeld in der Erwachsenenbildung und zweitens die Formen der Beruflichkeit betrachtet werden. Drittens ist dies einzubeziehen in generelle Tendenzen der Arbeitsverhältnisse, um viertens Konsequenzen und Perspektiven für den Weiterbildungsbereich rückzuschließen.

1. Tätigkeitsfeld Erwachsenenbildung

Verglichen mit anderen Sektoren des Bildungswesens scheint im Weiterbildungsbereich bezogen auf die Lage des Personals ein Kontrast auf. Unbefristete, volle Beamtenstellen sind seltene Ausnahme. Gleichzeitig könnten sich – in der Tendenz vom Lehrbeamten zum freiberuflichen Lerncoach –

generelle Horizonte des Personals mit allerdings schlechter Aussicht entwickeln. Die arbeitspolitische Situation im Tätigkeitssektor Erwachsenenbildung wird zum Problem der „Bildungsarbeiter" (*Böttcher* 1996) insgesamt und letztlich aller Arbeitsverhältnisse. Was sich dort neu entwickelt, gab es hier schon lange.

Dramatischer Hintergrund der Professionalisierungsdiskussion in der Weiterbildung und wichtigste Tendenzen sind die in allen Beschäftigungssektoren sich verstärkenden Verschiebungstendenzen im „Normalarbeitsverhältnis", das sich als Resultat von Aushandlungsprozessen der Sozialparteien, geronnen in gesetzgeberische Maßnahmen, lange Zeit als reativ stabil erwiesen hatte. Die Denkfigur des Normalarbeitsverhältnisses umfaßt arbeitsvertraglich gestaltete, unbefristete Vollzeitarbeit in einem Betrieb mit entsprechenden Schutzrechten und Einkommensansprüchen. Vermehrt entstehen neue, atypische und prekäre Erwerbsformen wie Teilzeitarbeit bis zur geringfügigen Beschäftigung, befristete Arbeitsverhältnisse, Heim- und Telearbeit oder Arbeitnehmerüberlassung. Dazu entwickeln sich vielfältige, komplizierte Mischformen zwischen Abhängigkeit und Selbständigkeit (s.u. Abschnitt 3).

Dies betrifft die Arbeitsverhältnisse im Bildungsbereich generell. Deregulation hat das öffentliche Bildungswesen erreicht. Damit greifen Mechanismen des Arbeitsmarktes auch in den Regelschulen und in den Hochschulen, und es entstehen Formen der Personalpolitik, wie wir sie aus kommerziellen Sektoren kennen. Dies ist für den Einsatz von Lehrern relativ neu, während der „vierte Bildungsbereich" bezogen auf Professionalisierung immer schon ein Problemfeld darstellte. Man kann hier demonstrieren, was es heißt, wenn der Markt im System organisierter Bildung zum dominanten Regulationsmechanismus wird (s.u. Abschnitt 4). Auch wo die Erwerbstätigkeit lange Zeit durch das Bild des Lehrers als Beamten für Unterricht geprägt war, greifen zunehmend ungesicherte Arbeitsverhältnisse auf Honorarbasis. Für die Erwachsenenbildung ist dies schon lange Realität.

1.1 Mittlere Systematisierung und ansatzweise Professionalisierung

Der Weiterbildungsbereich ist gekennzeichnet durch einen Entwicklungsgrad „mittlerer Systematisierung" (*Faulstich u.a.* 1991). Dies gilt zunächst bezogen auf die Systemgrenzen, wo einerseits ein Prozeß der Auslagerung von Lernaufgaben aus primären gesellschaftlichen Institutionen voranschreitet, gleichzeitig aber auch eine Ausbreitung, Zerstreuung und Entgrenzung stattfindet. Es gibt also kein „wohldefiniertes" Professionsfeld. Weiterbildung ist auch ein „weiches" System bezogen auf die strukturierenden Regulationsmechanismen: Im Spannungsfeld von Politik und Ökonomie stellt es ein „gemischtwirtschaftliches" System dar. Resultierend gibt es auch widerstreitende Prinzipien für die Gestaltung der internen Struktur bezogen auf die verschiedenen Systemaspekte: Institutionalisierung, Curricularisierung, Zertifizierung, Finanzierung und Professionalisierung. Um den letzten Aspekt geht es hier. Die „mittlere Systematisierung" der Weiterbildung hat bezogen auf das Personal eine höchstens marginale Professionalisierung erreicht. Die betrifft sowohl die Kompetenzprofile als auch die Verberuflichung.

Erwerbstätigkeit in der Weiterbildung streut in Berufstätigkeiten und Beschäftigungsverhältnissen zwischen privatem, intermediärem und öffentlichem Sektor. Dabei gibt es nach wie vor keine verläßlichen Zahlen über die Größenordnung der Erwerbstätigkeit in der Weiterbildung. Die statistischen Daten über die Personalstruktur in der Erwachsenenbildung sind noch lückenhafter als diejenigen über Teilnahme und Finanzen. Nur wenige große Institutionen verfügen über einen breiten Personalstamm, gleichzeitig sind die Aufgaben von Leitung, Planung, Unterricht und Verwaltung oft wenig differenziert. Weil die Zahl der hauptberuflichen Stellen in abhängiger Beschäftigung nach wie vor relativ gering ist, wird von einer marginalen Professionalisierung (*Faulstich* 1996) geredet, bei der das Hauptgewicht der Arbeitstätigkeiten bezogen auf Unterricht und Lernvermitteln bei Honorarkräften beziehungsweise nebenberuflichen oder ehrenamtlichen Personen liegt.

Hinsichtlich der inhaltlichen Frage, was denn die Professionalität des Personals ausmache, sind Konsens und Gewißheit nicht absehbar. Zu vielfältig sind die Arbeitsbereiche, die Institutionen, die Tätigkeitsfelder, die Erwerbsverhältnisse, die Ausbildungsgänge. So war lange Zeit öffentliche Erwachsenenbildung, besonders die Volkshochschule, Horizont der Professionalisierungsdebatte. Während mittlerweile die betriebliche Weiterbildung im Weiterbildungsbereich eine zentrale Rolle einnimmt, war sie an den Personaldiskussionen kaum beteiligt. Die Segmentation des Feldes ist ein Hindernis für die Herausbildung einer eigenständigen Professionalität, die eingespannt ist zwischen problematischen Berufsperspektiven und sich aufschaukelnden Kompetenzanforderungen.

Es sind verschiedene Formen von Beruflichkeit, von Beamtentum bis zur Freiberuflichkeit, entstanden. Entsprechend eignen sich die Akteure ein unterschiedliches Selbstverständnis an, welches aufbaut auf beruflichem Selbstkonzept und professioneller Berufsethik. Diese sind aber in der Erwachsenenbildung wenig entwickelt, ebenso wie die Aktivitäten entsprechender Berufsverbände, wie sie andere Professionen kennzeichnet.

1.2 Lernvermitteln als zentrale Kompetenz

In der Professionalisierungsdiskussion in der Erwachsenenbildung waren zwei Argumentationsstränge verknüpft: Fragen nach der Form der Beruflichkeit und die Probleme der Professionalität als Kennzeichen von inhaltlicher Kompetenz. Als die *Kommission Erwachsenenbildung* der *Deutschen Gesellschaft für Erziehungswissenschaft* 1987 nach dem „Ende der Professionalisierung" fragte, war das Problem schief gestellt. Auch die Formel „Professionalität ohne Profession" (*Otto* 1997) übersieht, daß es nicht ausschließlich um Stellen für abhängig Beschäftigte geht. Es wurde fehlende Stellenausweitung beklagt, obwohl doch gerade bei den ehrwürdigsten aller Professionen, den Ärzten und den Juristen, Selbständigkeit immer schon vorliegt.

Dies ist auch Resultat der besonderen Konstellation, daß Professionen eben besondere Berufe sind, die eine gesellschaftliche Verantwortung tragen – ein Mandat, eine Lizenz – die sie vom Status „normaler" Arbeitnehmer unterscheiden. Die daraus resultierende, durchaus problematische, Dienstgesinnung der Professionellen unterscheidet sie von anderen Dienstleistungsberufen. Die Frage ist dann, ob die Aufgabe, Bildung zu vermitteln, ein solches gesellschaftliches Mandat begründen kann und welche Kompetenzen dies fundieren können. Kern müßte dann auch eine professionelle Ethik der Erwachsenenbildung sein.

Angesichts einer Situation, in der das Profil des Personals in der Erwachsenenbildung zwischen Management und Unterricht changiert, ist dies nie eindeutig. Oft wird noch unterstellt, die „eigentliche" Haupttätigkeit beziehe sich auf unmittelbare Lehr-/Lernsituationen. Dagegen sind aber die Ebenen andragogischen Handelns verglichen mit Schule immer schon verschoben von Mikrodidaktik (Unterricht, Kurse durchführen) hin zu einer „Makrodidaktik" (Lernmöglichkeiten entwickeln und bereitstellen). Umgekehrt wird aber auch, da das hauptberufliche Personal in Institutionen der Erwachsenenbildung sogar vorwiegend planend und organisierend, informierend und beratend tätig ist, der Blick darauf verstellt, daß es eine zentrale Funktion von Erwachsenenbildung – als Teil des Bildungswesens – ist, signifikante kulturelle Traditionen und gleichzeitig innovative Tendenzen, die sich als Wissensbestände und -umbrüche darstellen, aneigenbar zu machen. Wenn man dies festhält, wird der inhaltliche Kern des Profil der in der Erwachsenenbildung Tätigen deutlich. Nur so läßt sich ein gemeinsames Tätigkeitsfeld und ein entsprechendes Kompetenzprofil begründen. Beantwortet werden muß dabei die Frage, was die besondere Leistung des Personals in der Erwachsenenbildung ist und wie sich diese vom Heilen und Helfen durch Ärzte und Therapeuten unterscheidet.

Die zentrale Kompetenz des Personals in der Weiterbildung ist „Lernvermitteln". Diese Kompetenz der in der Erwachsenenbildung Tätigen erweist sich in der Fähigkeit, ein durch entsprechende Qualifizierung erworbenes wissenschaftliches Wissen themenbezogen in Vermittlungsprozesse für Lernende umzusetzen.

Demgegenüber wird in Professionskonzepten, die in Therapiekontexten entstanden und vor allem von *Ulrich Oevermanns* Begrifflichkeit der „stellvertretenden Deutung" (1981) ausgehend, in der Diskussion um die Erwachsenenbildung rezipiert worden sind, die Dimension der Inhalte unterschlagen. Der Begriff der stellvertretenden Deutung suggeriert – wie *Rolf Stichweh* (1994) hervorhebt – ein zweistelliges Verhältnis von Professionellem und Klienten, während „Vermittlung" eine Dreistelligkeit der Beziehung und damit die intermediäre Position des Professionellen deutlicher hervortreten läßt. Insofern ist es zentrale Aufgabe des Personals in der Erwachsenenbildung, die Distanz zwischen Thematik und Adressaten zu überbrücken, zwischen Lerngegenstand und Lernenden zu vermitteln.

Daraus resultieren die Anforderungen an Kompetenzen der Lernvermittelnden. Es hat sich eingebürgert, neben fachlichen Elementen nach methodischer, sozialer und reflexiver Kompetenz zu fragen. *Sabine Schmidt-Lauff* (1999) hat belegt, welch hohe Anforderungen Personalentwickler in Unternehmen an kooperierende Weiterbildungsanbieter stellen. Dabei steht die Durchführung von Seminaren im Vordergrund. Es wird aber auch die Fähigkeit zur Reflexion gefordert.

1.3 Tätigkeitsprofile und Aktivitätsschwerpunkte

Verursacht durch den Entwicklungsstand der „mittleren Systematisierung" ist die Erwachsenenbildung ein uneinheitliches, vielfältiges Tätigkeitsfeld. Es ist hochgradig differenziert in einer Vielzahl spezifischer Institutionen und Aktivitäten. Aus den anfallenden Tätigkeiten werden unterschiedliche Aufgabenbündel geschnitten und zusammengefaßt.

Die herkömmlichen Aufgabenbeschreibungen orientierten sich an der Arbeit in der Volkshochschule. Frühzeitig wurden ausführliche Listen von Arbeitstätigkeiten zusammengestellt. In den „Blättern zur Berufskunde" der Bundesanstalt für Arbeit ist 1964 ein Heft „Leiter und pädagogischer Mitarbeiter an Volkshochschulen", verfaßt von *Hans Tietgens*, erschienen. Er nennt als Funktionsbereiche: Reflexion der Zielsetzung, Analyse der Bedingungen, Erkundung des Bedarfs, Planung des Angebots, Vorbereitung des Programms, Organisation der Durchführung, Beratung der Mitarbeiter und Teilnehmer, Kontrolle der Wirkung, unmittelbare pädagogische Tätigkeit (1964, 7f).

Später erst wurden entsprechende Übersichten für das Personal in der betrieblichen Weiterbildung ermittelt (*Arnold/Müller* 1992). Dies hat sich dann verbreitet mit der Aktivitätsausweitung hin zu umfassender Personalentwicklung. In einer Analyse von Stellenausschreibungen der wichtigsten überregionalen Zeitungen wurden als Aufgabengebiete ermittelt: Konzeptionierung von Personal- und Organisationsentwicklungsmaßnahmen, Bedarfsermittlung, Konzeptionierung und Durchführung von Trainings, Erstellen von Medien und Schulungsunterlagen, Führungskräftebetreuung, Coaching, Po-

tentialanalysen, Personalauswahl, Evaluation, Controlling (*Muskatiewitz/ Wrobel* 1998, 190).
Mit dem widersprüchlichen Prozeß der Institutionalisierung und gleichzeitigen Entgrenzung von Erwachsenenbildung hat sich auch eine schrittweise Differenzierung der Aufgaben für das Personal ergeben. Es haben sich drei unterschiedliche Tätigkeitsschwerpunkte herausgebildet:

- *Planen/Leiten*: Dies reicht von der Verhandlung mit Unternehmen und Behörden über die Sicherstellung der Rahmenbedingungen in der eigenen Institution, Akquisition von Fördermitteln, der Bedarfserhebung, der Entwicklung von Programmen und Konzepten, dem Schreiben von Berichten bis hin zur Mitarbeit in Gremien und Aktivitäten in der Gemeinwesenarbeit, zum Personalmanagement und zur Kostenkalkulation.
- *Lehren*: Dies umfaßt Unterrichten in Seminaren und Kursen, Teamen, Moderieren von Workshops, Arrangieren von Lernmöglichkeiten, die Entwicklung von Seminarkonzepten, Medien und Unterlagen sowie die didaktische und curriculare Planung und Evaluierung.
- *Beraten*: Dies geht von Bedarfsentwicklungen über die Beratung von Institutionen, Adressaten und Teilnehmenden, Coaching bis zur Erstellung von Datenbanken und Informationssystemen. Dazu gehört auch die Öffentlichkeitsarbeit für die Institution beziehungsweise die Darstellung der Leistungen im Unternehmen und für Adressaten und Kunden.

Diese Tätigkeitsschwerpunkte werden nun in einer neuen Entwicklungsphase in gewisser Weise reintegriert. Die Trennung von Planen und Unterrichten löst sich auf, wenn Lernen als selbsttätige Aneignung begriffen wird, die makro- und mikrodidaktisch vermittelt wird. Statt des Erzeugens von Kenntnissen und Fähigkeiten in fremden Köpfen tritt das Unterstützen von selbstbestimmtem Lernen in den Vordergrund.
Gleichzeitig gibt es aber auch Gegentendenzen. Finanzprobleme bei den Erwachsenenbildungsträgern, aber auch in der betrieblichen Weiterbildung führen zur einer Stagnation oder sogar zu einem Abbau von hauptberuflichem Personal. Dabei verbleiben Organisations- und Managementfunktionen in den Unternehmen als Kernaufgaben der Stammbelegschaften, während Trainings-, Coachings-, Moderationsaktivitäten externalisiert und dann von außen eingekauft werden. So werden die Tätigkeitsbündel von Weiterbildungsaufgaben wieder desintegriert.

2. Formen der Beruflichkeit in der Weiterbildung

Die Formen der Beruflichkeit in der Weiterbildung streuen zwischen abhängiger Beschäftigung und Selbständigkeit. Die Protagonisten der Erwachsenenbildung haben sich lange Zeit selbst dagegen gewehrt, das Tätigkeitsfeld zu „verberuflichen". Lernvermitteln für Erwachsene schien von eigener Lebenserfahrung abhängig und nur auf der Grundlage eines Berufs auszuüben, in dem man selbst umfassende Fähigkeiten erworben hat. Ein eigenständiges Expertentum des Lernvermittelns mußte sich erst herausbilden. So sind eigentlich erst im Zusammenhang der Reformdiskussion für das Bildungswesen und der ersten Expansionsphase der Weiterbildung in den siebziger Jahren Stellen in nennenswerter Zahl geschaffen worden. Beteiligt waren daran zunächst die Volkshochschulen und die „anerkannten" Träger der Erwachsenenbildung wie Kirchen und Gewerkschaften. Die Entwicklung ist quantitativ schwer zu belegen; entsprechende Zahlen liegen nur für die Volkshochschulen vor. In den fünfziger Jahren war eine hauptberufliche Leitung noch Ausnahme. 1962 läßt die Statistik des Deutschen Volkshochschulverbandes erkennen, daß 170, das heißt 15 Prozent dieser Einrichtungen einen hauptberuflichen Leiter hatten. Bis 1978 hat sich die Stellenzahl verzehnfacht. Die Gesamtzahl der hauptberuflichen Leiter und pädagogischen Mitarbeiter betrug 1.348 (*Faulstich* 1981, 39). Mittlerweile ist hier eher ein Stellenabbau zu konstatieren. Berufschancen gibt es noch in der Personalarbeit privater Unternehmen und zunehmend in „Freiberuflichkeit".

2.1 Nebenberuflichkeit, Hauptberuflichkeit, Ehrenamt

Das Ausüben von Tätigkeiten in der Erwachsenenbildung wurde lange Zeit als nebenberufliche, auf persönlichem Engagement beruhende Aktivität gedacht und belassen. Erst mit der Ausweitung der Erwachsenenbildung in den sechziger Jahren wurde Hauptberuflichkeit ein Thema. Es geht darum, durch den Verkauf der Leistung „Weiterbildung-Vermitteln" sein Einkommen zu verdienen. Es wurde auch ein entsprechender Stellenzuwachs in „abhängiger Beschäftigung" erwartet oder zumindest erhofft. Dies ist so nicht eingetreten. Nichtsdestoweniger ist eine „Verberuflichung" der Erwachsenenbildung erfolgt, allerdings nicht als abhängige Beschäftigung. Nunmehr ist eine andere Variante dominant: Verstärkt bezieht Honorarpersonal seinen hauptsächlichen Lebensunterhalt durch Weiterbildungsaktivitäten.

Insgesamt ist die Zahl der Personen, die ihr Haupteinkommen in der Erwachsenenbildung verdienen, erheblich. Auf der Grundlage zugegebenermaßen waghalsiger Hochrechnungen von institutionenspezifischen und regionalen Erhebungen kann man auf 80.000 kommen (*Faulstich* 1996, 59). Diese

Zahl wurde 1996 in einem Gutachten für die *Max-Traeger-Stiftung* in die Debatte geworfen. Ihr ist seitdem nicht widersprochen worden, aber sie wurde oft zitiert. Nicht erfaßt ist dabei das Personal in der innerbetrieblichen Personalentwicklung und Weiterbildung.

Verglichen mit Lehrern oder gar Hochschullehrern sind die in der Erwachsenenbildung Tätigen deutlich diskriminiert. Da nur ein Teil der Angebote in staatlicher Trägerschaft stattfindet, ist der Beamtenstatus die Ausnahme – zum Beispiel bei Lehrenden des zweiten Bildungsweges, der Abendschulen und der Kollegs. Dies gilt auch im Volkshochschulbereich für einen Teil der Leiter und des hauptberuflichen Personals. Angestelltenverträge sind hier verbreiteter.

Nun ist eben die Expansion der „Vollzeitstellen" dem Umfangswachstum der Erwachsenenbildung nicht proportional gefolgt. Wie in kaum einem anderen Wirtschaftsbereich dominiert in der Weiterbildungsbranche der Einsatz von Honorarkräften. Schätzungen wie die von *Dieter Jütting* (1987), der dabei den kirchlichen Bereich vor Augen hatte, unterstellen, daß etwa fünf Prozent fest Eingestellte sind, während reziprok *Hajo Dröll* für den „Weiterbildungsmarkt" Frankfurt davon ausgeht, daß 87 Prozent möglicher Arbeitsplätze durch „Freie" abgedeckt werden (*Dröll* 1998, 313).

Der lange Zeit vorherrschende Typ von Dozenten nahm unterrichtende Aufgaben wahr als Experte eines Themas in Nebentätigkeit oder als gesellschaftlich Engagierter im „Ehrenamt". Dies wurde damit begründet, daß das breite Themenspektrum es unabdingbar mache, das Potential einer großen Zahl von Personen einzubeziehen, die nicht arbeitsrechtlich an die Erwachsenenbildungsträger zu binden sind. Mittlerweile ist aber ein neuer Typ hervorgetreten, der diese Tätigkeiten als Beruf ansieht und ausübt, der sein Einkommen manchmal bei verschiedenen Trägern durch ein Bündeln von Kursen erwirbt, die er eigenständig plant und durchführt.

2.2 Hauptberuflich Nebenberufliche

Die Fixierung auf die Stellen im öffentlichen Dienst hat den Blick dafür verstellt, daß es einen Grad an Hauptberuflichkeit gibt, der sich nicht in normalen Arbeitsverhältnissen niederschlägt. Hinweise konnte man zwar schon frühzeitig finden in der Formel vom „Hauptberuf: Nebenberuflicher" (*Zybura* 1982, 117). *Bernhard Dieckmann u.a.* haben bereits 1980 für die Berliner Volkshochschulen belegt, daß 29 Prozent aller Dozenten fünf und mehr Kurse wöchentlich gaben und damit 56 Prozent aller unterrichtenden Tätigkeiten bestritten (*Dieckmann u.a.* 1981, 1982, vgl.a. *Arabin* 1996).

Als Hauptberufliche in der Erwachsenenbildung können diejenigen angesehen werden, die ihre überwiegende Erwerbstätigkeit einbringen, unabhängig davon, ob sie Arbeitnehmerstatus haben oder formal als Selbständige gelten. Insofern gibt es einen wesentlich höheren Anteil hauptberuflichen Honorarpersonals, als wenn man nur die Stellen bei den Trägern zählt. Diese Lage ist für die Volkshochschulen schon lange aufgedeckt, trifft aber auch für andere Erwachsenenbildungsträger und im Rahmen von Externalisierungsprozessen zunehmend auch für die betriebliche Weiterbildung zu, die auf einen expandierenden Trainermarkt zurückgreift (*Schmidt-Lauff* 1998). Beruflichkeit in der Erwachsenenbildung wird so zunehmend zur Selbständigkeit als „Arbeitskraftunternehmer".

2.3 Wirtschaftsrechtliche Lage des Honorarpersonals

Der Status des Honorarpersonals ist wirtschaftsrechtlich schwer zu fassen (*Grenzdörfer* 1998). Es erbringt seine Leistung nicht im Rahmen eines Arbeitsvertrages, obwohl die Vertragsgestaltung oft ungeklärt ist und immer wieder zu Rechtsstreitigkeiten führt. Die Konstruktion beruht auf einem Dienstvertrag. So sieht es formal so aus, als ginge es um den Verkauf einer Dienstleistung an den Träger. Allerdings würde das bedeuten, daß die Weiterbildungseinrichtung nicht nur irgend eine Nebenleistung hereinnimmt, sondern ihre eigene Kernleistung kauft. Außerdem ist die Dozententätigkeit keine Dienstleistung für die Einrichtung, sondern – wenn schon – für die Teilnehmenden. Darüber hinaus wird meist nicht eine einzelne Leistung, sondern eine Kette in Folge der Kurse beansprucht. Daraus würde der Status von Scheinselbständigkeit folgen. Dagegen versuchen sich die Träger zu schützen. Das Modell des selbständigen Dienstleistungsunternehmers trifft auf Dozenten- und Traineraktivitäten nur beschränkt zu.

Eine andere Interpretation der Statusproblematik würde dem Weiterbildungsträger nur die Rolle der Vermittlung eines Vertrages zwischen Dozenten und Teilnehmenden zuweisen. Ein solches Agentur-Modell greift zum Beispiel im Kunst- und Kulturbereich, setzt aber eine wesentlich stärkere Position der Dozenten und selbstverantwortetes Engagement bei der zu erbringenden Leistung voraus. Das Verhandlungspotential von „freien Mitarbeitern" auf Honorarbasis müßte gewichtiger sein.

Ein weiteres wirtschaftsrechtliches Konzept kommt wohl der gegenwärtigen Lage vieler Dozenten, Trainer, Coachs und Berater am nächsten. Vergleichbar wäre ihr Status dem von Beschäftigten, die alle zu Fremdunternehmen gehören, deren Tätigkeiten von einem Unternehmen koordiniert werden, welches nur aus einem Planungsstab besteht (*Grenzdörfer* 1998, 27). In diesem Subunternehmer-Modell, als Unternehmer ihrer eigenen Arbeitskraft, erhalten die Dozenten Entgelt für bestimmte Aufgaben im Rahmen der Leistungserstellung. Institutionen der Erwachsenenbildung oder betriebliche Bildungsabteilungen würden so zu fraktalen Dienstleistungsunternehmen mit einer zentralen Holding und einer Korona von Zulieferern. Es gibt diesen Trend zu fraktalen Lernvermittler-Agenturen.

3. Erosion der Normalarbeit und „freie" Existenzen

Die wirtschaftsrechtliche Selbständigkeit in der Erwachsenenbildung antizipiert einen generelle Tendenz aller Arbeitsmärkte hin zu ungeschützten Arbeitsverhältnissen und darüber hinaus zum „Arbeitskraftunternehmer", der eine neue Form von Erwerbstätigkeit aufscheinen läßt.

Alles in allem ergeben sich für das Personal ambivalente Konstellationen zwischen beliebiger Verfügbarkeit und Selbstverwirklichung. Für einige erscheint Selbständigkeit als Zukunftswunsch. Wenn man eine Position einnimmt, die sich außerhalb der ökonomischen Formation stellt, ist schließlich abhängige Beschäftigung keineswegs Idealmodell menschlicher Arbeit. Für einige „alternative" Unternehmen ist dies auch Orientierungsgröße. Selbständigkeit wird in dieser optimistischen Variante als Chance für Selbstverwirklichung gesehen. Die Debatten um die euphemistische Vokabel „Existenzgründung" versuchen dies ideologisch zu nutzen.

So fordert der *Gemeinschaftsausschuß der Deutschen Gewerblichen Wirtschaft* in seiner „Petersberger Erklärung 1998 für eine Kultur der Selbständigkeit" (*Dichmann/Schlaffke* 1998, 7), die Selbständigkeitsquote müsse erhöht werden. *Wilfried Schlaffke*, Geschäftsführer des *Instituts der Deutschen Wirtschaft*, rät zu einer „Aufholjagd" von „der Betreuungsmentalität zur Gründerstimmung" (S. 11ff). „Unternehmergeist und Selbständigkeit" (23) sollen den Standort Deutschland retten.

Potenziert wird dies im Menschenbild, das von der *Zukunftskommission der Freistaaten Bayern und Sachsen* für das 21. Jahrhundert vorgeschlagen wird. Die neoliberalistische Leitfigur des „unternehmerischen Menschen" (*Kommission* 1998, III), des „Lebensunternehmers", ist ein individualistisches Konstrukt. Die traditionelle Begrifflichkeit, die den individuell in seinem Unternehmen verantwortlichen und disponierenden Besitzbürger bezeichnet, wird umgemünzt in eine Tugend der breiten Bevölkerung, die über ein solches Eigentum eben nicht verfügt, und in die Aufforderung übersetzt, auch in Erwerbslosigkeit rührig und tätig zu sein. Der Konkurrenzkampf zwischen den „unternehmerischen Individuen" soll die neuen Existenzformen sichern – entweder in „neuer" Selbständigkeit oder durch „einfache personenbezogene Dienste", das heißt durch Dienstbotenarbeit. Oft geht es aber wirklich nur um Scheinexistenzen, wenn „Existenzgründungen" zu „Kümmer- und Randexistenzen" führen (*Schmude* 1994, 6).

3.1 Diffusion des Erwerbsstatus

Bei so viel Anspruchsüberlastung sollte man sich einiger Statistiken vergewissern. 1996 gab es nach den Ergebnissen des Mikrozensus in der Bundesrepublik Deutschland knapp 36 Millionen Erwerbstätige. Die Selbständigenzahl stieg im Zeitraum von 1991 bis 1996 von drei auf 3,4 Millionen. Der Anteil der Selbständigen an allen Erwerbstätigen betrug damit 1996 in Deutschland nicht einmal zehn Prozent (*Statistisches Bundesamt* 1998, 76). Davon waren 1,7 Millionen „Ein-Personen-Mikrounternehmer", das heißt sie beschäftigten keine abhängigen Arbeitnehmer.

Auch bei den abhängig Beschäftigten verschieben sich die Erwerbsmuster. Die *Kommission für Zukunftsfragen der Freistaaten Bayern und Sachsen* behauptet eine „beschleunigt voranschreitende Ersetzung von Normalarbeitsverhältnissen durch Nicht-Normalarbeitsverhältnisse". Sie beziffert für 1996 den Anteil der Normalarbeitsverhältnisse an allen Erwerbstätigen auf 67 Prozent (1970: 83%), den der befristet Beschäftigten auf fünf Prozent (1970: 5%), der Teilzeitbeschäftigten auf elf (1970: 5), Kurzarbeiter auf ein Prozent (1970: 0), der geringfügig Beschäftigtem auf 14 (1970: 6) und den der abhängig Selbständigen auf etwas über zwei Prozent (1970: 1%). Allerdings muß davor gewarnt werden, die Verschiebungen als Auflösung zu interpretieren (*Hoffmann/Walwei* 1998). Zum einen gibt es weniger eine Veränderung männlicher Erwerbsformen als ein Hinzukommen der Erwerbsbeteiligung von Frauen, die immer noch durch *patchworking* gekennzeichnet ist (*Senatsverwaltung* 1999, 75). Zum andern ist das „Normalarbeitsverhältnis" immer noch Leitbild für Existenzsicherheit und Schutzfunktionen. Und zum dritten ist es historisch ein Sonderfall mit sowieso nur kurzer Laufzeit.

Zugenommen haben zweifellos Teilzeitarbeit und Selbständigkeit. Knapp ein Zehntel der deutschen Erwerbstätigen arbeitet nach den genannten Zahlen selbständig. Erfolgreiche, „besser verdienende" Freiberufliche sind darunter, aber auch zunehmend Ausweglose, sonst Arbeitslose. Zum Teil sind oder fühlen sich die Beteiligten privilegiert zwischen freiwilligem Unternehmertum und selbständiger Ausbeutung. *Richard Sennett* berichtet von einem Gespräch mit einem Computerspezialisten, der eine eigene kleine Consultingfirma gegründet hat:

„Er sah sich einem sich ständig wandelnden Netz von Geschäftsbeziehungen unterworfen: Jeder Anruf mußte beantwortet, noch die flüchtigste Bekanntschaft ausgebaut werden. Um Aufträge zu bekommen, ist er von der Tagesordnung von Personen abhängig geworden, die in keiner Weise gezwungen sind auf ihn einzugehen." (*Sennett* 1998, 21)

Selbständig ist nach § 84 Absatz 1 Satz 2 Handelsgesetzbuch derjenige, der seine Tätigkeiten im wesentlichen frei gestalten und seine Arbeitszeit bestimmen kann. Allerdings war die Abgrenzung von selbständiger und abhängig ausgeübter Erwerbsarbeit im deutschen Arbeits- und Sozialrecht nicht eindeutig geregelt und erfolgte durch juristische Einzelfallprüfungen. Entsprechend entstand ein Kontinuum von abhängig Beschäftigten, „abhängig Selbständigen" oder „Scheinselbständigen" zu selbständigen Erwerbsformen, die vielfältige arbeits- und versicherungsrechtliche Verzerrungen und Mißbräuche ermöglicht. So gab es allein 1996 und 1997 vier Gesetzentwürfe mit dem Ziel, scheinselbständige Erwerbstätigkeit einzugrenzen. Seit 1999 bestimmt § 7 Absatz 4 Sozialgesetzbuch IV, daß bei Personen, die erwerbsmäßig tätig sind, vermutet wird, daß sie gegen Arbeitsentgelt von einem Arbeitgeber beschäftigt sind, wenn mindestens zwei von vier der folgenden Merkmale vorliegen:

– Sie beschäftigen mit Ausnahme von Familienangehörigen keinen versicherungspflichtigen Arbeitnehmer.
– Sie sind regelmäßig und im wesentlichen nur für einen Auftraggeber tätig.
– Sie erbringen die für abhängig Beschäftigte typischen Arbeitsleistungen, insbesondere unterliegen sie den Weisungen des Auftragnehmers, und sie sind in die Arbeitsorganisation des Auftraggebers eingegliedert.
– Sie treten nicht aufgrund unternehmerischer Tätigkeit am Markt auf.

Dieser Rückholversuch soll die „neuen Selbständigen" in die Schutzfunktion der Solidargemeinschaft einbeziehen. Er hat aber dazu geführt, daß die Betroffenen um ihre Erwerbsquellen fürchten. Das langfristig entstandene Interessengeflecht zwischen Institutionen und Personal wird zerschnitten.

Angesichts der Beschäftigungschancen für Hochschulabsoventen gilt dies auch für Akademiker, zum Beispiel im Gesundheits- oder im Bildungswesen. Hier war zwar bei Medizinern, Ingenieuren und Juristen Selbständigkeit schon immer weit verbreitet. Der Mikrozensus weist die Selbständigenquote bei erwerbstätigen Akademikern 1996 mit 24 Prozent im Bereich Gesundheit und Soziales aus, mit 22 Prozent im Ingenieurwesen, 14 Prozent für Verwaltung und Recht und zwölf Prozent in den Geisteswissenschaften. Im Erziehungswesen und bei Lehrtätigkeiten waren aber nicht einmal drei Prozent selbständig. Hier hat das Geflecht von Institutionen- und Personalinteressen zu unterschiedlichsten Beschäftigungsformen und Arbeitsverhältnissen geführt. Lehrkräfte, Dozenten, Kursleiter sind oft bei nur einem Bildungsanbieter tätig. Das „Gesetz zu Korrekturen in der Sozialversicherung und zur Sicherung der Arbeitnehmerrechte (Scheinselbständigkeit)" vom 28.12.1998 (Bundesgesetzblatt I, 3843) hat hier einen harten Schnitt gemacht, indem Honorarkräfte entweder als selbständige Unternehmer mit verschiedenen Auftraggebern auftreten oder die Institutionen entsprechende Sozialabgaben zahlen müssen. Da die Kostenkalkulationen sich aber anders eingespielt hatten, bricht der oft in stillschweigenden Konsens stillgelegte Konflikt möglicherweise in Richtung auf mehr Selbständigkeit oder Freiberuflichkeit.

Spannend für die weitere Beschäftigungsentwicklung ist der Stellenwert der Freien Berufe.

„Freiberufler erbringen ihre Leistungen in persönlicher und sachlicher Unabhängigkeit von privaten und staatlichen Weisungen oder Anordnungen. Als wesentliches Merkmal werden persönliche individuelle Leistungen erbracht, deren Ergebnisse ihrem Wesen nach Unikate sind. Der Freiberufler handelt dabei als Experte mit qualifizierter (gewöhnlich akademischer) Ausbildung und hoher fachlicher Kompetenz, der seine Fähigkeit einem Dritten zur Lösung von dessen Problemen zur Verfügung stellt." (*IAB Kurzbericht* 11/1997)

Es gab nach den Angaben des *Instituts für Freie Berufe* 1995 564.000 selbständige Freiberufler, die außerdem 1.466.000 sozialversicherungspflichtig Beschäftigte angestellt hatten (*IAB Kurzbericht*). Die Abgrenzung zu abhängiger Beschäftigung und gewerblichem Unternehmertum ist fließend. Unterschieden werden „Katalogberufe", namentlich aufgeführt in § 18 Absatz 1 Nr. 1 Einkommensteuergesetz (u.a.: Arzt, Rechtsanwalt, Ingenieur, Architekt, Steuerberater, Journalist, Dolmetscher, Lotse). Weiterhin werden genannt „Schwellenberufe" (u.a.: Infobroker, Medienberater, Kulturmanager, Museumspädagogen) und potentielle Freie Berufe (u.a.: Berufsberater, Pflegesachverständige). Man kann nun die Ähnlichkeit der Tätigkeiten des Weiterbildungspersonals mit diesen Kategorien durchspielen.

Insgesamt wird „Freiberuflichkeit" zum Arbeitsmodell des 3. Jahrtausends hochstilisiert. „Eine neue Form der Ware Arbeitskraft", der „Arbeitskraftunternehmer" wird vorhergesagt (*Voß/Pongratz* 1998), bei der Arbeitende nicht mehr primär ihr latentes Arbeitsvermögen verkaufen, sondern vorwiegend als Auftragnehmer für Arbeitsleistungen handeln – das heißt ihre Arbeitskraft weitgehend selbstorganisiert und selbstkontrolliert einbringen. Der Kern der Argumentation zielt auf das unternehmerische Verhältnis der Arbeitskräfte zu ihrer eigenen Arbeitskraft (*Schumann* 1999, 59). Geredet wird sogar bei betrieblichen Arbeitnehmern von „Intrapreneuren". Im Rahmen veränderter Nutzungsstrategien der Arbeitskraftpotentiale nimmt möglicherweise „die überwiegende Mehrheit der Beschäftigten tatsächlich eine grundlegend neue betriebliche Selbstdefinition" vor (S. 60). Sie sehen Chancen zur Erweiterung der Spielräume für professionelles Arbeiten und zum Aufbau einer eigenen Arbeitskraft- und Zeitökonomie. Gleichzeitig heißt das nicht,

„Arbeitsvernutzung, Statusbenachteiligung, Entlohnungsungerechtigkeit und Beschäftigungsunsicherheit als Bedrohung der Lohnarbeiterexistenz für überwunden zu halten. Die neue Arbeitspolitik stellt diese Bestimmungsmomente des Arbeiterbewußtseins nicht still" (S. 61).

Aber trotzdem gibt es Aspekte, in denen die traditionelle Form der Lohnarbeit erodiert. Völlig riskant wird die Perspektive für die Professionalität, wenn vermehrt wieder auf den Stellenwert des Ehrenamts in der Erwachsenenbildung hingewiesen wird. Zwar sind auch solche Aktivitäten, besonders im kirchlichen Bereich und in der Wohlfahrtspflege, unverzichtbar. Angesichts der unabgesicherten Hauptberuflichen und des geringen Anteils an Stellen drohen hier Gefahren für die Stabilität und die Qualität der Angebote. Ideologisch verbrämt wird dies zusätzlich mit dem schillernden Begriff der Bürgerarbeit.

4. Konsequenzen für die Erwachsenenbildung

Selbständigkeit, Scheinselbständigkeit oder Freiberuflichkeit haben für die Kontinuität der Weiterbildungsentwicklung problematische Konsequenzen. Nichtsdestoweniger werden sich, wie auch immer man rechtlich den Status der Lehrenden interpretiert, solche Formen von Erwerbstätigkeit absehbar verstärken. Eine „Verberuflichung" hat dann doch stattgefunden, aber eben nicht als abhängige Beschäftigung und schon gar nicht im öffentlichen Dienst.

4.1 Risiken für die Adressaten und Institutionen

In seiner Studie über den „Weiterbildungsmarkt" in Frankfurt belegt *Dröll*: „Die Masse des Unterrichts wird von Lehrkräften abgedeckt, die in ungeschützten Beschäftigungsverhältnissen hauptberuflich arbeiten" (1998, 366). *Dröll* kommt zu dem Ergebnis, daß bezogen auf das Unterrichtsvolumen eine „faktische Hauptberuflichkeit" vorherrscht.

Strukturell ergeben sich personenunabhängig negative Konsequenzen aus der Honorarsituation für die Institutionen, das Personal und letztlich für die Teilnehmenden:

– Fehlende Kündigungsfristen und mangelnde Arbeitsplatzsicherung verhindern oder erschweren zumindest eine Identifikation mit der auftraggebenden Institution.
– Die juristische Konstruktion schließt eine Einbindung in die Organisationsstrukturen und internes Engagement aus.
– Erzwungen wird eine Mehrfachbeschäftigung bei verschiedenen Auftraggebern. Es resultieren daraus zersplitterte Arbeitszeiten und Terminstreß.
– Da meist nur der gehaltene Unterricht bezahlt wird, werden Vor- und Nachbereitung eingeschränkt. Die Betreuung der Teilnehmenden über das Kursgeschehen hinaus wird nicht honoriert.
– Aus der fehlenden Arbeitsplatzsicherheit ergibt sich eine hohe Personalfluktuation. Häufiger Personalwechsel bedeutet Vergeudung von Kompetenz für die Einrichtungen und für die Teilnehmenden unabgesicherte Lernsituationen bis hin zum Kursabbruch.

– Die Selbständigkeit bedeutet für das Honorarpersonal, daß die Sicherung und Weiterentwicklung der eigenen Kompetenz ihnen zeitlich und finanziell selbst überlassen bleibt.

Diese negativen Konsequenzen der marginalen Stellenschaffung geben einen starken Impuls, die Relation in Richtung von mehr Dauerstellen zu verschieben. Auch das Postulat, in geeigneten Bereichen mehr „Weiterbildungslehrer" (*Beinke u.a.* 1981) einzustellen, bleibt weiter sinnvoll. Gleichzeitig greift aber in der Realität auch der Weiterbildung der sich insgesamt verstärkende Trend zu einem „dualen Arbeitsmarkt". Das Erwerbspersonenpotential wird aufgespalten in kleiner werdende Stammbelegschaften mit dauerhaften Beschäftigungsverhältnissen und in wachsende Randbelegschaften. Dazu gehören Zeitverträge, Probearbeitsverträge, geringfügig Beschäftigte, Jobber, „freie" Mitarbeiter. Das Honorarpersonal in der Erwachsenenbildung spielt also eine meist unfreiwillige Vorreiterrolle in „neuer Selbständigkeit". Tatsächlich stellt es einen Beschäftigungspuffer dar, der einen flexiblen Personaleinsatz ermöglicht (*Faulstich* 1998, 237). Institutionen der Erwachsenenbildung – auch der betrieblichen Personalentwicklung – werden in dieser Tendenz zu fraktalen Lern-Agenturen. Dies führt zu Risiken für die organisationale Identität.

4.2 Neoregulierung auf neue Perspektive

Angesichts der Verschiebungen der Arbeitsverhältnisse sind Rückholversuche von „Scheinselbständigkeit" in Richtung auf eine Restabilisierung eines in der Erwachsenenbildung eh nie erreichten „Normalarbeitsverhältnisses" kurzfristig verständlich, langfristig aber kaum durchsetzbar.

„Der Wandel der Arbeitswelt manifestiert sich in neuen Beschäftigungs- und Arbeitszeitverhältnissen. Einen solchen Strukturwandel kann man nicht aufhalten. Wir müssen uns vielmehr der Erkenntnis stellen, daß die Abkehr vom Normalarbeitsverhältnis auch eine große Chance für Teile der Gesellschaft bedeutet, die es früher weitgehend ausschloß." (*Riester*, in: *Frankfurter Rundschau* vom 2./3. Juni 1999, 20)

Im Interesse des Personals und der Adressaten der Erwachsenenbildung ist eine Doppelstrategie notwendig: zum einen die Bereiche, in denen abhängige Beschäftigung die Regel ist, zu stabilisieren und somit den Erosionsprozeß zu verlangsamen, zum andern müssen aber gleichzeitig Versuche, die Arbeitsverhältnisse des Honorarpersonals abzusichern, verstärkt werden. Dazu müssen Honorarordnungen sowie arbeits- und sozialversicherungsrechtliche Instrumente neu entwickelt werden. Insgesamt geht es darum, das Schutzniveau aller Arbeitsformen – das heißt auch der Selbständigen – in soziale Sicherung einzubeziehen und anzuheben.

Um die Situation und die *bargaining power* des Personals in der Weiterbildung zu verbessern, ist gleichzeitig eine Strategie der aktiven Professionalisierung notwendig, welche Ausbildungswege, Beruflichkeit, Selbstverständnis und Interessenorganisation betrifft. Ein strategisches Konzept müßte die Professionalitätsaspekte verstärken:

– Ausbildungswege klären und professionelle Kompetenzen verdeutlichen
– Beruflichkeit als Grundlage der spezifischen Leistung der Profession aushandeln und damit die Marktmacht der professionellen Akteure steigern
– Selbstverständnis und professionelle Ethik klären
– Interessenorganisationen begründen und schaffen.

Bisher allerdings sind die Qualifizierungsansätze und Studienmöglichkeiten für die Erwachsenenbildung noch keineswegs auf solche Zusammenhänge hin begründet. Die Zugangswege zum Tätigkeitsfeld sind nach wie vor sehr verzweigt. Diese Vielfalt entspricht einerseits der Vielzahl von Aufgaben, andererseits ist sie aber auch Ausdruck einer defizitären Situation, bezogen auf Professionalität, Stellenausstattung und Kontinuität der Tätigkeiten des Personals in der Erwachsenenbildung, welche dann in der Folge hinsichtlich Quantität, Qualität und Stabilität der Einrichtungen und Angebote die Interessen potentieller Adressaten nur beschränkt ausfüllt.

Die Erwachsenenbildung ist ein Paradebeispiel dafür, was es heißt, wenn das Modell der „neuen Selbständigen" greift, das eben oft nicht mit einem Zugewinn an Autonomie, sondern mit veränderter Abhängigkeit in „Scheinselbständigkeit" und erhöhtem individuellen Risiko verbunden ist.

ANDREAS GRUSCHKA

Herwig Blankertz –
eine klassische Auslegung der
„europäischen Bildungstradition"
vor der Herausforderung durch
Ökonomie und Technik

1. Ein bedeutendes Lebenswerk?

Muß man den Lesern heute, 17 Jahre nach seinem Tod, *Herwig Blankertz* vorstellen? Sind seine Schriften* bereits historisch geworden, so daß sich allein noch Nachwuchswissenschaftler zwecks Abfassung einer Studie über die Geschichte der Nachkriegspädagogik mit ihm beschäftigen, während die fortgeschrittenen Diskurse der Erziehungswissenschaft nur noch selten auf sein Denken bezogen werden? *Blankertz'* Denk- und Schreibform einer *reflexion engagé*, die ihre Werte in der Wirklichkeit als dessen Sein-Sollen vorfindet und mit diesem auf die Praxis einwirken will, wird heute in einer sich mit der Nüchternheit eines Beobachters stilisierenden Pädagogik nur noch selten gepflegt. Das Interesse einer philosophisch geschulten allgemeinen Pädagogik, die wie selbstverständlich auf eine der ausdifferenzierten Praxen bezogen bleibt (bei *Blankertz* war dies die Jugendschule), ist heute nur noch schwach zu spüren. Wenige Spezialisten für das Allgemeine philosophieren, deutlich mehr Spezialisten für das Spezielle bekümmern sich herzlich wenig um das in ihren Themen aufzunehmende Allgemeine.

Lassen sich die gegenwärtigen Reformtendenzen des öffentlichen Schulwesens noch mit *Blankertz'* Namen verbinden, oder liefern sie Hinweise auf ein Scheitern der Ansätze, die mit ihm verknüpft sind (insbesondere Arbeitslehre und integrierte Sekundarstufe II)? Mit dem, was man sein Anliegen, ja seine Mission nennen könnte, erreichte er in den siebziger Jahren eine ungemein breite bildungspolitische Gefolgschaft. Heute muß jeder große allgemeine Reformentwurf vor allem mit tiefer Skepsis und Desinteresse rechnen. Einzig noch partikulare Überzeugungsgemeinschaften lassen sich bilden: in reformpädagogischen Zirkeln oder psychotherapeutischen Gemeinden wie bei den Anhängern der *Neurolinguistischen Programmierung*. Vor die-

---

* Die von *Gisela Blankertz* bestellte Werksbibliographie findet sich in: *Kutscha* 1989.

sem Hintergrund partizipiert das Werk von *Blankertz* vom allgemeinen Verstummen hinsichtlich der klassischen Zielsetzungen einer Reform des Bildungswesens. 17 Jahre sind bezogen auf die heutigen Studenten ein Generationensprung, für die Älteren bedeutet der Rückblick auf die Reformphase eine Erinnerung an eine Zeit, als pädagogische Fachliteratur noch die Buchhandlungen füllte.
Blankertz' wegweisende Schriften zur Pädagogik des 18. und 19. Jahrhunderts sind nicht mehr lieferbar. Die Bände, mit denen er sein gemeinsam mit Mitarbeitern konzipiertes Modell „mittelfristig fachdidaktischer Curriculumentwicklung", den Strukturgitteransatz, ausgeführt hat, sind, wie fast alles aus jener Zeit der Curriculumeuphorie, zum Schnee von gestern geworden. Wer sich heute als Lehramtsstudent mit didaktischer Literatur beschäftigen soll, dem wird nicht mehr wie selbstverständlich *Blankertz'* Standardwerk als Lektüre empfohlen, heute geht es ungleich einfacher und kundenfreundlicher mit dem „*Meyer/Jank*" zu, sofern überhaupt noch ein „Überblick" über Theorien und Modelle als obligatorisch gelten sollte.

Vor zwei Jahren wurde der „ewige" Schulversuch „Kollegschule NW" nach einem Vierteljahrhundert beendet. Das Gesetz des Landes führte dazu, daß das berufliche Regelschulsystem und die Kollegschulen zum Berufskolleg zusammengefaßt wurden. Dabei ist nicht allzu viel von dem übrig geblieben, was *Blankertz* und die vielen Kommissionen ab 1972 zur Auslegung des Integrationsvorhabens erarbeitet und zum Teil auch erprobt hatten. Selten rekurrieren heute Kritiker der allgemeinbildenden Schulen oder des Berufsschulsystems auf die Analyse und die Kritik an ihrem systemischen Ungenügen gegenüber der Bildungsaufgabe, die *Blankertz* scharf und wirkungsmächtig vorgetragen hatte. Noch seltener dürfte es sein, daß zur Behebung der Misere auf die Grundidee der Integration zurückgegriffen wird. „Kollegstufe NW – das Ende der gymnasialen Oberstufen und der Berufsschule", hieß es dagegen siegessicher in einem Artikel von 1972 in der Zeitschrift *Deutsche Berufs- und Fachschule*.[*]

---

[*] Die *Deutsche Berufs- und Fachschule*, 1892 gegründet, wurde 1980 zur *Zeitschrift für Berufs- und Wirtschaftspädagogik*.

In diesem Text kann es nicht darum gehen, sein Lebenswerk umfassend vorzustellen. Das, was *Herwig Blankertz* geleistet hat, würde gleich mehrere solcher Lebenswerke füllen. In diversen Publikationen wurde versucht, die Bedeutung von Schriften und Person zusammenzufassen (etwa *Kutscha* 1989 mit einer Gesamtbibliographie; *Blankertz/Gruschka* 1990 über den akademischen Lehrer). Der zeitliche Abstand macht es nun möglich zu fragen, ob das, wofür er stand, noch immer Relevanz beanspruchen kann, ob er, kurz gesagt, zum modernen Klassiker in dem Sinne geworden ist, daß sein Werk unvergänglich vergangen ist. Damit erwüchse aus ihm eine anhaltende Herausforderung. Sowohl die Probleme, auf die es sich bezog, als auch die Richtung ihrer Lösung wären damit als unabgegolten auszuweisen; sie stünden weiterhin auf der Tagesordnung. Aber vielleicht war sein Wirken auch nur ein Teil jener Kraft, die stets das Bessere will und am Ende notwendig an den Schwerkräften der Gesellschaft, an ihrer fortdauernden Naturgeschichte scheitern muß? Die Beantwortung dieser Fragen soll in mehreren Schritten erfolgen. In einem ersten sei vergegenwärtigt, welches die Situation des bewunderten und anerkannten Professors für Pädagogik und Philosophie war, als er plötzlich aus dem Leben gerissen wurde. Sodann möchte ich die Bedingungen klären, unter denen das Werk *Blankertz'* zu einem modernen Klassiker werden könnte. Schließlich seien diese Erwägungen knapp geprüft an den aktuellen Problemstellungen der Pädagogik.

2. Ein Meister engagierter Erziehungswissenschaft

Als *Herwig Blankertz* am 26.8.1983 im Alter von 55 Jahren an den Folgen eines Verkehrsunfalls starb, stand er auf dem Höhepunkt seiner öffentlichen Wirkung. Gerade hatte er den Abschlußbericht über den von ihm maßgeblich inspirierten Schulversuch „Kollegschule" des Landes Nordrhein-Westfalen vorgelegt: Der Bericht bestand aus Evaluationsstudien zu ausgewählten doppeltqualifizierenden Bildungsgängen dieses Versuchs (*Blankertz* 1986). Mit ihnen konnte zweierlei wissenschaftlich festgestellt werden: Zum einen wurde deutlich, daß die ersten Kollegschulen in vielerlei Hinsicht noch weit entfernt waren von einem Unterricht, der die bildende Kraft einer auf Individualität, Totalität und Universalität ausgerichteten Auseinandersetzung mit einem Beruf für die Schüler entfalten soll. Zugleich wurde nachgewiesen, daß diese ersten untersuchten Bildungsgänge hinsichtlich der durch das neue Curriculum und die andere Bildungsgangsstruktur hervorgerufenen Studierfähigkeit *und* Berufsqualifikation den Bildungsgängen des schulischen Regelsystems überlegen waren.

Der Abschlußbericht sollte für *Blankertz* der Abschied aus der Verantwortung für das Integrationsunternehmen sein. Dahinter steckte auch seine Enttäuschung über die Halbherzigkeit, mit der die Landesregierung ihr eigenes Vorhaben betrieben hatte, und die realistische Einsicht, daß eine Reformidee nur dann eine Realisierungschance besitzt, wenn sie eigenständig und das heißt auch eigensinnig von denen gestaltet wird, die unmittelbar für die Sache verantwortlich sind. Von daher schien es ihm erforderlich zu sein, die Kollegschule endgültig von ihrem *spiritus rector* zu trennen.

Blankertz betrachtete das Engagement, das die deutsche Erziehungswissenschaft in der Phase der Bildungsreform übernommen hatte, schon lange mit ambivalenten Gefühlen. Zwar war ihm klar, daß die Wissenschaft die ihr gebotenen Chancen zum direkten Eingriff in die Erziehungswirklichkeit nutzen mußte, wollte sie ihre Verantwortung als systembegleitende Disziplin nicht sträflich verfehlen. Zugleich aber wußte er, darin *Friedrich Schleiermacher* folgend, daß die Dignität der Praxis vor der der Theorie Geltung besitzt. Unsinnig erschien es ihm von daher, wenn er als Erziehungswissenschaftler für die Praxis zu lange präskriptiv konstruktiv tätig bliebe. Schon als er das Gutachten der *Planungskommission Kollegstufe* (1972) vorstellte, sprach er von der Eigenverantwortung der Schulen für den Verlauf des Reformvorhabens. Fünf Jahre vor seinem praktischen Abschied aus der Bildungsreform hatte er in für ihn typischer Weise das Problem einer in die Praxis hineinwirkenden Erziehungswissenschaft in seinem Abschiedsvortrag als Vorsitzender der *Deutschen Gesellschaft für Erziehungswissenschaft* in Tübingen („Handlungsrelevanz pädagogischer Theorie – Selbstkritik und Perspektive der Erziehungswissenschaft am Ausgang der Bildungsreform": 1978a) beschrieben. In diesem Vortrag demonstrierte er beeindruckend seine Fähigkeit, sich mit philosophischer Reflexion auf die bestehende Aufgabe der Verbesserung der Erziehungsverhältnisse zu beziehen und die Wissenschaft als ein Medium zu begreifen, mit dem Kritik auch als Selbstkritik an den eigenen Anstrengungen und Unterlassungen formuliert werden muß.

Etwa in dieser Zeit kehrte *Blankertz'* Untersuchungsinteresse zurück zu seinen wissenschaftlichen Anfängen: der Beschäftigung mit der europäischen Bildungstradition. Ein Jahr vor seinem Tod veröffentlichte er das Ergebnis seiner Studien unter dem Titel: „Die Geschichte der Pädagogik von der Aufklärung bis zur Gegenwart" (1982a), in der er aufzeigte, wie nach den Erfahrungen der Bildungsreform, mit dem Blick auf die Erfolge der Aufklärung *und* die „Katastrophen des 20. Jahrhunderts" (die „bohrende Rückfragen" an die institutionalisierte Bildung enthalten) sowie angesichts der Nötigung der Umschreibung althergebrachter Ideen- und Heldengeschichte in Sozialgeschichte die der Pädagogik neu erzählt werden muß. Just in dem Augenblick, in dem die von der Bildungsreform gleichsam befreite und so auf sich zurückverwiesene Erziehungswissenschaft sich auf ihr unerledigt liegengelassenes Erbe zu besinnen begann, lag damit das neue Standardwerk vor. Es hat bis heute diesen Stellenwert bewahrt. Mit den „vergessenen Zusammenhängen" von *Klaus Mollenhauer* (1983) zusammen bildet es die Summe der Selbstbesinnung durch die Reformgeneration.

Blankertz' Aufstieg zu einem der einflußreichsten Autoren seines Faches begann mit den 1969 erschienenen „Theorien und Modellen der Didaktik" (1969a). Dieses Buch erschien zeitfühlig zu Beginn der Bildungsreform, die nicht zuletzt als Reform des Curriculums verstanden wurde, und faßte theoretisch kritisch zusammen, was bis dahin an didaktischen Theorien vorlag. In den siebziger Jahren dürfte es für einen Lehrer schwer gewesen sein, an ihrem Studium vorbeizukommen. Dieser Band wurde zum Erfolgstitel der seinerzeit maßgebenden Reihe „Grundfragen der Erziehungswissenschaft". Sieht man von den Didaktik-Monographien von *Jürgen Diederich* und *Klaus Prange* ab, so fällt auf, welcher Niveauverlust in den Darstellungen zur Didaktik heute eingetreten ist. Während niemand mehr Zutrauen in Curriculum*forschung* zeigt, werden didaktische Modelle in der Literatur weitgehend reflexions- und theoriefrei als feinportionierter Prüfungsstoff feilgeboten. Didaktik als Reforminstanz wird zunehmend ersetzt durch Kommunikations- und Psychotechniken. Auch diese Tendenz hatte bereits eingesetzt, als *Blankertz* starb. In einem seiner letzten Aufsätze suchte er zu zeigen, wie es mit der Didaktik weitergehen könne, damit sie in ihrem Problembewußtsein nicht weiter regrediere. Mit Rückgriff auf seinen Lehrer *Erich Weniger* und im Anschluß an die Erfahrungen der Kollegschulevaluation postulierte er eine didaktische Forschung und Praxis, die von der empirischen Vermittlung der Ansprüche der Kultur im Subjekt (erforscht etwa über die Entwicklungsaufgaben der Lernenden) ausgeht (1982b). Die neue Basis für Didaktik sollte empirische Bildungsforschung werden, die die Aneignungslogik ernst nimmt und von ihr aus die Vermittlungslogik bestimmt.

Zwischen den „Theorien und Modellen der Didaktik" und der „Geschichte der Pädagogik", also in einem Zeitraum von dreizehn Jahren, veröffentlichte *Blankertz* 173 Arbeiten. Mit vielen von ihnen griff er in die aktuellen Debatten der Erziehungswissenschaft ein, mit manchen regte er solche allererst an. Ausschlaggebend hierfür war wohl die Tatsache, daß er es vermochte, weniger zu schreiben, als er zu sagen hatte. Jede seiner gedankenschweren Pointierungen taugte dazu, eine anhaltende und weitertreibende Reflexion anzustoßen. Er intervenierte, wo er es für sinnvoll, notwendig und für ihn möglich erachtete, aber er war frei von wissenschaftlichen Moden, auch solchen, die ihn selbst vereinnahmten. Mutig verteidigte er etwa auch materialistisch inspirierte Bildungsforschung am *Max-Planck-Institut* und die wissenschaftliche Quelle *Karl Marx*, als es im ‚deutschen Herbst' beliebt wurde, eigene Karrierechancen mit Denunziationen ‚linker Wissenschaft' zu erhöhen (1978b). Zugleich wehrte er sich früher als andere gegen die mißverständliche und äußerst folgenreiche Etikettierung seiner Pädagogik als einer ‚Pädagogik der kritischen Theorie' (1979). Der sekundäre Diskurs machte ihn zu einem der Sprecher der neuen „Kritischen Erziehungswissenschaft". Er bemühte sich zwar, deutlich zu machen, wie verpflichtet er sich der Frankfurter Schule fühlte, warum er es wollte, daß der Gedanke der Dialektik der Aufklärung auch angewandt werde auf die praktische Agentur der Aufklärung (1982a, 305f), aber diese Aufgabe selbst zu erfüllen, schien ihm aufgrund seiner Prägung durch den Kantianismus und die geisteswissenschaftliche Pädagogik unmöglich. So ist es nicht zufällig, daß er am Ende seiner Geschichte der Pädagogik mit dem Hinweis auf *Theodor W. Adorno* (bloß) reflexiv fragt, warum die Pädagogik ihr vorrangiges Ziel, die „Ausbildung von Charakterstärke und Humanität", nicht erreicht hat, sie nicht die „Katastrophen des 20. Jahrhundert" verhindern konnte, er aber die Geschichte vor dieser „bohrenden Rückfrage" nicht noch einmal befragen mochte.

Die „nicht mehr zurückzunehmende Parteinahme der Pädagogik für die modernen Sozialwissenschaften" ließ ihn in *Jürgen Habermas* den wichtigsten Referenzpunkt für eine gesellschaftlich engagierte Pädagogik erblicken. Als kritisch galt ihm freilich nicht erst eine Pädagogik, die sich sozialwissenschaftlich orientiert, oder bereits eine, die sich durch parteiische Distanzierung von der Gesellschaft und ihren Erziehungsverhältnissen exponiert, sondern jede, die sich unter das allgemeine Gebot der Aufklärung gestellt sieht. Insofern betonte er immer wieder, daß sein philosophischer Maßstab der Kritik vor allem *Immanuel Kant* sei und sein pädagogischer Grundtext *Jean-Jacques Rousseaus* „Emile". Mit der in seiner Zunft verbreiteten geschichtslosen Suche nach der jeweils nächsten Aufgabe, dem Trendsetten, schien ihm dieses Erbe in der Erziehungswissenschaft verlorenzugehen. Sofern die Pädagogik sich jedes Thema von der Gesellschaft vorschreiben läßt, ohne es also vor dem Verpflichtungszusammenhang der „europäischen Bildungstradition" zu prüfen, würde sie sich um ihre eigene Aufgabe bringen.

So schloß sich der Kreis seiner Schriften durch einen Text, mit dem er in alter geisteswissenschaftlicher Tradition das Telos bürgerlicher Pädagogik als Emanzipationsprogramm erneut auslegte. Der allein möglich scheinende *modus operandi* bestand für ihn in der Haltung des Erzählers, wie er methodologisch nicht ohne ambivalente Gefühle gegenüber dieser Form in einem seiner letzten Aufsätze ausführte (1983). Jenseits der Gefahr, durch einen Erzähler zur Distanzlosigkeit bewegt zu werden, wird dem aufmerksamen Leser dieser *Blankertz*schen *summa* deutlich, daß sein Autor in diese Geschichte seine Lesart eingepackt hat. Wie ein roter Faden zieht sich durch den Text sein Lebensthema: das Problem der Dialektik von Bildung und Ausbildung/Beruf/Arbeit.

Zur Vergänglichkeit seiner Wirkung zählen seine professionspolitischen Aktivitäten, die wenigstens knapp skizziert werden sollen, um den Rahmen der theoretischen Wirkung zu verdeutlichen. Der Einfluß von *Blankertz* auf die Zunft der Erziehungswissenschaft war ungemein groß: Er beglaubwürdigte mit der wissenschaftlichen Autorität und Reputation seiner Person die

Möglichkeit und Notwendigkeit zum Ausbau des Faches. Er wirkte als Sprecher der Zunft integrierend, ohne damit auf die Wahrnehmung politischer Verantwortung zu verzichten. Erst mit seinem Zunftvorsitz entschlossen sich die Erziehungswissenschaftler dazu, ein politisches Mandat wahrzunehmen. Er nahm unausgesetzt, in der Regel auf Anfrage, Einfluß auf die Besetzung von Lehrstühlen, auf die Gründung von Instituten und auf deren Fortbestehen durch deren Begleitung als ratgebender Beirat (so etwa dem *MPI für Bildungsforschung* gegenüber). Er gab über viele Jahre die *Zeitschrift für Pädagogik* heraus und gehörte in den Jahren zwischen 1969 und 1983 zu den meistzitierten Fachvertretern. Ab Mitte der sechziger Jahre war er als Berater der Politik, als Gutachter im *Deutschen Ausschuß* und im Bildungsrat gefragt. Eine aus der zeitlichen Distanz heraus geschriebene Geschichte der Bildungsreformphase wird erst deutlich machen können, wie vielfältig sein Wirken war. Nicht zuletzt war es *Blankertz* möglich, eine akademische Schule zu gründen und deren Absolventen quer durch die Republik auf Lehrstühle zu empfehlen. Wer indes daraus folgerte, er habe auch positionell eine streng auf seine wissenschaftliche Position verpflichtete Schule geschaffen, irrt. Zu seinen tiefen Überzeugungen zählte die, daß dem „Schüler der Widerspruch gegen die ihm zugemutete Intentionalität" nicht nur eröffnet werden müsse, sondern daß das Lehrverhältnis im Kern in der Produktion eines solchen begründeten Widerspruchs zu bestehen habe. Deswegen konnte man bei *Blankertz* „etwas werden", auch wenn man in Gegensatz zur Lehrmeinung geriet. Daß etwa *Frank Achtenhagen* und der Autor einen gemeinsamen Lehrer hatten, mag so nicht mehr allzu sehr verwundern.

Blankertz stand wohl kurz davor, in ein Stadium der öffentlichen Verehrung einzutreten, das man verdienstvollen *anciens* entgegenbringt. Symptomatisch hierfür ist, daß er bereits im Alter von 52 Jahren das Bundesverdienstkreuz erhielt. Er selbst hatte gespürt, daß entgegen seiner anhaltenden „Gefragtheit" sein Wirken ungleich bescheidener werden mußte. Die Selbstbehauptung der Erziehungswissenschaft im Übergang zu einer Phase der Bildungspolitik, die nicht mehr auf Bildungsexpansion wie auf wissenschaftliche Politikberatung setzen konnte, mußte – so seine Erwartung – zu einer Identitätskrise des Faches führen. Auf sie antwortete er mit der Rückkehr zu historischen Studien, die schon den aufstrebenden Wissenschaftler in Bann geschlagen hatten. Die bildungspolitische Anstrengung, der *Blankertz* seine zweite Lebenshälfte ganz gewidmet hatte, war im Begriff, praktisch so weit untergraben zu werden, daß deren Aufhebung allein in der historischen Besinnung auf deren Aufgabe zu bestehen schien.

3. Ein Mann mit einer Mission

Sieht man einmal vom Thema seiner Doktorarbeit ab („Der Begriff der Pädagogik im Neukantianismus": 1959), die ganz dem Einfluß einer seiner ersten akademischen Lehrer, *Rudolf Jung*, geschuldet war (bei ihm hatte der angehende Gewerbelehrer nach mehrjähriger Tätigkeit in der Textilindustrie in Wilhelmshaven studiert), findet sich in allen größeren Arbeiten von *Blankertz* ein Leitthema: Welches sind die Konstitutionsbedingungen einer Pädagogik, die weitgehend auf der Trennung von Bildung und Beruf aufruht und welches sind deren Geltungsbedingungen angesichts des historischen Versagens der Pädagogik? Welches sind die darauf antwortenden Aufgaben für die Zukunft? Kann an einem Berufsbegriff festgehalten werden, der sich soziologisch aufgelöst hat, weil er pädagogisch nicht aufgegeben werden darf? Wie kann an einem Bildungsbegriff festgehalten werden, der wie die ihm zugrunde liegende Philosophie seine Verwirklichung versäumt hat? Gibt es heute noch eine Möglichkeit, Bildung und Beruf miteinander zu verbinden?

In der Entstehung und der Überbietung des Philanthropinismus durch den Neuhumanismus, mit der er sich in seiner bis heute ungemein lehrreichen Habilitationsschrift „Berufsbildung und Utilitarismus" (1963) auseinandersetzte, sah *Blankertz* das Zentralproblem der öffentlichen Erziehung bis heute gebunden: das für die deutschen Verhältnisse so identitätstiftende und, wie Blankertz meinte, fatale Schisma von allgemeiner höherer Bildung, ja Bildung überhaupt, und der Sphäre der Berufsarbeit, der Ausbildung und der damit möglichen Gleichsetzung der Arbeit mit niederer Erwerbsarbeit. In der Aufhebung dieses unversöhnlich scheinenden Gegensatzes von Menschen- und Berufsbildung sah er den entscheidenden Schlüssel zur Lösung der Probleme des öffentlichen Bildungswesens und darüber hinaus der wissenschaftlichen technischen Moderne.

Auch in der Studie zur „Bildung im Zeitalter der großen Industrie" (1969b) wird die Geschichte über dieses Polaritätsschema angeeignet. Herausgearbeitet werden sowohl die politischen Interessen, die in der Phase der Durchsetzung des bis heute gültigen Schulsystems die Absperrung der Bildung vom Beruf bewirkten, als auch die Dynamik zur Bildungsexpansion, zur Durchsetzung und Veränderung des Berechtigungswesens, die durch die Entfaltung von Wissenschaften und Technologien als Produktivkräfte entstand. Der Aufstieg der Bürgergesellschaft und ihre Begleitung durch die Klassenkämpfe bedingten die Nötigung, weiterführende Bildungswege über den Beruf zu eröffnen und zugleich diese wiederum durch die Absperrung vom Beruf als gleichwertige höhere zu etablieren. In dieser Phase wurde Emanzipation durch Bildung erkauft durch die Entfernung von der Sphäre, die Bildungsstoff dieser Emanzipation hätte sein sollen. Noch der finale Akt dieser Konstitutionsgeschichte des modernen Schulsystems, die Einführung der Teilzeitberufsschule, laborierte an diesem Webfehler: Sie erfolgte als ein Konzept der staatsbürgerlichen Bildung aus dem Geist des Kampfes gegen die „Irrlehren der Sozialdemokratie" (*Kerschensteiner*). Gleichwohl eröffnete die daran anschließende Berufsschule für *Blankertz* die Möglichkeit, daß Berufsbildung in dieser Form auf neuhumanistischem Boden, nicht auf dem der utilitaristischen Aufklärungspädagogik gegründet werden könne. Aus diesen Studien folgerte er ein doppelseitiges Versäumnis der historisch konkurrierenden Bildungsvorstellungen und eine Perspektive der Aufhebung der Gegensätze:

„Die Ideologisierung des Bildungsdenkens hatte ein Interesse daran, die kritische Distanz zu den vorgegebenen gesellschaftlichen Zuständen umzudeuten in eine Forderung nach Unwissenheit gegenüber den Bedingungen der Herrschaft von Menschen über Menschen. Das zeigt sich schlaglichtartig darin, daß die in vornehmer Abstinenz Beruf und Gesellschaft, Ökonomie und Technik von sich fernhaltende Bildung faktisch das gleiche Verhältnis zur Gesellschaft hervorbringt wie die von ökonomischen Zweckmäßigkeiten völlig umgriffene utilitäre Erziehung, insofern in beiden Fällen der vorgegebene Zustand durch Erziehung reproduziert wird, statt – wie es Vernunft erfordert – in der kommenden Generation das Potential gesellschaftlicher Veränderungen zu ermöglichen. So ist zu erklären, daß der Utilitarismus nur eine Kehrseite der von *Herbert Marcuse* ‚affirmativ' genannten Kultur ist, das heißt der bürgerlichen Kultur, die ihren kritisch-idealistischen Ansatz bis zur Selbstaufhebung verspielte, indem sie die geistig-seelische Welt als ein selbständiges Reich der Werte über die Zivilisation erhöhte und damit die schlechte Wirklichkeit der kapitalistischen Gesellschaft dem Zugriff der Kritik entzog. Ist aber dieses einmal eingesehen, dann bedeutet erzieherische Distanz von der Gesellschaft gerade nicht die Absehung von ihren Gehalten, den Rückzug auf die Reinheit eines vorgeblich Allgemeinen im Geiste, sondern Brechung ihrer falschen Normativität durch die Einsicht in ihre Bedingungen" (*Blankertz* 1968, 40).

4. Kollegstufe Nordrhein-Westfalen: Die Probe aufs Exempel

In der Zeit als *Blankertz* nach Münster berufen wurde, führte der nordrhein-westfälische Kultusminister *Holthoff* Fachoberschulen ein, und er plante ein System, das diese mit der gymnasialen Oberstufe verbinden sollte: damals Kolleg*stufe* genannt. Aus der Lektüre der beiden oben genannten Bücher schloß der den Minister beratende Ministerialbeamte, daß *Blankertz* der richtige Mann für die Leitung der inaugurierten Planungskommission sei. Früh überzeugte er dann die Kommission, daß allein ein Planungsansatz, bei dem *alle* Bildungsgänge der Sekundarstufe II in das System der Kollegstufe integriert würden, also auch die Teilzeitberufsschule und die Angebote für die damals „Jungarbeiter" genannten Gruppen, eine langfristige Perspektive enthielte. Ansonsten würde eine Reform stattfinden, nach der nur noch „chancenlosere Restgruppen" übrigblieben; das deutsche System der dualen Berufsausbildung würde so von innen ausgehöhlt.

Diese Geschichte war auch den anderen Protagonisten der Bildungsreform bewußt. Aber sie optierten nicht für die Integration von allgemeiner und beruflicher Bildung, sondern wie *Wolfgang Klafki* oder *Ludwig von Friedeburg* für ein Gesamtschulsystem, dessen Krönung eine gymnasiale Oberstufe sein sollte, oder ergänzend wie *Hartmut von Hentig* für ein College-System, das den Übergang von der gymnasialen Oberstufe zur Universität verbessern sollte. Für diese Differenzen sind wohl biographische Momente nicht unwesentlich: *Klafki* wurde durch das „niedere" Schulwesen geprägt, *v. Hentig* durch das anglo-amerikanische System. *Blankertz* dagegen hatte, nachdem er schwer verletzt aus dem Krieg zurückgekehrt war, in der Industrie gearbeitet, blieb vom Zugang zur akademischen Welt zunächst ausgeschlossen, bis er sich auf dem zweiten Bildungsweg durchsetzen konnte. Die biographische Erfahrung schärfte den Blick für die historisch-systematischen Zusammenhänge. Er war davon überzeugt, daß eine Reform des Bildungswesens, die nicht die berufliche Bildung einbezöge, ja nicht von deren Reform ausginge, die Systemprobleme *à la longue* bis zur „Absurdität" vergrößern müßte.

Denn was würde geschehen, wenn das Gymnasium zur Hauptschule würde und die Hauptschule zur Restschule verkümmerte? Es fände Bildungsexpansion mit und in einem System statt, dessen ideologische Basis die selektive Distanzierung gegenüber Volksbildung darstellte, während gleichzeitig die Schule, die die Vorbereitung auf den frühen Eintritt in das Erwerbsleben zu besorgen hatte, um ihr Bildungsklientel gebracht werden müßte. Es entstünde mit der explodierenden Abiturientenquote eine schier unlösbare Aufgabe für die Universitäten, neue berufsrelevante Bildungsangebote vorzuhalten. Die Bildungszeiten würden durch die institutionell nahegelegten Umwege und Warteschleifen in pädagogisch nicht zu rechtfertigender Weise erweitert. Bildungsökonomisch gedacht käme es zu einer Verpulverung der knapper werdenden Mittel und damit zu einer Verarmung der Institutionen. Und nicht zuletzt würde zerstört, was, wie etwa *Burkart Lutz* nicht müde wurde einzuprägen, eine der Stärken des deutschen Systems war: das duale System der beruflichen Erstausbildung und die Figur des deutschen Facharbeiters.

Heute, 17 Jahre nach *Blankertz'* Tod, sind all diese Folgen des Systemwiderspruchs, nämlich Bildungsexpansion in einem System zuzulassen, das mit seiner inneren Logik von der institutionellen Selektion bei den Übergängen lebt, das also die Gliederung zur Hierarchisierung *benötigt*, zur vollen Kenntlichkeit geraten. Die Universitäten kämpfen hoffnungslos mit der Anpassung an Studentenmassen, die zu ihrem alten Konzept nicht mehr passen. Große Teile des Bildungsbudgets werden verbraucht in künstlich verlängerten Orientierungspfaden. Das duale System als Träger der technologischen

Modernisierung von unten hat weitgehend ausgedient. Zugleich getraut sich heute niemand so recht, auf die durch *Blankertz* ausformulierte Systemalternative zu setzen.

Kollegstufe bedeutete in der ersten Phase der Planung: Beim Übergang zur Sekundarstufe II ist jedem Jugendlichen eine berufliche Qualifizierung zu eröffnen. Sie kann in den gewählten (Lehr-)Beruf einmünden, sie kann aber auch auf einen verwandten Beruf bezogen werden. Gleichzeitig wird jedem Schüler der Kollegstufe die Fortsetzung der Ausbildung auch im akademischen Bereich ermöglicht. Erreicht werden kann dies durch eine Verbindung von theoretischem und praktischem Lernen, in der die Bildungsaufgabe durch die Wissenschaftspropädeutik und die Berufsaufgabe durch die Ausbildung von Professionalität aufgehoben werden. Von vornherein ist dabei das Curriculum ausgerichtet auf die Dynamik der Beschäftigungsverhältnisse sowie die technologische Entwicklung. Ihren frühen Ausdruck fand diese Perspektive in einem Kurssystem, durch das Mobilität, Flexibilität der Institution und der Lernenden gefördert werden sollten. Mit der Doppelqualifikation der Absolventen würden deren Qualifikationen und Optionen erweitert werden. Durch die in Bausteinen aufgebauten Curricula eines neugeordneten „Schwerpunktsystems" (einer in 17 Bereiche gegliederten Systematik aller vorgefundenen und mit der Integration neu möglich werdenden Bildungsgänge der Sekundarstufe II: vgl. *Blankertz/Brockmeyer* 1978) sollte eine pädagogisch sinnvoll orientierte Reaktionsschnelligkeit der Sekundarstufe II auf die dynamischen Veränderungen in Ausbildungs- und Beschäftigungssystem gefördert werden.

Daß es überhaupt möglich war, jahrelang solch radikale Neuordnungen von Bildungswegen und Berechtigungen zu betreiben, hing wohl weniger am technokratischen Glauben in die Veränderbarkeit des Systems. In der Arena der Bildungspolitik vermochte *Blankertz* zunächst vielmehr mit klassischer Bildungstheorie überraschend weitreichende Orientierungen zu stiften. Der „Minimalkonsens der Planungskommission Kollegschule" war real ein maximaler, denn es gelang mit einer bildungstheoretischen Delegitimierung des alten Kanondenkens und einer entsprechenden Auslegung von Entwicklungstendenzen in der Erwerbsarbeit, die in der Kommission versammelten Vertreter der verschiedenen Schulformen für die Aufhebung ihrer Bildungswege in der Kollegstufe zu gewinnen. Der alte Kanon der höheren Allgemeinbildung verschwand fast vollständig. Die klassischen Bildungsfächer wurden nun ausgelegt in ihrer bildenden Funktion für die Durchdringung von Berufsfeldern und -aufgaben. Hinzu kamen als gleichberechtigte neue Fächer solche, die bisher eher als Berufskunden abgewertet worden waren und nun als Technologien ihren wissenschaftspropädeutischen Rang beweisen mußten.

Blankertz war zunächst in der Lage, die Breite der erforderlichen Argumentation für das Integrationsvorhaben in ungezählten Werbeveranstaltungen und Texten zu entfalten. Die Zeiten für einen Neuansatz in der Sekundarstufe II waren am Anfang günstig. Die Gymnasialfraktion war tief verunsichert ob der weiteren Möglichkeit, einen Kanon solcher Fächer und Inhalte zu bestimmen, der abgrenzungsfähig zur beruflichen Bildung die höhere des Gymnasiums verbürgen würde. Der nordrhein-westfälische Philologenverband lud *Blankertz* zu seinem Jahreskongreß nach Gemen ein und vernahm widerspruchslos die Botschaft vom bevorstehenden Ende der gymnasialen Oberstufe. Die berufliche Bildung geriet zur gleichen Zeit unter unerhörten Modernisierungsdruck. Eine Modernitätslücke wurde auch dort ausgemacht: Die Verwissenschaftlichung der Formen und Inhalte der Ausbildung sollte sie schließen helfen. So wurde es möglich, von einer Konvergenztendenz beider Systeme zu sprechen, auf deren Basis das Integrationsvorhaben nicht nur gewagt werden konnte, sondern auch an der Zeit zu sein schien. Wissenschaftspropädeutik und Berufsausbildung schienen so keine Gegensätze mehr zu sein, sondern jeweils aufeinander verwiesene Bedingungen einer allgemeinen Jugendbildung. Nach der Planungskommission empfahl das bald auch der Bildungsrat (1974). Die sozialwissenschaftliche Beobachtung der Berufsentwicklung schien ebenfalls Rückenwind zu produzieren. Die Reform der gymnasialen Oberstufe von 1972 (mit ihrer Zulassung neuer Fächer und der Produktion von Fachwahlprofilen) wie das neue Berufsbildungsgesetz (mit seinen curricularen Zielsetzungen) wurden so gelesen, als lieferten sie die Rechtsgrundlagen für den Versuch. Zu Beginn profitierte die Planung vom Nachklang der *unisono* erhobenen Forderung nach einer Aufhebung der selektiven Schranken des Bildungssystems sowie von der Nähe des Integrationsgedankens zur in der Wirtschaft verbreiteten Erwartung einer Annäherung der höheren Bildung an die Welt von Ökonomie und Technik.

Freilich gelang es bald, noch bevor die erste Kollegstufe als Kollegschule 1977 in Düsseldorf eröffnet wurde, das Vorhaben ideologisch zu verdächtigen. Das Handwerk horrifizierte das Modell: Jeder Bäcker würde nun zum Abiturienten gemacht und damit aus der Backstube wegqualifiziert. Die Theoretiker der „höheren Wirtschaft" im *Deutschen Industrieinstitut* sahen im Modell eine Nötigung zur Systemkritik von links, eine neue Frankfurter Schule. Die bald wieder erstarkte Gymnasialfraktion stieß ins gleiche Horn und machte sich daran, den Glauben an das gute alte Gymnasium zu reaktivieren. Allein die Gewerkschaften und die Lehrerverbände der beruflichen Bildung stützten bis zum Ende des Versuchs das Konzept, beide freilich nicht mit Rückgriff auf das gesamte Programm, sondern auf der Basis des von ihnen vertretenen Klienteninteresses.

Im Kern war die Stärke der Argumentation für das Modell, ihre Multiperspektivität, auch ihre Schwäche. *Blankertz* suchte, ergänzend zu seiner bildungstheoretischen Argumentation, Bündnispartner, mit einer Mischung aus technokratisch verstehbaren, bildungsökonomischen und demokratietheoretischen Begründungen. Letztere zielten auf die Verwirklichung dessen, was er „materiale Chancengleichheit" nannte. Das Schulsystem hatte für ihn die

Haftung dafür zu übernehmen, daß der Nachwuchs mehr als nur die formale Chance seiner individuellen Bewährung für den Aufstieg besitze. Vielmehr waren in seinen Augen die organisatorischen und curricularen Strukturen so zu verändern, daß keine institutionellen Benachteiligungen mehr produziert werden könnten. Dafür war es notwendig, die Vorbereitung auf den Beruf nicht von der „politischen Funktion des Berechtigungswesens" abzukoppeln. Die Befähigung für den Beruf sollte auch als solche für ein anschließendes Studium anerkannt werden. Erst so, mit der Aufhebung der Studierfähigkeit in der beruflichen Qualifikation wie umgekehrt in der Entfaltung dieser durch die Wissenschaftspropädeutik, könnte die Bildungsexpansion als Teil der Demokratisierung der Gesellschaft fortgesetzt werden, ohne daß das System immer stärker in seine Widersprüche verstrickt würde – wie denen, die wir heute etwa im Bildungsverhalten derjenigen beobachten können, die die Sekundarstufe gleich mehrfach hintereinander besuchen. Auch bildungsökonomisch empfahl er damit die Doppelqualifikation als die ungleich verträglichere Lösung.

Aber *Blankertz'* argumentative Stützung des Neuansatzes blieb ergebnislos, als sich die politische Tendenz in der Republik gedreht hatte. Nunmehr wurde die politische Rhetorik erneut von denjenigen dominiert, die die weiterhin vor den Toren der höheren Lehranstalten Andrängenden als Konkurrenten um die knapper werdenden besseren Positionen betrachteten. Es waren ihrer schon zu viele, die mit ihren Berechtigungen Erwartungen formulierten, die gesellschaftlich nicht mehr in Positionen eingetauscht werden konnten. Der Hinweis darauf, es sei doch von Gewinn für das Individuum, nicht bloß in Berechtigungen vernutzte und nutzbare Bildung zu erlangen, zog nur als Legitimation für einen „mißratenen Fortschritt" (*Andreas Flitner*). Mit ihm gelang es aber nicht mehr, die Expansion bewußt in die gewünschte Richtung voranzutreiben. Gleichzeitig, so belehrt die Bildungsstatistik dieser Jahre, wurde sie ausgerechnet von denen weiter betrieben, die sich als Damm gegen sie empfohlen.

Erst als die versammelten deutschen Arbeitgeber Anfang der neunziger Jahre die Facharbeiterlücke drückte und sie akzeptierten, daß allein eine Gleichwertigkeit von allgemeiner und beruflicher Bildung den frühen Gang in die Lehre als bessere Möglichkeit erscheinen lassen könnte, kam noch einmal Bewegung in die Sache. Nun aber wollte man nicht mehr umständlich das Curriculum auf eine Bildung im Medium des Berufs umstellen, sondern drängte auf die reformlose Anerkennung des Abschlusses der Lehre für ein entsprechendes (Fachhochschul-)Studium. Zugleich war die real existierende Kollegschule zu dieser Zeit bereits so weit von ihrer ursprünglichen Programmatik entfernt, daß sie sich nicht als die Lösung der neu wahrgenommenen Probleme der Berufsbildung empfehlen konnte.[1] Das *Blankertz*sche Vorhaben hätte erst dann eine volle Realisierungschance besessen, wenn es ein gesellschaftliches Bedürfnis nach Demokratisierung in Bildung und Beruf gegeben hätte. Die sich aus der Geschichte der Kollegschule ableitende Frage lautet, ob mit dem Leerlaufen der großen Umgestaltung auch die ihr zugrunde liegende Theorie gescheitert ist.

5. Ein moderner Klassiker der Pädagogik

Erziehungswissenschaft als Reflexionsinstanz für pädagogische Praxis wird von dieser regelmäßig in doppelter Weise eingeholt: Sie kann sich den Problemen nicht entziehen, mit denen das System zu kämpfen hat, und zugleich reagiert sie auf sie oft in der verklärenden Weise, mit der die Praxis auch gegen den Veränderungsdruck bleiben kann, was sie ist. *Blankertz* hat diese Anfälligkeit pädagogischer Theorie vielfach kritisiert (s. etwa 1969b, 11). Dieser Typus Pädagogik kann als Postulatepädagogik gekennzeichnet werden; er ist bis heute als Ideologielieferant gefragt. Andererseits hat die Pädagogik die Aufgabe, das Programm der bürgerlichen Erziehung jeweils neu auszulegen und ihren Kern zu tradieren. Dieser Kern stellt eine „verlierbare", aber unhintergehbare Sollensforderung dar. Mit ihr legt sich die bürgerliche Gesellschaft selbst aus, ohne daß sie in ihrer Reproduktionssphäre diesem Sollen wirklich konsequent folgen könnte und wollte. Eine avancierte bürgerliche Gesellschaft bedarf eines Bildungssystems, durch welches der Nachwuchs in seiner Gesamtheit integriert werden kann und eine Chance bekommt, bürgerlicher Held, neuerdings auch Heldin zu werden. Die soziale Allgemeinheit der Bildung ist hierfür genauso vorauszusetzen wie die Orientierung an der Mündigkeit der Lernenden und die Bindung dieser vereinzelten Einzelnen an das soziale Ganze der Gesellschaft. Das Bildungssystem bearbeitet dieses Sollen in voller Widersprüchlichkeit, ihr Reflex findet sich auch in der wissenschaftlichen Literatur. Allgemeinbildung ist das, was alle lernen sollen, und doch faktisch das Medium, an dem sich der Nachwuchs unterscheiden soll. Mündigkeit verlangt die für den einzelnen konsequenzenreiche Setzung von Autonomie mittels Urteilskraft; die Schule aber orientiert

---

[1] Die Lücke zwischen Anspruch und Wirklichkeit war in den Jahren eher gewachsen als geschwunden. Die Stärke der realen Kollegschulen, die Gruppe der didaktisch durchkomponierten Bildungsgänge, lieferte Muster für eine anspruchsvolle Fortsetzung der Reform, nicht aber vermochte sie eine Berufsbildungsreform zu inspirieren, die auf die „Modularisierung von Kompetenzen" oder die „Flexibilisierung von Ausbildungsverläufen" als Deregulierung der Strukturen setzte.

den Schüler auf die funktionale Selbstbestimmung der selbstorganisierten Anpassung an Regeln, Normen, kurz das Heteronome. Das Lernziel Solidarität schließlich ist von vornherein auf die Kompensation der Folgen des Konkurrenzprinzips ausgerichtet. Aus dieser allgemeinen Widersprüchlichkeit des Systems erwachsen die konkreten Formen des Bildungssystems, so auch das sich scheinbar gegenseitig ausschließende System der höheren allgemeinen und der niederen beruflichen Bildung, auf das *Blankertz* sein Augenmerk richtete. „Der Traum der Bildung, Freiheit vom Diktat der Mittel, der sturen und kargen Nützlichkeit, wird verfälscht zur Apologie der Welt, die nach jenem Diktat eingerichtet ist" (*Adorno* 1972, 98). Bildung wird zum bloßen Privileg, nicht tun zu müssen, was die von Bildung abgesperrt Bleibenden bereits früh tun müssen, nämlich in der knechtischen Arbeit sich zu verdingen. Aber eine Muße zur Bildung, die sich freihält von allem Nötigenden der Reproduktion, erkauft die Freiheit mit der Unmündigkeit, wie umgekehrt jede Indienstnahme für die Reproduktion mit der Limitierung, wenn nicht der Ausschließung der jedem dank Bildung zugänglichen Urteilskraft einhergeht. *Blankertz* nutzt bewußt die Herr-Knecht-Dialektik *Hegels* zur Orientierung seiner Bildungstheorie (1963, 119ff). Während Bildung ohne die Entbindung eingreifender Kraft in die gesellschaftlichen Verhältnisse zur sozial folgenlosen Innerlichkeit tendiert, wirkt sich die Ausrichtung auf das fremdbestimmte Kalkül und die Mechanei des repetitiven Funktionsvollzugs als Depotenzierung der Produktivkräfte und ihrer Produktionsverhältnisse aus.

Aus unterschiedlicher Perspektive haben die Klassiker – so kann man *Blankertz* lesen und mit ihm hat das allein *Heinz Joachim Heydorn* in einer vergleichbaren Reflexionsform versucht – Kritik an der Verabsolutierung der Bildung, sei es zur Geistesschwärmerei oder der Ausbildung zum Plusmachen, geübt. Den Klassikern schwebte eine Vermittlung beider vor, für die freilich beim Übergang ins 19. Jahrhundert die Produktionsverhältnisse noch nicht reif waren. Erst in der wissenschaftlich-technischen Moderne konnte es darum gehen, die Wahrheit der allgemeinen Menschenbildung in der besonderen oder beruflichen Bildung aufzuheben (1963, 121). Erst in ihr war die Entfaltung der Produktivkräfte so weit gediehen, daß in allen Bereichen der wissenschaftlich qualifizierte Praktiker möglich, wenn nicht (wie auch immer glaubwürdig) gefordert wurde. Erst in dieser Epoche ist zugleich das Wachstum des produzierten gesellschaftlichen Reichtums und die Entlastung von überflüssiger Arbeit so weit gediehen, daß Muße nicht mehr ein ökonomisches Privileg für Wenige zu sein braucht und Bildungszeit im großen Maß verbraucht werden kann. Die volle Entfaltung der Möglichkeiten und Grenzen speziellen, sozial eingreifenden Tuns zwecks seiner subjektiven Zueignung findet somit nur noch am partikularen Interesse der Verwertung des Wertes ihre Begrenzung. Der Reichtum der Gesellschaft machte es heute dem Staat möglich, Bildungsanstalten zu begründen und nachhaltig zu sichern, die durch keine künstlichen Bildungsbegrenzungen mehr charakterisiert wären. Dort könnte die Bildung vermittels der institutionellen Distanz pädagogisch organisierter Reflexionsprozesse zur unter Handlungs- und Rechtfertigungsdruck stehenden Arbeit vorangetrieben werden. Jenseits der gegenwärtigen Klagen und Selbstbeschränkungen in Sachen öffentliche Erziehung kann das als Datum für die Wahrnehmung der Verantwortung der Pädagogik bestimmt werden.

In der Kollegschule sollte die Entfaltung von „produktiver Einseitigkeit" gelten, wie es in den Planungstexten heißt. Da aber die Distanz nicht zur Distanzierung und damit zur Unverbindlichkeit der Reflexion genutzt werden darf, ist die Ernsthaftigkeit von Praxiserfahrung zu sichern. Erst im Durchgang durch die Bearbeitung der Entfremdung steht diese selbst zur Disposition. Die *Humboldt*sche „Mediatisierung der Welt zum Bildungsstoff" ist unter den gewandelten gesellschaftlichen Bedingungen für *Blankertz* allein als eine Bildung im Medium des Berufs zu tradieren. Freilich besitzt die klassische wie die neue Formulierung zu allererst den Status einer normativen Überhöhung des Anspruchs und angesichts der realen Bedingungen der Zwänge in der Erwerbsarbeit den praktischer Unbestimmtheit. Das macht die Unterscheidung in eine falsche Bildung als Anpassung an die Gegebenheiten und eine begriffsgemäße als kritische Aneigung des Zwanges so schwer. Mediatisierung war für *Blankertz* wie für *Wilhelm v. Humboldt* die Chiffre für Distanz, Beruf und Bildungsstoff die für Identifikation mit der neu gestellten Aufgabe. Damit radikalisierte er die in der jüngeren Pädagogikgeschichte immer wieder unternommenen Vermittlungsversuche (*Spranger, Litt*) hin zu einer Jugendbildung, in der das Bildungsideal im Medium einer beruflichen Aufgabe Wirklichkeit werden könnte. Die reformpädagogische Instrumentalisierung des handwerklichen Berufs zur Stiftung des ganzen Menschen mit Kopf, Herz und Hand war nicht seine Sache. Nicht an der romantisierenden Deutung der Welt der untergegangenen, sondern an der herausfordernden Welt der neuen Berufe, ja am Problem des Schwindens des Berufs als lebenslangen Konzeptes für die Mitte der bürgerlichen Existenz, hatte die Vermittlung anzusetzen.

Liest man den frühen Aufsatz „Zum Begriff des Berufs in unserer Zeit" (1967), so überrascht heute, wie aktuell er gerade in der Beantwortung der Krise des Berufes ist, von der periodisch schon lange die Rede ist. Die Antwort auf die verlorengegangene „Ganzheit des handwerklichen Tuns" als eine Basis des Berufsgedankens kann nicht in der Auslieferung des Lernenden an ein unüberschaubares Puzzle von modularen Qualifikationsbausteinen bestehen, sondern allein im pädagogisch-curricular verantworteten Aufbau von professionellem Orientierungswissen. Der Bruch mit der Kontinuität des Lebensberufs (eine immerfort als aktuell ausgegebene Tendenz, die in Wahrheit mit der Moderne für viele gesetzt ist und zugleich bis heute nicht wirklich allgemein durchgesetzt wurde) bedeutet nicht den Abschied von der identitätstiftenden Bildung im Medium des Berufs, sondern dessen Ermöglichungsbedingung als Mobilität und Entbindung zur Autonomie. Die empirischen Bildungsstudien zur Kollegschule haben diese Hoffnung gesichert. Wer sich probeweise auf den Beruf bezieht, im Bewußtsein lernt, daß ihm andere Optionen offenstehen und er sich entsprechend orientieren muß, der erlebt eine signifikant reichere Kompetenzentwicklung (1986). Schließlich verweisen für *Blankertz* die Kritik am Beruf als der Anpassung an die tradierten Werkvollzüge und die an der „seelenlosen" Qualifikation als eine Befähigung ohne Bildung auf tradierte Mißverständnisse der modernen Aufgabe. Diese selbst tendiert in ihrer vollen Entfaltung zur Einführung in die „Theorie der Beherrschung technischer Prozesse". Keine Pädagogik, die an der realen Mündigkeit der Auszubildenden festhält, kann damit „Bildung" gegen diese „Beherrschung" in Stellung bringen.

Blankertz interpretierte diesen Gedanken einer Emanzipation über den Beruf, der, auch wenn er praktisch scheitern mag, als Aufgabenstellung unverzichtbar bleibt, als Konsequenz einer übergreifenden Vorstellung der Befreiung des Menschen zu sich selbst. Er eignete sich die bürgerlichen Klassiker über einen Verweisungszusammenhang unverkürzter Mündigkeit, Bildung und beruflicher Tüchtigkeit an. Von *Rousseau* hatte er gelernt, daß es eine „Eigenstruktur der Erziehung zur Mündigkeit" geben könne und müsse, durch die erziehungstheoretisch gesprochen der Mensch mit dem Bürger versöhnt werden, die Freiheit mit dem Zwange vermittelt werden könne. *Kant* instruierte ihn erweiternd darin, daß es ethisch geboten sei, schon den Heranwachsenden „niemals bloß als Mittel sondern immer zugleich als Zweck" zu sehen: ihn freizulassen zu Urteil und Kritik. Die individualitätstheoretische Auslegung des Bildungsproblems wurde von *Blankertz*, gerade indem er die Berufsarbeit zu ihrem Bewährungsort erklärte, wie selbstverständlich um die Gesellschaftlichkeit der Aufgabe erweitert. Ökonomie und Technik, die schon lange die Schlüssel zur Bewältigung der gesellschaftlichen Aufgaben lieferten, wurden nun aus der Schmuddelecke des materiell Vordergründigen und bloß Mittelbaren, Büttelhaften in das Zentrum der Bildungsaufgabe gerückt. Freilich sollte nicht einfach ein Austausch der Definitionsinstanzen, ein Sieg der zweiten, der naturwissenschaftlich-technischen, über die alte erste Kultur des Geistes und der Künste stattfinden, sondern die Unterstellung beider unter die klassische Bildungsaufgabe, Bildung und „Wissenschaft in den Dienst der historischen Anstrengung des Menschen einzustellen, eine lebenswerte Welt zu schaffen und zu erhalten." Dafür müßten die technischen und ökonomischen Denkformen ihre durch den kapitalistischen Verwertungswahn eingetretene Selbstbeschränkung überwinden, sich der Kritik stellen „als Instrumente gesellschaftlicher Herrschaft" und sich politisch öffnen für Zwecke, die mit der Einrichtung einer menschenwürdigen und menschlichen Gesellschaft für alle verbunden sind.

Blankertz sprach von einer unvollendeten Geschichte der Pädagogik, weil er sah, daß es nicht nur darauf ankommen kann, eine solcherart pointierte europäische Bildungstradition fortzuschreiben, sondern dabei auch der Niederlagen und Feigheiten eingedenk zu bleiben, die diesen Prozeß begleiteten, wie auch der ihm innewohnenden Dialektik der Aufklärung. Von daher ist die Aufgabenbestimmung der modernen Pädagogik keine feste Burg, sondern gefährdeter Traditionsbestand. Wenn er davon spricht, daß diese Aufgabenbestimmung „verlierbar" sei, dann drückt er darin die Befürchtung aus, der Emanzipationsanspruch der bürgerlichen Gesellschaft könnte von dieser selbst zur Disposition gestellt werden: Technologie, Mittel zur Befreiung der Menschen von der blinden Unterwerfung und vom Schicksal der Naturgeschichte, kann dieses „Motiv verlieren". Statt daß mit ihrer Hilfe eine lebenswerte Welt geschaffen wird, in der „niemand mehr Angst haben müßte, anders zu sein" (*Adorno*), in der Not sicher besiegt ist, die Menschen mit dem ausgestattet sind, was sie für ein gutes Leben benötigen, schlagen Technik und die sie benutzende Ökonomie um in die blinde Beherrschung der Menschen durch die Technik, die völlig entgrenzte Ausbeutung des guten Lebens für das Profitinteresse.

Blankertz sah die „Menschlichkeit der Technik" (1965) in all ihrer Ambivalenz und Offenheit. Ihr ein Ziel zu geben, darin lag letztlich das objektive Telos aller Bildung. Insofern besteht kein Anlaß zur Beruhigung. Die technokratische Extrapolation, die uns heute von avancierter Naturwissenschaft und Ökonomie angedient wird, kommt ohne die von Menschen zu leistende Emanzipation von Herrschaft, Not und Angst aus. Wenn auch die *brave new world* aus dem Schoß der bürgerlichen Gesellschaft hervortritt, so steht darüber doch das Mentekel ihrer finalen Fehlgeburt. Auch darum muß die Pädagogik dem drohenden Verlust von Geschichte vorbeugen. Daher hat sie immer wieder neu auszulegen, was in einer besonnenen Aneignung ihrer Aufgabe denn doch nicht verloren gehen muß: daß sie auch gegen den historischen Verlauf an der Verwirklichung des Programms zu arbeiten hat. Entworfen wurde es bekanntlich in der Konstitutionsphase der bürgerlichen Pädagogik, die zugleich die dieser Gesellschaft war. Sie koinzidierte mit Aufklärungspädagogik und der deutschen Klassik. Darin ist das Programm klassisch geworden, unvergänglich vergangen. *Blankertz* tritt mit seiner Ausrichtung der Veränderung der Praxis durch eine Bildung im Medium des Berufs in das Erbe der europäischen Bildungstradition ein. An ihrer Gültigkeit als Aufgabe ändert das aktuelle politische Scheitern eines Schulversuchs nichts. Zugleich zeigt dieses aber, wie die Tradition durch die Widersprüchlichkeit der Gesellschaft bestimmt wird. Diese treibt sowohl zur Verpflichtung auf Bildung wie zu ihrer Sabotage. Mit der Bildungsaufgabe gilt es immer wieder neu anzusetzen.

6. Unvergänglich vergangen

Auch wenn die *Blankertz*sche Bildungstheorie im strengen Sinne ihre Realisierung in der Kollegschule verfehlt hat, erhält sie sich am Leben. Auch wenn das konkrete Reformprogramm heute als politisch überholt gilt, bestehen nicht nur die Probleme fort, die zu ihm motivierten, mehr noch, sie haben sich, wie angedeutet, weiter verschärft. Heute rächt sich vielfach, daß der Diskurs um das Integrationsproblem unterbrochen worden ist. Es lassen sich indes vielfältige neue Problemwahrnehmungen ausmachen, die deutlich machen, wie aktuell das Modell bis heute geblieben ist. Dazu seien abschließend einige Hinweise gegeben.

Die *Gymnasien* zollen heute der Tatsache Tribut, daß zahlreiche ihrer Schüler ein Orientierungsproblem haben: Viele von ihnen werden nicht studieren. Sie suchen nach beruflichen Orientierungen. Die Folge ist die breite Einführung von Praktika. Aber die können nur wenig helfen, solange die Berufswahlvorbereitung nicht in eine reale Qualifizierung überführt wird und das gymnasiale Curriculum bleibt, was es ist.

In der *beruflichen Bildung* stellt sich immer schärfer das Problem, worin angesichts der heterogenen Schülerschaft, der chronisch unsicheren Übergänge, der Verschiebung zwischen Erstqualifizierung und Weiterbildung, der Spannung zwischen De- und Höherqualifizierung ein sinnvolles Bildungsprogramm bestehen könnte. Nach Schlüsselqualifikationen wird gesucht, gefragt, wie sie didaktisch bewirkt werden können. Aus der Fixiertheit auf den möglichst unmittelbar einsichtigen Nutzen solcher Qualifizierungen heraus wird es keine zukunftsfähigen Antworten geben. Will die berufliche Bildung nicht nur Spielball der diversen Moden sein, so muß sie sich auf die Konzeption besinnen, die *Blankertz* ihr vor-geschrieben hat: Sie steht auf dem Boden der Bildung, oder sie stellt sich selbst zur Disposition der Rationalisierer. Erst wenn die Jugendlichen wie selbstverständlich nach der 10. Klasse einer allgemeinbildenden Schule in eine berufliche Vorbereitung gehen, die sie nicht fixiert auf ein enges Verwertungsinteresse und doch ganz der Aufgabe der Qualifizierung für zukunftsoffene Aufgaben aussetzt, werden die genannten Verunsicherungen produktiv bearbeitet werden können.

Die gegenwärtig diskutierten Trends der *Deregulierung* und *Pluralisierung* der beruflichen Bildung sind vor diesem Hintergrund mögliche Fluchttendenzen aus den geschilderten Problemlagen. Wenn Deregulierung und Pluralisierung bedeuten soll, daß die didaktischen Probleme der einheitlichen Qualifizierung über Berufscurricula durch deren Niveau- und Fachdifferenzierung gelöst werden, so wird eine zentrale Aufgabe der Schule zur Disposition gestellt, nämlich dafür zu sorgen, daß Chancengleichheit entstehen kann. Aus der Orientierung an „materialer Chancengleichheit" wird die sortierende Ausrichtung auf beliebig wechselnde Qualifikationsniveaus. Die Schule wird entlastet, die Schüler vor eine allgemein gültige Aufgabe zu stellen, indem sie im Vorgriff auf dabei zutage tretende und didaktisch zu beantwortende Unterschiede diese den Schülern unmittelbar subjektiv als deren Verschulden zuschreibt. Differenzierung wird so nicht *Mittel* zum Zweck der Erfüllung allgemeiner Standards, sondern zum *Ziel*, als Unterscheidung der Schüler. Ohne eine einheitliche Vorstellung von beruflicher Qualifikation verliert diese an sinnstiftender Konturierung. Am

Ende entscheidet jeder für sich, mit was er sich qualifiziert: Ein Konzept für wenige Gewinner und viele Verlierer.

Patchwork-Kompetenzen substituieren nur dann Qualifikationen für den Beruf, wo entsprechend bildungsstarke Subjekte die Integrationsleistung des Divergenten und Differenten vermögen. *Blankertz'* Forderung war dagegen die nach der Übernahme der pädagogischen Haftung für die Sinnstruktur des Lernens. Das war immer gedacht aus der Perspektive derjenigen, die die Schule brauchen, um zu einer solchen Struktur zu kommen. Ohne eine solche gibt es schließlich keinen Grund mehr dafür, Ausbildung in der Schule zu betreiben. Welche Interessen hier im Spiel sind, zeigt überdeutlich das massive Werben um Ausbildungsplätze im Handwerk mit der Botschaft, daß dieses entlastet werde von der Verpflichtung, die Schüler in vollem Umfange zur Schule zu schicken. Diese Form der Deregulierung stellt die berufliche Bildung selbst zur Disposition. Wer freilich nicht realistisch sagen kann, wie im Bildungsgang eines Auszubildenden subjektive Erwartungen und Möglichkeiten mit objektiven Anforderungen verknüpft werden können, der darf sich nicht wundern, daß die Schule im Streitfall als Steinbruch behandelt wird. Mit den Bildungsgangentwürfen der Kollegschule wäre die pädagogische Gegenargumentation stark zu machen.

In den *Hochschulen* wiederholt sich das Problem der Sekundarstufe II. Das Rezept gegen die Studentenmassen, die Verschulung des Studiums und die zuweilen verzweifelte Suche nach Arbeitsfeldern für die grundständig fehl- und kompensatorisch umqualifizierten Studierenden (auch das stellt eine Form der Deregulierung und Pluralisierung dar), produziert *à la longue* das Ende der heutigen Universität und deren Überleben in wenigen Eliteanstalten. Dagegen steht die Figur des wissenschaftlich qualifizierten Praktikers. Der ist in der Lage, das im Studium erworbene Theoriewissen und die Methodenkompetenz fallbezogen auf Probleme der beruflichen Praxis zu beziehen. Dieser Typus kann nur hervorgebracht werden, indem entsprechende Projekte die didaktische Leitfigur im Studium darstellen (*Goeudevert/Gruschka* 1998). Im entfalteten Integrationsgedanken steckt also die Chance für die akademische Berufsausbildung.

Evaluationsstudien wie *TIMSS* haben nachgewiesen (und bald wird es auch *PISA* tun), wie wenig produktiv Unterricht in der abbilddidaktischen Tradition erfolgt. Vormachen und Üben reichen nicht aus, Methodenkompetenz einzuüben, vielfach bleiben die Begriffe ohne Anschauungen leer und werden schneller vergessen als gelernt. Schule muß die Schüler vor Herausforderungen stellen, an denen sie ein starkes Motiv entfalten können, ihre Kompetenz zu erweitern. Der Bildungsgang muß ihnen als der ihre erscheinen können, die Anforderungen ihre Entwicklungsaufgaben darstellen. In der Jugendschule ist kein anderes Bildungszentrum denkbar, das dies leisten könnte, als die berufliche Herausforderung. Die Wissenschaft als möglicher Beruf leistet das genauso wenig wie die heute vielfach angediente Orientierung am Leben in der Freizeit- oder Spaßgesellschaft. Der immer lauter werdende Ruf nach Ernsthaftigkeit in den Bildungsaufgaben rührt genau an die Wunde, daß in der heutigen Schule den Jugendlichen nicht mehr gesagt werden kann, warum sie wissen sollten, was die Lehrer ihnen vermitteln.

Nicht nur aus den Problemen des konservierten Systems heraus wird die Unvergänglichkeit des *Blankertz*schen Ansatzes sinnfällig, auch von außen aus der Gesellschaft, genauer den Entwicklungen von Ökonomie, Technik und Wissenschaft wird die Überwindung des Schismas der beiden Kulturen immer drängender. Heute geht es weder darum, daß die Naturwissenschaften und Technologien sich vor den Übergriffen der Gesellschaft schützen müssen, noch umgekehrt darum, sie bloß „als Instrumente gesellschaftlicher Herrschaft" zu denunzieren. Nicht in der Beschwörung der Technik- wie der Profitverfallenheit kann die Lösung der Verunsicherung gegenüber dem sich beschleunigenden Fortschreiten gesehen werden. Die Technik ist so weit entfaltet, daß sie längst zur Gesellschaftswissenschaft geworden ist (vgl. *Euler* 1999): Gentechniken werden am Horizont sichtbar, mit denen nicht nur auf Naturprobleme reagiert, sondern Gesellschaft als neu gebaute Natur gänzlich verändert werden könnte. Die Ökonomie, die unter kapitalistischen Verhältnissen strukturell ihr irrationales Moment nicht abstreifen kann, entscheidet heute in so unglaublicher Schnelligkeit und ohne Bindung an eine reale Sphäre der Wertschöpfung über das Glück und das Unglück der Menschheit, daß sie unter rationale Kontrolle gebracht werden muß. Mit beidem wird deutlich, daß der Technokrat, der blind seinen Fetisch adoriert und der sich gleichzeitig zum Büttel des Verwertungsinteresses macht, obsolet geworden ist. Ebensowenig kann das globalisierte Wirtschaften heute als Ausrede genutzt werden, den Ort, an dem es vollzogen wird, allein als Mittel zum Zweck zu mißbrauchen. Wenn Produktion total geworden ist, ist die Menschheit von ihr betroffen und damit auch jeder aufgefordert, sie dem menschlichen Willen unterzuordnen. Woher, wenn nicht aus einer Bildung, die beides, Mittel und Zweck, in ihrer entsetzlichen Spannung aufnimmt, kann die Lösung erwachsen?

Die aufzuhebende Wahrheit der allgemeinen Menschenbildung liegt weiterhin in der beruflichen Bildung.

WILFRIED MÜLLER

Jahrbuch Bildung und Arbeit '98: Ökologische Kompetenz

Ökologische Themenstellungen haben keine politische Konjunktur mehr. Eigentlich sind sie schon seit Anfang der neunziger Jahre sukzessive von den Spitzenplätzen der politischen Agenda verschwunden. Die sozialen Probleme des neuen Deutschlands, die anhaltend hohe Massenarbeitslosigkeit und nicht zuletzt die neuartigen Risiken und Chancen der ökonomischen und informationstechnischen Globalisierung binden die öffentliche Aufmerksamkeit stärker als die weiterhin drohende weltweite Klimakatastrophe, das noch nicht überwundene Waldsterben, die Belastung der Luft durch Ozon *et cetera*. Und auch im Alltag scheint die Zeit des Energie- und Wassersparens, des Vermeidens von Chemikalien und des akribischen Mülltrennens vorbei zu sein – sofern nicht durch technischen Fortschritt und kommunale Organisationsformen umweltschonendes Verhalten nahegelegt wird. Und auch in der aktuellen politischen Debatte zum Zusammenhang von steigenden Treibstoffpreisen und „Öko-Steuern" spielen Strategien, Konzepte und Maßnahmen zum gezielten Einsparen von Benzin und Diesel nur am Rande eine Rolle.

In dieser Zeit aus der Perspektive verschiedener Sozial- und Erziehungswissenschaften sich systematisch mit den gesellschaftlichen Voraussetzungen, institutionellen Konstellationen und individuell relevanten Handlungsmustern ökologischer Kompetenz zu befassen, ist ein Verdienst des „Jahrbuches Bildung und Arbeit '98". Die Herausgeber haben mehr als zwanzig Autoren gewonnen, in ihren jeweiligen Forschungs- oder Handlungsfeldern Bedingungen und Dimensionen ökologischer Kompetenz zu analysieren, und die ausgewählten Artikel unter Zugrundelegung ihres heuristischen Modells den inhaltlichen Schwerpunkten „kulturelle und politische Rahmenbedingungen", „Institutionen ökologischen Handelns" und „ökologisches Handeln" zugeordnet.

Ein grundsätzliches Problem der sozialwissenschaftlichen Umweltforschung, insbesondere der der Soziologie, besteht darin, daß im Verhältnis zu den Natur- und Ingenieurwissenschaften sich erst relativ spät (Anfang der neunziger Jahre) eine größere Zahl von Forschungsgruppen herausgebildet hat und folglich weiterhin bis zum heutigen Tage eine theoretisch anspruchsvolle und empirisch gehaltvolle Forschung nur zu wenigen Themenstellun gen existiert. Dieser Sachverhalt wird zum Teil auch in den ausgewählten Artikeln dieses „Jahrbuches Bildung und Arbeit" erkennbar.

Im Mittelpunkt des ersten Schwerpunktes (*Kulturelle und politische Rahmenbedingungen*) steht die Frage, wie sich in pluralen Gesellschaften mit Interessenauseinandersetzungen und marktwirtschaftlicher Ökonomie anspruchsvolle ökologische Konzepte überhaupt durchsetzen lassen. Am Beispiel des Leitbildes der „nachhaltigen Entwicklung" (*sustainable development*), nach der UNO-Konferenz für Umwelt und Entwicklung in Rio de Janeiro (1992) Mitte der neunziger Jahre vorübergehend in den Mittelpunkt öffentlicher Debatten gerückt, läßt sich diese Frage exemplarisch gut verdeutlichen. Durch dieses Leitbild, das auf nicht weniger als eine integrative Betrachtung von ökonomischem, sozialem und ökologischem Fortschritt abzielt, sollten die politischen Institutionen entlastet werden, denn in Rio stand nicht die Vorbereitung neuer Stufen nationaler und internationaler Ordnungspolitik im Zentrum der Debatten, sondern Freiwilligkeit des Handelns und Kooperation zwischen Institutionen und Ländern. Leitbilder sollen als sanfte Form der Steuerung gerade dort konsensstiftend wirken, wo die Durchsetzung direkter politischer Vorgaben oder Ordnungsvorschriften nicht opportun, nicht möglich oder nicht sinnvoll ist. Die Interpretationen und Konkretisierungen von „nachhaltiger Entwicklung" fallen aber, so der Soziologe *Hellmut Lange*, je nach Wertvorstellungen, Interessenlagen und Handlungsfeldern der Akteure dermaßen unterschiedlich aus, daß Fortschritte in Richtung einer nachhaltigen Entwicklung ohne umfassende politische Kompetenz zur Schlichtung von Interessengegensätzen undenkbar erscheinen. Die formelle Politik wird also nicht – wie ursprünglich erhofft – durch dieses moderne Leitbild entlastet, sondern über den Umweg gesellschaftlicher Diskurse mit höheren Anforderungen an Professionalität und Moderationsfähigkeit konfrontiert.

Daß darüber hinaus in den verschiedenen Ländern Europas und der Welt höchst unterschiedliche kulturelle und politischen Vorstellungen zum inhaltlichen Gehalt ökologischer Kompetenz bestehen, vergrößert vor allem die Probleme auf internationaler Ebene, zu verbindlichen Abstimmungen der Umweltpolitik zu kommen. So arbeitet die italienische Soziologin *Pina Lalli* in der Wiedergabe der Ergebnisse eines französisch-italienisch-deutschen Vergleichs heraus, daß schon innerhalb Europas die Unterschiede der „sozialen Repräsentationen" von Natur und der mit ihrer technischen Umgestaltung verbundenen Risiken sehr groß sind. Vor diesem Hintergrund dürften auch mittel- und langfristig die verschiedenen weltweit existierenden Perspektiven, wie unter Bedingungen der ökonomischen Globalisierung die vorhandenen ökologischen Problemlagen bearbeitet werden können, nur sehr schwer auf einen gemeinsamen Nenner zu bringen sein.

Im Verhältnis zu den Arbeiten *Langes* und *Lallis* fällt das Plädoyer für eine ökologische Steuerreform von *Anselm Görres*, Unternehmensberater und

Vorstandsmitglied des *Fördervereins für ökologische Steuerreform*, zu normativ aus. Daß unter den Bedingungen einer Marktwirtschaft eine intelligente und behutsame Regulierung des Stoffwechsels zwischen Mensch und Natur prinzipiell möglich ist, müßte eigentlich systematischer und gründlicher belegt werden; und daß in diesem Rahmen Ökosteuern das wichtigste Instrument sind, darf mit Fug und Recht bezweifelt werden. Denn bisher hat in hochindustrialisierten Ländern überwiegend die Kombination vom Umweltschutzgesetzen und -verordnungen und technischem Fortschritt zur Minderung gravierender umwelt- und gesundheitsgefährdender Emissionen beigetragen.

Auch der zur Analyse der politischen und kulturellen Rahmenbedingungen ausgewählte Text des Frankfurter Politologen und Sozialphilosophen *Iring Fetscher* enthält zu wenige empirisch gehaltvolle Aussagen zum zentralen Thema des Jahrbuches. Der Autor beklagt den Verlust an demokratisch gelebter Identität in der Bundesrepublik und verlangt von der Politik eine stärkere Orientierung an den langfristigen Lebensinteressen einer Gesellschaft. Das ist weder originell noch inhaltsreich. An den Beginn dieses Schwerpunkts hätte der Aufsatz eines Politikwissenschaftlers gehört, der systematisch die Entwicklungsbedingungen, Konzepte, Brüche und Wirkungen der Umweltschutzpolitik in der Bundesrepublik Deutschland darstellt.

Trotz der großen Schwierigkeiten beim Abschluß und vor allem der Durchsetzung internationaler Verträge mit ökologischer Relevanz hat die Bedeutung internationaler Absprachen für die Strategien und Handlungen der zahlreichen für Umweltschutzkonzepte und -maßnahmen relevanten Institutionen, ob nun Industrieunternehmen, Medien, Behörden, in den letzten zwei Jahrzehnten wesentlich zugenommen. Und als Folge hiervon sind Strategien einer nachhaltigen Entwicklung ohne den Versuch der Beeinflussung international agierender Gremien und Institutionen gar nicht mehr erfolgreich zu entwickeln und umzusetzen. Die internationale Politik der „Nicht-Regierungsorganisationen" belegt diesen Sachverhalt anschaulich. In diesem Zusammenhang ist in der sozialwissenschaftlichen Forschung deutlich geworden, daß Ausrichtung, Durchsetzungsformen und Tempo der jeweiligen nationalen Umweltschutzpolitiken von der politischen Stärke und vom Grad der politischen Integration der jeweiligen Umweltschutzbewegungen abhängen. Die im mittleren Teil des Jahrbuchs vorgestellten Arbeiten über *Institutionen des Umweltschutzes* in anderen Ländern, zum Beispiel Japan und Rußland, zeigen die extrem unterschiedlichen Handlungsvoraussetzungen und -möglichkeiten der Umweltschutzbewegungen. So hat die japanische Umweltschutzbewegung es im Gegensatz zur deutschen niemals vermocht, ihren lokalen Aktionsraum in Richtung nationaler Politikarenen auszuweiten oder dort sogar Einfluß zu gewinnen. Für jeden an Umweltschutzforschung interessierten Leser ist der Aufsatz des in Japan lehrenden Soziologen *Helmut Loiskandl* nicht nur von politischem, sondern auch von theoretischem

Interesse; denn der Autor arbeitet am Beispiel Japans heraus, wie stark die kulturellen Muster einer Gesellschaft die Politikmodi beeinflussen können. So scheint die kulturelle Überformung jeglichen Protests durch den Konfuzianismus und damit verbundene autoritäre Strukturen es den politischen Eliten Japans ermöglicht zu haben, die Widerstände lokaler Umweltschutziniativen gegen ein ökologisch zerstörerisches Wirtschaftswachstum für eine gemäßigte nationale Umweltschutzpolitik zu funktionalisieren.

Auch die Arbeit des russischen Umweltsoziologen *Oleg N. Yanitzky* bietet dem Leser eine interessante Interpretation für die Erklärung der besonderen Probleme der russischen Umweltschutzbewegung. Danach besteht eine gravierende Diskrepanz zwischen der Modernität dieser Bewegung und deren Organisationen mit selbstreflexiven Fachleuten und internationaler Perspektive auf der einen Seite und den Handlungsbedingungen des politischen Systems Rußlands mit einer spezifischen Mischung aus Strukturelementen des alten totalitären Regimes und neuen aus dem „Chaos" hervorgegangener Akteure auf der anderen Seite. Daß in dieser Konstellation die Organisationen der russischen Umweltschutzbewegung in der Lage sein könnten, sich gegenüber dem Wechselspiel von gegenwärtig dominanten neuen und nach rückwärts gewandten Kräften durchzusetzen, muß leider bezweifelt werden.

Daß angesichts großer nationaler ökonomischer, politischer und kultureller Unterschiede noch große Hürden zur Entwicklung verbindlicher internationaler Kooperationszusammenhänge zu überwinden sind, dafür sprechen viele Belege – auch in den Artikeln dieses Jahrbuchs. Um so hoffnungsvoller sind die ersten Kristallisationskeime weltweiter Kooperation. Die kanadischen Sozialwissenschaftler *Urs P. Thomas* und *Jean-Guy Vaillancourt* dokumentieren in ihrem Bericht über den Forschungsstand zu den inhaltlichen Schwerpunkten und Organisationsformen einer internationalen „Nachhaltigkeitspolitik", daß sich in den letzten Jahren zur Umsetzung komplexer Umweltschutz- und Entwicklungsprogramme neuartige Formen der Zusammenarbeit von Experten verschiedener nationaler und internationaler Organisationen herausbildet haben, und zwar nicht nur aus dem Umweltschutzbereich, sondern auch der Welthandelsorganisationen. Ob die von den Autoren in diesem Zusammenhang geäußerten relativ hohen Erwartungen an informelle Experten-Netzwerke realisiert werden können, bleibt abzuwarten.

Zu den für die Entwicklung ökologischer Kompetenz wichtigen Institutionen gehören zweifellos Medien und Schule. Welche Rolle diese Institutionen real wahrnehmen und wie sie mit dieser Aufgabe umgehen, ist bisher so gut wie nicht untersucht – um so informativer sind die in diesem Jahrbuch vorgestellten Artikel hierzu. Die Soziologin *Barbara Adam* aus Cardiff zeigt an den Verarbeitungsstrategien des BSE-Skandals in Großbritannien, wie die Medien über eine ihnen gemäße Informations- und Aufklärungspolitik die Entwicklungsdynamik und die öffentliche Thematisierung dieses Skandalfalls beeinflußt haben. In ihrer Quintessenz kommt die Autorin zu dem ernüchternden Ergebnis, daß die Medien grundsätzlich überfordert sind, komplexe Informationen mit inneren Widersprüchlichkeiten und Ambivalenzen angemessen für die Öffentlichkeit aufzubereiten. Langfristig stellt sich daher die Frage, ob nicht neue Institutionen, die ohne Verkaufsdruck komplexe Informationen über Katastrophen und Risiken solide aufbereiten können, aufgebaut werden müssen. Erste Ansätze sind hierzu bereits zwar vorhanden, aber der Zugang zu diesen Medien (z.B. spezifischen Informationsdiensten) ist bisher aus informationstechnischen und ökonomischen Gründen nur wenigen Menschen möglich.

Auch an die Schulen müßten zur Herausbildung ökologischer Kompetenz völlig neue Anforderungen gerichtet werden. Die englischen Soziologen *Peter Dickens* und *John Parry* beschreiben an einem landesweiten Experiment mit Schulen verschiedener Regionen, daß es möglich ist, Schüler/innen mit Hilfe eines klugen pädagogischen Konzeptes und computer-basierter Techniken zu befähigen, lokal gewonnene Erfahrungsdaten und systematisch-abstrakte Wissensbestände zu verknüpfen und dadurch eine ganzheitlichere Sicht von Umweltthemen zu gewinnen. Auch die Konzeption des Erziehungswissenschaftlers *Joachim Kahlert*, „didaktische Netze" zur Erschließung komplexer Umweltthemen zu entwickeln, ist eindrucksvoll, bedarf aber noch der systematischen praktischen Umsetzung. Bevor aber so anspruchsvolle Ansätze sich im Alltag der Schule bewähren können, müßten dort grundlegende strukturelle und curriculare Reformen durchgesetzt werden.

Diesem mittleren Schwerpunkt des „Jahrbuchs Bildung und Arbeit '98", in dem das *ökologische Handeln von Institutionen* analysiert wird, fehlt eine Arbeit über den neueren Forschungsstand zu den ökonomischen und politischen Voraussetzungen und ökologischen Wirkungen industrieller Umweltschutzpolitik. Es wäre vermutlich deutlich geworden, daß industrielle Umweltschutzpolitik nicht nur eine Reaktion auf gesetzliche Umweltschutzstandards darstellt, sondern auch von komplexen Wechselbeziehungen zwischen innerbetrieblichen Handlungskonstellationen und überbetrieblichen Akteursfigurationen zwischen Unternehmen, staatlicher Verwaltung, Umweltschutzbewegung, Unternehmensberatern, regionaler Politik, Presse und so weiter abhängt.

Am Beispiel der chemischen Industrie wird diese These im Jahrbuch immerhin ansatzweise belegt. Denn die Deutungsmuster und Kommunikationsstrategien der Manager der chemischen Industrie scheinen sich in den letzten Jahren in der Auseinandersetzung mit der öffentlichen Kritik gewandelt zu haben. Diese Manager, die sich durchgängig als Menschen mit sehr hoher fachlicher und moralischer Kompetenz im Umgang mit ökologischen Problemen sehen und als Träger und Macher des industriellen Umweltschutzes verstehen, haben – so die Soziologen *Hartwig Heine* und *Rüdiger Mautz* in ihrem Artikel zum Schwerpunkt „*Ökologisches Handeln*" – erst angesichts der Legitimationskrise der chemischen Industrie sich der öffentlich vorgetragenen Kritik geöffnet und einen vorsichtigen Dialog mit ihren Kritikern begonnen. Ob bereits Konsequenzen aus diesem neuen Kommunikationsmuster für die Produktpolitik gezogen worden sind, kann noch nicht beurteilt werden. Immerhin muß man den großen Unternehmen der chemischen Industrie zugestehen, daß sie in den letzten Jahren große Fortschritte im produktionsintegrierten und produktorientierten Umweltschutz erreicht haben.

Die große *Diskrepanz zwischen Umweltbewußtsein und Umwelthandeln* war vor einigen Jahren ein beliebtes Thema der öffentlichen Debatte und zum Teil der sozialwissenschaftlichen Umweltforschung. Die Mehrzahl der Bundesbürger hält eben weiterhin Umweltschutzthemen für wichtig (wenn auch nicht mehr für so wichtig wie vor Jahren), zeigt anderseits aber wenig Interesse, sich den Umweltschutz etwas kosten zu lassen und größeren Verhaltenszumutungen zu folgen. Die theoretischen Zugänge zur Erklärung dieses Phänomens – überwiegend vorgestellt im dritten Schwerpunkt des Jahrbuches – sind sehr unterschiedlich.

So geht der Erziehungswissenschaftler *Hermann Stier* von der These aus, daß in Marktgesellschaften Umweltschutz grundsätzlich nur dort stimulierbar ist, wo Gewinne und Einkommen nicht negativ tangiert werden. Umweltschutzeinstellungen auf der Grundlage nicht-ökonomischer Motive hätten nach dieser These in Marktwirtschaften keine Chance, da im Konfliktfall der einzelne Bürger der Befriedigung seiner Alltagsbedürfnisse den Vorrang vor einem umweltschutzbewußten Verhalten geben würde. Diese These mag zwar auf den ersten Blick plausibel klingen, sozialwissenschaftlich ist sie aber zu einfach: Denn zum einen existieren innerhalb der westlich-kapitalistischen Welt sehr unterschiedliche kulturelle Muster und umweltpolitisch relevante Akteursfigurationen mit wiederum sehr unterschiedlichen ökologischen Konsequenzen (man vergleiche z.B. England auf der einen Seite und die skandinavischen Länder auf der anderen), und zum zweiten sind nichtmarktwirtschaftlich strukturierte Länder gerade keine Vorreiter des Umweltschutzes (gewesen).

Folgt man der theoretischen Erklärung der Psychologen *Ernst H. Hoff* und *Jens Walter*, so handelt es sich bei der konstatierten Kluft zwischen Umweltbewußtsein und Umweltverhalten um ein theoretisches Konstrukt, weil Bewußtsein und Handeln der Individuen als realiter voneinander unabhängig begriffen werden müssen. Grundsätzlich plädieren die Autoren dafür, innerhalb des Umweltbewußtseins zwischen dem „ökologischen Problemverständnis" (Sicht der ökologischen Probleme) und „ökologischen Kontrollvorstellungen" (aus denen in unterschiedlichen Situationen Konsequenzen für das Handeln gezogen werden) zu unterscheiden. Da die Handlungen einzelner Menschen nur bei Kenntnis der komplexen Handlungssituationen zu bewerten sind, würden vor allem selektiv auf spezifische Handlungsdimensionen und individuelle Personen ausgerichtete Forschungsperspektiven der Komplexität der Umweltkrise und darauf gerichteter ökologischer Handlung nicht gerecht. „Ökologisches Verantwortungsbewußtsein" bilde sich in Auseinandersetzung mit anderen Menschen und in Kooperation von Menschen heraus und sei nur in dieser Grundkonstellation handlungsfähig. Die sozialwissenschaftliche Forschung sollte daher – so *Hoff* und *Walter* – nicht individuelles, sondern kollektiv-kooperatives Handeln zum Ausgangspunkt der Analyse machen.

Die Soziologen *Günter Warsewa* und *Roland Bogun* nähern sich von einem anderen theoretischen Ansatz der Diskrepanz zwischen Umweltbewußtsein und Umweltverhalten: Sie bezweifeln, daß es im Regelfall überhaupt bewußte ökologische Handlungen geben kann, da Handlungen normalerweise der Erfüllung direkter sozialer Zwecke (Reisen, Essen, Duschen) und nicht der Reduktion von Umweltbelastungen dienen (um es konkret an einem Beispiel zu sagen: Man kann eigentlich nicht erwarten, daß eine Person beim Kauf eines Anzuges an die Belastungen der Umwelt durch dessen Herstellung und Abfallbeseitigung denkt oder gar etwas Inhaltsreiches dazu weiß). Da Handlungen je nach Handlungsfeld sehr unterschiedlichen Handlungslogiken folgen müssen, kann es eigentlich in der Regel „ökologische Handlungen" gar nicht geben, sondern nur Handlungen mit verschiedenen ökologischen Optionen (z.B. beim Reisen die Nutzung der Eisenbahn). Angesichts unterschiedlicher Wertmaßstäbe, Ausgangsbedingungen und komplexer Wirkungsketten bieten sich dem Einzelnen zwar große Wahlmöglichkeiten, aber die Heterogenität und Komplexität der Probleme läßt die Entwicklung von „automatischen" Handlungsroutinen im täglichen Umweltschutz nicht zu. Im Gegensatz zu vielen anderen Handlungsfeldern kommt es im Bereich des Umweltschutzhandelns so gut wie nie zur „vollständigen Normbildung". In dieser widersprüchlichen Lage – so die Autoren – wächst dem jeweiligen „Risikobewußtsein" der Akteure die wichtige Aufgabe zu, in einer komplizierten Welt Orientierungslinien im Erkennen und Lösen von Problemen zu geben.

Beim aktuellen Stand der sozialwissenschaftlichen Forschung kann nicht überraschen, daß das „Jahrbuch Bildung und Arbeit '98" eher einen bunten Strauß von normativen Vorgaben, theoretischen Ansätzen und empirisch konstatierten Sachverhalten beinhaltet als eine in sich konsistente und im Detail abgestimmte Darstellung des Forschungsstandes. Auch unter Berücksichtigung der im vorliegenden Jahrbuch zusammengefaßten Artikel liegt es nahe, daß in der sozial- und erziehungswissenschaftlichen Umweltforschung zwei Ansprüche in Zukunft mit größerer Verbindlichkeit angegangen werden. Angesichts der Internationalisierung der Umweltschutzpolitik sollten zum einen grundsätzlich – wie zum Teil in der Politikwissenschaft bereits realisiert – wesentlich öfter als bisher Untersuchungen durchgeführt werden, die die Zusammenhänge von internationalen und nationalen Handlungsbedingungen und -perspektiven der verschiedener Akteure in den Mittelpunkt stellen - nicht zuletzt, um angesichts der Notwendigkeit zur internationalen

Kooperation das Wissen und das Verständnis für die Umweltschutzpolitik anderer Länder zu vergrößern. Das Jahrbuch hat mit einer ausgewogenen Mischung von deutschen und ausländischen Autoren einen Schritt in die richtige Richtung getan.

Zum zweiten sollten Sozial- und Erziehungswissenschaftler/innen systematischer als bisher die Kooperation mit natur- und ingenieurwissenschaftlichen Arbeitsgruppen suchen. Im Jahrbuch kommt aber leider nur ein Naturwissenschaftler zu Wort. Dabei lassen sich ökologische Probleme – so eine der Thesen in der Einleitung des Jahrbuches – ohne natur- und ingenieurwissenschaftliche Kenntnisse weder identifizieren noch lösen. Meines Erachtens ist es unabdingbar, daß von der Seite der Sozial- und Erziehungswissenschaften Brücken in Richtung Natur- und Ingenieurwissenschaften geschlagen werden. Das von *Helmut Heid* im Jahrbuch moderierte interdisziplinäre Gespräch zwischen einem Naturwissenschaftler, einem Juristen, einem Ökonomen und einem Theologen liefert interessante Anregungen, wie interdisziplinäre Kooperation begonnen und gestaltet werden kann.

Trotz und gerade wegen des nachlassenden öffentlichen Interesses am Umweltschutz bedarf es steigender Anstrengungen der sozialwissenschaftlichen Umweltschutzforschung, um theoretisch anspruchsvoll und empirisch gut abgesichert zur Aufklärung über die gesellschaftlichen Rahmenbedingungen, institutionellen Handlungskonstellationen und die Handlungschancen unterschiedlicher gesellschaftlicher Gruppen für eine nachhaltige Entwicklung beizutragen. Fachimmanente nationale Forschungsanstrengungen sollten in jedem Fall durch interdisziplinär und international angelegte Forschungsbeziehungen komplementär ergänzt werden.

Literatur

ADDISON, John T., C. R. BARRETT und W. Stanley SIEBERT, 1997: The Economics of Labour Market Regulation, in: Addison/Siebert 1997, 62-104
ADDISON, John T., und W. Stanley SIEBERT (Hrsg.), 1997: Labour Markets in Europe, London
ADLER, Michael, Alison PETCH und Jill TWEEDIE, 1989: Parental Choice and Educational Policy, Edinburgh
ALLEN, John, 1992: Post-industrialism and Post-Fordism, in: S. Hall u.a. (Hrsg.), Modernity and its Futures, Cambridge
ALT, Christel, 1995: Berufliche Weiterbildung als Faktor im Prozeß der Regionalentwicklung, in: Ekkehard Nuissl (Hrsg.): Standortfaktor Weiterbildung, Bad Heilbrunn, 50-75
ANDERSEN, Jørgen Goul, 1991: Vælgernes vurderinger af kriseårsager, in: Eggert Petersen u.a., De trivsomme og arbejdsomme danskere. Krisen og den politisk-psykologiske udvikling 1982-90, Aarhus 1991, 61-80
ANDERSEN, Jørgen Goul, 1993: Politik og samfund i forandring, Kopenhagen
ANDERSEN, Jørgen Goul, 1995: De ledige ressourcer, Kopenhagen
ANDERSEN, Jørgen Goul, 1996: Marginalisation, Citizenship and the Economy: The Capacity of the Universalist Welfare State in Denmark, in: Erik Oddvar Eriksen und Jørn Loftager (Hrsg.), The Rationality of the Welfare State, Oslo 1996, 155-202
ANDERSEN, Jørgen Goul, 1997a: The Scandinavian Welfare Model in Crisis? Achievements and Problems of the Danish Welfare State in an Age of Unemployment and Low Growth, in: Scandinavian Political Studies, 1997, 1-31
ANDERSEN, Jørgen Goul, 1997b: Beyond Retrenchment: Welfare Policies in Denmark in the 1990s. Paper prepared for the ECPR Round Table on 'The Survival of the Welfare State', Bergen 1997
ANDERSEN, Jørgen Goul, 1999: Changing Labour Markets, New Social Divisions and Welfare State Support, in: Stefan Svallfors und Peter Taylor-Gooby (Hrsg.): The End of the Welfare State? London
ARABIN, Lothar, 1996: Unterrichtende an hessischen Volkshochschulen, Frankfurt a.M.
ARCHER, Margaret, 1979: Social Origins of Educational Systems, London
ARENDT, Hannah, 1967: Vita Activa oder Vom tätigen Leben, Stuttgart
ARGANDONA, Antonio, 1997: Spain and the European Social Charter: Social harmonization with unemployment and high wage growth, in: Addison/Siebert 1997, 191-211
ARNOLD, Rolf, 1997: Von der Weiterbildung zur Kompetenzentwicklung. Neue Denkmodelle und Gestaltungsansätze in einem sich verändernden Handlungsfeld, in: QUEM 1997, 253-307
ARNOLD, Rolf, und H.-J. MÜLLER, 1992: Berufsrollen betrieblicher Weiterbildner. Berufsbildung in Wissenschaft und Praxis 21 (1992), 5, 36-41
ASHTON, David Norman, Malcolm MAGUIRE and Valerie GARLAND, 1982: Youth in the Labour Market, London
ASHTON, David Norman, Malcolm MAGUIRE und Mark SPILSBURY, 1990: Restructuring the Labour Market. The Implications for Youth, Basingstoke

ASHTON, David, und Jonny SUNG, 1994: The State, Economic Development and Skill Formation: A New Asian Model (= Working Paper, 3, Centre for Labour Market Studies, University of Leicester), Leicester

ATKINSON, David, 1999: The financing of vocational education and training in the United Kingdom, CEDEFOP, Thessaloniki

ATKINSON, John, 1984: Manpower strategies for flexible organizations, in: Personnel Management 1984, August, 28-32

ATKINSON, John, 1985: The changing corporation, in: D. Clutterbuck (Hrsg.), New Patterns of Work, Aldershot

ATKINSON, J., and N. MEAGER, 1986: Changing working practices: how companies achieve flexibility to meet new needs. National Economic Development Office, London

AUER, Peter, und Stefan SPECKESSER, 1996: Labour Markets and Organisational Change (= Wissenschaftszentrum Berlin, Discussion paper, FS I 96-205), Berlin

BAETHGE, Martin, 1990: Arbeit, Vergesellschaftung, Identität – zur zunehmenden normativen Subjektivierung der Arbeit, in: SOFI-Mitteilungen Nr. 18, Göttingen, 1-120

BAETHGE, Martin, 1995: Neue betriebliche Organisationskonzepte und die aktuelle Krise des dualen Systems, in: Franz Müntefering (Hrsg.): Jugend, Beruf, Zukunft, Marburg, 35-48

BAETHGE, Martin, Volker BAETHGE-KINSKI, 1998: Jenseits von Beruf und Beruflichkeit? – Neue Formen von Arbeitsorganisation und Beschäftigung und ihre Bedeutung für eine zentrale Kategorie gesellschaftlicher Integration, in: Mitteilungen der Arbeitsmarkt- und Berufsforschung 31 (1998), 3, 461-472

BAETHGE, Martin, Brigitte HANTSCHE, Wolfgang PELLUL und Ulrich VOSKAMP, 1988: Jugend und Identität, Opladen

BAETHGE, Martin, und Peter HAASE, 1999: Plädoyer für eine neue Berufsbildungsreform, in: Expertisen für ein Berliner Memorandum zur Modernisierung der Beruflichen Bildung (= Schriftenreihe der Senatsverwaltung für Arbeit, Berufliche Bildung und Frauen, 38), Berlin, 167-186

BALL, Stephen, 1993: Education Markets, Choice and Social Class: the market as a class strategy in the UK and the USA, in: British Journal of Sociology of Education 14 (1993), 1, 3-19

BALL, Stephen, Richard BOWE und Sharon GERWITZ, 1996: School choice, social class and distinction. The realization of social advantage in education, in : Journal of Educational Policy 11 (1996), 89-113

BARDELEBEN, Richard von, und Klaus TROLTSCH: Betriebliche Ausbildung auf dem Rückzug? Entwicklung der Ausbildungsbeteiligung von Betrieben im Zeitraum von 1985 bis 1995, in: Berufsbildung in Wissenschaft und Praxis 26 (1997), 5, 9-16

BAUERMEISTER, Lutz, und Felix RAUNER, 1996: Berufsbildung im Lernortverbund oder wie man aus der Not eine Tugend machen kann, in: Berufsbildung in Wissenschaft und Praxis 25 (1996), 6, 9-15

BAUMAN, Zygmunt, 1995: Moderne und Ambivalenz. Das Ende der Eindeutigkeit, Frankfurt a.M.

BEAUMONT, Gordon, 1996: Review of 100 NVQs/SVQs. A report on the findings (National Council for Vocational Qualifications SCOTVEC), o.O.

BECK, Ulrich, 1992: Risk Society. Towards a New Modernity, London

BECK, Ulrich, 1993: Nicht Autonomie, sondern Bastelbiographie, in: Zeitschrift für Soziologie 22 (1993), 3, 178-187
BECK, Ulrich, 1998: Was ist Globalisierung? Frankfurt a.M.
BECK, Ulrich, 1999: Schöne neue Arbeitswelt. Vision: Weltbürgergesellschaft, Frankfurt a.M. und New York
BECK, Ulrich, Karl Martin BOLTE, und Michael BRATER, 1988: Der Berufsbegriff als Instrument soziologischer Analyse, in: Karl Martin Bolte (Hrsg.): Mensch, Arbeit und Betrieb. Beiträge zur Berufs- und Arbeitskräfteforschung, Weinheim
BECK, Ulrich, Michael BRATER, Hansjürgen DAHEIM, 1980: Soziologie der Arbeit und der Berufe, Reinbek
BEINKE, Lothar, u.a. (Hrsg.), 1981: Der Weiterbildungslehrer, Weil der Stadt
BEITZ, Lars-Erik, 1996: Schlüsselqualifikation Kreativität. Begriffs-, Erfassungs- und Entwicklungsproblematik, Hamburg
BELL, Daniel, 1975: Die nachindustrielle Gesellschaft, Frankfurt a.M. und New York
BENZENBERG, Ingo, 1999: Netzwerke als Regulations- und Aktionsfeld der beruflichen Weiterbildung, Bochum
BERGER, Peter A., 1989: Ungleichheitssemantiken. Graduelle Unterschiede und kategoriale Exklusivitäten, in: Archives européennes de sociologie 30 (1989), 48-60
BERGMANN, Bärbel, 1996: Lernen im Prozeß der Arbeit, in: QUEM 1996, 153-262
BERLINER MEMORANDUM, 1999: Zur Modernisierung der Beruflichen Bildung (Berliner Senatsverwaltung für Arbeit, Berufliche Bildung und Frauen), Berlin
BIBB (= Bundesinstitut für Berufsbildung), 2000: Berufsbildungsstatistik − Betriebe (http://www.bibb.de/beruf/fram_be2.htm; 12.04.2000)
BIGGART, Andy, und Andy FURLONG, 1996: Educating 'discouraged workers'. Cultural diversity in the upper secondary school, in: British Journal of Sociology of Education 17 (1996), 253-266
BLACKBURN, Robert, und Jennifer JARMAN, 1993: Changing inequalities in access to British universities, in: Oxford Review of Education 9 (1993), 197-215
BLAINPAIN, R., u.a., 1996: Contractual Policies concerning Continued Vocational Training in the European Community Member States (Survey for the FORCE-Programme), Löwen
BLANCHARD, Olivier J., und Lawrence H. SUMMERS, 1986: Hysteresis and the European Unemployment Problem, in: Stanley Fischer (Hrsg.): NBER Macroeconomics Annual 1986, Cambridge, MA
BLANK, William E., 1982: Handbook for Developing Competency-Based Training Programs, Englewood Cliffs, NJ
BLANKERTZ, Herwig, 1959: Der Begriff der Pädagogik im Neukantianismus, Weinheim
BLANKERTZ, Herwig, 1963: Berufsbildung und Utilitarismus. Problemgeschichtliche Untersuchungen, Düsseldorf
BLANKERTZ, Herwig, 1965: Die Menschlichkeit der Technik, in: Ders. u.a., Technik − Freizeit − Politik (= neue pädagogische bemühungen, 26), Essen
BLANKERTZ, Herwig, 1967: Zum Begriff des Berufs in unserer Zeit, in: Ders. (Hrsg.): Arbeitslehre in der Hauptschule (= neue pädagogische bemühungen, 29), Essen
BLANKERTZ, Herwig, 1968: Arbeitslehre in der Hauptschule, Essen
BLANKERTZ, Herwig, 1969a: Theorien und Modelle der Didaktik, München
BLANKERTZ, Herwig, 1969b: Bildung im Zeitalter der großen Industrie. Pädagogik, Schule und Berufsausbildung im 19. Jahrhundert, Hannover

BLANKERTZ, Herwig, 1972: Kollegstufe in Nordrhein-Westfalen – Das Ende der gymnasialen Oberstufen und der Berufsschulen, in: Deutsche Berufs- und Fachschule 76 (1972), 1, 2-20

BLANKERTZ, Herwig, 1978a: Handlungsrelevanz pädagogischer Theorie – Selbstkritik und Perspektive der Erziehungswissenschaft am Ausgang der Bildungsreform, in: Zeitschrift für Pädagogik 24 (1978), 2, 171-182

BLANKERTZ, Herwig, 1978b: Erich Dauenhauer und die „marxistische Denkweise" des Max-Planck-Instituts für Bildungsforschung, in: Die Deutsche Berufs- und Fachschule 82 (1978), 2, 140-144

BLANKERTZ, Herwig, und Rainer BROCKMEYER, 1978: Grundlagen der curricularen Schwerpunktbildung für Kollegschule NW, in: Schriftenreihe des Pädagogischen Instituts der Landeshauptstadt Düsseldorf, 37, Düsseldorf

BLANKERTZ, Herwig, 1979: Kritische Erziehungswissenschaft, in: Klaus Schaller (Hrsg.): Erziehungswissenschaft der Gegenwart, Bochum, 28-254

BLANKERTZ, Herwig, 1982a: Geschichte der Pädagogik: Von der Aufklärung bis zur Gegenwart, Wetzlar

BLANKERTZ, Herwig, 1982b: Rekonstruktion geisteswissenschaftlicher Lehrplantheorie nach dem Ende der Curriculumeuphorie, in: Siegener Hochschulblätter (1982), 2, 18-29

BLANKERTZ, Herwig, 1983: Geschichte der Pädagogik und Narrativität, in: Zeitschrift für Pädagogik 29 (1983), 1, 1-9

BLANKERTZ, Herwig (Hrsg.), 1986: Lernen und Kompetenzentwicklung in der Sekundarstufe II – Abschlußbericht zur Evaluation von doppelqualifizierenden Bildungsgängen der Kollegschule, Soest

BLANKERTZ, Stefan, und Andreas GRUSCHKA, 1990: Einübung in den „Widerspruch gegen die zugemutete Intentionalität", in: Pädagogische Korrespondenz (1990), 7, 15-33

BLOCK, Fred, 1990: Postindustrial Possibilities: A Critique of Economic Discourse, Berkeley, CA

BLOSSFELD, Hans-Peter, und Catherine HAKIM (Hrsg.), 1997: Between Equalization and Marginalization: Women working Part-time in Europe and the United States of America, Oxford

BMBF (= Bundesministerium für Bildung und Forschung) (Hrsg.), 1978: Berufsbildungsbericht 1978 (= Schriftenreihe Berufliche Bildung, 9), Bonn

BMBF (= Bundesministerium für Bildung und Forschung) (Hrsg.), 1996: Berufsbildungsbericht 1996, Bonn

BMBF (= Bundesministerium für Bildung und Forschung) (Hrsg.), 2000: Kapitel 1.1.3 und 1.1.4 des Entwurfs zum Berufsbildungsbericht 2000 (Teil II), Bonn

BOLDER, Axel, und Wolfgang HENDRICH, 1998: Am Ende das widerspenstige Subjekt: Die Adressaten als Restrisiko berufsbildungspolitischer Aktion auf der Mesoebene, in: Dobischat/Husemann 1997, 261-275

BÖTTCHER, Wolfgang (Hrsg.), 1996: Die Bildungsarbeiter, Weinheim

BORNSCHIER, Volker, 1998: Westliche Gesellschaft. Aufbau und Wandel, Zürich

BOSCH, Gerhard, Rolf DOBISCHAT und Rudolf HUSEMANN, 1998: Innovation durch Weiterbildung. Studie im Auftrag der Enquete-Kommission „Zukunft der Erwerbsarbeit" (herausg. vom Präsidenten des Landtages Nordrhein-Westfalen), Düsseldorf 1998, 301-333

BOURDIEU, Pierre, 1979: Distinction. A social critique of judgement of taste, London

BOURDIEU, Pierre, 1989: La Noblesse d'État, Grandes Écoles et esprit de Corps, Paris
BOURDIEU, Pierre, u.a., 1993: The Weight of the World, Social Suffering in Contemporary Society, Cambridge
BOYD, William, und James CIBULKA (Hrsg.), 1989: Private Schools and Public Policy, London
BRANDES, Harald, und Günter WALDEN, 1995: Werden Ausbildungsplätze auch im Westen immer mehr zur Mangelware? In: Berufsbildung in Wissenschaft und Praxis 24 (1995), 6, 52 - 55
BRANDES, Wolfgang, und Peter WEISE, 1999: Unternehmung und Arbeitsbeziehungen, in: Jahrbuch Ökonomie und Gesellschaft 15, 18-76
BROWN, Gordon, 1994: The Politics of Potential: a new agenda for Labour, in: Miliband 1994
BROWN, Phillip, 1990: The 'Third Wave': education and the ideology of parentocracy, in: British Journal of Sociology of Education 11 (1990), 65-85
BROWN, Phil, 1990: Schooling and Economic Life in the UK, in: Lynne Chisholm, Peter Büchner, Heinz-Hermann Krüger und Phil Brown (Hrsg.): Childhood, Youth and Social Change: A Comparative Perspective, London
BROWN, Phillip, 1995: Cultural Capital and Social Exclusion: Some Observations on Recent Trends in Education, Employment and the Labour Market, in: Work, Employment and Society 9 (1995), 29-51
BROWN, Phillip, und Hugh LAUDER, 1992: Education, Economy and Society: an introduction to a new agenda, in: Dies. (Hrsg.), Education for Economic Survival: From Fordism to Post-Fordism? London
BROWN, Phillip, und Richard SCASE, 1994: Higher Education and Corporate Realities, London
BROWN, Phil, und Hugh LAUDER, 1996: Education, globalisation and economic development, in: Journal of Education Policy 11 (1996), 1-27
BROWN, Phillip, und Hugh LAUDER, 2000: Capitalism and Social Progress: The Future of Society in the Twenty-First Century, London
BUCHMANN, Marlis and Stefan SACCHI, 1998: The Transition from School to Work in Switzerland, in: Yossi Shavit und Walter Müller (Hrsg.): From School to Work. A Comparative Study of Educational Qualifications and Occupational Destinations, Oxford 1998
BÜCHTEMANN, Christoph F., 1993: Employment Security and Deregulation: The West German experience, in: Ders. (Hrsg.): Employment Security and Labor Market Behavior, Ithaca, NY, 272-296
BÜHL, Walter, 1986: Strukturkrise und Strukturwandel. Zur Situation der Bundesrepublik, in: J. Berger, (Hrsg.), Die Moderne – Kontinuitäten und Zäsuren, Göttingen
BUNDESANSTALT FÜR ARBEIT/BIBB (Hrsg.), 1999: Ausbildungsmarkt 1988-1998 in der Gliederung nach Arbeitsamtsbezirken, Nürnberg
BUNDESMANN-JANSEN, Jörg, Paul HILD, Peter HÖLLMER und Michael MOHRI, 1996: Regionale Ausbildungspolitik. Begleitstudie zum „Regionalen Aktionsprogramm berufliche Erstausbildung" im Land Brandenburg. Studie im Auftrag des Ministeriums für Arbeit, Soziales, Gesundheit und Frauen des Landes Brandenburg, durchgeführt vom Institut zur Erforschung sozialer Chancen (ISO), Köln
BMBW (= BUNDESMINISTERIUM FÜR BILDUNG UND WISSENSCHAFT) (Hrsg.), 1993: Berufsbildungsbericht 1993, Bonn

BUNK, Gerhard P., 1994: Kompetenzvermittlung in der beruflichen Aus- und Weiterbildung in Deutschland, in: CEDEFOP Europäische Zeitschrift für Berufsbildung (1994), 1, 9-15

BURNHILL, Peter, Catherine GARNER und Andrew MCPHERSON, 1990: Parental education, social class and entry into higher education 1976-86, in: Journal of the Royal Statistical Society, Series A, 153 (1990), 233-248

CARNOY, Martin, Manuel CASTELLS, Stephen COHEN und Fernando CARDOSO, 1993: The Global Economy in the Information Age, <...> Pennsylvania

CEDEFOP, 1998: Training for a changing society, Thessaloniki

CHISHOLM, Lynne, 1996: Jugend und Bildung in Europa: soziale Ungleichheiten in der zweiten Moderne, in: Axel Bolder, Walter R. Heinz und Klaus Rodax (Hrsg.): Die Wiederentdeckung der Ungleichheit. Aktuelle Tendenzen in Bildung für Arbeit (= Jahrbuch Bildung und Arbeit '96), 20-35

COHEN, Daniel, 1998: Fehldiagnose Globalisierung. Die Neuverteilung des Wohlstands nach der dritten industriellen Revolution, Frankfurt a.M. und New York

COLLINS, Randall, 1979: The Credential Society, New York

COMMISSION OF THE EUROPEAN COMMUNITIES, 1993: Growth, Competitiveness, Employment: The Challenges and Ways Forward into the 21st Century, White Paper (= Bulletin of the European Communities, 6/93), Brüssel

COMMISSION ON SOCIAL JUSTICE, 1994: Social Justice: Strategies for National Renewal, London

COMMISSION ON STRUCTURAL LABOUR MARKET PROBLEMS, 1992: Rapport fra udredningsudvalget om arbejdsmarkedets strukturproblemer, Kopenhagen

COURTENAY, Gill, und Ian MCALEESE, 1993: England and Wales Youth Cohort Study. Report on Cohort 5, Sweep 1, Sheffield

DAHMS, Vera, und Frank SCHIEMANN, 1998: Synopse zur Förderung der betrieblichen Erstausbildung in den neuen Bundesländern (Institut für Sozialökonomische Strukturanalysen e.V. Berlin, SÖSTRA), Berlin

DAHRENDORF, Ralf, 1980: Im Entschwinden der Arbeitsgesellschaft, in: Merkur, 34 (1980), 749-760

DAHRENDORF, Ralf, 1983: Wenn der Arbeitsgesellschaft die Arbeit ausgeht, in: Joachim Matthes (Hrsg.): Krise der Arbeitsgesellschaft? Verhandlungen des 21. Deutschen Soziologentages in Bamberg 1982, Frankfurt a.M., 25-37

DAVIS, Mike, 1990: City of Quartz, New York

DEAKIN, Simon, und Frank WILKINSON, 1991: Social Policy and Economic Efficiency: The Deregulation of the Labour Market in Britain, in: Critical Social Policy 11 (1991), 3, 40-61

DEMES, Helmut, und Walter GEORG, 1994: Bildung und Berufskarriere in Japan, in: Dies. (Hrsg): Gelernte Karrieren. Bildung und Berufsverlauf in Japan, München, 13-34

DEML, Jörg, und Olaf STRUCK-MÖBBECK, 1998: Formen flexibler Beschäftigung – Umfang und Regulierungserfordernisse, Hamburg

DEPARTMENT FOR EDUCATION, 1994: Statistical Bulletin 13/94, London

DEUTSCHE GESELLSCHAFT FÜR TECHNISCHE ZUSAMMENARBEIT (GTZ) (Hrsg.), 1998: Current. Orientierungshilfe zur Curriculum Revision und Entwicklung, Eschborn und Bremen

DEUTSCHER BILDUNGSRAT (Hrsg.), 1970: Strukturplan für das Bildungswesen, Bonn

DEUTSCHER BILDUNGSRAt (Hrsg.), 1974: Neuordnung der Sekundarstufe II, Bonn

DEWEY, John, 1966: Democracy and Education, New York
DICHMANN, Werner, und Winfried SCHLAFFKE (Hrsg.), 1998: Wege in die Selbständigkeit, Köln
DIECKMANN, Bernhard, u.a, 1981: Nebenberufliche Kursleiter in den Volkshochschulen von Berlin (West), Berlin
DIECKMANN, Bernhard, u.a., 1982: Zur Arbeitssituation und Perspektive nebenberuflicher Volkshochschul-Dozenten, Berlin
DOBISCHAT, Rolf, und Rudolf HUSEMANN (Hrsg.), 1995: Berufliche Weiterbildung als freier Markt? Regulationsanforderungen der beruflichen Weiterbildung in der Diskussion, Berlin
DOBISCHAT, Rolf, und Rudolf HUSEMANN (Hrsg.), 1997: Berufliche Bildung in der Region. Zur Neubewertung einer bildungspolitischen Gestaltungsdimension, Berlin
DOBISCHAT, Rolf, und Günter KUTSCHA, 2000: Berufliche Weiterbildung und Lernende Region – Gestaltungsoptionen für den Modernisierungsprozeß, in: Ulrike Buchmann und Anne Schmidt-Peters (Hrsg.): Berufsbildung aus ökologischer Perspektive, Hamburg, 199-237
DOHMEN, Günther, 1999: Weiterbildungsinstitutionen, Medien, Lernumwelten. Rahmenbedingungen und Entwicklungshilfen für das selbstgesteuerte Lernen, Bonn
DONGES, Jürgen B., 1992: Deregulierung am Arbeitsmarkt und Beschäftigung, Tübingen
DORNDORF, Eberhard, 1999: Beschäftigungseffekte des Arbeitsrechts und ihre juristische Rechtfertigung, in: Jahrbuch Ökonomie und Gesellschaft 15, 284-305
DOSTAL, Werner, 1998: Berufs- und Qualifikationsstrukturen in offenen Arbeitsformen, in: Dieter Euler (Hrsg.): Berufliches Lernen im Wandel – Konsequenzen für die Lernorte? Dokumentation des 3. Forums Berufsbildungforschung 1997 an der Friedrich-Alexander-Universität Erlangen-Nürnberg (= BeitrAB, 214), Nürnberg, 173-187
DRESCHER, Ewald, Wolfgang MÜLLER, Willy PETERSEN u.a., 1995: Neuordnung oder Weiterentwicklung? Evaluation der industriellen Elektroberufe. Ein Forschungsprojekt im Auftrag des Bundesinstituts für Berufsbildung, Bremen
DREXEL, Ingrid, 1993: Das Ende des Facharbeiteraufstiegs? Frankfurt a.M. und New York
DRÖLL, Hajo, 1998: Weiterbildungsmarkt Frankfurt, Bad Schwalbach
DU BOIS REYMOND, Manuela, 1998: I Don't Want to Commit Myself Yet: Young People's Life Concepts, in: Journal of Youth Studies 1 (1998), 63-79
DYBOWSKI, Gisela, 1995: Berufliches Lernen im Kontext betrieblicher Innovationsprozesse – Implikationen für die berufliche Bildung, in: CEDEFOP Europäische Zeitschrift für Berufsbildung, 5 (1995), 45-49
DYBOWSKI, Gisela, Helmut PÜTZ, und Felix RAUNER (Hrsg.), 1995: Berufsbildung und Organisationsentwicklung – „Perspektiven, Modelle, Grundfragen", Bremen
EATWELL, John, 1995: The International Origins of Unemployment, in: J. Michie und J. G. Smith (Hrsg.), Managing the Global Economy, Oxford
ECONOMIC COUNCIL (Det økonomiske Råd), 1988: Dansk økonomi, juni 1988, Kopenhagen
ERHEL, Christine, Jérôme GAUTIÉ, Bernard GAZIER und Sylvie MOREL, 1996: Job Opportunities for the Hard-to-place, in: Schmid u.a. 1996, 277-307
ERIKSON, Robert, und Jan O. JONSSON (Hrsg.), 1996: Can Education be Equalised? The Swedish Case in Comparative Perspective, Boulder, CO

ERIKSON, Robert, and Jan JONSSON, 1998: Social Origin as an Interest-bearing Asset: Family Background and Labour-market Rewards among Employees on Sweden, in: Acta Sociologica 41 (1998), 19-36

ERPENBECK, John, 1997: Selbstgesteuertes, selbstorganisiertes Lernen. In: QUEM 1997, 310-316

ERPENBECK, John, und Volker HEYSE, 1996: Berufliche Weiterbildung und berufliche Kompetenzentwicklung, in: QUEM 1996, 15-152

ERPENBECK, John, und Volker HEYSE, 1999: Die Kompetenzbiographie. Strategien der Kompetenzentwicklung durch selbstorganisiertes Lernen und multimediale Kommunikation, Münster usw.

ESPING-ANDERSEN, Gøsta, 1990: The Three Worlds of Welfare Capitalism, Cambridge

ESPING-ANDERSEN, Gøsta, 1994: Equity and Work in the Post-Industrial Life-Cycle, in: Miliband 1994

ETZIONI, Amitai, 1997: Die Verantwortungsgesellschaft. Individualismus und Moral in der heutigen Demokratie, Frankfurt a.M. und New York

EU-KOMMISSION, 1997: Grünbuch: Eine neue Arbeitsorganisation im Geiste der Partnerschaft, Brüssel (http://europa.eu.int/comm/dg05/soc-dial/social/greende.htm)

EULER, Dieter, 1997: Modernisierung des dualen Systems – Problembereiche, Reformvorschläge, Konsens- und Dissenslinien – Eine Untersuchung im Auftrag der Bund-Länder-Kommission für Bildungsplanung und Forschungsförderung, Nürnberg

EULER, Dieter, und Oliver LÖB, 2000: Integration und didaktische Gestaltung von Praxisbezügen in vollzeitschulischen Bildungsgängen, Manuskript, Nürnberg

EULER, Peter, 1999: Technologie und Urteilskraft, Weinheim

EUROPÄISCHE KOMMISSION, 1995: Lehren und Lernen. Auf dem Weg zur Kognitiven Gesellschaft, Brüssel

EUROPEAN COMMISSION, 1997: Youth in the European Union, Luxemburg

EUROPEAN COMMISSION, 1997: The globalising learning economy: Implications for innovation policy, Luxemburg

EUROPEAN GROUP FOR INTEGRATED SOCIAL RESEARCH, 1999: Working paper from the Misleading Trajectories Project, Tübingen

EUROSTAT, 1998: Statistical Yearbook 1998

FAULSTICH, Peter, 1981: Hochschulausbildung für Erwachsenenbildner, in: Beinke u.a. 1981, 39-64

FAULSTICH, Peter, 1996: Höchstens ansatzweise Professionalisierung, in: Böttcher 1996, 50-80

FAULSTICH, Peter, 1998: Strategien der betrieblichen Weiterbildung. Kompetenz und Organisation, München

FAULSTICH, Peter, Ulrich TEICHLER, Arnulf BOJANOWSKI, und Ottmar DÖRING, 1991: Bestand und Perspektiven der Weiterbildung, Weinheim

FELLER, Gisela, 1998: Programme und Konzepte zur Versorgung von Ausbildungsplatznachfragern, in: Berufsbildung in Wissenschaft und Praxis 27 (1998) 5, 10-13

FELSTEAD, Alan, 1998: Output-related funding in vocational education and training. A discussion paper and case studies, CEDEFOP, Thessaloniki

FINK, Rudolf, 1999: PETRA plus. Prozeßorientierung im Rahmen der projekt- und transferorientierten Ausbildung (hrsg. v. d. Siemens AG), Berlin und München

FISCHER, Martin, 1995: Überlegungen zu einem arbeitspädagogischen und -psychologischen Erfahrungsbegriff
FISCHER, Wolfgang, 1984: In Memoriam Herwig Blankertz; in: Westfälische-Wilhelms-Universität (Hrsg.): Herwig Blankertz und Jürgen Henningsen zum Gedenken, Münster, 17-30
FOUCAULT, Michel, 1971: Die Ordnung der Dinge, Frankfurt a.M.
FOUCAULT, Michel, 1976: Überwachen und Strafen, Frankfurt a.M.
FRANZ, Wolfgang, 1993: Employment Security and Efficiency Reconsidered, in: Christoph F. Buechtemann (Hrsg.): Employment Security and Labor Market Behavior, Ithaca, NY, 267-271
FREEMAN, Richard, 1995: The Limits of Wage Flexibility to Curing Unemployment, in: Oxford Review of Economic Policy 11 (1995), 1, 63-72
FRIEDRICH, Michael, Klaus TROLTSCH und Gisela WESTHOFF, 1999: Das Sofortprogramm zur Bekämpfung der Jugendarbeitslosigkeit zeigt Wirkung. Erste Ergebnisse aus der Begleitforschung des BIBB, in: Berufsbildung in Wissenschaft und Praxis 28 (1999), 6, 5-10
FURLONG, Andy, 1992: Growing Up in a Classless Society, Edinburgh
FURLONG, Andy, und Fred CARTMEL, 1997: Young People and Social Change: Individualism and Risk in the Age of High Modernity, Buckingham
FURLONG, Andy, und David RAFFE, 1989: Young People's Routes Into the Labour Market (Industry Department for Scotland), Edinburgh
GARDINER, Karen, 1993: A Survey of Income Inequality Over the Last Twenty Years – How Does the UK Compare? (= Welfare State Programme No 100, Centre for Economics and Related Disciplines, London School of Economics), London
GAZIER, Bernard, 1999: Definitions and Trends, in: Ders. (Hrsg.): Employability: Concepts and politics, Berlin, 37-74
GEISSLER, Karlheinz A.: Von der Meisterschaft zur Erwerbskarriere. Vier Dynamiken, die die Erosion des dualen Systems der Berufsbildung gefährden, in: Q-Magazin 1/2-95, 56-63
GEISSLER, Karlheinz A., und Frank Michael ORTHEY, 2000: Vom Bildungsnotstand zur Bildungsnötigung – Beobachtung zu Bedeutung, Ursachen und Tendenzen der (Weiter-)Bildungsexpansion, in: Zeitschrift für Berufs- und Wirtschaftspädagogik 96 (2000), 1, 102-110
GELLNER, Ernest, 1995: Nationalismus und Moderne, Berlin
GEORG, Walter, 1998: Die Modernität des Unmodernen. Anmerkungen zur Diskussion um die Erosion der Beruflichkeit und die Zukunft des dualen Systems, in: Friedhelm Schütte und Ernst Uhe (Hrsg.): Die Modernität des Unmodernen, Berlin, 177-198
GEWIRTZ, Sharon, 1996: Market discipline versus comprehensive education. A case study of a London comprehensive school struggling to survive in the education market place, in: John Ahier, Ben Cosin und Margaret Hales (Hrsg.): Diversity and Change. Education, Policy and Selection, London
GIDDENS, Anthony, 1988: Die Konstitution der Gesellschaft, Frankfurt a.M.
GIDDENS, Anthony, 1998: The Third Way, Cambridge
GLISSMANN, Wilfried, 1999: Die neue Selbständigkeit in der Arbeit und Mechanismen sozialer Ausgrenzung, in: Sebastian Herkommer (Hrsg.): Soziale Ausgrenzungen. Gesichter des neuen Kapitalismus, Hamburg, 150-170

GNAHS, Dieter, 1997: Die lernende Region als Bezugspunkt regionaler Weiterbildungspolitik, in: Dobischat/Husemann 1997, 25-38

GOEUDEVERT, Daniel, und Andreas GRUSCHKA, 1998: C.A.M.P.U.S. Dortmund, Wetzlar

GOLDTHORPE, John H., 1996: Problems of 'Meritocracy', in: Erikson/Jonsson 1996, 255-287

GONON, Philipp, 1996: Schlüsselqualifikationen aus kontroverser Sicht: Eine Einleitung, in: Philipp Gonon (Hrsg.): Schlüsselqualifikationen kontrovers: Eine Bilanz aus kontroverser Sicht, Aarau 1996, 9-13

GOVERNMENT, 1989: Hvidbog om Arbejdsmarkedets Strukturproblemer, Kopenhagen

GOVERNMENT, 1999: Strukturovervågning - International Benchmarking af Danmark, Kopenhagen

GRANOVETTER, Mark, 1985: Economic Action and Social Structure: The Problem of Embeddedness, in: American Journal of Sociology 91 (1985), 481-510

GREEN, Andy, und Hilary STEEDMAN, 1993: Education Provision, Educational Attainment and the Needs of Identity: A Review of Research for Germany, France, Japan, the USA and Britain, London

GRENZDÖRFER, Klaus, 1998: Stakeholder-Prozesse in der Weiterbildung, Bremen

GROOTINGS, Peter, 1994: Von Qualifikation zu Kompetenz: Wovon reden wir eigentlich? In: CEDEFOP Europäische Zeitschrift für Berufsbildung 1 (1994), 5-8

GROVER, Chris, und John STEWART, 1999: Market Workfare: Social Security, Social Regulation and Competitiveness, in: Journal of Social Policy 28 (1999), 73-96

GUNDELACH, Peter, und Lars TORPE, 1997: Social kapital og foreningernes demokratiske rolle, in: Politica 29 (1997), 16-30

HAASE, Peter, Gisela DYBOWSKI und Martin FISCHER, 1998: Berufliche Bildung auf dem Prüfstand. Alternativen beruflicher Bildungspraxis und Reformperspektiven, Bremen

HAHN, Angela: Aktuelles Stichwort: Vollzeitschulische Berufsausbildung, in: Kölner Zeitschrift für Wirtschaft und Pädagogik 13 (1998), 25, 145-170

HÄUSSERMANN, Helmut, und Walter SIEBEL, 1995: Dienstleistungsgesellschaften, Frankfurt a.M.

HALSEY, Albert Henry, Anthony HEATH, und John RIDGE, 1980: Origins and Destinations, Oxford

HALSEY, Albert Henry, 1992: Opening Wide the Doors of Higher Education, Briefing Paper No. 6, London

HALSTEAD, Mark (Hrsg.) 1994: Parental Choice and Education, London

HANS-BÖCKLER-STIFTUNG/IG METALL, 1992: Lean Production – Kern einer neuen Unternehmenskultur und einer innovativen und sozialen Arbeitsorganisation? Baden-Baden

HANSEN, Erik Jørgen, 1995: En generation blev voksen (Socialforskningsinstituttet), Kopenhagen

HANSEN, Erik Jørgen, 1997: Perspektiver og begrænsninger i studiet af den sociale rekruttering til uddannelserne (Socialforskningsinstituttet), Kopenhagen

HARNEY, Klaus, 1998: Handlungslogik betrieblicher Weiterbildung, Stuttgart

HARTZ, Peter, 1994: Jeder Arbeitsplatz hat ein Gesicht – Das VW-Modell, Frankfurt a.M. und New York

HATCHER, Richard, 1998: Labour, official school improvement and equality, in: Journal of Education Policy 13 (1998), 4, 485-499

HAY, Colin, 1998: Globalisation, Welfare Retrenchement and 'the logic of no alternative' – why second best won't do, in: Journal of Social Policy 27 (1998), 525-532
HEIDEGGER, Gerald, u. a., 1991: Berufsbilder 2000. Soziale Gestaltung von Arbeit, Technik und Bildung, Opladen
HEIDEGGER, Gerald, Gottfried ADOLPH und Gabriele LASKE, 1997: Gestaltungsorientierte Innovation in der Berufsschule. Begründungen und Erfahrungen, Bremen
HEIDEGGER, Gerald, und Felix RAUNER, 1997: Reformbedarf in der beruflichen Bildung, Gutachten im Auftrag des Landes Nordrhein-Westfalen, Düsseldorf
HEIDEGGER, Gerald, 2000: Future Trends in Europan Vocational Education, in: Marja-Leena Stenström und Johanna Lasonen, 2000: Strategies for reforming initial vocational education and training in Europe, Jyväskylä, 266-282
HEIDEMANN, Winfried, und Angela PAUL-KOHLHOFF, 1998: Regulierung der Berufsbildung durch Mitbestimmung. Expertise für das Projekt „Mitbestimmung und neue Unternehmenskulturen" der Bertelsmann Stiftung und der Hans-Böckler-Stiftung, Gütersloh
HEIDENREICH, Martin, 1998: Die duale Berufsausbildung zwischen industrieller Prägung und wissensgesellschaftlichen Herausforderungen, in: Zeitschrift für Soziologie 27 (1998), 5, 321-340
HEINZ, Walter R., Helga KRÜGER, Ursula RETTKE u.a., 1985: „Hauptsache eine Lehrstelle". Jugendliche vor den Hürden des Arbeitsmarkts, Weinheim und Basel
HENNINGES, Hasso von, 1991: Ausbildung und Verbleib von Facharbeitern – eine empirische Analyse für die Zeit von 1980 bis 1989 (= Beiträge zur Arbeitsmarkt- und Berufsforschung, 155), Nürnberg
HENNINGES, Hasso von, 1994: Die berufliche, sektorale und statusmäßige Umverteilung von Facharbeitern (= Beiträge zur Arbeitsmarkt- und Berufsforschung, 182), Nürnberg
HEUSER, Uwe-Jean, 1998: Tausend Welten, Darmstadt
HEYSE, Volker, und John ERPENBECK, 1997: Der Sprung über die Kompetenzbarriere. Kommunikation, selbstorganisiertes Lernen und Kompetenzentwicklung von und in Unternehmen, Bielefeld
HILD, Paul, Michael MOHRI, und Annette SCHNABEL, 1998: Wirtschaftsnahe Ausbildungsförderung: „Gemeinschaftsinitiative Sachsen". Implementation, Programmwirkungen, Nebeneffekte. Evaluation im Auftrag des Sächsischen Staatsministeriums für Wirtschaft und Arbeit (Institut zur Erforschung sozialer Chancen), Köln
HILLS, John, 1995: Income and Wealth, 2: A Summary of the Evidence, York
HIRSCH, Fred, 1977: Social Limits to Growth, London
HÖVELS, Ben, und Günter KUTSCHA, 1999: Berufliche Qualifizierung und lernende Region. Ein deutsch-niederländischer Vergleich
HOFF, Ernst-H., Wolfgang LEMPERT, Lothar LAPPE, 1991: Persönlichkeitsentwicklung in Facharbeiterbiographien, Bern
HOFFMANN, Edeltraut, und Ulrich WALWEI, 1998: Normalarbeitsverhältnis: ein Auslaufmodell? In: Mitteilungen zur Arbeitsmarkt- und Berufsforschung 31 (1998), 409-425
HØJRUP, Thomas, 1995: Omkring livsformsanalysens udvikling, Kopenhagen
HOLZER, Daniela, 1998: Lebenslanges Lernen – kritische Analyse einer Bildungskonzeption, Graz
HOLZER, Daniela, 2000: Bildungsabstinenz – Ursachen für die Nichtteilnahme an organisierten Bildungsprozessen, Graz

HOSKINS, Martin, Johnny SUNG und David Norman ASHTON, 1989: Job competition and the entry to work (University of Leicester, Department of Economics, Discussion Paper 111), Leicester

HOWE, Falk, 1998: Historische Berufsbildungsforschung am Beispiel der industriellen Elektroberufe, in: Jörg-Peter Pahl und Felix Rauner (Hrsg.): Betrifft: Berufswissenschaften. Beiträge zur Forschung und Lehre in den gewerblich technischen Fachwissenschaften, Bremen

HUBER, B., und K. LANG, 1993: Tarifreform 2000: Förderungskonzepte und Verhandlungsstände im Bereich der Metallindustrie, in: WSI Mitteilungen 46 (1993), 12, 789-797

HUTTON, Will, 1996: The State We're In, London

IBSEN, Flemming, 1992: "Efter Zeuthen-rapporten", in: Samfundsøkonomen (1992), 6

IGM (= Industriegewerkschaft Metall), 1981: Die Stufenausbildung in der Elektrotechnik, in: Detlef Gronwald und Felix Rauner (Hrsg.): Neuordnung der Elektroberufe, Bremen

ILO (= International Labour Organisation), 1995: World Employment 1995, Genf

JÄGER, Carlo, 1989: Die kulturelle Einbettung des europäischen Marktes, in: Max Haller, Hans-Joachim Hoffmann-Nowotny und Wolfgang Zapf (Hrsg.): Kultur und Gesellschaft, Frankfurt a.M.

JENSEN, Per H., 1999: Activation of the Unemployed in Denmark since the Early 1990s: Welfare or Workfare? (= Aalborg University, Dep. of Economics, Politics and Public Administration, CCWS Working Papers, 1/1999), Aalborg

JENSEN, Anne M., und Peter JENSEN, 1996: The Impact of Labour Market Training on the Duration of Unemployment, Centre for Labour Market and Social Research, Aarhus und Göteborg

JÜRGENS, Ulrich, und Inge LIPPERT, 1997: Schnittstellen des deutschen Produktionsregimes. Innovationshemmnisse im Produktentstehungsprozeß, in: Frieder Naschold, David Soskice, Bob Hancké und Ulrich Jürgens (Hrsg.): Ökonomische Leistungsfähigkeit und institutionelle Innovation, Berlin, 65–94

JÜTTING, Dieter, 1987: Die Mitarbeiterfragen der Erwachsenenbildung, in: Klaus Harney u.a. (Hrsg.): Professionalisierung der Erwachsenenbildung, Frankfurt a.M., 1-58

KAISER, Arnim, 1992: Schlüsselqualifikationen in der Arbeitnehmer-Weiterbildung. Gutachten erstellt im Auftrag der LAG Nordrhein-Westfalen, Neuwied

KÄMÄRÄINEN, Pekka, 1998: What kind of key qualifications should be integrated to curricula in the near future according to a „horizontal approach"? Manuskript, Thessaloniki

KAUTTO, Mikko, u.a., 1999: Nordic Social Policy, London

KERN, Horst, und Charles SABEL, 1994: Verblaßte Tugenden – die Krise des deutschen Produktionsmodells, in: Niels Beckenbach und Werner van Treek (Hrsg.): Umbrüche gesellschaftlicher Arbeit (= Soziale Welt, Sonderband 9), Göttingen, 605-624

KLAUDER, Wolfgang, 1996: Trends, die die Arbeitwelt revolutionieren, in: Laszlo Alex und Friedemann Stooß (Hrsg.): Berufsreport – Daten, Fakten, Prognosen zu allen wichtigen Berufen, Berlin, 23-27

KLEIN, Birgit, und Gertrud KÜHNLEIN, 2000: „Bedarfsgerechte Zusatzqualifikationen". Ein integratives Reformkonzept zur Verbesserung der beruflichen Chancen von jungen Frauen, Manuskript, Dortmund
KMK (= Kultusministerkonferenz) (Hrsg.), 1991: Vereinbarung über die Weiterentwicklung der Berufsschule, Bonn
KNAPP, Gudrun-Axeli, 1981: Industriearbeit und Instrumentalismus. Zur Geschichte eines Vor-Urteils, Bonn
KOCKA, Jürgen, 1975: Von der Manufaktur zur Fabrik. Technik und Werkstattverhältnisse bei Siemens 1847–1873, in: K. Hansen und Reinhard Rürup (Hrsg.): Moderne Technikgeschichte, Köln
KOHLI, Martin, 1989: Institutionalisierung und Individualisierung der Erwerbsbiographie, in: Ditmar Brock, Hans-Rudolf Leu, Christine Preiß und Hans-Rolf Vetter (Hrsg.): Subjektivität im gesellschaftlichen Wandel. Umbrüche im beruflichen Sozialisationsprozeß, München
KOLLEGSTUFE NW, 1972: Gutachten der Planungskommission, Ratingen
KOMMISSION FÜR ZUKUNFTSFRAGEN DER FREISTAATEN BAYERN UND SACHSEN (Hrsg.), 1998: Erwerbstätigkeit und Arbeitslosigkeit in Deutschland. Entwicklung – Ursachen – Maßnahmen, München
KOMMIT, 1997: Projektinformationsbrief 2 des Projekts „Kompetenzentwicklung für den wirtschaftlichen Wandel - Mitgestaltung durch kompetente Betriebsräte" an der TU Darmstadt, Darmstadt
KONIETZKA, Dirk, 1998: Langfristige Wandlungstendenzen im Übergang von der Schule in den Beruf, in: Soziale Welt 49 (1998), 2, 107-134
KRECKEL, Reinhard, 1992: Politische Soziologie der sozialen Ungleichheit, Frankfurt a.M. und New York
KREKEL, Elisabeth M., und Folkmar KATH, 1999: Was ist die berufliche Bildung in Deutschland wert? Höhe der Aufwendungen und ihre Finanzierungsquellen, Bielefeld
KRUGMAN, Paul, 1993: Peddling Prosperity: Economic Sense and Nonsense in the Age of Diminished Expectations, New York
KRUSE, Wilfried, 1986: Bemerkungen zur Rolle der Forschung bei der Entwicklungs- und Technikgestaltung, in: Sachverständigenkommission „Arbeit und Technik", Bremen
KRUSE, Wilfried, Olivier BERTRAND und Oriol HOMS, 1993: Training in the Retail Sector. A Survey for the FORCE-Programme, Brüssel
KRUSE, Wilfried, Angela PAUL-KOHLHOFF, Gertrud KÜHNLEIN und Susanne EICHLER, 1996: Qualität und Finanzierung der beruflichen Ausbildung in der Mitte der 90er Jahre. Ein Beitrag zur aktuellen Diskussion (= HBS-Manuskripte, 2.12), Düsseldorf
KÜHNLEIN, Gertrud, 1997: „Verbetrieblichung" von Weiterbildung als Zukunftstrend? Anmerkungen zum Bedeutungswandel von beruflicher Weiterbildung und Konsequenzen für Bildungsforschung, in: Arbeit. Zeitschrift für Arbeitsforschung, Arbeitsgestaltung und Arbeitspolitik 6 (1997), 3, 267-281
KÜHNLEIN, Gertrud, 1999: Neue Typen betrieblicher Weiterbildung. Arbeitshilfe für Betriebs- und Personalräte (= Edition Hans-Böckler-Stiftung, 1), Düsseldorf
KULTUSMINISTERIUM SACHSEN-ANHALT, 2000: Entwurf: Berufsfachschule in Kooperation mit der Wirtschaft. Stand 02.02.2000. Manuskript, o.O. (Magdeburg)

KUPKA, Peter, 1998: Lebenslang oder Übergang? Berufspläne junger Facharbeiter, in: Diskurs 1/98, 18-27
KURATORIUM DER ARBEITSGEMEINSCHAFT QUALIFIKATIONS-ENTWICKLUNGS-MANAGEMENT (QUEM), 1996: Von der beruflichen Weiterbildung zur Kompetenzentwicklung. Lehren aus dem Transformationsprozeß, in: QUEM 1996, 401-462
KUTSCHA, Günter (Hrsg.), 1989: Bildung unter dem Anspruch von Aufklärung – zur Pädagogik von Herwig Blankertz, Weinheim
KUTSCHA, Günter, 1992: „Entberuflichung" und „Neue Beruflichkeit" – Thesen und Aspekte zur Modernisierung der Berufsbildung und ihre Theorie, in: Zeitschrift für Berufs- und Wirtschaftspädagogik 88 (1992), 7, 535-548
KUTSCHA, Günter, 1998: „Regulierte Pluralität" – Entwicklungspfade aus der Sackgasse des Dualen Systems, in: Die berufsbildende Schule, Heft 9/1998, 256-260
KUTSCHA, Günter, 1999: Vielfalt und Modernisierung der Berufsbildung im europäischen Kontext, in: Expertisen für ein Berliner Memorandum zur Modernisierung der Beruflichen Bildung (= Schriftenreihe der Senatsverwaltung für Arbeit, Berufliche Bildung und Frauen, 38), Berlin, 101-125
KUWAN, Helmut, 2000: Berichtssystem Weiterbildung VII, Bonn
KVIST, Jon, 1999: Welfare Reform in the Nordic Countries in the 1990s: Using Fuzzy-Set Theory to Assess Conformity to Ideal Types, in: Journal of European Social Policy 9 (1999), 231-252
LACHMANN, Werner, 1991: Möglichkeiten und Grenzen ursachenadäquater Bekämpfung der Arbeitslosigkeit, in: Aus Politik und Zeitgeschichte B 34-35/91, 36-46
LANE, Christel, 1989: Management and Labour in Europe, Aldershot
LAUDER, Hugh, 1987: The New Right and Educational Policy in New Zealand, in: New Zealand Journal of Educational Studies 22 (1987), 3-23
LAUDER, Hugh, 1991: Education, Democracy and the Economy, in: British Journal of Sociology of Education 12 (1991), 417-431
LAUDER, Hugh, und David HUGHES, 1999: Trading in Futures, Buckingham
LAUR-ERNST, Ute, 1996: Schlüsselqualifikationen in Deutschland – ein ambivalentes Konzept zwischen Ungewißheitsbewältigung und Persönlichkeitsbildung, in: Philipp Gonon (Hrsg.): Schlüsselqualifikationen kontrovers: Eine Bilanz aus kontroverser Sicht, Aarau, 17-23
LAUR-ERNST, Ute, F. GUTSCHMIDT und E. LIETZAU, 1990: Neue Fabrik-Strukturen – veränderte Qualifikationen. Ergebnisse eines Workshops zum Forschungsprojekt „Förderung von Systemdenken und Zusammenhangsverständnis – Lernen und Arbeiten in komplexen Fertigungsprozessen", Berlin
LEIBFRIED, Stephan, Lutz LEISERING, Petra BUHR und Monika LUDWIG, 1995: Zeit der Armut. Lebensläufe im Sozialstaat, Frankfurt a.M.
LEMPERT, Wolfgang, 1995: Das Märchen vom unaufhaltsamen Niedergang des dualen Systems, in: Zeitschrift für Berufs- und Wirtschaftspädagogik 91 (1995), 3, 225-231
LEMPERT, Wolfgang, 1998: Berufliche Sozialisation oder Was Berufe aus Menschen machen. Eine Einführung (= Grundlagen der Berufs- und Erwachsenenbildung, 16), Hohengehren
LINDBECK, Assar, und Dennis J. SNOWER, 1988: The Insider-Outsider Theory of Employment and Unemployment, Cambridge, MA
LINDEMANN, Hans-Jürgen, und Rudolf TIPPELT, 1999: Competencias Claves y Capacidades Profesionales Básics, Buenos Aires und München

LIPIETZ, Alain, 1987: Mirages and Miracles: The Crisis of Global Fordism, London
LIPSMEIER, Antonius, 1997: Herausforderungen an die Berufsbildungsforschung im Prozeß der europäischen Integration, in: Detlef Gronwald, Manfred Hoppe und Felix Rauner (Hrsg.): 10 Jahre ITB. Festveranstaltung und Berufsbildungskonferenz, 21.–23. Februar 1997, Bremen, 50-74
LUCEY, Helen, 1996: Transitions to Womanhood. Constructions of Success and Failure for Middle and Working Class Young Women, Conference paper, University of Glasgow: 'British Youth Research: The New Agenda', 26-28 January 1996
LUTZ, Burkart, und Holle GRÜNERT, 1999: Evaluierung der Vorhaben zur Förderung der beruflichen Erstausbildung. Gutachten erstellt im Auftrag der Landesregierung Sachsen-Anhalt, Halle
MADSEN, Morten, 1998: Demokrati og individualisering, Copenhagen University, Department of Political Science, Kopenhagen
MAGUIRE, Malcolm, 1991: British labour market trends, in: David Norman Ashton, und Graham Lowe (Hrsg.): Making Their Way. Education, Training and the Labour Market in Canada and Britain, Milton Keynes
MARSDEN, David, 1994: Industrieller Wandel, ‚Kompetenzen' und Arbeitsmärkte, in: CEDEFOP Europäische Zeitschrift für Berufsbildung, 1 (1994), 16-24
MARSHALL, Gordon, Adam Swift und Stephen ROBERTS, 1997: Against the Odds? Oxford
MARTIN, Hans-Peter, und Harald SCHUMANN, 1996: Die Globalisierungsfalle. Der Angriff auf Demokratie und Wohlstand, Reinbek
MARTIN, John P., 2000: What works among active labour market policies: Evidence from OECD countries' experiences (= OECD Economic Studies, 30), Paris
MARX, Karl, 1974: Grundrisse der Kritik der Politischen Ökonomie, Berlin
MAURICE, Marc, François EYRAUD, Alain D'IRIBARNE und F. RYCHNER, 1988: Des entreprises en mutation dans la crise: apprentissage des technologies flexibles et émergence de nouveaux acteurs. Laboratoire d'Economie et de Sociologie du Travail, Aix-en-Provence
MAYER, Karl Ulrich, 1997: Notes on a Comparative Political Economy of Life Courses, in: Comparative Social Research 16 (1997), 203-226
MEAGER, Nigel, 1996: From Unemployment to Self-Employment, in: Schmid u.a. 1996
MERTENS, Dieter, 1976: Beziehungen zwischen Qualifikation und Arbeitsmarkt - 2x4 Aspekte, in: Winfried Schlaffke (Hrsg.): Jugend, Arbeitslosigkeit – ungelöste Aufgaben für das Bildungs- und Beschäftigungssystem, Köln
MERTENS, Dieter, 1974: Schlüsselqualifikationen. Thesen zur Schulung für eine moderne Gesellschaft, in: Mitteilungen aus der Arbeitsmarkt- und Berufsforschung, 7 (1974), 1, 36-43
MICHON, François, 1995: Arbeit, Beschäftigung, Markt. Begriffe und Diskussionen in der französischen Sozioökonomie, in: Sabine Erbès-Seguin (Hrsg.): Beschäftigung und Arbeit, Berlin, 49-75
MILIBAND, D. (Hrsg.), 1994: Reinventing the Left, Cambridge
MINISTRY OF FINANCE, 1998: Availability Criteria in Selected OECD Countries. Ministry of Finance (= Working Paper, 6), Kopenhagen
MINISTRY OF FINANCE, 1999: Finansredegørelse 1998/99, Kopenhagen
MINISTRY OF FINANCE, 2000: Finansredegørelse 2000, Kopenhagen
MINISTRY OF LABOUR, 2000: Homepage, January 2000

MIZEN, Phil, 1995: The State, Young People and Youth Training. In and Against the Training State, London
MOLLE, Fritz, 1965: Leitfaden der Berufsanalyse. Anleitung zur Bearbeitung und Verwertung berufskundlicher Grundunterlagen, Köln und Opladen
MOLLENHAUER, Klaus, 1983: Vergessene Zusammenhänge, München
MOURA CASTRO, Claudio de, 2000: Vocational Training at the Turn of the Century, Frankfurt a.M. usw.
MÜCKENBERGER, Ulrich, 1990: Zur Rolle des Normalarbeitsverhältnisses bei der sozialstaatlichen Umverteilung von Risiken, in: Christoph F. Büchtemann und Helmut Neumann (Hrsg.): Mehr Arbeit durch weniger Rechte, Berlin, 169-192
MÜLLER, Walter, und Yossi SHAVIT, 1998: The Institutional Embeddedness of the Stratification Process, in: Yossi Shavit und Walter Müller (Hrsg.): From School to Work, Oxford, 1-48
MÜNCH, Joachim, 1989: Berufsbildung und Bildung in den USA, Berlin
MÜNCH, Joachim, 1995: Personalentwicklung als Mittel und Aufgabe moderner Unternehmensführung. Ein Kompendium für Einsteiger und Profis, Bielefeld
MÜNK, Dieter, 1997: Deutsche Berufsbildung im europäischen Kontext, in: Bildung zwischen Staat und Markt, Hauptdokumentationsband des 15. Kongresses der DGfE an der Martin-Luther-Universität Halle, Opladen, 91-108
MUNK, Martin, 1998: Livsbaner gennem et felt, En analyse af eliteidrætsudøveres sociale mobilitet og rekonversioner af kapital i det sociale rum (Trajectories Through a Field: An analysis of top level athletes' social mobility and reconversions of capital in the social space), Lund University, Department of Sociology
MUSKATIEWITZ, Ralf, und Marion WROBEL, 1998: Weiterbildungsszene Deutschland 97/98, Bonn
NATIONAL COMMISSION ON EDUCATION, 1993: Learning to Succeed, London
NEUMANN, Helmut, 1991: Staatliche Regulierung betrieblicher Beschäftigungspolitik, Frankfurt a.M.
NEWMAN, Katherine, 1993: Declining Fortunes, New York
NICKELL, Stephen, 1997: Unemployment and Labor Market Rigidities, in: Journal of Economic Perspectives 11 (1997), 55-74
NIEMEYER, Beatrix, 2000: Improving Transition of low achieving School Leavers to Vocational Education and Training, Interim Report, Flensburg
NORTH, Douglass C., 1992: Institutionen, institutioneller Wandel und Wirtschaftsleistung, Tübingen
NORTON, Robert E., 1997: DACUM Handbook, Columbus, O, 2. Auflage
NOSOSKO (= Nordisk Socialstatistisk Komite), 1999: Social trygded i de nordiske lande 1997, Kopenhagen
NOVAK, Hermann, 1997: Zur Re-Formulierung und Erweiterung der Aufgaben der betrieblichen Berufsbildung im lernenden Unternehmen, in: Peter Dehnbostel, Heinz-Hermann Erbe und Hermann Novak (Hrsg.): Berufliche Bildung im lernenden Unternehmen. Zum Zusammenhang von betrieblicher Reorganisation, neuen Lernkonzepten und Persönlichkeitsentwicklung, Berlin, 95-115
OATES, Tim, 1999a: An analysis of the implementation of levels frameworks in the English education and training systems, 1986 to 1999 (Skript), o.O.
OATES, Tim, 1999b: Analysing and describing competence – critical perspectives, Conference paper, o.O.
OECD, 1989: Education and the Economy in a Changing World, Paris

OECD, 1993: Employment Outlook, Paris
OECD, 1994: Employment Outlook, Paris
OECD, 1998: Employment Outlook, Paris
OEVERMANN, Ulrich, 1981: Professionalisierung der Pädagogik - Professionalisierbarkeit pädagogischen Handelns. Vortragstranskript, Berlin
OFFICE OF POPULATION CENSUSES AND SURVEYS, 1995: General Household Survey, 1993, London
OLESEN, Søren Peter, 1999: Handlingsplansamtaler: Intentioner og aktører. Aalborg Universitet (= CARMA Arbejdstekst, 1), Aalborg
ORMEROD, Paul, 1994: The Death of Economics, London
OSTERLAND, Martin, 1990: „Normalbiographie" und „Normalarbeitsverhältnis", in: Peter A. Berger und Stefan Hradil (Hrsg.): Lebenslagen, Lebensläufe, Lebensstile (= Soziale Welt, Sonderband 7), 351-362
OTTO, Volker (Hrsg.), 1997: Professionalität ohne Profession: Kursleiterinnen und Kursleiter an Volkshochschulen, Bonn
PARIJS, Philipp van, 1992: (Hrsg.) Arguments for Basic Income: Ethical Foundations for a Radical Reform, London
PARKES, David, 1994: „Kompetenz" und Umfeld. Ein kurzer Blick auf die Situation in Großbritannien, in: CEDEFOP Europäische Zeitschrift für Berufsbildung, 1, (1994), 25-32
PARSONS, Talcott, 1951: The Social System, Glencoe, I
PATEL, Pari, und K. PAVITT, 1991: Europe's Technological Performance, in C. Freeman, M. Sharp und W. Walker (Hrsg.), Technology and the Future of Europe, London
PAUL-KOHLHOFF, Angela, und Winfried HEIDEMANN, 1998: Regulierung der Berufsbildung durch Mitbestimmung. Expertise für das Projekt Mitbestimmung und Unternehmenskultur der Hans-Böckler-Stiftung und der Bertelsmann Stiftung, Gütersloh
PAUL-KOHLHOFF, Angela, Winfried HEIDEMANN und Bettina SCHMIDT, 1999: Transfer von Informationen und Erfahrungen, CD-Rom, Brüssel, Düsseldorf
PAYNE, Joan, 1995: Routes Beyond Compulsory Schooling. Youth Cohort Paper, 31, London
PEILLON, Michel, 1998: Bourdieus Field and the Sociology of Welfare, in: Journal of Social Policy 27, (1998), 213-229
PETERSEN, Willy, und Felix RAUNER, 1996: Evaluation und Weiterentwicklung der Rahmenlehrpläne des Landes Hessen – Berufsfeld Metall- und Elektrotechnik. Gutachten im Auftrage des Hessischen Kultusministeriums (= ITB-Arbeitspapiere, 15), Bremen
PETERSON, Wallace, 1994: Silent Depression: The Fate of the American Dream, New York
PIORE, Michael, 1990: Labor Standards and Business Strategies, in S. Herzenberg and J. Perez-Lopez (Hrsg.), Labor Standards and Development in the Global Economy, Washington, DC
POLANYI, Karl, 1944: The Great Transformation, Wien (wieder aufgelegt: 1977)
PROGNOS AG, 1989: Arbeitslandschaft bis 2010 (= BeitrAB, 131), Nürnberg
QUEM (= ARBEITSGEMEINSCHAFT QUALIFIKATIONS-ENTWICKLUNGS-MANAGEMENT) (Hrsg.), 1996: Kompetenzentwicklung '96. Strukturwandel und Trends in der betrieblichen Weiterbildung, Münster usw.

QUEM (= ARBEITSGEMEINSCHAFT QUALIFIKATIONS-ENTWICKLUNGS-MANAGEMENT) (Hrsg.), 1997: Kompetenzentwicklung '97. Berufliche Weiterbildung in der Transformation – Fakten und Visionen, Münster usw.
RAFF, Daniel M.G., und Lawrence H. SUMMERS, 1987: Did Henry Ford Pay Efficiency Wages? In: Journal of Labor Economics (Supplement), 5 (1987), 57-86
RAFFE, David, 1989: Longitudinal and historical changes in young people's attitudes to YTS, in: British Educational Research Journal 15 (1989), 129-39
RAFFE, David, 1990: The transition from school to work. Content, context and the external labour market, in: Claire Wallace und Malcolm Cross (Hrsg.): Youth in Transition. The Sociology of Youth and Youth Policy, London
RAFFE, David, 1994: The new flexibility in vocational education, in: W.J. Nijhof und J.N. Streumer, Flexibility in Training and Vocational Education, Utrecht, 13-32
RAUNER, Felix, 1982: Elektrotechnik und berufliche Bildung, in: Manfred Hoppe, Helga Krüger und Felix Rauner (Hrsg.): Berufsbildung. Zum Verhältnis von Beruf und Bildung, Frankfurt a.M. und New York
RAUNER, Felix, 1988: Die Befähigung zur (Mit)Gestaltung von Arbeit und Technik als Leitidee beruflicher Bildung, in: Gerald Heidegger, Peter Gerds und Klaus Weisenbach (Hrsg.): Gestaltung von Arbeit und Technik – Ein Ziel beruflicher Bildung, Frankfurt a.M. und New York
RAUNER, Felix, 1995: Gestaltung von Arbeit und Technik, in: Rolf Arnold und Antonius Lipsmeier (Hrsg.): Handbuch der Berufsbildung, Opladen
RAUNER, Felix, 1996: Lernen in der Arbeitswelt, in: Heinz Dedering (Hrsg.): Handbuch zur arbeitsorientierten Bildung, München
RAUNER, Felix, 1998: Moderne Beruflichkeit, in: Dieter Euler (Hrsg.): Berufliches Lernen im Wandel – Konsequenzen für die Lernorte? Dokumentation des 3. Forums Berufsbildungforschung 1997 an der Friedrich-Alexander-Universität Erlangen-Nürnberg (= BeitrAB, 214), Nürnberg, 153-171
RAUNER, Felix, und Herbert ZEYMER, 1991: Auto und Beruf, Bremen
REICH, Robert, 1984: The Next American Frontier, Harmondsworth
REICH, Robert, 1991: The Work of Nations, London
REICH, Robert, 1994: Die neue Weltwirtschaft, Frankfurt a.M. und Berlin
REINMANN-ROTHMEIER, Gabi, Heinz MANDL und Christine ERLACH, 1999: Wissensmanagement in der Weiterbildung, in: Rudolf Tippelt (Hrsg.): Handbuch der Erwachsenenbildung/Weiterbildung, Opladen, 753-768
REULING, Jochen, 2000: Regionalisierungsstrategien in der Berufsbildung – eine deutsch-niederländische Diskussion, in: Berufsbildung in Wissenschaft und Praxis 29 (2000), 2, 24-28
RICHTER, Christoph, 1995: Schlüsselqualifikationen, Alling
RIFKIN, Jeremy, 1996: Das Ende der Arbeit und ihre Zukunft, Frankfurt a.M. und New York
RINDERSPACHER, Jürgen P., 1999: Zeitverwendung – zur Weiterbildung, in: Rolf Dobischat, u.a. 1999, 59-76
RINNE, Risto, und Joel KIVIRAUMA, 1999: Education and Marginalisation: The Changing Position of Poor Education as a Factor in Indigence in Finland, in: International Journal of Contemporary Sociology 36 (1999), 1-31
ROBERTS, Kenneth, 1995: Youth and Employment in Modern Britain, Oxford
ROBERTS, Kenneth, Sally DENCH und Deborah RICHARDSON, 1987: The Changing Structure of Youth Labour Markets, London

ROBERTS, Kenneth, und Glynnis PARSELL, 1992: The stratification of youth training, in: British Journal of Education and Work 5 (1992), 65-83
ROGERS, Joel, und Wolfgang STREECK, 1994: Productive Solidarities: economic strategy and left politics, in: Miliband 1994
ROMIJN, Clemens, 1999: The financing of vocational education and training in the United Kingdom, CEDEFOP, Thessaloniki
ROSENBAUM, James E., Takehiko KARIYA, Rick SETTERSTEIN und Tony MAIER, 1990: Market and Network Theories of the Transition from High School to Work, in: Annual Review of Sociology 16 (1990), 263-299
RUTH, Klaus, 2000: Zur Bedeutung von Facharbeit für die Konstituierung von Innovationskompetenz, in: Jörg-Peter Pahl, Felix Rauner und Georg Spöttl (Hrsg.): Berufliches Arbeitsprozeßwissen, Baden-Baden, 89-104
SACKMANN, Reinhold, 1998a: Konkurrierende Generationen auf dem Arbeitsmarkt, Opladen
SACKMANN, Reinhold, 1998b: Stichwort: Wandel der Arbeitsgesellschaft – Folgen für Erziehung und Bildung, in: ZfE 1 (1998), 4, 485-491
SATTELBERGER, Thomas, 1999: Wissenskapitalisten oder Söldner? Personalarbeit in Unternehmensnetzwerken des 21. Jahrhunderts, Wiesbaden
SCHAACK, Klaus, und Rudolf TIPPELT (Hrsg.), 1997: Strategien der internationalen Berufsbildung. Ausgewählte Aspekte, Frankfurt a.M. usw.
SCHÄFFNER, Lothar, 1991: Arbeit gestalten durch Qualifizierung. Ein Handbuch zu Theorie und Praxis der betrieblichen Weiterbildung, München
SCHELLHAASS, Horst-Manfred, 1990: Das Arbeitsrecht als Beschäftigungshemmnis? In: Christoph F. Büchtemann, Helmut Neumann (Hrsg.): Mehr Arbeit durch weniger Rechte? Berlin, 87-104
SCHETTKAT, Ronald, 1992: The Labor Market Dynamics of Economic Restructuring. The United States and Germany in Transition, New York, NY
SCHMID, Günther, 1994: Equality and Efficiency in the Labor Market: Toward a socio-economic theory of cooperation, in: Ders. (Hrsg.): Labor market institutions in Europe, Armonk, 243-280
SCHMID, Günther, 1997a: Beschäftigungswunder Niederlande? In: Leviathan 25 (1997), 3, 302-337
SCHMID, Günther, 1997b: Übergangsarbeitsmärkte als neue Strategie der Arbeitsmarktpolitik, in: Werner Fricke (Hrsg.) Jahrbuch Arbeit und Technik 1997, 170-181
SCHMID, Günther, Bernard GAZIER und Stefanie FLECHTNER, 1999: Transitional Labour Markets, Unemployment Insurance and Employability, in: Bernard Gazier (Hrsg.): Employability: Concepts and politics, Berlin, 268-297
SCHMID, Günther, Jacqueline O'REILLY und Klaus SCHÖMANN (Hrsg.), 1996: International Handbook of Labour Market Policy and Evaluation, Cheltenham
SCHMID, Günther, und Bernd REISSERT, 1996: Unemployment Compensation and Labour Market Transitions, in: Schmid u.a. 1999, 235-276
SCHMIDT-LAUFF, Sabine, 1999: Kooperationsbedingungen zwischen Großunternehmen und Weiterbildungsanbietern, München und Mering
SCHMUDE, Jürgen, 1994: Geförderte Unternehmensgründungen in Baden-Württemberg, Stuttgart
SCHULTZ-WILD, Lore, und Burkart LUTZ, 1997: Industrie vor dem Quantensprung. Eine Zukunft für die Industrie in Deutschland, Berlin und Heidelberg

SCHUMANN, Michael, 1999: Das Lohnarbeiterbewußtsein des „Arbeitskraftunternehmers", in: SOFI-Mitteilungen Nr. 27 (1999), 60-63

SCHUMPETER, Joseph, 1993: Theorie der wirtschaftlichen Entwicklung, Berlin

SELLIN, Burkart, und Phillip GROLLMANN, 1999: Zum Stand der Europäischen Berufsbildungsforschung, ihren Funktionen und Problemen, in: CEDEFOP, Berufsbildung, Europäische Zeitschrift, Nr. 17

SENATSVERWALTUNG FÜR ARBEIT, BERUFLICHE BILDUNG UND FRAUEN (Hrsg.), 1999: Berliner Memorandum zur Modernisierung der Beruflichen Bildung, Berlin

SENGENBERGER, Werner, und Frank WILKINSON, 1995: Globalization and Labour Standards, in J. Michie und J.G. Smith (Hrsg.), Managing the Global Economy, Oxford

SENNETT, Richard, 1998: Der flexible Mensch. Die Kultur des neuen Kapitalismus, Berlin

SESSELMEIER, Werner, 1999: Mikroökonomische Theorien der Arbeitslosigkeit, in: Jahrbuch Ökonomie und Gesellschaft 15 (1999), 107-134

SHAVIT, Yossi, und Hans BLOSSFELD, 1993: Persistent Inequality, Boulder, CO

SHOCH, Jonathan, 1994: The Politics of the US Industrial Policy Debate, 1981-1984 (with a note on Bill Clinton's 'industrial policy'), in: D. Kotz, T. Mc Donogh und M. Reich (Hrsg.), Social Structures of Accumulation, Cambridge

SMITHERS, Alan, und Pamela ROBINSON, 1995: Post-18 Education. Growth, Change, Prospect, Council for Industry and Higher Education

SOCIAL COMMISSION, 1993: Reformer. Socialkommissionens samlede forslag, Kopenhagen

SOLOW, Robert M., 1990: The Labor Market as a Social Institution, Oxford

STICHWEH, Rolf, 1994: Wissenschaft, Universität, Professionen, Frankfurt a.M.

STOOSS, Friedemann, 1996: Reformbedarf in der beruflichen Bildung. Expertise im Auftrag des Ministeriums für Arbeit, Gesundheit und Soziales des Landes Nordrhein-Westfalen, Nürnberg

STREECK, Wolfgang, 1989: Skills and the Limits of Neo-Liberalism: the enterprise of the future as a place of learning, in: Work, Employment and Society 3 (1989), 90-104

SURRIDGE, Paula, und David RAFFE, 1995: The Participation of 16-19 Year Olds in Education and Training. Recent Trends (= CES Briefing Paper, 1), Edinburgh

TAYLOR-GOOBY, Peter, 1999: Bipolar Bugbears, in: Journal of Social Policy, 28 (1999), 299-303

TIETGENS, Hans, 1964: Leiter und pädagogischer Mitarbeiter an Volkshochschulen, in: Bundesanstalt für Arbeit (Hrsg.): Blätter zur Berufskunde

THUROW, Lester, 1993: Head to Head: The Coming Economic Battle Among Japan, Europe and America, London

TILLY, Chris, und Charles TILLY, 1994: Capitalist Work and Labor Markets, in: Neil J. Smelser und Richard Swedberg (Hrsg.): The Handbook of Economic Sociology, Princeton, NJ, 283-312

TIMMERMANN, Dieter, o.J.: Anreizsysteme für ausbildende Unternehmen. Gutachten im Auftrag des Ministeriums für Wirtschaft und Mittelstand, Technologie und Verkehr des Landes Nordrhein-Westfalen, Bielefeld

TIPPELT, Rudolf, 1995: Beruf und Lebenslauf, in: Rolf Arnold und Antonius Lipsmeier (Hrsg.): Handbuch der Berufsbildung, Opladen, 85-98

TIPPELT, Rudolf, 1999a: Weiterbildungsstrukturen und berufliche Fortbildung in Deutschland. Ein Beitrag zum europäischen Vergleich (= Wissenschaftliche Berichte, 1), München
TIPPELT, Rudolf, 1999b: Competency-based Training (CBT), Vortragsskript, Manila und München
TIPPELT, Rudolf, und Bernd VAN CLEVE, 1995: Verfehlte Bildung? Bildungsexpansion und Qualifikationsbedarf, Darmstadt
TÖNNIES, Ferdinand, 1887/1957: Community and Society, New York, NY
TOFFLER, Alvin, 1990: Powershift, New York, NY
TORFING, Jacob, 1999: Workfare with welfare: Some reflections on the Danish Case, in: Journal of European Social Policy (1999), 1, 5-28
ULRICH, Joachim, 1995: Außerbetriebliche Ausbildung für markbenachteiligte Jugendliche, in: Berufsbildung in Wissenschaft und Praxis 24 (1995), 24-28
ULRICH, Joachim, 1999: Finanzielle Förderung der beruflichen Ausbildung in Ostdeutschland, in: F. Kath (Moderation): Workshop Kosten, Finanzierung und Nutzen beruflicher Bildung. Dokumentation der Beiträge zu den 10. Hochschultagen Berufliche Bildung 1998 in Dresden, Neusäß, 121-140
VOSS, Günter, 1984: Bewußtsein ohne Subjekt? Großhesselohe
VOSS, G. Günter, und Hans J. PONGRATZ, 1998: Der Arbeitskraftunternehmer. Eine neue Grundform der Ware Arbeitskraft? In: Kölner Zeitschrift für Soziologie und Sozialpsychologie 50 (1998), 1, 131-158
VOSS, G. Günter, und Hans J. PONGRATZ, 1999: Zwischen Erfolgsunternehmer und modernem Tagelöhner. Interview in: Die Mitbestimmung 46 (1999), 11, 18-19
WALLERSTEIN, Immanuel, 1999: The Heritage of Sociology, the Promise of Social Science, in: Current Sociology 47 (1999), 1-41
WALTHER, Andreas, Barbara Stauber, Eberhard Bolay u.a., 1999: New Trajectories of Young Adults in Europe, in: Circle for Youth Research in Europe (Hrsg.): Intercultural Reconstruction: European Yearbook on Youth Policy and Research, Berlin
WATSON, David, und Rachel BOWDEN, 1999: The Conservatives and Mass Higher Education 1979-97, in: Journal of Education Policy 14 (1999), 243-257
WEBER, Max, 1988a: Die protestantische Ethik und der Geist des Kapitalismus, in: Gesammelte Aufsätze zur Religionssoziologie, 1, Tübingen
WEBER, Max, 1988b: Soziologische Grundbegriffe, in: Gesammelte Aufsätze zur Wissenschaftslehre, Tübingen
WEGGE, Martina, 1996: Qualifizierungsnetzwerke, Opladen
WEIß, Reinhold, 1999a: Kompetenzentwicklung. Papier für den internationalen Fachkongreß: Kompetenzen für Europa. Wandel durch Lernen – Lernen im Wandel, Berlin
WEIß, Reinhold, 1999b: Betriebliche Weiterbildung als Investition in das Humankapital – Ergebnisse der Weiterbildungserhebung der Wirtschaft. Presseerklärung vom 16.12. 1999, Köln
WELFARE COMMISSION, 1995: Velstand og velfærd. Bilag 2. Marginalisering på arbejdsmarkedet, Kopenhagen: Sekretariatet for Kommissionen om fremtidens beskæftigelses og erhvervsmuligheder
WEINBRENNER, Peter, 1995: Allgemeinbildende Inhalte in der beruflichen Bildung, in: Rolf Arnold und Antonius Lipsmeier (Hrsg.): Handbuch der Berufsbildung, Opladen 1995, 245-253

WEINERT, Franz E., 1998: Vermittlung von Schlüsselqualifikationen, in: Silvia Matalik und Diethard Schade (Hrsg.): Entwicklungen in Aus- und Weiterbildung. Anforderungen, Ziele, Konzepte, Baden-Baden, 23-43

WEISENBACH, Klaus, 1988: Handlungslernen im Berufsschulunterricht. Zur Verbindung von Handlungs- und Gestaltungsorientierung – Ein Beispiel, in: Gerald Heidegger, Peter Gerds und Klaus Weisenbach (Hrsg.): Gestaltung von Arbeit und Technik – Ein Ziel beruflicher Bildung, Frankfurt a.M. und New York

WELTZ, Friedrich, Gert SCHMIDT und Jürgen SASS, 1974: Facharbeiter im Industriebetrieb, Frankfurt a.M.

WHITE, Michael, und Sheila MCRAE, 1989: Young Adults and Long Term Unemployment, London

WILLKE, Gerhard, 1998: Die Zukunft unserer Arbeit (hrsg. v. d. Niedersächsischen Landeszentrale für politische Bildung), Bonn

WILLMS, Jon Douglas, und Frank ECHOLS, 1992: Alert and inert clients. The Scottish experience of parental choice of schools, in: Economic and Education Review 11 (1992), 35, 339-350

WILSON, William J., 1987: The Truly Disadvantaged, Chicago, IL

WINGENS, Matthias, Reinhold SACKMANN und Michael GROTHEER, 2000: Berufliche Qualifizierung für Arbeitslose: Zur Effektivität AFG-finanzierter Weiterbildung im Transformationsprozeß, in: Kölner Zeitschrift für Soziologie und Sozialpsychologie 52 (2000), 1, 60-80

WITTWER, Wolfgang, 1995: Regelungsansätze und -widerstände im Bereich der beruflichen Weiterbildung – Die berufsbildungspolitische Diskussion seit 1970, in: Dobischat/Husemann 1995, 23-52

WOLF, Alison, 1994: „Kompetenzmessung": Erfahrungen im Vereinigten Königreich, in: CEDEFOP Europäische Zeitschrift für Berufsbildung 1, (1994), 33-39

WOLF, Alison, 1995: Competence-based assessment, Buckingham und Philadelphia, PA.

WOLMAN, William, Anne COLAMOSCA, 1998: Der Verrat an der Arbeit. Ist der Kapitalismus noch vor sich selbst zu retten? Bern usw.

WOMACK, James P., Daniel T. JONES und Daniel ROOS, 1991: Die zweite Revolution in der Automobilindustrie. Konsequenzen aus der weltweiten Studie aus dem Massachusetts Institute of Technology, Frankfurt a.M. und New York

WOOD, Adrian, 1994: North-South Trade, Employment and Inequality: Changing Fortunes in a Skill-Driven World, Oxford

YOUNG, Michael, 1958: The Rise of the Meritocracy, Harmondsworth

ZAPF, Wolfgang, 1986: Innovationschancen der westeuropäischen Gesellschaften, in: Johannes Berger (Hrsg.), Die Moderne – Kontinuitäten und Zäsuren, Göttingen

ZVEI (= Zentralverband der Elektrotechnischen Industrie), 1973: Ausbildungshandbuch für die Stufenausbildung elektrotechnischer Berufe (= ZVEI-Schriftenreihe, 7), Frankfurt a.M., 2. Auflage

ZYBURA, Hans, 1982: Hauptberuf: Nebenberuflicher, in: G. Dahm u.a. (Hrsg.): Thema: Management und Verwaltung, München, 117-130

Autorinnen und Autoren des Jahrbuchs 1999/2000

Markus Achatz, MA, geb. 1967, Studium in München. Seit 1996 Wissenschaftlicher Mitarbeiter am Institut für Pädagogik der Ludwig-Maximilians-Universität; seit 1998 am Lehrstuhl für Allgemeine Pädagogik und Bildungsforschung.

Jørgen Goul Andersen, geb. 1953, Professor für Politische Soziologie am Fachbereich für Volkswirtschaftslehre, Politik und Öffentliche Verwaltung der Universität Aalborg. Direktor des Zentrums für Vergleichende Wohlfahrtsstaatsstudien. Forschungsfelder: Wohlfahrtsstaat, Wahlforschung, Demokratie und Politische Macht.

Volker Baethge-Kinsky, Dr. rer. soc., geb. 1956, ist Wissenschaftlicher Mitarbeiter am Soziologischen Forschungsinstitut Göttingen e.V. (SOFI). Arbeitsschwerpunkte: Arbeits-, Industrie- und Bildungssoziologie.

Klaus Berger, Diplom-Pädagoge, ist Wissenschaftlicher Mitarbeiter im Arbeitsbereich „Bildungsökonomie, Kosten und Nutzen" des Bundesinstituts für Berufsbildung in Bonn.

Ditmar Brock, Prof. Dr., Lehrstuhl Soziologie II an der TU Chemnitz. Arbeitsschwerpunkte: Soziologische Theorie, Theorie moderner Gesellschaften, Globalisierung und Internationaler Sozialstrukturvergleich.

Phillip Brown, Professor für Soziologie und Erziehungswissenschaft an der School of Social Sciences der Universität Cardiff. Eine vierjährige gewerbliche Lehre in der Autoindustrie in den frühen siebziger Jahren begründete sein Interesse an Soziologie. Danach Lehrer und Sozialarbeiter. Nach dem Ph.D. am Swansea University College über die Universitäten Cambridge und Kent nach Cardiff.

Fred Cartmel, Forschungsprofessor am Fachbereich für Soziologie und Anthropologie der Universität Glasgow mit dem Arbeitsschwerpunkt Jugendforschung.

Rolf Dobischat, Dr. rer. pol., phil. habil., geb. 1950, ist Professor für Wirtschaftspädagogik mit dem Schwerpunkt Betriebliche Aus- und Weiterbildung an der Gerhard-Mercator-Universität Duisburg. Arbeitsgebiete: Regionale Berufsbildung; Beruflich-betriebliche Weiterbildung und Arbeitsmarkt.

Peter Faulstich, geb. 1946, Prof., Dr. phil., Dipl-Ing., Lehrstuhl für Erwachsenenbildung an der Universität Hamburg, war bis 1995 Professor für Berufspädagogik und Leiter des „Arbeitsbereichs Wissenschaftstransfer" sowie der „Kontaktstelle für Weiterbildung" an der Gesamthochschule-Universität Kassel. Tätigkeitsbereiche: Weiterbildungsforschung und -politikberatung. Mitglied der Beiräte „Berufliche Bildung und Beschäftigungspolitik" der Senatsverwaltung Berlin sowie des „Deutschen Instituts für Erwachsenenbildung"; Redaktionsmitglied der „Hessischen Blätter für Volksbildung".

Andy Furlong, Prof., ist Vorsitzender des Fachbereichs für Soziologie und Anthropologie der Universität Glasgow und Herausgeber des „Journal of Youth Studies".

Andreas Gruschka, Dr., Jahrgang 1950, Professor für Schulpädagogik und Allgemeine Pädagogik an der Johann-Wolfgang-Goethe-Universität Frankfurt. Arbeitsschwerpunkte: Kritische Theorie der Pädagogik, Wandel von Schule, Zugänge zur Wirklichkeit der Erziehung über Bilder.

Gerald Heidegger, Dr., geb. 1943, Professor für Berufspädagogik am Berufsbildungsinstitut Arbeit und Technik (BIAT) an der Universität Flensburg. Schwerpunkte: Vergleichende europäische Berufsbildungsforschung, Gestaltungsorientierte Didaktik der Berufsbildung, Modernisierung der Berufsbildung.

Wolfgang Hendrich, Dr. rer. pol., geb. 1955, seit 1998 Wissenschaftlicher Assistent am BIAT. Schwerpunkte: Subjektorientierte Qualifikationsforschung, Berufsbiographieforschung, Berufliches Lernen in der Aus- und Weiterbildung.

Rudolf Husemann, Dr. phil. habil., Jahrgang 1948, ist Professor für Weiterbildung und Erwachsenenbildung an der Universität Erfurt. Arbeitsgebiet: Betrieblich-berufliche Weiterbildung.

Wilfried Kruse, Dr., geb. 1947; seit 1973 Wissenschaftlicher Mitarbeiter an der sfs – Landesinstitut Sozialforschungsstelle Dortmund. Dort Mitglied der Geschäftsführung für das „Arbeitsfeld Europa" und *chairman* des Europäischen Forschungsnetzwerks „euronet work & education".

Gertrud Kühnlein, Dr., wissenschaftliche Mitarbeiterin am Landesinstitut Sozialforschungsstelle Dortmund. Im Wintersemester 2000/2001 Vertretungsprofessur für Berufspädagogik an der TU Darmstadt. Schwerpunkte: Berufliche Aus- und Weiterbildung, Personalentwicklung.

Peter Kupka, Diplom-Psychologe, Dr. phil., geb. 1958, ist wissenschaftlicher Mitarbeiter am SOFI. Arbeitsschwerpunkte: Soziologie und Sozialpsychologie von Arbeit und Beruf, Sozialisationsforschung.

Hugh Lauder, Professor für Erziehungswissenschaft und Volkswirtschaftslehre an der Universität Bath, war in den siebziger Jahren Lehrer an Londoner Schulen. Danach bis 1995 Dozent und Professor an neuseeländischen Universitäten.

Wilfried Müller, Dr. phil., Dipl.-Chem., geb. 1945, Professor an der Universität Bremen, Forschungszentrum Arbeit - Umwelt - Technik (artec). Arbeitsfelder: Analyse der Berufspraxis von Ingenieuren und Umweltschutz in kleinen und mittleren Unternehmen. Seit 1997 Konrektor für Lehre und Studium.

Martin Munk, Dr. phil. (Soziologie), Assistenz-Professor für Politikanalyse und Politische Soziologie, Zentrum für Vergleichende Wohlfahrtsstaatsstudien (CCWS) am Fachbereich für Volkswirtschaftslehre, Politik und Öffentliche Verwaltung der Universität Aalborg.

Angela Paul-Kohlhoff, Dr., Professorin für Berufspädagogik an der Technischen Universität Darmstadt. Schwerpunkte: Industrielle Beziehungen im europäischen Vergleich, Geschlechterforschung in der Berufsbildung.

Felix Rauner, Dr., geb. 1941; Professor für Gewerblich-Technische Wissenschaft, Elektrotechnik/Berufspädagogik; Institut Technik und Bildung an der Universität Bremen. Arbeitsschwerpunkte: Qualifikations- und Berufsforschung; betriebliche Organisationsentwicklung und Berufsbildung im internationalen Vergleich; Arbeit und Bildung als Dimensionen des Technologietransfers.

Jochen Reuling, Dr., Soziologe und Diplomkaufmann, Wissenschaftlicher Mitarbeiter am Bundesinstitut für Berufsbildung. Forschungsschwerpunkt: Internationaler Vergleich von Berufsbildungspolitiken ausgewählter Industriestaaten.

Reinhold Sackmann, Dr. habil., ist Dozent für Allgemeine Soziologie, Lebenslauf-, Arbeits- und Bildungssoziologie an der Universität Bremen; Projektleiter am Sonderforschungsbereich 186. Schwerpunkte: Arbeitsmarktsoziologie, Technikgenerationen, empirische Wissenssoziologie, Max Weber.

Jana Suckow, cand. soc. am Lehrstuhl Soziologie II der TU Chemnitz. Schwerpunkte: International vergleichende Sozialstrukturanalyse und Theorie moderner Gesellschaften.

Rudolf Tippelt, Prof. Dr., geb. 1951. Berufsausbildung, Studium in München und Heidelberg, Entwicklungsarbeit in der Weiterbildung (Mannheim). 1991 Lehrstuhl für Erziehungswissenschaft der Albert-Ludwigs-Universität Freiburg mit Schwerpunkt Weiterbildung und Bildungsforschung. Seit 1998 Lehrstuhl für Allgemeine Pädagogik und Bildungsforschung der Ludwig-Maximilians-Universität München.

Günter Walden, Dr., Diplom-Volkswirt, arbeitet als Leiter des Arbeitsbereichs „Bildungsökonomie, Kosten und Nutzen" im Bundesinstitut für Berufsbildung in Bonn.

Rückschau: Jahrbuch Bildung und Arbeit '96

**Axel Bolder, Walter R. Heinz, Klaus Rodax (Hrsg.):
Die Wiederentdeckung der Ungleichheit.
Tendenzen in Bildung für Arbeit**

Der erste Jahresband des „Jahrbuchs Bildung und Arbeit" nimmt die Ungleichheitsdiskussion, die für die arbeits- und beschäftigungsbezogene Bildungsforschung konstitutiv war, wieder auf. Dabei wird deutlich, daß das Thema nicht etwa obsolet geworden, sondern tabuisiert worden ist.

Mit einer Einleitung von Axel Bolder, Walter R. Heinz und Klaus Rodax

und Beiträgen von

Lynne Chisholm; Ludwig v. Friedeburg; Frank Coffield; Torsten Husén; Paul Kellermann; Harry Maier zu:
Bildung und soziale Ungleichheit im Gesellschaftsvergleich

Beate Krais; Hartmut Ditton; Andreas Witzel, Vera Helling, Ingo Mönnich; Karlheinz A. Geißler, Frank Michael Orthey; Harry Friebel zu:
Strukturelle und institutionelle Dimensionen von Bildung und Ungleichheit in Deutschland

Hans Bertram, Marina Hennig; Helga Krüger zu:
Geschlechterverhältnis, Bildung für Arbeit und soziale Ungleichheit

Friedrich Schleiermacher (Klassiktext);
Karlheinz A. Geißler, Hermann Schmidt (Streitgespräch);
Stefan Egger, Andreas Pfeuffer, Franz Schultheis (zu Pierre Bourdieus Lebenswerk)

Leske + Budrich 1996

Kart., 363 S., DM 48,-
ISBN 3-8100-1223-8

Rückschau: Jahrbuch Bildung und Arbeit '97

Artur Meier, Ursula Rabe-Kleberg, Klaus Rodax (Hrsg.): Transformation und Tradition in Ost und West

Der zweite Jahresband hat fortwährende Tradition und tiefgreifende Umwälzungen in der Welt der Bildung und der Welt der Arbeit in Ost und West - in ihren Wechselbeziehungen - zum Thema. Manches deutet darauf hin, daß sich der Widerspruch zwischen den beiden Sphären im Widerstreit und in der Ambivalenz von Tradition und Transformation verschärft.

Mit einer Einleitung von Artur Meier, Ursula Rabe-Kleberg und Klaus Rodax

und Beiträgen von

Hartmut Ditton; Klaus Rodax, Artur Meier; Manfred Stock; Ingrid Drexel, Joachim Jaudas; Christiane Koch; Mirjam M. Hladnik; Wolfgang Hörner zu:
Transformation und Tradition;

Melvin L. Kohn; Claire Wallace; Peter Grootings; Helmut Wenzel; Andreas Flitner; Susanne Heyn, Kai Uwe Schnabel, Peter M. Roeder; Axel Bolder, Wolfgang Hendrich zu:
Transformation in die Moderne;

Pawel Petrowitsch Blonski; Georg Kerschensteiner (Klassiktexte); Ludwig v. Friedeburg, Hans-Joachim Meyer (Streitgespräch); Helmut Steiner (zu Wladimir Schubkins Lebenswerk); Adolf Kell (zum Jahrbuch '96)

Leske + Budrich 1997

Kart., 378 S., DM 48,-
ISBN 3-8100-1901-1

Rückschau: Jahrbuch Bildung und Arbeit '98

Helmut Heid, Ernst-H. Hoff, Klaus Rodax (Hrsg.):
Ökologische Kompetenz

Thema des dritten Jahrbuchs Bildung und Arbeit ist ökologische Kompetenz, ihr Entstehen, ihre Verteilung und Nutzung, aber auch die Diskrepanz zwischen Umwelt(ge)wissen und Umwelthandeln.

Mit einer Einleitung von Helmut Heid, Ernst-H. Hoff und Klaus Rodax

und Beiträgen von

Iring Fetscher; Pina Lalli; Hellmuth Lange; Roland Bogun, Günter Warsewa; Anselm Görres zu:
Politische und kulturelle Rahmenbedingungen ökologischer Kompetenz

Urs P. Thomas, Jean-Guy Vaillancourt; Helmut Loiskandl; Oleg Yanitsky; Barbara Adam; Peter Dickens, John Parry; Joachim Kahlert zu:
Institutionen ökologischen Handelns

Ernst-H. Hoff, Jens Walter; Hartwig Heine, Rüdiger Mautz; Hermann Stier zu:
Ökologisches Handeln

Friedrich Engels (Klassiktext);
Wolfgang Buchholz, Martin Creuzburg, Reinhard Hendler, Herbert Schlögel (Streitgespräch);
Rainer Eisfeld (zu Robert Jungks Lebenswerk);
Hans Bertram (zum Jahrbuch '97)

Leske + Budrich 2000

Kart., 330 S., DM 48,-
ISBN 3-8100-2259-4